金融机构改革的道路抉择

陆 磊 ◎ 主 编

JINRONG JIGOU GAIGE DE
DAOLU JUEZE

中国金融出版社

责任编辑：李 融 董 飞
责任校对：刘 明
责任印制：裴 刚

图书在版编目（CIP）数据

金融机构改革的道路抉择（Jinrong Jigou Gaige de Daolu Jueze）/陆磊主编. —北京：中国金融出版社，2018.1
（新世纪中国金融改革与发展丛书）
ISBN 978-7-5049-9222-2

Ⅰ.①金… Ⅱ.①陆… Ⅲ.①金融机构—机构改革—研究—中国 Ⅳ.①F832.3

中国版本图书馆 CIP 数据核字（2017）第 239205 号

出版 中国金融出版社
发行
社址 北京市丰台区益泽路 2 号
市场开发部 （010）63266347，63805472，63439533（传真）
网上书店 http://www.chinafph.com
　　　　　　（010）63286832，63365686（传真）
读者服务部 （010）66070833，62568380
邮编 100071
经销 新华书店
印刷 保利达印务有限公司
尺寸 169 毫米 × 239 毫米
印张 33.5
字数 448 千
版次 2018 年 1 月第 1 版
印次 2018 年 1 月第 1 次印刷
定价 99.00 元
ISBN 978-7-5049-9222-2
如出现印装错误本社负责调换 联系电话（010）63263947

新世纪中国金融改革与发展丛书
编 委 会

丛书编委会：

易 纲　陈雨露　潘功胜　范一飞　张晓慧
万存知　朱 隽　阮健弘　纪志宏　孙天琦
李 波　陆 磊　邵伏军　苟文均　钟 平
徐 忠　谢 众　霍颖励　穆长春

丛书编写工作组：

邵伏军　魏革军　苟文均　穆长春　钟 平
傅 勇　袁 鹰　黄海清　叶 蓁　匡 桦
孙国良

《金融机构改革的道路抉择》
编 委 会

主　编：陆　磊
副主编：陶　玲
统　稿：洪　波　许　玥

执　笔：总　论　王　健
　　　　第一章　王文静　袁树仁
　　　　第二章　陈　颖
　　　　第三章　朱汉宁
　　　　第四章　许　玥
　　　　第五章　许　玥
　　　　第六章　许　玥
　　　　第七章　许　玥
　　　　第八章　谢　丹　刘　婕
　　　　第九章　刘　婕
　　　　第十章　于焘华
　　　　第十一章　于焘华

中国金融改革发展：
内在逻辑与若干经验

一、新世纪中国金融改革发展的背景和起点

自1978年党的十一届三中全会作出改革开放的决定以来，中国金融业开始了从计划经济体制向市场经济体制的深刻转轨。在传统的计划经济背景下，金融活动更多从属于财政活动，服从于经济计划，金融发展处于被抑制状态。随着人们对社会主义市场经济认识的逐步深化，以及改革开放进程的不断推进，需要尊重金融自身发展规律，对金融体系进行重大改革，减少干预，不断增强市场配置金融资源的作用。

（一）建立双层银行体系，引进市场经济金融体系基本结构

20世纪70年代末80年代初，我国尚处于向市场经济转轨的早期，当时的经济体制改革主要强调改变政府直接干预市场的做法，即通过政府调控影响市场，由市场引导企业，而不是由国家直接调控企业。1979年，国家决定在固定资产投资领域进行将财政拨款改为银行贷款的"拨改贷"试点，这要求银行改变其国家计划执行者和国家财政出

纳员的角色。

在这个背景下，按照邓小平同志"要把银行真正办成银行"的指导思想，当时金融领域改革的主要任务是引进市场经济金融体系的基本结构，厘清政府在金融领域的职能边界，重点是通过政企分开，将中央银行和商业性金融体系分开，构建一个双层银行体系。在这个体系中，中央银行专注于宏观调控、金融监管和为银行提供支付清算等金融服务；专业性金融机构则从人民银行独立出来，向企业和居民提供专业金融服务。按照该思路，自1979年开始，中国农业银行、中国银行、中国建设银行、中国工商银行等金融机构先后建立或恢复建立。建立双层金融体制是我国金融改革的第一步，具有非常重要的意义，否则后面对金融机构、市场、监管、调控的一系列改革都无从谈起。

（二）完善公司治理结构，推动国有专业银行向商业化转型

20世纪90年代早中期，工、农、中、建四大银行还是国有专业银行，分别服务于工商业、农业、国际业务和项目建设等领域，相互之间缺乏充分竞争。同时，这些银行还承担着各自领域的一些政策性业务，一旦国家有要求，银行必须予以支持，当时甚至出现"包饺子"贷款。这显然不符合竞争性市场的基本要求，也不利于金融健康发展。

1992年，党的十四大正式提出"我国经济体制改革的目标是建立社会主义市场经济体制"，第一次把"社会主义基本制度和市场经济结合起来"。1993年，党的十四届三中全会通过了《关于建立社会主义市场经济体制若干问题的决定》，初步形成了社会主义市场经济基本框架。建立社会主义市场经济必然要求推动专业银行向商业银行转型，建立市场化的金融机构。而且，按照党的十四届三中全会关于建立现代企业制度的要求，银行作为商业性机构也应像国有企业一样进行公司治理改革，剥离政策性业务，转变为市场竞争主体。

基于上述考虑，1993年12月，国务院发布《关于金融体制改革的

决定》，决定成立国家开发银行、中国进出口银行、中国农业发展银行三家政策性银行，专门承担政策性金融服务。同时，要求专业银行逐步改革转变为国有独资商业银行，只承担商业性业务，不再按专业领域划分业务，相互之间可以交叉、竞争，以便改进服务。1995年，《商业银行法》出台，从法律上将工、农、中、建四家专业银行正式定位为国有商业银行。

（三）启动汇率改革，配合实体经济对外开放

1979年，为吸引外资，实施对外开放战略，我国颁布了《中外合资经营企业法》。搞中外合资，必然涉及外国资本到国内兑换人民币，必然要有合理的汇率机制，否则外资不愿意进来。这些背景都要求必须对汇率以及外汇管理体制进行改革。

1981年，我国启动汇率改革，人民币兑美元汇率从过去的1美元兑1.53元人民币改为双轨制，即贸易汇率1美元兑2.8元人民币，非贸易汇率不变。这是金融领域改革比较早的一项工作，在当时是相当大的变化。后期，企业要求取消外汇管制的呼声越来越高，但当时思想还不够解放，各方面顾忌较多，采取了过渡性措施，即开始实行外汇留成制度。实际上，外汇留成的本质仍是双轨汇率制度，容易造成价格体系扭曲，甚至寻租、腐败。

1993年筹备党的十四届三中全会过程中，党中央、国务院开始酝酿设计新一轮外汇体制改革。1994年1月1日，正式宣布"改革外汇管理体制，建立以市场为基础的有管理的浮动汇率制度和统一规范的外汇市场"，取消外汇留成制度和外汇兑换券的流通使用，人民币官方汇率和外汇调剂市场汇率并轨，将人民币兑美元汇率统一为1美元兑8.7元人民币。同时，决定实施银行结售汇制度，建立分层次、统一的外汇市场。这标志着人民币汇率形成机制改革迈出了重大步伐，开始转向以市场供求为基础，人民币汇率在外汇资源配置中开始发挥重要作用。

（四）加强整顿，应对亚洲金融风波冲击

到1997年亚洲金融风波前，金融改革发展取得不少重要进展，但由于金融标准规制不规范、公司治理结构不完善、资本金不充足等原因，金融体系出现一定程度的混乱，不仅案件频发，还普遍存在不良贷款率高、市场恶性竞争等一系列问题。在亚洲金融风波冲击下，银行业积累了大量不良贷款，相当一部分金融机构经营困难，甚至关闭破产。当时国内外一些学者和媒体认为，中国大型国有商业银行已经到了"技术性破产"的边缘，银行体系迟早会出大问题。

这一阶段金融领域的主要任务是进行整顿并支持国有企业脱困。一是调整金融体系的结构。当时，整个经济体制改革需要在适当分权的基础上，建立合理的中央与地方关系。但在金融方面，需实行垂直管理，减少地方对金融的干预，治理金融"三乱"。因此，1997年第一次全国金融工作会议对金融体系的组织结构作了一系列调整，明确人民银行和国有商业银行分支机构党组和人事不再由地方领导。二是补充国有独资商业银行资本金。1997年，将国有独资商业银行所得税税率从55%（外加7%的调节税）下调至33%，提升商业银行利用内源性融资增加资本金的能力。1998年，由财政部发行2 700亿元特别国债筹集资金补充四家银行资本金。三是配合国家应对亚洲金融风波造成的重大冲击进行恢复。一方面，决定通过债转股减轻国企债务负担。另一方面，1999年成立了信达、长城、东方、华融四家资产管理公司剥离大型银行不良资产，帮助国企休养生息，摆脱大量职工下岗和效益下滑的困境。

总的来看，经过二十多年的改革探索，到20世纪末我国初步建立了与社会主义市场经济相适应的现代金融组织体系、金融市场体系、金融调控和监管体系，市场在资金配置中的作用明显增强，也使我国成功抵御了亚洲金融风波的冲击。但同时，金融领域的转轨特征和传统计划

经济色彩仍较明显,一些重大体制机制问题还有待解决。尤其是,为配合服务国企改革攻坚和应对亚洲金融风波的影响,金融体系的健康性遭受一定冲击,国有商业银行和农村金融体系形成了巨大规模的坏账,资本账户可兑换、利率汇率市场化等改革未能按计划推进。如果不妥善解决健康性问题,金融机构和金融市场就很难继续为实体经济改革发展提供支撑,如果处理不及时、不妥当,甚至可能爆发金融危机,拖累实体经济发展。而且新世纪初中国加入世界贸易组织后,扩大开放有了更高要求,金融改革开放也面临更多新的任务和挑战。

二、新世纪以来金融改革发展主要进展

新世纪以来,尤其是党的十八大以来,在党中央、国务院的正确领导下,我国金融改革开放发展取得重大进展,大型国有商业银行成功股改上市,银行业金融机构资产质量、经营效益不断提升,多家机构入选全球系统重要性金融机构,金融体系健康性明显提升;坚持市场化方向,遵循渐进可控原则,不断深化利率汇率市场化改革,基本完成利率市场化改革,人民币汇率弹性显著增强,市场配置金融资源的能力不断提高;宏观审慎政策框架不断完善,成功应对了百年一遇的国际金融危机的冲击,守住了不发生系统性金融风险的底线;以场外市场和机构投资者为主的债券市场快速发展,市场深度和广度显著提升,有效促进直接融资比重提高;金融业双向开放不断扩大,人民币国际化扬帆起航并成功加入国际货币基金组织特别提款权货币篮子,我国金融国际竞争力和影响力显著提高,整个金融业发展迈入新时代。

(一)深化银行业改革

由于长期的政企不分、产权模糊、管理低效等历史原因,我国的金融机构积累了严重的系统性风险。20世纪90年代末,按照当时较低的

会计标准，我国银行业不良率在30%左右，虽然1999年剥离了1.4万亿元不良资产，但大型国有商业银行历史包袱仍然很重，不良率依然过高，资本充足率依然很低，甚至为负。因此，迫切需要采取强有力措施，下大的决心，对银行业进行全面深刻的改革，清理财务不健康问题，对金融机构特别是有影响的大型金融机构进行财务重组，使其恢复到健康状态。

要真正实现我国金融机构的健康化，首要任务是引入国际上更高的标准，提高金融规制的规范化程度。过去，我国很多金融领域的法律法规、制度规则是滞后的，很多标准是在实践的摸索中建立的，有些规则一开始甚至是缺失的。当时银行的贷款分类很不合理，主要采用期限法（"一逾两呆"），结果导致大量不良资产被掩盖。基于此，2001年颁布了《金融企业会计制度》，对会计准则进行了改进，同时开始实行贷款五级分类制度。这都是非常实质性的、基础性的工作，有助于弄清楚银行不良资产的真实情况，摸清家底，为后续金融机构健康化发展奠定基础。

大型国有商业银行股改上市

建立规范化的金融规则标准后，金融机构财务状况基本合格，但要跟上国民经济迅速发展的步伐，还需要不断增强资本实力。2002年2月，朱镕基总理在第二次全国金融工作会议上指出，要对国有独资商业银行进行股份制改造，条件成熟的可以上市。对银行等金融机构而言，上市除了可以筹集资本外，更重要的是可以按照现代企业制度建立公司治理结构，提升透明度。只有受到来自广大投资者特别是股票市场投资者和战略投资者的压力和监督约束，金融机构才有足够动力加强财务和风险管理。

由于当时的财政资源十分紧张，党中央、国务院在通盘考虑国家可用于金融改革的资源以及运用这些资源对宏观经济的影响后，明确提出了"抓两头、带中间"改革总体战略，即集中有限资源重点推动政策性历史包袱较重的大型商业银行和农村信用社改革，带动政策性历史负担较轻的股份制和城市商业银行等其他金融机构立足自身进行改革发展。

2003年5月19日，人民银行行长周小川向国务院作了关于《改革试点——国有商业银行的财务重组》的汇报。这份报告在认真总结我国经济与金融体制改革经验的基础上，研究论证各种可能的注资资源选择，创造性地提出运用国家外汇储备注资大型商业银行，并详细设计了核销已实际损失掉的资本金、剥离处置不良资产、外汇储备注资、境内外发行上市的"四步曲"方案。2003年9月，党中央、国务院原则通过了关于国有独资商业银行股份制改革的总体方案。为推进该项工作，国务院成立了国有独资商业银行股份制改革试点工作领导小组，办公室设在人民银行。

推进国有商业银行股改上市的过程也是形成共识的过程。在税收方面，财政部门给予了较大支持，同意按照新的会计准则核销损失，解决国有商业银行养老退休、医疗、住房货币化等历史包袱，并暂缓银行业营改增，同时将营业税税率从8%降到5%。在注资方式方面，当时也有一些争议。有观点认为，通过再贷款进行注资即可，不需要其他改革方案。最后经过反复征求意见，使用外汇储备注资这个新方案得到国内和国际社会的广泛支持。在机构选择方面，最初因担心改革花费资金太多，只定了一家进行改革。实际上如果只选择一家，其容易与中央讨价还价；选择两家改革，可以形成相互竞争的局面。最后事实证明选择两家进行改革达到了很好的效果。在战略投资者方面，当时有观点认为引进的战略投资者应是商业银行，这样可以借鉴其经营管理经验、引进新产品和客户等，但另一种观点是引进投资者应主要考虑资本，只要投资者关心资本回报率，就会通过多种方式促进银行发展。后来，大型国有商业银行也引入了高盛、淡马锡等非银行的战略投资者，事实表明它们的投资持续期反而比国外商业银行更长。

2003年以来,交行、建行、中行、工行、农行陆续进行股份制改革,并成功上市,初步建立了相对规范的公司治理结构,内部管理和风险控制能力、市场约束机制明显增强,资产规模和盈利水平均位居全球前列。2016年末,商业银行业资本充足率13.3%、拨备覆盖率176.4%,均显著提高。2011年以来,中行、工行、农行和建行先后入选全球系统重要性银行(G-SIBs)。改革的实践充分证明,党中央、国务院关于大型商业银行改革的重大决策部署是完全正确的,正是通过改革,大型金融机构的健康性实现了质的飞跃,我国才能成功抵御2008年国际金融危机的严重冲击。

农村信用社改革深入推进

新世纪之初,农村信用社资产占到金融系统总量的10%左右,不良资产在50%左右。2002年末,全国共有农村信用社2 535个,其中97.8%资不抵债。为克服农村金融服务不断萎缩和农村金融机构可持续发展能力薄弱等问题,2003年6月,国务院决定在浙江等8个省份实施农村信用社改革试点。

考虑到农村信用社比较分散,情况参差不齐,当时改革设计了正向激励机制,把中央银行专项贷款和专项票据的兑付与农村信用社实际改革成效相挂钩,充分调动地方政府和农村信用社的积极性,引导农村信用社逐步"上台阶"。第一个台阶,参加改革的农村信用社,必须对改革计划作出承诺,然后才能获得资金支持和相关鼓励政策。第二个台阶,农村信用社必须使资本充足率上升到0的水平后,人民银行方可用专项票据置换其不良资产,同时向农村信用社支付专项票据利息。第三个台阶,专项票据两年到期后,农村信用社资本充足率提高到2%,公司治理和不良资产消化也达到相应指标,经过验收确认,人民银行可以将票据兑现成现金。

在正向激励约束机制作用下,农村信用社资产质量、盈利能力、支农资金实力、可持续性经营能力均得到明显提高,"花钱买机制"的政策效应不断显现。2016年末，全国农村信用社资本充足率12.13%，与2002年末相比提高了20.63个百分点。农村信用社自2004年实现首次轧差盈利后，利润总额快速增长，截至2016年末，累计实现盈利13 437亿元。

（二）稳步推进利率汇率市场化改革

在金融机构和金融市场逐步健康化、规范化之后，金融改革发展的基础不断巩固，特别是2013年党的十八届三中全会更加鲜明地提出"使市场在资源配置中起决定性作用"，在认识和要求上较以往迈上了一个新的大台阶，作为资金主要价格的利率、汇率市场化改革得以再次提速。

利率市场化改革实现重大突破

利率市场化改革的要点是体现金融机构在竞争性市场中的自主定价权，通过差异化定价优化资源配置。从调控的角度看，特别是从以直接调控转向以间接调控为主的过程中，需要有一个顺畅、有效的利率传导机制，并对市场价格形成产生必要的影响。这都要求必须进行改革，形成市场化的利率定价和传导机制。

实现利率市场化是一个长期过程。1993年12月，国务院发布《关于金融体制改革的决定》，提出了利率市场化改革的基本设想。1996年6月1日，人民银行取消同业拆借利率上限管理，由拆借双方根据市场资金供求自主确定，这标志着利率市场化迈出了具有开创意义的一步。进入新世纪后，人民银行按照"放得开，形得成，可调控"的原则，"先贷款后存款、先大额后小额、先外币后本币"的总体思路，继续稳步推进利率市场化，着力完善市场化的利率调控传导机制，给予金融机构更大利率定价自主权，充分发挥市场在资源配置中的决定性作用。2006年，人民银行组织构建了上海银行间同业拆放利率（Shibor），为各类金融产品交易定价发挥了基准作用。同时，分步有序扩大存贷款利率浮动范围，抓住成功应对2008年国际金融危机的有利时机，加快推进利率市场化改革，分别于2013年7月20日、2015年10月24日放开贷款利率下限和存款利率上限管制。

一般而言，存款利率关系到全社会的资金成本，其市场化对国民经济的影响更加广泛而深刻，完全放开的条件也相对较高。从国际经验看，放开存款利率管制是利率市场化进程中最为关键、风险最大的阶段，一般应置于相对靠后的阶段推进。存款利率市场化这个利率市场化的最后一步，是分若干小步迈出来的。在过去的几年中，存款利率浮动上限经过多次调整直到最后放开，走了五步。2015年10月存款利率上限的最终放开，标志着我国持续20多年的利率市场化基本完成，这在利率市场化改革以及整个金融改革历史上，都具有重要的里程碑意义。

在推动利率市场化的同时，货币政策调控框架也在逐步从数量型为主向价格型为主转型。在利率市场化逐步推进的背景下，人民银行在探索构建利率走廊机制方面取得了很好的效果。例如，为稳定短期利率，持续在7天回购利率上进行操作，通过开展常备借贷便利（SLF）操作，按需足额提供短期流动性支持，探索发挥其利率作为利率走廊上限的作用。

汇率市场化改革稳步推进

我国汇率市场化改革也走过了较长阶段。新世纪之初，大型商业银行改革刚刚提上议程，很多金融机构的公司治理和抗风险能力尚不足以有效抵御汇改可能带来的风险，因此一方面采取内部磋商开展金融对外交流与合作，化解外部压力；另一方面果断决定先行改革国有商业银行和农村信用社，待这两项改革取得重要进展，宏观调控走上正轨，诸多基础条件成熟之后再正式启动汇改。实践证明，这样的金融改革顺序决策和战术安排是合理的，尽可能地降低了汇改的风险。

2005年，经过两年多的精心准备和周密部署，人民银行按照"完善人民币汇率形成机制，保持人民币汇率在合理、均衡水平上的基本稳定"的要求，遵循"主动性、可控性、渐进性"原则，再次启动人民币汇率改革。2005年7月21日，我国宣布开始实行以市场供求为基础、参考一篮子货币进行调节、有管理的浮动汇率制度，人民币汇率不再盯住单一美元。这要求人民币汇率更多反映经济基本面尤其是国际经常项目收支平衡情况，汇率形成主要由外汇市场的供求关系决定。沿此改革思路，经过2007年、2012年和2014年连续三次调整，人民币兑美元交易价日浮动幅度从3‰扩大至2%，同时央行基本退出常态外汇干预，人民币汇率弹性显著增强。随着外汇市场对外开放水平的不断提高，金融机构自主定价和风险管理能力不断增强，2015年8月11日，人民银行宣布完善人民币兑美元汇率中间价报价机制，强调中间价报价要参考上日收盘汇率，以反映市场供求变化。2017年5月，在中间价报价模型中新增"逆周期因子"，以适度对冲市场顺周期因素，使中间价更加充分地反映宏观经济等基本面因素。

1997年到2017年8月，人民币兑美元汇率在6.09~8.30区间波动，波动幅度远小于其他主要经济体和新兴市场经济体货币，在合理均衡水平上保持了基本稳定。同时，汇率市场化改革对我国经济转型发展和走向均衡产生了积极影响，为宏观调控创造了有利条件，在应对国内外形势变化中发挥了重要作用。

（三）实施逆周期调控并成功应对国际金融危机

新世纪以来，在经济发展的不同阶段，货币政策根据经济金融形势和物价水平的变化情况，适时适度进行调整，始终坚持金融服务实体经济的本质要求，为经济平稳健康发展和经济体制改革营造了适宜的金融环境。

货币政策调整灵活适度

中国经济自2003年进入新一轮上升周期，经济增长速度加快，物价水平有所上升。人民银行及时调整货币政策操作，综合运用中央银行票据、存款准备金等多种货币政策工具，加强流动性管理和货币信贷调控，适当回收流动性，抑制了货币信贷增长偏快的势头。2003—2007

年，先后15次上调存款准备金率，对冲了外汇占款所投放流动性的大约80%。其中，2007年是调控力度最大的一年，10次上调存款准备金率，6次上调存贷款基准利率。2008年美国次贷危机蔓延加深，国内外经济金融形势发生重大转变，一些金融改革发展任务被迫暂停，首要工作是配合国家应对金融危机冲击。人民银行坚决贯彻落实党中央、国务院应对危机的一揽子计划，及时调整了货币政策的方向、重点和力度，将全年新增贷款预期目标提高至4万亿元左右，指导金融机构扩大信贷总量，并与结构优化相结合，向"三农"、中小企业和灾后重建等倾斜；综合运用多种工具，采取一系列灵活、有力的措施，及时释放确保经济增长和稳定市场信心的信号，5次下调存贷款基准利率，4次下调存款准备金率，保持银行体系流动性充分供应，促进货币信贷合理平稳增长，帮助中国经济在2009年率先实现企稳回升。

对于应对危机的临时性刺激措施，出拳要猛、收拳也要及时。考虑到中国易热不易冷的体制特征，宽松货币条件可能产生一定的副作用，随着形势好转必须果断决策，适时调整政策取向和力度，及时退出相关刺激措施。2010年10月，人民银行周小川行长在北京大学光华管理学院的演讲指出，"根据我的观察，在2009年第二季度，基本上已经看到中国经济强劲复苏，但这种复苏带来了一些问题。因此，在2010年初期，我们很快发现了超调问题，并开始反方向调整，先后三次上调准备金率，以收缩经济中的流动性"，并且强调"如果刺激措施的剂量过大，就可能产生超调问题，如果力度不足，就可能导致经济复苏缓慢"。

探索逆周期的宏观审慎政策框架

国际社会普遍认为宏观不审慎是2008年国际金融危机发生的重要原因。这次危机的破坏性如此之大，其中一个原因是危机传染的渠道发生了很大变化，例如金融衍生品市场缺乏清算机制，风险的跨市场传染发散非常快。另外，这次危机暴露出金融体系存在非常明显的顺周期性。当经济好的时候，各方面信心都很足，金融机构和客户的评级都比较高，资产价格特别是房价不断上涨，此时大多数金融机构是健康的，交易对手一般不会出问题。泡沫一旦破裂，就会出现连锁反应，市场的非理性行为和"羊群效应"会加剧波动。为此，需要引进一些逆周期的因素，增强系统稳定性，如逆周期资本缓冲、系统重要性附加资本以及更高的流动性要求，同时也要加强金融基础设施管理，建立中央对手方等。这些措施在概念上被命名为宏观审慎政策框架。宏观审慎政策框架的提法在国际上被写入了 G20 文件，在国内被写进了党的十八大、十八届三中全会的文件，也连续几年被写进了政府工作报告。

人民银行较早在逆周期宏观审慎管理方面进行了创新性探索。2009 年下半年中国经济出现复苏迹象，在扩大内需等一揽子经济刺激政策的带动下，人民币贷款快速增长。人民银行对此高度关注和警惕，提出应按照宏观审慎政策框架的原理设计新的逆周期措施。2010 年，人民银行通过引入差别准备金动态调整措施，将信贷投放与宏观审慎要求的资本充足水平相联系，探索开展宏观审慎管理。当时大家的认识还不一致，有些事还有争论，2010 年底的中央经济工作会议明确提出要使用宏观审慎工具。此后，人民银行不断完善宏观审慎政策，将差别准备金动态调整机制"升级"为宏观审慎评估（MPA），逐步将更多金融活动和资产扩张行为纳入宏观审慎管理，并将全口径跨境融资纳入宏观审慎管理。从实践来看，宏观审慎政策框架在促进金融机构稳健审慎经营、维护系统性金融稳定等方面发挥了重要作用，向全球输出了中国经验。党的十九大报告明确提出要健全货币政策和宏观审慎政策双支柱调控框架。

（四）构建层次丰富的现代化金融体系

2003 年党的十六届三中全会《关于完善社会主义市场经济体制若干问题的决定》，明确提出要"建立多层次资本市场体系，完善资本市场结构，丰富资本市场产品"。最初建设多层次资本市场的想法相对比较简单，定义的层次少一些，当时主要考虑建设主板市场和创业板市场，后来逐步认识到，需要建立一个更丰富的多层次资本市场乃至多元化的金融体系。金融体系的多元化涉及很多方面，如金融机构多元化、金融产品创新、多层次金融市场等。新世纪以来，按照多元化的方向，全面推动由债券市场、货币市场、外汇市场、黄金市场、股票市场等构成的，分层有序、互为补充的金融市场体系规范创新发展。同时，积极探索发展开发性金融，推动设立民营银行，积极稳妥地发展互联网金融，这些都反映了当前我国金融改革发展所处阶段的多元化特点。随着金融市场体系的复杂化、多元化，金融监管也逐步迈向专业化。

债券市场实现跨越式发展

上个世纪，债券市场在支持国民经济运行发展中的作用相当有限。而且，由于市场化改革不到位、市场定位不准确、市场约束不健全、市场制度不完善，出现了1992年"327国债期货风波"、银行资金违规进入股市、企业债大量违约等风险事件，使整个金融体系隐含了相当大的风险。这些挫折有其时代背景，也与经济处在转轨早期，计划经济色彩比较浓厚，市场经济的思维、环境尚未建立有关。

新世纪之初的金融改革任务非常重，党中央、国务院决定将债券市场改革任务交由人民银行牵头负责。人民银行周小川行长在2005年中国债券市场发展高峰会上明确提出，发展债券市场要以市场经济为思维主线，以合格机构投资者和场外市场为逻辑主线，以完善法规、会计、信息披露和破产制度为环境主线，使有较强分析能力和风险承担能力的机构能够在市场中唱主角。在认真总结经验教训的基础上，银行间债券市场明确了场外市场和定位于机构投资者的发展方向；不断加大市场化改革力度，减少不必要的行政审批，将发行审批制逐步改革为核准制、备案制和注册制；借鉴国际经验，探索行业自律组织和基础设施建设，促进发挥信息披露、信用评级等市场激励与约束机制的作用。

目前，我国债券市场初步形成了以场外市场为主体、场内市场为补充，互联互通的市场体系，2016 年末，债券市场托管余额为 63.7 万亿元，规模位居世界前列。债券市场的发展，大大拓宽了企业和实体经济直接融资渠道，优化了社会融资结构，直接融资比重从 2003 年的 3.9% 提升到 2016 年的 27.2%，有效分散了原来高度集中于银行体系的金融风险，增强了整个金融体系的稳定性。

开发性金融散发新活力

金融多元化的另一个重要实践就是开发性金融运用。关于是否有必要发展开发性金融，有过一些争论。最初全球思潮不太倾向于开发性金融。不过，2008 年国际金融危机后，全球范围内长期公共融资难觅投资者，加之商业性金融体系"惜贷"，国际社会开始重新认识到开发性金融的重要性。新世纪以来，中国初步探索出了一条富有中国特色的开发性金融道路，即服务国家战略、依托信用支持、不靠政府补贴、市场运作、自主经营、注重长期投资、保本微利、财务上有可持续性的金融模式。一方面，这种模式能够自我权衡经济与政策目标，投向周期长、资金需求大、商业机构难以提供的项目，更有利于满足符合国家长期战略和利益以及大额项目建设资金的需求。另一方面，其在服务国家战略的同时，能坚持市场化运作，能够确保机构的长期可持续发展。近年来，以国开行为代表的开发性金融，在没有财政补贴的情况下，实现了一定回报和财务的可持续性，为"一带一路"建设等国家长期战略和利益作出了贡献，形成了开发性金融的有益实践。

金融监管专业水平和协调性不断提升

金融体系从"不健康"到"健康"的过程中，最开始往往倾向于将监管独立出来，寄希望于专门的监管机构能更好地履行监管职责，同时推动本行业更好发展。当时普遍的观点是，学西方发达国家的早期经验，实行分业经营，分业监管。

证券业监管职责是最早从人民银行分离出去的。1992 年 10 月，国务院决定成立国务院证券委员会和中国证券监督管理委员会，后来证券委员会的发行审核功能合并纳入了证监会。一般而言,资本市场与传统的银行业务相差甚远,而且涉及上市公司监管等专业工作,多数国家的证券业监管大多是独立的,不属于中央银行职责范围,这是比较容易理解的。随后,1998年设立了保监会,加强了对保险业的统一监管。2003年,分设银监会,进一步完善了金融监管体系,明确了银监会、证监会、保监会三家专业性监管机构的目标责任,理清了金融监管和宏观调控之间的责任关系。总体看,分业经营和分业监管模式在提高监管专业性、培养监管人才、防范和化解金融风险、促进金融业改革发展等方面发挥了积极作用。

近年来,随着金融业的改革发展,金融创新活动增多,理财或资产管理类交叉性金融产品加速发展,金融综合经营发展步伐加快。"铁路警察,各管一段"的传统分业监管模式较难适应金融发展新趋势,监管缝隙较大,加大了防范和化解跨市场、跨行业的金融风险的难度。按照国务院的要求,2013年8月人民银行牵头成立了金融监管协调部际联席会议制度。2017年7月召开的第五次全国金融工作会议决定成立国务院金融稳定发展委员会,强化监管协调和监管问责,指定人民银行承担委员会办公室工作,牵头防范化解系统性金融风险。

(五)推动人民币国际化和资本项目可兑换实现新突破

在持续多年的市场化改革基础上,金融改革发展开始加大国际化的步伐,以前是不具备这个条件的。最近几年,尤其是2008年国际金融危机以后,我国抓住有利时机,顺应市场需求,稳步有序推进人民币国际化和资本项目可兑换。

人民币国际化迈上新台阶

人民币国际化起步比设想得要早,主要是因为2008年国际金融危机期间西方国家金融市场一度非常疲弱,加之由于金融危机导致的货币不稳定,市场上缺乏美元,且对美元信心不足,欧元、日元也比较不稳定，国际社会要求改革现有国际货币体系的呼声越来越大，对人民币的欢迎程度超过预期。最早是韩国出于稳定需要，主动要求和我国开展人民币互换。随后陆续有20多个发展中国家提出货币互换，一些发达国家也加入进来。

在国际社会需要，同时于我有利的情况下，人民银行按照党中央、国务院部署，顺势而为，沿着"逐步使人民币成为可兑换的货币"的长期目标，进一步减少不必要的行政管制和政策限制。2009年7月，在上海和广东四市率先启动跨境贸易人民币结算试点，随后逐步扩大至全国。陆续推出人民币合格境外机构投资者（RQFII）、人民币合格境内机构投资者（RQDII）、沪港通、深港通、基金互认、债券通等创新制度安排，完善人民币国际化基础设施体系。经过不懈的努力，人民币国际化取得一系列积极成效。据环球银行金融电信协会（SWIFT）统计，2017年8月，人民币为第五大国际支付货币，市场份额为1.94%。

随着中国经济和人民币国际地位的不断提升，国际上建议将人民币纳入SDR的声音日益增强。人民银行周小川行长在2009年发表文章《关于改革国际货币体系的思考》，激发了国际社会对改革国际货币体系的热烈讨论，以及对增强SDR作用的关注。2015年适逢IMF五年一次的SDR审查，人民币加入SDR面临难得的历史性机遇。党中央、国务院高瞻远瞩、审时度势，及时作出了推动人民币加入SDR的重要战略部署。2015年11月30日，IMF执董会认定人民币为可自由使用货币，决定将人民币纳入SDR货币篮子，并于2016年10月1日正式生效。这是人民币国际化的重要里程碑，代表了国际社会对中国改革开放成就的高度认可，对中国和世界是双赢的结果。

资本项目可兑换改革持续推进

1996年实现经常项目可兑换以后，正当我国研究如何进一步推进资本项目可兑换时，亚洲金融风波爆发了，一些受到较大冲击的国家和地区开始采取资本项目管制抵御风波。我国自身遭受金融风波的冲击也比较严重，国内金融稳定形势比较严峻，资本项目可兑换进程不得不暂停。从2002年下半年开始，我国经济和外贸形势明显改善，国际收支交易规模急剧增加，有经常项目和资本项目双重属性的跨境交易日益增多。在这种背景下，资本项目可兑换进程再次被提上日程。2003年10月，党的十六届三中全会正式重新提出"在有效防范风险前提下，有选择、分步骤地放宽对跨境资本交易活动的限制，逐步实现资本项目可兑换"。但当时我国的银行体系不良资产率非常高，亏损严重。如果微观基础不牢固，推进资本项目可兑换的风险就会非常大，因此没有给出具体的改革时间表。由于涉及资本项目可兑换的各方面条件不太成熟以及2008年国际金融危机爆发的影响，我国的资本项目可兑换改革进程一直比较缓慢。国际金融危机后，随着我国经济逐步稳定复苏，党中央、国务院关于资本账户可兑换的提法开始出现积极变化，多次强调要"逐步实现人民币资本项目可兑换"。2013年11月，党的十八届三中全会进一步提出，要"建立健全宏观审慎管理框架下的外债和跨境资本流动管理体系，加快实现人民币资本项目可兑换"。

从实际效果看，这些年人民币资本项目兑换的方便性取得了很大的进展，并已经体现在我国对外贸易、投资和其他国际经济往来的各个方面。从IMF资本项目交易分类标准下的40个子项来看，目前可兑换和部分可兑换的项目37项，占92.5%，仅剩3项尚未放开。应该说，人民币资本项目可兑换仍是我国经济金融改革开放的一个重要方向，是下一步要重点研究和积极推进的工作。经过这么多年努力，资本项目可兑换已经迈出了相当大的步子，具备了进一步推进的条件。

三、中国金融业改革发展的内在逻辑及经验总结

作为整个经济体制改革的重要组成部分，中国的金融改革发展始终伴随着社会主义市场经济体制改革尤其是实体经济改革开放而持续

推进，与整体经济体制改革进程相衔接、与之配套并为之服务，呈现出一个内部连贯、逻辑一致的过程。新世纪以来的中国金融改革发展的巨大成就来之不易，其间虽有过反复、搁置，但总体进程是不断向前发展的，有很多值得总结的经验。

(一) 坚持市场化取向，稳步推进金融改革发展

自1992年党的十四大正式提出"建立社会主义市场经济体制"目标以来，中国金融始终坚持市场化取向，按照界定产权、政企分开、依法治国、激励相容、社会监督五个市场经济特征，稳步推进各项改革。

市场经济要求等价交换，前提是界定产权。过去只有人民银行一家银行，现在成立了几百家银行和几千家相对独立的农村信用社，而且很多银行都完成股改上市，产权不断清晰，经营效率大幅提升。在市场经济中，经济决策是分散的，主要由企业和家庭选择和决策，因此必须将政府和企业分开，过去银行是政府和财政的出纳，一切听从于政府，现在自主经营，是发挥资源配置作用的市场主体。产权清晰了，决策分散了，如果没有规矩，就乱了，还得要依法治国。在金融领域，陆续颁布了《中国人民银行法》《银行业监督管理法》《商业银行法》《证券法》《保险法》等法律法规，为宏观调控、监管和金融机构经营提供了重要依据。

在法治框架下，市场经济主体的努力和创造力与其物质利益挂钩，能最大限度调动市场主体的积极性，这也是市场经济效率的源泉。过去银行领导干好干坏只体现在政治升迁上，现在银行业已经有了相当的经济激励。但仅有激励是不够的，缺乏现代公司治理和内在约束机制的情况下，单纯的经济激励改革最终不会成功。为此，我国进一步完善了会计准则和披露制度，现在银行每年要披露年报，尤其是上市银行必须接受来自内部和外部的更加严格的监督。

同时，很多市场化改革在推进过程中，难免会面临一些争议。例如，在进行利率市场化改革时，初期可能出现利率中枢上移，对中小微

企业的融资有一定影响。再例如，在进行汇率市场化改革时，汇率弹性增强可能放大外贸出口类企业的风险敞口，对一些缺乏经验的企业可能会造成一定冲击。尽管改革或多或少都存在一些成本代价，但与整体经济通过市场机制获得效率改进相比，推进改革是利大于弊的。在推进改革时需要综合权衡利弊，总体大的方向是要坚持有利于优化资源配置和效率改进，不能因"小弊"而失"大利"。

（二）坚持问题导向，一切从实际需要出发

从实践来看，我国的金融改革一直立足国情实际，坚持问题导向，缺什么、补什么、建什么。从计划经济向市场经济转轨，首先是缺资本，资本不足将严重影响金融机构的健康性，因此需要针对金融机构资本不足、治理不完善问题，对国有专业银行进行商业化和股份制改造，推进农村信用社改革。其次是缺竞争，对于市场经济而言，其本质是在建立激励约束机制的基础上，通过竞争发现价格，进而通过价格引导资源优化配置，促进经济走向均衡，进而提升经济整体效率，这就需要推进利率、汇率市场化改革，发展多元化、多层次金融机构体系，通过竞争提升效率。再次是缺开放，市场经济本质是打破封闭，走向开放型经济，通过扩大开放可以促进竞争，也会倒逼国内改革，因此需要推动贸易与投资自由化和便利化、汇率市场化、放宽外汇管制三大政策改革，降低市场准入门槛，逐渐使竞争和市场成为普遍使用的机制。最后是缺金融市场，现代化的金融体系必然要求高效、富有深度和广度的金融市场，否则金融的价格发现功能就缺乏基础，因此我国加大建设力度，发展了债券市场、衍生品市场、交易所市场、黄金市场、外汇市场、货币市场等。

另外，有些改革过去曾经打算做，却由于遇到危机等各种各样的原因，被耽搁了下来，需要及时补齐改革短板。比如存款保险制度。2015年5月1日，出台了《存款保险条例》。存款保险制度是市场经济条件下银行体系健康发展的一个重要要素，按道理存款保险制度早就应该建立，但因为各种原因没有做。既然允许大家办银行，现在又提出允许民营资本发起设立中小型银行，改善对社区、农村等薄弱环节的金融服务，就需要建立存款保险制度，按照市场化原则处置银行倒闭问题。

（三）坚持以稳促进，通过有力有效调控营造良好金融环境

每一项金融改革的成功推进都离不开良好的经济金融环境。没有良好的环境，金融改革就会遇到较大阻力；当环境比较好时，改革就会事半功倍。为经济稳定发展、金融改革营造稳定良好的经济金融环境，宏观调控尤其是货币政策调控必须有力，必须根据经济形势变化灵活适度调整，加强逆周期调控。在经济过热或资产价格出现泡沫时，必须采用适当工具"慢撒气""软着陆"，实现平稳调整；在经济衰退或遭遇外部冲击时，必须及时出手，稳定形势，增强信心。例如，在1997年亚洲金融风波期间，很多国家货币竞相贬值，有些货币贬值在30%、40%甚至50%以上，但党中央、国务院审时度势，认为人民币贬值虽然有利出口，但会加剧东南亚以及全球金融动荡局面，也不利于国内经济金融稳定，所以坚持人民币不贬值，为国内金融改革稳定发展奠定了坚实基础。2008年国际金融危机期间，我国"出手快、出拳重、措施准"，成功应对了金融危机冲击，当经济在全球率先复苏并初显过热苗头时，又及时启动货币政策正常化，防止政策过冲，同时探索建立完善宏观审慎政策框架。这些措施为经济社会稳定发展营造了良好的货币金融环境，也守住了不发生系统性金融风险的底线。可以说，正是我国成功应对了1997年亚洲金融风波，才能启动国有大型商业银行股改，也正是基本完成了国有大型商业银行股改和农村金融改革，才又成功抵御了2008年国际金融危机冲击，才有可能进一步推进利率汇率市场化等改革，推动现代金融体系健康发展。

（四）坚持立足国情实际，走渐进式改革道路

转轨经济的"休克疗法"和渐进式改革的目标一样，都希望市场起主导作用，把企业搞活，但不同模式效果截然不同。"休克疗法"倾向于全面否定过去的体制，在此过程中，新的机制尚未建立，涉及金融业的法律法规都直接从西方国家照搬引入。在国内缺乏相应的经济背景、实践经验以及人才储备的背景下，这么做可能导致业界和公众一般都很难理解，往往是部分先理解的人占到很大便宜，从中牟利，最终可能导致贫富差距过大，偏离改革初衷。另外，"休克疗法"不太倾向救助濒临倒闭的金融机构，苏联的金融机构在"休克疗法"后基本全垮了，之后国内先后成立了1 000多家私有制的商业银行，几乎没有一家是国有的，都是小银行，这种市场结构不利于抵御金融危机冲击。同时，像中国这么大的国家全世界也没有几个，在如何处理中央与地方关系等问题方面，可借鉴的国际经验比较少，诸多改革很难参照标准模式一步到位，只能坚持走渐进式改革道路。

相比而言，我国的渐进式改革更符合人的一般认识规律。从过去的计划经济转向市场经济体制并谋划下一步发展时，总有个逐步转变、逐步适应的过程，很多传统思想理念很难在短期消除。有的时候，往前走两步甚至会往后退一步，但总体仍是向前的。从金融和实体经济关系的角度看，通常实体经济的改革开放步子走得快一些，或者说实体经济改革开放发展到一定程度，金融业就要加快推进自身的改革开放，跟上实体经济改革开放的步伐，更好地提供金融服务。反之，如果在实体经济的企业改革还没有充分展开，企业还没有获得充分自主权、公司治理还没有充分建立的情况下，金融企业要实现自主经营、建立现代企业制度、形成规范的公司治理等，也是不现实的，有的时候甚至会因为实体经济遭受重创，一些金融改革不得不暂停。另外，从我国实践来看，"摸着石头过河"还体现在对自下而上式改革的重视，因为很多改革造

成的影响可能很大,"试错"成本很高,采取小范围试点,可以减少这种成本,一旦发现有问题,也可以很好地控制风险、吸取经验教训。

坚持渐进式改革,还体现在协调配合,把握改革发展的节奏和机会窗口方面。从过去经验看,一般会先提出一个单子,列出需要推进的重大的改革开放任务,同时研究其横向配合关系和优先顺序。例如,有些工作需要财税部门配合,有些则需要商务部门配合,还有些需要外交部门或者国际组织配合等。实际上,经济转轨过程中推进金融改革,各项政策的选择、设计和配套的形成过程也是各方面达成共识的过程。

新世纪以来,尤其是党的十八大以来,在党中央、国务院的正确领导下,我国金融改革发展蹄疾步稳,重要领域和关键环节改革取得突破性进展。金融体系市场化、双向开放水平明显提高,现代化金融体系更加完善,对经济社会平稳健康发展形成了有力支撑。展望未来,中国特色社会主义进入新时代,我国社会主要矛盾已经转化为人民日益增长的美好生活需要和不平衡不充分的发展之间的矛盾,金融体系改革发展开放面临诸多新的挑战和任务。我们坚信在党中央、国务院的坚强领导下,中国金融事业的巨轮将继续扬帆远航,行稳致远,再创金融改革发展新辉煌!

《新世纪中国金融改革与发展丛书》编委会
2017 年 11 月

重塑银企关系 推动结构改革[①]

范一飞

过去一段时期，我国制定和实施了很多新的政策措施，但随着经济发展的内外部环境发生改变，在经济新常态下供给侧结构性改革推进过程中，金融发展的短板和矛盾日益显现，一些领域的金融风险不容忽视，特别是非金融企业杠杆率过高和银行不良资产上升引起广泛关注，核心问题在于银企关系以及由此形成的企业和金融部门法人治理。在债权人对债务人存在软约束的情况下，企业存在较强的负债冲动，导致杠杆率持续攀升。为此，应从治本角度深入探讨并重新塑造良好的银企关系。

一、银企关系的主要模式和形成条件

银企信贷作为一种契约关系，是典型的具有相机选择可能性的不

[①] 本文根据范一飞副行长2016年11月1日在中金论坛上的演讲整理。本书编委会谨以此文作为本书导读。

完全契约关系。获得2016年诺贝尔经济学奖的奥利弗·哈特（Oliver Hart）和本特·霍姆斯特罗姆（Bengt Holmstrom）两位经济学家主要的研究领域就是不完全契约理论。"相机"是指企业经营绩效、偿付债务的能力和意愿都存在不确定性，"不完全"是指银行不可能了解和掌握企业的所有信息，信贷合同也不可能覆盖所有情况。为解决上述问题，国际上关于银企关系不存在非常固定的模式，基本取向是"控制导向型"（control oriented）和"保持距离型"（arm's length）。控制导向型以德国为代表，日本的主办银行制度与其类似；保持距离型以美国为代表，也称作盎格鲁—萨克逊模式。

以德国为代表的控制导向型模式，核心是通过债权人控制权解决契约不完全性问题。主要有以下特点：一是银行可以持有企业股份。由于实行全能银行制度，德国银行不仅可以直接持有企业股权，还可以成立类似于基金的投资公司，募集资金用于投资企业股权，且这些股份的投票权往往被银行控制，增加了银行对企业决策的影响力以及对企业剩余的索取权。二是银行通过参加监事会介入公司治理。德国企业监事会的组成结构是"三三制"，股东占1/3、地方政府占1/3，剩下的1/3是利益相关者（例如银行、雇员等），银行往往在企业监事会中占有重要地位。三是银行向企业提供广泛服务。企业不仅从银行获得各种金融服务，也听取银行对企业经营的建议，并从银行的信息网络和人脉关系中获得收益。而银行也愿意同企业建立更紧密的关系，获取更多信息，提高信贷资产的安全性。四是银行通常会救助陷入困境的企业。企业一旦出现困难，银行倾向于提供帮助，使企业渡过难关，而非在企业出现问题后抽贷压贷或争夺资产。

日本的主办银行制度与此类似，特点包括：一是主办银行和企业交叉持股形成"财阀"，银行对企业信息掌握得比较充分。企业必须将经常账户放在一家银行，所有经营收支、现金流水等都在这家银行进行，银行能够清楚了解企业情况，牵头为企业发放银团贷款。二是相机控制原则。在企业经营恶化时，主银行会提供援助，减免贷款本息。如果企业进一步陷入濒临破产状态，主银行可以注入紧急援助资金，派驻管理人员接管企业，处置企业资产，裁减部门和员工，重组债务和股权结构，安排促成企业兼并重组。

以美国为代表的保持距离型模式，核心是通过良好的法律和规制形成债权保护。主要有以下特点：一是企业融资主要依靠资本市场。美国资本市场发展成熟，机构投资者占比较高，投资者保护机制健全，投行、法律、会计审计等中介服务机构数量众多，企业的长期资金主要通过发行股票和债券来筹措，而银行贷款主要满足企业短期资金需求。二是股权融资规模大意味着企业资本充裕，可以先承担风险和损失，其次才是银行等债权人，因此，银行无须对企业进行紧密控制，不必参与公司治理，企业也不用把自己的财务收支全部托付给某一家银行。三是企业陷入困境后银行不进行救助。债权银行不认为其有施救义务，也不认为其在救助方面存在优势，倾向于让企业进入破产程序，通过司法程序维护自身权益。因为破产法较为完备、运用充分，加之破产前的重组、收购等，银行往往也可以得到较好保护。

从上述银企关系的两种模式可以看出，保持距离型模式的前提条件是，资本市场发达，企业股本充足，银行和企业之间形成自由平等和松散的关系，银行在企业出现困境时不会给予救助，而是通过有效的破产法律等保护债权。而在控制导向型模式中，企业融资主要依赖银行贷款而不是资本市场，银企之间紧密度较高，企业陷入困境时银行往往通过相机控制来积极介入和主导企业重组过程，帮助企业恢复健康，从而保护银行债权。

二、客观认识我国银企关系不够健康的表现、原因及其后果

在我国，银企关系是一个老课题，20世纪八九十年代曾展开大量

讨论和研究，也通过一系列改革加以完善，取得一定成效，但一直未能形成普遍共识和良好实践。

（一）银企关系不健康的主要表现是债权人权益悬空，极端表现形式是逃废债务

改革开放初期，我国缺乏企业资本金概念，由于社会财富积累少，资本市场未发育，企业资本匮乏，只能依赖银行贷款。在这种背景下，我们试图模仿日本发展主办银行制度，但并没有得到很好的执行。主办银行的核心是企业的基本账户（经常账户）必须在一家银行开立，银行对企业信息掌握得比较充分，对企业融资种类不作过多限制，并对企业有相机控制能力。但在实践中，由于当时法律、会计、人才等方面配套不够，相关制度也不健全，各方面普遍更加重视工业企业而忽视金融业利益，银行既难以获得企业真实完整的信息，也不能在企业出险时控制管理企业，这在上一轮债转股中表现得尤为明显。银行和资产管理公司既不参与债转股企业经营管理，也难以按照公允价值转股和退出，债转股最终成为"免费午餐"，损害了债权人利益，也进一步冲击了社会信用秩序。

（二）银企关系不健康的主要成因是企业缺乏约束，银行过度竞争

如果企业自有资金充裕，就不必过多依赖银行贷款。但由于我国企业普遍缺少资本金，各项经营主要依赖银行借款，成功了收益归自己，失败了损失归银行，就出现了"预算软约束"或"资本软约束"。股东风险承担和损失承担较少，却能独占企业剩余索取权，"空手套白狼"、"负盈不负亏"现象普遍，因而对强化资本约束、参与公司治理往往缺乏兴趣。为谋求更多盈利和企业剩余，股东扩张冲动强烈，风险倾向比较高，通常愿意承担更多债务，这是导致我国企业杠杆率持续攀升的一个内在原因。银行方面，不仅未从债权人角度加强对企业的约束，银行

之间还存在过度竞争甚至恶性竞争，一家好的企业特别是国有企业往往受到数家银行追逐，贷款发放不计成本和风险，同一项目甚至可以得到多家银行重复贷款。

（三）银企关系不健康的后果是系统性金融风险

时至今日，我国银企关系呈现出四不像，既不是控制导向型，也不是保持距离型，非驴非马，弊端和危害持续发酵，成为许多风险的源头。

从企业层面看，由于资本不足，不论长期资金还是短期资金都严重依赖银行信贷。根据国际清算银行（BIS）测算，2016年9月末，我国非金融企业的债务与GDP之比高达166.3%。在宏观层面，2015年，M_2增速比名义GDP增速高6个百分点，表明杠杆率还在推升。微观层面，部分企业"借新还旧"甚至"借新还息"，企业债务进入恶性循环。企业与银行利益攸关，本应形成稳定的、控制导向型的银企关系，但恰恰相反，在个体上，银企关系极不稳定，缺乏互信。由于企业对银行缺乏忠诚度，在选择银行时，主要考虑眼前利益，谁的利率下浮多就选择谁，不断挑选和更换贷款银行，很难与银行形成长期的稳定合作关系。一些企业缺乏起码诚信，粉饰甚至伪造财务报表，浑水摸鱼，从多家银行获得贷款，一旦经营失败则一走了之。银行难以形成对企业的信任，也难以与企业同甘共苦，信贷投放对政府项目、国有企业、房地产行业等趋之若鹜，而对战略性新兴产业和小微企业惜贷慎贷严重。由于银行不能持有企业股权和参与管理，一旦企业出现经营困难，银行竞相出逃，抽贷断贷，争先恐后冻结、执行企业资产，不仅不会雪中送炭，反倒是雪上加霜。

从银行层面看，信贷呈现明显的顺周期特点：在经济上升时，银行不顾企业真实情况大量发放贷款，部分企业杠杆率上升过快。一方面恶化了经济结构和产业结构，助推了资产价格泡沫。金融业增加值占GDP比重上升过快，我国2015年末已经达到8.5%，高于美国和英国的

7.12%和7.32%。另一方面造成不良资产持续攀升。截至2016年9月末，商业银行不良贷款余额14 939亿元，连续20个季度反弹；不良贷款率1.76%，连续13个季度反弹。金融机构的健康性问题自2003年国有银行改革后再次引起广泛议论。在经济下行期，基于对自身权益悬空的担忧，又急于收紧信贷，加剧了企业资金紧张，增加了企业资金链断裂风险。特别是当宏观经济或行业出现问题时，即使不是企业自身原因，银行也选择弃企业而去，不仅使企业陷入经营困境，也助推了经济下行。

上述风险表明，企业债务和杠杆率的持续攀升、经济下行压力加大、贷款难贷款贵等诸多问题，之所以难以得到有效解决，企业之所以能逃废银行债务而银行却不能与企业共度时艰，均与这种畸形的银企关系相关。可以说，银企关系应成为分析当前经济金融生活中遇到的很多问题的切入点，银企关系如果不能正确定位，许多风险无法化解，金融稳定也无从实现。

三、重塑银企关系是解决多重风险和矛盾的根本路径

在近期，企业杠杆率偏高、银行风险上行是迫切需要解决的实际问题，治标之策是抓紧以市场化、法治化债转股为契机，重塑银企关系。2016年10月10日，国务院发布了《关于积极稳妥降低企业杠杆率的意见》及其附件，提出采取市场化、法治化债转股等综合措施，增强企业资本实力，防范企业债务风险。这些政策既涉及宏观层面的产业结构和货币财税环境，也涉及金融业经营模式和监管取向，更与微观层面的企业治理、银行风险管理和具体债务工具密切相关。

债转股的作用体现为：一方面解决部分企业杠杆率过高的现实困难，帮助企业走出困境；另一方面，更着眼于帮助企业建立长期的、合理的负债约束机制，通过加大银行对企业的约束和影响力改善企业经营管理，并使问题企业能够接受严厉或者痛苦的重组计划，以加快结构

重组。为此，执行债转股政策应贯彻市场化、法治化原则。一是将完善法人治理结构作为重要目标。由银行通过中间机构对符合条件的债务企业进行股权投资，并同时归还银行贷款，不仅可以缓解企业财务负担，更可以对企业的治理结构和经营管理进行优化，支持其转型升级、兼并重组，在去掉无效产能的同时增加有效供给，培育新的发展动力。二是避免行政干预。建立债转股企业市场化选择、市场化定价、资金市场化筹集、股权市场化流通等长效机制，各级政府及所属部门不干预债转股市场主体具体事务，不确定具体转股企业，不强行要求银行开展债转股，不妨碍转股股东行使股东权利，不干预债转股企业日常经营。三是充分发挥破产法的作用。因企制宜实施企业破产清算、重整与和解，对于扭亏无望、已失去生存发展前景的僵尸企业，要依据破产法进行破产清算，不为僵尸企业死而复生提供机会或助长借机逃废债之风。四是深化金融改革。在严格监管前提下审慎有序进行金融综合经营试点，发展股权融资，创新金融市场工具，为相关股权和债权交易的定价和融资提供便利。

企业杠杆过高或过度负债仅是表象，核心问题在于银企关系以及由此形成的企业和金融部门法人治理。如果一直存在债权人对债务人的软约束，那么不用负担相应成本的负债就成为企业最理性的选择，杠杆率持续攀升也就难以避免，甚至出现市场化程度越高、市场竞争越激烈，杠杆率也会相应越高的情况，而且这个问题在经济下行期将变得更加严重。为此，还需要从中期和长期着力，重塑银企关系。

在中期，承认银行信贷仍然是企业最主要的融资来源的前提下，治本之策是建立银行对企业的约束关系。其中，通过实施主办银行制度和银团贷款或联合授信，加强银行对企业的控制力是极为重要的。目前，我国资本市场仍不发达，企业真实、充分的信息大多只能通过长期密切的业务关系特别是支付结算服务和账户信息获得。会计审计标准不高，中介机构力量不足，破产法等法律得不到有效执行，在这种环境和条件下，银企之间难以形成保持距离型的关系，而必须形成控制型关系。采用主办银行制度，有利于银行全面掌握企业的经营情况和财务信息，更多介入企业管理，对企业发挥债权人约束作用。主办银行牵头向企业提供银团贷款或联合授信，负责资信调查和贷后管理，与企业保持紧密联系，可以有效控制企业的财务状况，也可以减少银行端的恶性竞争；在企业出险时，银行也愿意尽力挽救企业并支持重组，而不是竞相出逃，形成踩踏。

在长期，稳步发展保持距离型的银企关系是发展方向。随着我国多层次资本市场发展，金融服务更加完备，法律制度不断完善，中介机构充分培育，我国的银企关系可以向保持距离型逐步过渡。这不仅有利于建立真正的现代企业制度，强化企业的资本约束，完善公司治理，也对金融体系的融合发展有积极意义。为此，需要考虑采取以下措施：首先，要深化企业改革，建立真正的现代企业制度，提高企业总体素质和诚信水平，确保贷款客户向银行提供信息的真实、可靠、完整。其次，进一步提高企业资本金实力。大力发展多层次资本市场，改变以间接融资和债务融资为主的现状，解决权益融资不足问题。十分关键的是，要深化体制机制改革，减少企业的非正常违约。转轨经济中企业出现的违约与行政干预直接相关，有制度性因素，也受法制、规则不健全的影响。这些不加以解决，正常的银企关系仍然难以形成，银行再度出现大规模不良资产的可能性仍然存在。

总之，银企关系的模式选择与一个国家的融资结构、公司股权约束和治理状况、资本市场发育程度、金融业经营模式、中介机构和法治环境等密切相关。经济决定金融，金融服务经济。在当前，通过市场化债转股重塑我国的银企关系，实现银行和企业、金融和经济的互利共赢十分迫切。

周小川行长对于银企关系有深入思考，多年前就有过精辟论述。以上是我的学习心得，谨此与大家分享。

目　　录

总论　金融机构改革的背景和内在逻辑 ………………………… 1

　第一节　改革发展面临的形势和背景 ……………………………… 2
　第二节　金融机构改革思路的争论 ………………………………… 10
　第三节　金融机构改革发展的路径抉择 …………………………… 15

机构改革篇

第一章　大型商业银行改革 ……………………………………… 33

　第一节　改革背景 …………………………………………………… 34
　第二节　改革方向的争论 …………………………………………… 41
　第三节　改革的战略抉择 …………………………………………… 91
　第四节　改革成效和经验启示 ……………………………………… 120
　第五节　下一步改革发展方向 ……………………………………… 129
　附录：大型商业银行改革大事记 …………………………………… 134

第二章 开发性、政策性金融机构改革 …… 140

    第一节 改革背景 …… 141

    第二节 改革思路的争论 …… 151

    第三节 曲折探索和战略抉择 …… 157

    第四节 改革成效和经验启示 …… 165

    第五节 进一步深化改革的方向 …… 170

    附录：开发性、政策性金融机构改革大事记 …… 172

第三章 农村信用社改革 …… 175

    第一节 改革背景 …… 176

    第二节 改革思路的争论：重点和路径 …… 180

    第三节 改革战略抉择 …… 185

    第四节 农村信用社改革的总体成效 …… 193

    第五节 深化农村信用社改革面临的新挑战 …… 196

    附录：农村信用社发展和改革大事记 …… 203

风险处置篇

第四章 高风险金融机构风险处置的战略抉择 …… 211

    第一节 处置金融机构乱象的背景和逻辑 …… 212

    第二节 妥善处置德隆系风险 …… 216

第五章 高风险中小银行业金融机构风险处置的战略抉择 …… 232

    第一节 高风险中小银行业金融机构风险形成和爆发原因 …… 234

第二节　高风险中小银行业金融机构处置措施……………… 239

第三节　高风险中小银行业金融机构处置经验……………… 244

第六章　高风险证券业金融机构风险处置的战略抉择 …… 247

第一节　高风险证券公司风险形成的原因…………………… 248

第二节　高风险证券公司风险处置阶段……………………… 253

第三节　高风险证券公司重组措施…………………………… 258

第四节　高风险证券公司处置经验和成果…………………… 265

第七章　高风险保险业金融机构风险处置的战略抉择 …… 270

第一节　保险公司改革重组的背景…………………………… 270

第二节　改革的战略抉择：重组……………………………… 272

机构发展篇

第八章　科学审慎推动金融业综合经营 …………………… 281

第一节　中国金融业综合经营试点观念的争论……………… 282

第二节　中国金融业经营和监管模式的演进过程…………… 287

第三节　金融业综合经营的国际实践………………………… 292

第四节　中国金融业综合经营的市场选择…………………… 299

第五节　新形势下审慎有序推进中国金融业综合经营试点… 307

第九章　金融业对外开放的争论和抉择 …………………… 317

第一节　关于中国金融业对外开放的争论…………………… 318

第二节　中国金融业对外开放的战略抉择…………………… 323

第三节　中国金融业对外开放进程…………………………… 329

第四节　坚持深化金融业对外开放的战略不动摇⋯⋯⋯⋯⋯⋯ 340

制度环境建设篇

第十章　建立存款保险制度的战略抉择⋯⋯⋯⋯⋯⋯⋯⋯ 353

第一节　存款保险制度的国际实践⋯⋯⋯⋯⋯⋯⋯⋯⋯⋯ 354
第二节　建立存款保险制度是我国金融领域的
　　　　一项基础性改革⋯⋯⋯⋯⋯⋯⋯⋯⋯⋯⋯⋯⋯⋯ 360
第三节　我国存款保险制度的设计和出台⋯⋯⋯⋯⋯⋯⋯⋯ 363
第四节　我国存款保险制度实施的初步成效及未来发展⋯⋯⋯ 376
附录：建立存款保险制度大事记⋯⋯⋯⋯⋯⋯⋯⋯⋯⋯⋯⋯ 380

第十一章　走向未来：金融宏观审慎管理制度的争论⋯⋯ 382

第一节　宏观审慎管理的概念、目标和框架⋯⋯⋯⋯⋯⋯⋯ 383
第二节　宏观审慎管理国际标准和准则⋯⋯⋯⋯⋯⋯⋯⋯⋯ 389
第三节　我国宏观审慎管理的实践⋯⋯⋯⋯⋯⋯⋯⋯⋯⋯ 403

附录　相关重要文献选编⋯⋯⋯⋯⋯⋯⋯⋯⋯⋯⋯⋯⋯ 413

国有商业银行如何充实资本⋯⋯⋯⋯⋯⋯⋯⋯⋯⋯⋯⋯⋯ 413
中国银行业改革迈上新台阶⋯⋯⋯⋯⋯⋯⋯⋯⋯⋯⋯⋯⋯ 423
深化农村金融改革　进一步提升农村信用社资本及其质量⋯⋯ 439
政策性金融再定位——专访中国人民银行行长周小川⋯⋯⋯ 460
解析中国存保制度⋯⋯⋯⋯⋯⋯⋯⋯⋯⋯⋯⋯⋯⋯⋯⋯⋯ 474

参考文献⋯⋯⋯⋯⋯⋯⋯⋯⋯⋯⋯⋯⋯⋯⋯⋯⋯⋯⋯⋯ 487

专栏

专栏 1	外部媒体关于大型商业银行不良贷款问题的评论	37
专栏 2	中海油两次上市案例	64
专栏 3	国务院决定中国银行和中国建设银行实施股份制改造	92
专栏 4	大型商业银行股份制改革提升国际评级机构对中国主权及银行业评级	122
专栏 5	农村信用社改革试点资金支持政策	186
专栏 6	美国存款保险制度建立及应对危机的两次重要改革	357
专栏 7	英国北岩银行挤兑案例	373
专栏 8	全球金融体系委员会发布《宏观审慎工具的选择与应用》	387
专栏 9	建立逆周期资本缓冲	393
专栏 10	系统重要性金融机构对金融稳定的影响	401
专栏 11	金融监管协调部际联席会议制度运行	410

总论
金融机构改革的背景和内在逻辑

金融是现代经济的核心和血液。党和国家领导人历来高度重视金融对经济社会发展的推动作用。2017年7月14日，习近平总书记在第五次全国金融工作会议上指出："我国金融改革发展取得重大成就，金融业保持快速发展，金融产品日益丰富，金融服务普惠性增强，金融改革有序推进，金融体系不断完善，守住不发生系统性金融风险底线的能力增强。"[①] 改革开放以来，特别是新世纪以来，在党中央、国务院的正确领导下，我国坚定不移地推进和完成了一系列具有里程碑意义的重大金融改革。构建一个什么样的金融机构体系，如何构建金融机构体系，在三十多年的金融改革进程中是贯穿始终的争论，也是关系到中国金融体系如何有效配置资源以支持经济发展，如何有效防控风险以保持健康性的重大抉择。在争论和抉择中，我国金融改革取得了一系列举世瞩目的巨大成就：大型商业银行股份制改革顺利完成并成功上市，农村信用社改革全面深化，证券公司规范发展，大型国有保险公司基本完成改制，基

---

① 资料来源：第五次全国金融工作会议通稿，原文于2017年11月8日下载自新浪财经，http://finance.sina.cn/futuremarket/gypzx/2017-07-15/detail-ifyiamif3067574d.html。

本建立了与社会主义市场经济相适应的现代金融机构组织体系,金融业在支持经济发展、体制改革和社会稳定中发挥了重要作用。

未来相当长的一段时期,我国经济社会发展仍将处于重要的战略机遇期,既面临难得的发展机遇,也要面对诸多风险和挑战。周小川行长在2013年11月出版的《党的十八届三中全会〈决定〉学习辅导百问》一书中发表的《全面深化金融业改革开放 加快完善金融市场体系》中指出:"做好金融工作,关键是要牢牢把握金融服务实体经济的本质要求,坚持市场配置金融资源的改革导向,坚持创新与监管相协调的发展理念。"通过进一步深化改革增强金融机构的稳健性和健康性,关键在于要牢牢把握金融服务实体经济的本质要求。经济发展是国民福利的源泉,也是金融发展的基石。百业兴则金融兴,百业稳则金融稳。实体经济不仅包括生产实物的农业和制造业,也包括服务业。金融服务中有多项业务是直接为实体经济服务的,是实体经济的组成部分。当然,也有一些金融业务创造了自我服务、自我循环,脱离了实体经济。对此,必须多措并举,有效防范过度投机和虚假繁荣。在现有金融机构改革基础上,要坚持金融服务实体经济的本质要求,深化各类金融机构改革,强化内部治理和风险管理,提高创新发展能力和国际竞争力,健全支持实体经济发展的现代金融机构体系,防范各类潜在风险,促进经济持续健康发展。

第一节 改革发展面临的形势和背景

一、新世纪前金融机构组织体系逐渐健全

改革开放以前,我国建立了与计划经济体制相适应的高度集中的、

单一的国家银行体制。1978年，党的十一届三中全会开启了我国改革开放的历史序幕，金融改革开放提上日程。1979年后，我国陆续恢复或分设了农业银行、中国银行、建设银行和工商银行，逐步设立了一批全国性和区域性股份制商业银行，以及各类其他金融机构。1984年，中国人民银行开始专门行使中央银行职能。1987年10月，党的十三大首次提出我国社会主义有计划商品经济体制的运行机制是"国家调控市场、市场引导企业"，明确了金融体制改革的市场化方向，推动金融机构深化内部改革，转换经营机制，朝着商业化经营的目标迈进。1993年11月，党的十四届三中全会明确提出要在20世纪末初步建立起社会主义市场经济体制，并要求加快金融体制改革。1993年12月25日，国务院《关于金融体制改革的决定》明确提出了我国金融体制改革的总体目标是"建立在国务院领导下，独立执行货币政策的中央银行宏观调控体系；建立政策性金融与商业性金融分离，以商业银行为主体、多种金融机构并存的金融组织体系；建立统一开放、有序竞争、严格管理的金融市场体系"。新世纪之前，通过以下几方面的改革和发展，金融体制市场化不断推进，金融机构组织体系逐渐健全。

首先，通过促进竞争并建立现代企业制度，国有专业银行实现商业化。20世纪90年代以前，工商银行、农业银行、中国银行、建设银行四家国有银行分别服务于工商业、农业、国际业务和项目建设等行业或领域，相互之间缺乏充分的竞争，同时，如果国家在某一领域有政策性要求，四家大型商业银行也必须支持各自负责领域内相关的政策性业务。这不符合竞争性市场经济的基本特征，也不利于实体经济的发展。同时，根据党的十四届三中全会提出的国有企业要建立现代企业制度，建立以产权明晰、权责明确、政企分开、管理科学为基本特征的公司组织结构和初步的治理框架的要求，大型国有银行作为国有企业的一部分，也需要改变专业银行的性质，转变为市场竞争主体，并按照现代企业制度来运营管理。鉴于此，我国于1994年成立了三家政策性银行，专门开展政策性业务，实现了政策性金融业务与商业性金融业务的分离，四家大型商业银行只承担商业性业务，不再按专业领域划分业务，同时建立了公司治理结构相对完整的现代企业制度。

在推进国有专业银行商业化的同时，我国也积极提升其资本充足水平。考虑到大型商业银行的资本充足率仍未达到国际上银行业认可的水平，我国于1997年调低了大型商业银行的所得税税率，从55%的所得税外加7%的调节税下调至一般工商业企业的33%，提升大型商业银行利用内源性融资增加资本金的能力，并于1998年由国家财政向工、农、中、建四家大型商业银行补充了2 700亿元资本金，短期内显著提高了大型商业银行的资本充足率。1999年4月，我国成立信达资产管理公司，此后又于10月成立了华融、长城、东方三家资产管理公司，用于接收相当一部分由于政策性贷款及在转轨期间所形成的不良资产，使大型商业银行减轻了核销和准备核销不良资产的资本负担。

其次，农村信用社管理逐步优化。农村信用社自20世纪50年代初成立以来，至1995年以前由中国农业银行领导管理。1984年8月，国务院批转中国农业银行《关于改革信用社管理体制的报告》，农村信用社成为中国农业银行的基层机构。这个阶段的改革重点是恢复农村信用社的"三性"，即组织上的群众性、管理上的民主性、经营上的灵活性。1996年，农村信用社进入由中国人民银行管理的阶段，对农村信用社的改革主要包括：清股扩股、建立民主管理制度、调整服务方向等，农村信用社成为农民入股、社员民主管理、主要为入股社员服务的合作金融组织。1996年6月，根据《国务院关于农村金融体制改革的决定》，农村信用社从中国农业银行脱钩。1998年，中国人民银行依法独立履行对农村信用社机构设立、变更和终止的审批和监管职责。通过上述改革，农村信用社拥有了较强的独立性和灵活性，内部管理的有效性有所提升，支持"三农"的能力也在一定程度上有所增强。

最后，证券业和保险业金融机构多元化发展。1990年底，上海证券交易所和深圳证券交易所相继正式建立。1992年，为加强证券市场的宏观管理，有效协调股票、债券等有关政策，建立健全证券监管工作制度，成立了国务院证券委员会和中国证券监督管理委员会。在体制机制不断完善的背景下，证券经营机构快速发展，但也在一定程度上存在发展不规范、过度竞争、专业性不强等问题。1996年，中国人民银行要求除证券公司和信托投资公司之外，其他金融机构不得设立证券交易营业部，证券机构进入规范重组阶段。经过几轮重组，专业证券公司的实力增强，行业集中度进一步提高。

1991年，中国太平洋保险公司和中国平安保险公司相继设立，保险市场竞争格局初步建立。1992年，启动保险市场对外开放试点，美国友邦等外资保险公司开始进入我国。1994—1995年，新华、泰康等一批股份制保险公司相继设立，保险市场初步形成了多层次的竞争格局。同时，根据1995年《保险法》确立的产、寿险分业经营原则，中国人民保险公司一分为三，分成中国人民保险公司、中国人寿保险公司、中国再保险公司三家保险公司。1998年，专门成立了中国保险监督管理委员会，进一步加强对保险机构的监管，促进保险机构规范经营。

二、新世纪以来宏观经济企稳对金融机构改革形成良性支撑

经济决定金融，金融改革一般需要适宜的经济环境。伴随前期应对通胀的宏观经济政策效果逐渐显现以及亚洲金融危机爆发等因素叠加，我国经济增速快速放缓，进入新世纪后，伴随扩大内需相关政策措施的效果逐渐显现，宏观经济逐渐由降转稳，呈现复苏态势。

一是总需求从疲软转向企稳。自1993年年中开始，针对当时总需

求增长率过高和物价上涨过快的情况,我国采取了以控制总需求增长率为主要目标的宏观经济政策。广义货币 M_2 的年增长率在 1993—1995 年平均达到 33.7%,1997 年下降到了 19.6%。1997 年初,当时最受关注的价格指数——商品零售价格指数同比增速快速下跌,自 1996 年 12 月的 4.4% 快速降至 1997 年 5 月的 0.8%,并于 1997 年 10 月由正转负。此前,工业品出厂价格指数已经连续四个月同比下跌,而后主要价格指数中上涨最快下降最慢的居民消费价格指数也开始下跌,GDP 平减指数于 1998 年和 1999 年连续保持负值,为 1975 年以来的首次。亚洲金融危机的爆发导致外需受到较大冲击,外需对经济增长的贡献由正转负,总需求增速进一步放缓。面对总需求增长乏力的不利局面,通过实施积极的财政政策和稳健的货币政策,不断扩大财政支出,降低商业银行存贷款利率,新世纪以来经济呈现复苏走势。根据图 1,自 2001 年实际 GDP 增速持续上升,并且逐渐恢复至潜在增速之上,为金融机构发展创造了良好的宏观经济环境。

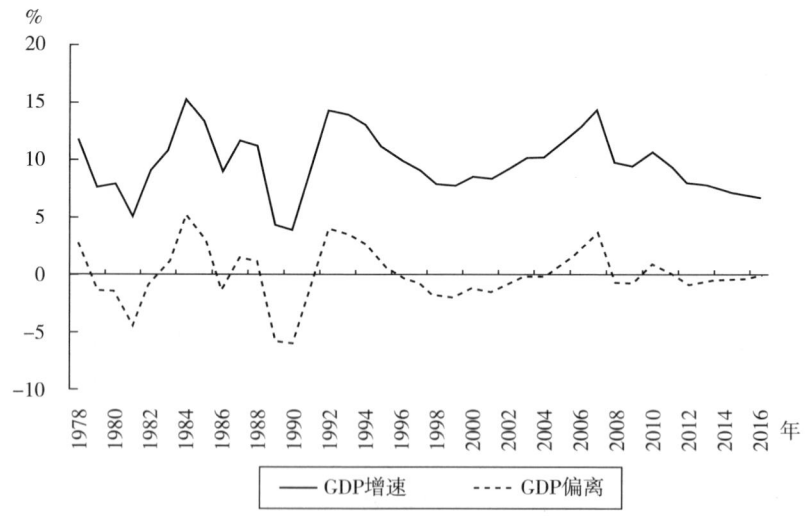

数据来源:原始数据来自国家统计局,GDP 偏离根据 GDP 增速与 HP 趋势值之差计算得到,其中,计算 HP 趋势值时设置的参数值为 100。

图 1　我国历年 GDP 增速及其与潜在增速的偏离(1978—2016 年)

二是总需求结构发生重要变化。根据图2，从长期趋势看，最终消费占比呈现趋势性下降，固定资本形成与货物和服务净出口呈现趋势性上升。新世纪以前，我国的总需求结构中，最终消费占比始终高于50%，且在大部分年份甚至高于60%，而投资与货物和服务净出口占比相对较低。进入新世纪，伴随改革开放政策的持续推进，在国内资本回报率快速回升的背景下，外资大规模进入我国开展实业投资，同时，贸易部门充分发挥其单位劳动成本低的竞争优势，实现出口规模的快速扩张，使我国的总需求结构出现了重要变化。改革开放不仅改变了我国总需求结构，也对金融机构提出了新的要求，特别是外商投资和对外贸易的快速增长，派生新的金融服务需求，也为金融机构创造了巨大的发展空间。

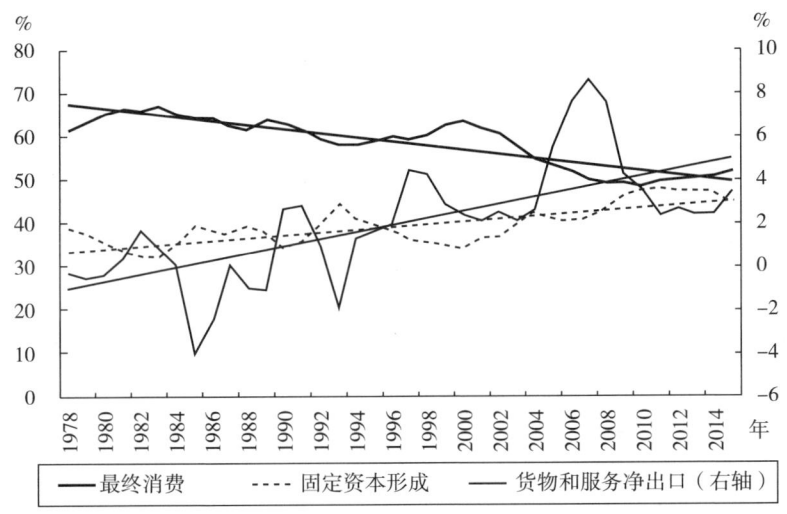

数据来源：基础数据来自《中国统计年鉴（1992—2014年）》。

图2　我国历年支出法GDP结构及其线性趋势（1978—2015年）

三是资本回报率快速回升。新世纪之前，我国资本回报率呈现趋势性下降态势。由于企业难以做到独立自主、自负盈亏，且外部也缺乏市场化环境，一旦企业出了问题甚至破产倒闭，经营者可以推卸责任，认为都是地方政府或主管部门行政干预的结果。在这种情况下，再加上总需求增速持续回落等因素产生叠加效应，压低了资本回报率。伴随社会主义市场经济的发展和现代企业制度的逐渐建立，管理费用和利息费用相对下降、资本运营效率水平提升等因素对资本回报率企稳回升发挥了重要作用。不仅如此，新世纪以来，我国劳动生产率快速增长并向发达国家收敛，为我国资本回报率的持续快速上升打下坚实基础。根据图3，1978 年以来，我国制造业劳动生产率相对OECD 国家呈现"先稳后增"态势。我国与OECD 国家劳动生产率指数之比在1978—1988 年始终保持在90 以上，并在1989 年下滑至86.1 后快速回稳，自1996 年以来呈现快速上升态势，并于2014 年升至630，提示我国制造业劳动生产率相对OECD 国家呈快速追赶态势。

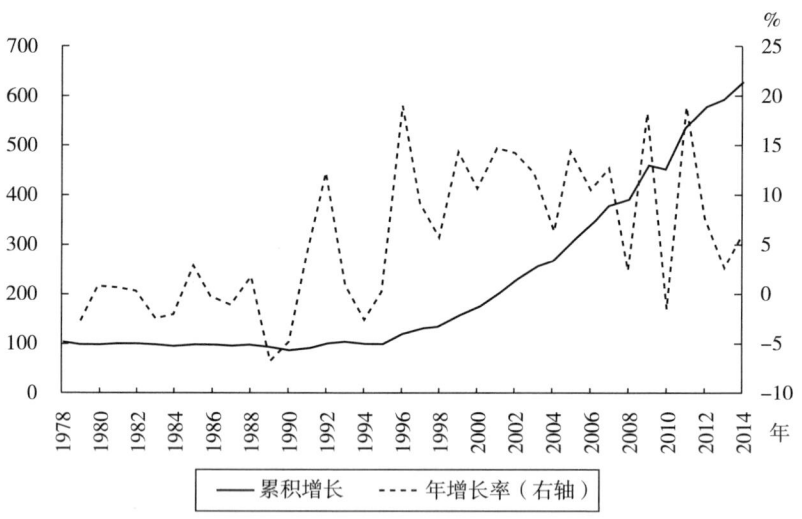

数据来源：1978—1998 年数据来自《我国劳动生产率增长及国际比较（1978—2004）》（卢锋，2006）附录10 和附录11；1999—2014 年数据根据制造业就业人数、增加值、工业品出厂价格计算；1978—2011 年OECD 国家数据来自国际劳动比较项目（BLS‐ILC），2012—2014 年美国数据来自美国劳工统计局（BLS），日本数据来自Japan statistcs bureas，其他国家数据来自OECD，根据15 个OECD 国家增长率平均值计算；15 个OECD 国家为美国、加拿大、澳大利亚、日本、韩国、比利时、丹麦、法国、德国、意大利、荷兰、挪威、西班牙、瑞典、英国。

图3 我国相对OECD 制造业劳动生产率（1978＝100，1978—2014 年）

在多重积极因素的综合作用下,我国资本回报率呈现企稳回升态势。根据图4,我国工业部门资本回报率自1998年筑底后形成止跌回升拐点并强劲增长。伴随资本回报率的显著回升,非金融企业债务占GDP比重呈现下降特征,1999—2001年内呈现持续下降态势,2001年该比重已降至1997年的水平,有助于降低商业银行等金融机构面临的信贷风险。

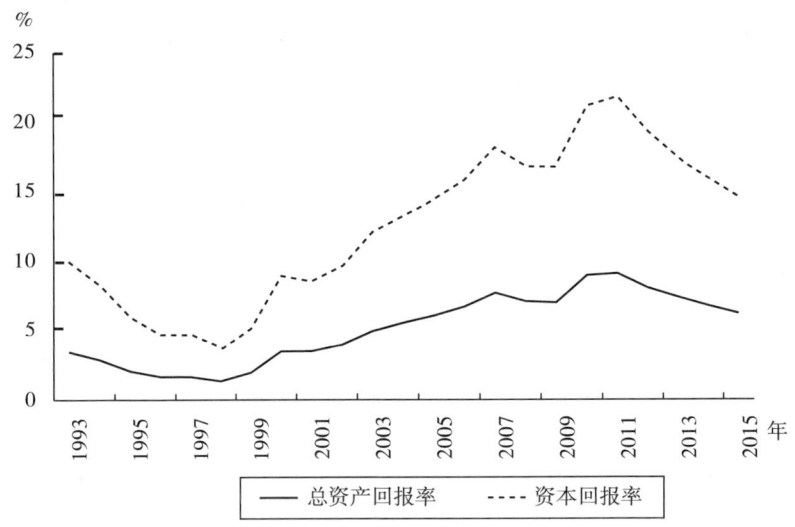

数据来源:根据国家统计局数据计算得出。

图4 我国工业部门历年资本回报率走势(1993—2015年)

伴随宏观经济逐渐由降转稳,我国实体经济的基本面稳步好转,企业盈利能力不断提升。作为金融部门的映射,实体企业资产负债表的持续改善增强了企业的偿债能力,在回报率较高的投资机会不断涌现背景下,企业派生出新的信贷需求,形成正反馈。在这一过程中,金融部门的抗风险能力也在不断提升,为改革创造重要的时机。

| 金融机构改革的道路抉择 |

第二节 金融机构改革思路的争论

穷则变,矛盾是事物发展的源泉和动力,也是触发金融机构改革的逻辑起点。在21世纪初,我国仍处于"转轨经济加新兴市场"的特殊发展阶段,历史积累的金融风险尚未完全化解,新的风险仍在不断形成。在经历了亚洲金融危机的冲击后,较重的历史负担和多年累积的各种风险都给未来的改革增加了不小的难度。由于在监管等问题上并不明确,金融机构多元化发展也在一定程度上导致了金融体系风险上升并出现一系列相关案件,而且还导致了不良贷款率持续上升,市场竞争环境恶化等问题。金融机构改革已"箭在弦上",面临一系列方向性抉择。

一是国有银行改革方向的争论。尽管采取了推动国有专业银行向商业银行转变等一系列举措,并通过注资、剥离不良资产等方式增加银行资本金,在一定程度上化解了金融体系的风险,但由于上述政策未触及和解决政企不分、产权模糊、公司治理缺失、监管不足、市场机制不健全等问题,更多从治标层面化解金融风险,没有从根本上解决问题。

一种观点认为,既然是国有独资,就应该承担政策义务,因此政策性金融与商业性金融界限模糊,导致商业银行责任推诿和道德风险。凡是打着主管部门、地方政府或者上级机关旗号发放的贷款,如果没问题,那是支持了国家和地方,赚了归自己,个人也跟着拿奖金,而且各种关系也处理得很好(因此,当时"关系型"经济非常盛行);如果出问题了,贷款收不回来了,成为不良资产了,则可以把责任推给国家、推给主管部门、推给地方政府,自己则没有责任。在这样的激励机制下,商业银行的不良贷款损失快速增加。此外,我国商业银行的公司治理没有建立起来,虽然称为商业银行,但在企业形式上实际还是国有全民所有制企业，没有建立规范的公司治理，其内部的很多规则、约束机制都无法有效建立起来。考虑到国有企业的关系没有明晰，银行业在很大程度上还要支持国有企业及其改革，以及对金融产品价格长期存在管制等因素影响，导致市场和机构行为的扭曲，商业银行的损失规模进一步扩大。

大型商业银行的职能不清、面临行政干预和自身经营不善是造成不良贷款高企的主要原因。根据对我国改革开放以来大型商业银行不良贷款的成因以及构成进行的调查，由大型商业银行自身经营管理不善所造成的不良贷款在整个不良贷款中所占比例并不高。大型商业银行不良贷款的历史形成主要来自于政府干预较多、法律环境薄弱、大型商业银行客户群管理不善等原因。具体来看，在大型商业银行的不良贷款中，约三分之一来自于承担的政策性或者体制性的任务，约三分之一来自于行政干预，仅有约三分之一的不良贷款是由于国有银行自身信贷经营不善所造成的。不仅如此，在行政干预下，原本一个正常的、能够履约还款的企业，很可能变成还不了贷款、发生违约的企业。也有可能是在法制、规则不健全以及其他条件下造成违约率高企。也就是说，在贷款客户所面临的环境没有改善的情况下，最终的违约率可能高于市场正常违约率，这种现象的产生不仅是由市场自身的风险引起的，还有其他更为复杂的体制因素。这些因素不加以解决，银行改革后再度出现大规模不良资产的可能性依然存在。

另一种观点认为，要想建立真正有竞争力的国有银行，必须走现代金融企业道路。国际上有一些评价，认为我国的银行在技术上已经破产。尽快改革大型商业银行，再造产权清晰、资本充足、内控严密、运营安全的现代金融企业，成为金融机构改革发展的首要任务。在国内经济增速下滑和外部冲击影响持续发酵的背景下，大型商业银行的资本充足率、不良贷款率等指标严重恶化，相当一部分不良贷款和应收未收利息是呆账、坏账，无法收回。2000年之后大型商业银行的不良贷款

| 金融机构改革的道路抉择 |

率仍持续攀升，资本严重不足。2002年，大型商业银行报告的不良资产率是25%，但这实际上是按低标准的会计标准和贷款分类方法统计出来的，如果按照高一点的标准，不良贷款率可能会达到45%，与此同时，金融业界的各种标准也没能跟上改革开放的需要，基本的会计准则、内控制度、贷款分类、风险管理等方面均缺乏有效合理、适应市场经济和改革开放要求的标准或准则。以贷款分类为例，1998年之前一直沿用过去"一逾两呆"的四级分类法，国有银行大量不良资产开始浮出水面。

二是如何平衡中小金融机构风险处置和功能发挥。1997年，亚洲金融危机爆发后，我国大批中小金融机构的风险不断暴露，突出表现为：城市商业银行和大量城乡信用合作社不良资产比重持续攀升，盈利水平较低，出现流动性困难。一大批信托公司等非银行金融机构公司治理缺失，风险管理和内部控制薄弱，违法违规经营严重，部分金融机构和从业人员搞账外经营。1997年，中共中央、国务院下发了《关于深化金融改革 整顿金融秩序 防范金融风险的通知》，采取多种举措防范和化解金融风险，人民银行通过接管、债务重组、行政关闭、破产等方式对问题金融机构进行处置，全面整顿信托业，只保留少量规模较大、管理严格、真正从事受托理财业务的信托公司，对非法集资、变相存贷款业务等各种非法金融业务进行清理和查处。但由于处置工作的复杂性和制度缺失，许多机构"退而不出"，一些信托投资公司、城市信用社的风险难以及时清理完毕。同时，为数众多的农村信用社不良贷款高企，随着2004年德隆系风险爆发，证券业和资本市场的风险全面显现，保险公司的风险事件也逐渐暴露。

从农村信用社来看，上一轮农村信用社改革前，截至2002年底按过去四级分类标准统计的不良资产比例就接近40%，如果按照更严格的五级分类标准，这个比例就可能在50%左右。总体来看，当时的农村信用社资产负债表质量非常差，亏损严重，资本也基本上损失殆尽，能否继续生存都很成问题，服务"三农"无从谈起。农村合作基金会算是过去金融服务"三农"的一种创新，在补充基层农村金融服务，为农户提供小额信贷服务方面发挥了一些积极作用，但也存在突出问题，主要还是大量的地方行政干预，以及缺乏有效的约束，一方面变相非法集资、高息揽储，另一方面经营管理不善，造成巨额呆账坏账。经过 1994—1996 年的治理整顿，问题还是没有得到根本解决，特别是经过亚洲金融风波后问题更加严重，1999 年 3 月国务院宣布对全国各地的农村合作基金会予以清盘关闭。从整体看，21 世纪初整个农村金融体系也累积了巨额损失。

三是如何解决中央财政对金融体系损失的吸收能力问题。我国趋紧的财政形势决定了无法通过财政承担金融体系的损失。从当时的情况看，我国财政困难主要表现在以下三个方面：

第一，财政职能发挥受财力制约。我国财政收入自 1978 年以来增长缓慢，财政收入占 GDP 比重总体呈下降趋势，从 1978 年的 30.8% 持续降至 1995 年的 10.2%，此后小幅回升。在财政收入增长缓慢的背景下，财政支出的增长受到较大抑制，占 GDP 比重总体也呈下滑趋势，从 1978 年的 30.5% 降至 1996 年的 11.1%，此后小幅回升。财政支出占 GDP 比重的下降直接导致了公共产品供给能力的下滑和基础产业的发展滞后，并给经济发展以及结构调整带来了严重的不利影响。

第二，我国财政收支连年出现赤字。自 1986 年以来，我国财政始终处于赤字状态。连年的财政赤字以及赤字规模不断扩大使得我国的财政支出已形成了一种赤字依赖。亚洲金融危机爆发后，为稳定总需求增速而采取积极的财政政策使得财政赤字增速进一步加快，1998 年和 1999 年运用积极的财政政策扩大内需使财政赤字分别扩大到 922 亿元和 1 744 亿元。从赤字增速来看，1991—1996 年，我国财政赤字年均增速为 17.4%，而 1997—2000 年，我国财政赤字年均增速大幅升至 62.3%。伴随财政赤字的快速增长，我国财政债务占 GDP 比重也快速上升，1997—2000年，该比重从25%升至33%。

第三，财政收入对国债的依存度偏高。从财政收入对债务的依存度看，1997年我国财政债务依存度为23%，1998年大幅升至40.2%，而同期中央财政债务依存度则从55.8%进一步升至73.9%，与国外相比已经非常高了。面对金融体系损失的持续增长，已经远远超出我国财政可以承担的范围，需要采取创新方式解决金融体系损失问题。

此外，从国际经验来看，即使政府财政状况良好，也不能单纯依赖财政来承担巨额的金融体系损失，否则可能会造成金融不稳定甚至爆发危机。以爱尔兰为例，虽然在欧债危机前保持景气增长，高端制造、医药、软件服务等实体产业快速发展，带动经济常年保持在5%左右的增长，1997—2007年连续保持财政盈余状态。但是，在国内房地产泡沫破裂后，政府采取托管方式承担了银行的不良贷款，导致2010年的赤字率飙升至32.4%，最终引发市场恐慌和国债收益率飙升，不得不依赖外部援助而度过危机。虽然爱尔兰的实际GDP增速于2014年重回5%以上水平，如果能够采取更加稳健的措施处理银行坏账损失，危机也许并不会发生，单纯依赖财政消化金融体系损失本身可能带来更大的风险。

对于中国这样一个从集中型中央计划体制向社会主义市场经济体制转轨的国家，转轨开始后，过去由中央计划集中配置资源所产生的失误必然要表现出来。在这样的情况下，财政难以吸收金融体系巨额损失。

综合来看，道德风险是新世纪初金融改革面临的最关键的体制难题。中央银行—商业银行—中小金融机构体系的搭建伴随着巨大的发展冲动和风险隐患，随着风险暴露，金融机构陷入"虱子多了不怕咬"，进一步放松风险管理，寻求国家兜底的状态。在此情况下，中央银行试图加强监管和调控时，发现对这种"病号"型的金融机构，各种政策的效果很差，金融机构往往并不按照中央银行所希望的方向走，政策传导及其效果有很大的问题。

第三节 金融机构改革发展的路径抉择

我国金融机构改革存在一定的有利条件，新世纪之前的金融机构改革使金融机构的竞争实力在一定程度上得到加强，为进一步深化改革创造了有利条件。此外，亚洲金融危机的爆发提升了社会各界对于银行体系稳健经营重要性的认识，也提高了对金融体系脆弱性可能带来的巨大的金融风险的认识，从某种程度上将改革的不利因素变成了有利因素。尽管如此，伴随转型过程中各种潜在风险的逐渐暴露，金融体系中不稳健因素的逐渐增加，亟须从体制机制上解决产生金融风险的根源，从根本上建立促进宏观经济稳定、支持实体经济发展的现代金融体系。2003年，党的十六届三中全会通过的《中共中央关于完善社会主义市场经济体制若干问题的决定》明确要求，"改进中央银行的金融调控，建立健全货币市场、资本市场、保险市场有机结合、协调发展的机制，维护金融运行和金融市场的整体稳定，防范系统性风险"；"深化金融企业改革，商业银行和证券公司、保险公司、信托投资公司等要成为资本充足、内控严密、运营安全、服务和效益良好的现代金融企业"。

我国的金融机构改革是一项长期的系统性工程。一方面，金融机构存在的风险情况复杂，牵涉面大，涵盖内容广，既包括化解风险、增强金融机构单体健康性，又包括完善现代金融企业制度、实现创新发展等内容，不可能一蹴而就。另一方面，伴随我国金融机构改革逐步推进，实体经济的企业改革如果还没有充分展开，企业还没有获得充分自主权、公司治理还没有充分建立的情况下，金融企业要实现自主经营、建立现代企业制度、形成规范的公司治理等，也是不现实的。只有实体经济中的企业改革得差不多了，金融业的改革才能跟上，这也是配套和服

金融机构改革的道路抉择

务于实体经济改革的必然要求。与此同时，中国加入世界贸易组织时明确到2006年底，中国金融业将全面对外资开放。如果我国金融机构不能在短时间内从根本上改善自生能力，未来在与外资金融机构竞争中将处于极为不利的位置。因此，金融业对外开放背景下，必须通过深化金融机构改革，提升金融机构健康性和发展的可持续性。

从转轨国家经验来看，转轨国家主要有两种改革模式，一种模式是苏联东欧剧变后形成的"休克疗法"。"休克疗法"倾向于全面否定过去的体制，而且在思想感情上也是对以前的做法不屑一顾。在此过程中，新的机制还没有建立，于是就有个迅速"抄袭"的过程。涉及金融业的法律法规，如会计准则、贷款分类规定、建立资本市场的具体做法等都直接从西方国家照搬引入。这样做的问题是，由于国内缺乏相应的经济背景、实践经验以及人才储备，业界和公众一般都很难理解这些法律法规和新的政策。这样，往往是谁先理解谁就占很大便宜。同时，另一个做法是大规模私有化，通过发放票证实现快速、大规模的国有资产私有化。在此过程中，对私有化票证很多公众不懂，甚至没当回事，在需要钱的时候就把票证给卖了。这样，具有财富和信息优势的人便开始从中牟利，通过发布虚假信息、操纵市场等手段，迅速实现控制权转移，股权很快向这些人集中，私有化过程变成了大规模的财富集中过程。金融改革的过程中，金融机构也有大量的不良资产，如果不救，这些机构就会垮掉，像苏联的金融机构在"休克疗法"后基本全垮了，之后国内先后成立了1 000多家私有制的商业银行，没有一家是国有的，几乎都是小银行。但金融机构如果没有一个大、中、小相结合的梯次机构，就不利于为实体经济服务，小银行通常吸收一点存款就买国债。到了1998年，俄罗斯国债也开始违约，最后致使俄罗斯陷入一场很严重的金融危机。后来俄罗斯吸取教训，慢慢作了调整，着重扶持几家大的银行。"休克疗法"的改革模式存在明显问题，相比而言，另一种改革模式——渐进式改革更符合人的一般认识规律。从过去的计划经济转向市场经济体制并谋划下一步发展时，总有个逐步转变、逐步适应的过程。简单而言，就是饭要一口一口吃、路要一步一步走，改革也要逐步推进。从最终的目标看，"休克疗法"和渐进式改革的目标都一样，都是希望市场起主导作用，希望把企业搞活，扶持和推动私有企业的发展；金融领域也是类似，都是希望把金融业改革发展得更好，提高为实体经济服务的水平，特别是加强中央银行实施宏观调控的能力，但不同模式效果截然不同。从具体改革模式选择看，需要立足于我国国情，并充分吸取"休克疗法"的教训，走渐进式改革的道路。

金融机构改革的首要目标是有效化解现有金融风险并充分防范潜在金融风险，牢牢守住不发生系统性风险的底线。通过提供多元化的金融产品和服务，降低企业融资成本，增强金融服务实体经济的能力。同时，注重提高金融机构管理水平和服务质量，增强金融机构发展的可持续性，并推动一批具有国际竞争力和跨境金融资源配置权的中资金融机构快速稳健成长。不仅如此，还要推动国内金融机构加快与国际标准接轨，为金融业双向开放创造良好条件。具体而言，主要包括健全商业性金融、开发性金融、政策性金融、合作性金融分工合理、相互补充的金融机构体系。构建多层次、广覆盖、有差异的银行机构体系。加强资本约束，完善治理机制，更好地发挥开发性金融和政策性金融在促增长、调结构方面的作用，加大对经济重点领域、薄弱环节支持力度。优化国有金融机构股权结构，改善金融机构公司治理机制，建立现代金融企业制度，形成有效的决策、执行和制衡机制。依托合作经济组织，引导合作性金融健康发展。

总的来看，我国的金融机构改革是一项系统性工程，不仅关乎金融稳定，更对我国实体经济的可持续发展具有重要意义。因此，在改革过程中，既要在线修复，也要实现高风险机构市场退出；既要治标，也要治本；既要塑造健康的个体，也要完善整个金融体系。在改革顺序上，体现为重塑财务健康→完善公司治理→强化外部约束→高风险机构市场退出→继续创新发展→完善制度环境。

一、清理金融机构的资产负债表

亚洲金融危机和日本等国的经验教训都表明，对金融机构资产负债表的清理要坚决果断，否则会拖很多年都解决不了。从理论上说，清理金融机构资产负债表首先涉及金融稳定甚至是宏观经济稳定问题。但相关的争议是，在清理的过程中可能存在推诿责任、道德风险等问题。如果尺度拿捏不准，容易导致道德风险，形成负向的激励机制，会纵容、鼓励金融机构追求高风险的行为，这意味着今后市场还会犯同样的错误。

从西方成熟市场看，除历史罕见的大危机外，更多通过市场来处置和消化风险。对于我国这样一个经历转轨过程的大国而言，在清理金融机构资产负债表过程中需要更多采取救助措施，主要通过改善金融机构的资产负债表来化解金融机构风险，这与发达国家相比存在一定差异，原因在于：一是金融业作为国民经济的命脉行业，如果大型商业银行等金融机构发生破产，容易导致系统性风险爆发，最终对宏观经济产生重大负面影响。二是我国是转轨经济，公有制还占有比较大的成分，金融机构出了问题怎么承担责任，是金融机构自己没有审慎经营，还是因为承担了政策性、半政策性或者体制性的任务，这很难作出明确的区分。即使到1993年党的十四届三中全会时，工、农、中、建四大专业银行还不能够真正自负盈亏，还有很多计划色彩以及行政干预，一些不良资产、呆账坏账实际上与计划经济及其体制转轨有关。因此金融机构有问题很难说清楚究竟应该由谁来承担责任，如果不救也是不负责任的，所以还是倾向于要救。三是我国改革过程中特别强调社会稳定。金融业涉及到千家万户的利益，如果出了问题不救，特别是如果和其他方面的问题纠缠在一起，容易影响社会稳定。

基于上面这些考虑，对大型商业银行资产负债表的清理可以分阶段进行。首先核销已实际损失掉的资本金。一家公司如果已经有了大量亏损，就必须用资本核销掉，否则就要把这个负担转嫁到别的地方。2003年改革前，我国银行业没有实行规范的资产五级分类制度，银行没有计提相应拨备，没有及时核销不良资产。实际上，商业银行的自身积累本来就应该拿出一部分用于核销坏账和计提坏账准备金。然后按照市场化原则剥离处置不良资产。与1999年按照账面值剥离不良资产不同，2003年以来的不良资产处置主要通过四家资产管理公司以市场化方式进行处置，体现了公平、公正、公开原则，最大限度地引入了市场竞争机制，强化了激励与约束机制，有利于待处置不良资产的价值回收最大化。最后，考虑到银行自身资源有限、财政负担较重等因素，可以通过外汇储备进行注资。当然，在清理资产负债表的过程中也要强调给市场明确的信号，该倒闭的就让它倒闭，不能施救，以起到警示作用，防止道德风险。通过这些举措，充分让市场在资源配置中发挥决定性作用，实现优胜劣汰。

二、完善金融机构公司治理

金融机构财务状况基本合格后，要想跟上国民经济迅速发展的需要，还需要不断增强资本。因此，大多数效益比较好的银行、保险公司、证券公司逐步发行上市，变成上市公司。值得注意的是，形式上的改制上市不会自动带来金融机构改革的成功，能否实现有效的公司治理才是综合改革取得成功的重要标志。对于有效的公司治理而言，进一步完善公司治理的外部环境、构建有效的公司治理结构、建立科学的治理机制和内部控制系统都是缺一不可的。与此同时，要按照现代企业制度建立公司治理结构，提升透明度，金融机构要受到来自广大投资者特别是股票市场投资者和战略投资者的压力和监督约束，从而有足够的动力加强财务和风险管理。具体而言，主要从以下几个方面完善公司治理：

一是充分发挥党委在金融机构公司治理中的作用，将党管干部原则与投资者权益保护、经理人的职业化协调起来。

二是按照现代企业制度要求，设立股东会、董事会、监事会，建立董事会主导下的现代公司治理结构。董事会作为股东的代理人，对股东承担责任，负责经营活动中的重大决策，聘任经理人员。经理人员是聘用制，负责日常经营。监事会负责对董事会和经理人员的监督。

三是建立规范的董事会制度。董事会在银行的治理结构中处于核心地位。一个全面且相对独立并为金融机构有效运行负责的董事会能够带来长远的效益。董事会应做好制定银行发展战略、确保银行依法审慎经营、提高银行的透明度、监督银行高管诚信经营等方面的工作。董事会内部也应建立起效率评价和责任追究制度，董事要重点履行好受托职责（Fiduciary duty）和看管职责（Duty of care），并应以个人身份为银行所承担的法律后果承担责任。此外，董事会需要充分利用各专业委员会对银行实现有效治理和科学管理。

四是加强监事会的职能。监事会是与董事会并列的监督机构，其监督对象不仅要包括银行的具体管理活动，更重要的是对董事会和高级管理层进行监督。因此，在充分发挥独立董事以及审计委员会监督职能的基础上，需进一步加强监事会的职能，具体包括：保障监事会的独立性；赋予监事会一定程度的管理人员罢免权；建立监事会的选拔考核和责任追究制度；建立监事会与监管机构的独立汇报路线等。

五是提高经营管理层的专业化管理水平。董事会的决议以及监管部门的监管意图均要由银行经营管理层付诸实施，因此建立一个精干、专业化的经营管理层非常重要。应将高管人员管理工作制度化，不仅要建立符合现代银行管理制度要求的高级管理人员选聘机制，在选拔工作中要突出道德素质、专业水平以及管理能力等方面的要求，还需建立相应的问责制、业绩评估制度和激励约束机制。

六是建立对内部人有效的激励约束机制。建立有效的高级管理人员选聘机制，可以面向海外和社会广泛招聘人才，将真正懂业务、有较高道德水准的专业人士推举、选拔到董事会。董事会内部要建立起效率评价和责任追究制度，董事要重点履行好受托职责和看管职责，并应以个人身份为银行所承担的法律后果承担责任。同时，改革高级管理人员的任免和考核体制，逐步尝试市场化运作机制，建立功能齐全的商业银行经理人市场。对高级管理层，要有现实薪酬方面的激励，但更重要的是要有与企业经营未来收益挂钩的预期，如股票期权、服务到一定年限发给高额退休金等长期有效激励措施。同时必须强化约束，可以考虑通过监事质询、提出罢免建议以及建立高管人员信用记录、追究法律责任等方式，形成问责机制。

七是加强内控机制建设。通过不断完善内控机制，提高金融企业的资产质量、盈利能力和服务水平。金融机构应建立健全股东大会、董事会、监事会和经理班子治理架构，使决策、监督、执行分工明确、相互制约、相互监督。要加强对高级管理人员乃至普通员工的约束，建立相应的正向激励机制。要在完善公司治理结构的基础上，加强内部控制；加强内部授权授信管理，充分发挥内部审计、内部合规性检查的作用，同时合理发挥外部审计的作用。

三、强化外部约束

在完善金融机构公司治理的基础上，通过强化外部约束有助于进一步规范金融机构的经营管理，有效防范潜在风险。具体而言，需要采取以下三方面措施。

一是加强健全外部监督体系。商业银行等金融机构的业务运作涉及公众利益，必须增大透明度和提高公众监督的力度。通过改制上市，

| 金融机构改革的道路抉择 |

金融机构在筹集资本的同时，接受投资者监督约束，以及会计师事务所等中介机构、交易所等的监管。真正建立和完善公司治理，切实切断机关化运行机制，保证金融机构改革成功。同时，应强化信息披露制度与市场约束。推行财务会计信息的强制披露，促进大型商业银行等金融机构的信息公开，接受广泛的社会监督。

二是积极引进国际金融业标准和准则，提高会计审计标准，引进和实施巴塞尔协议Ⅱ、Ⅲ等国际金融监管标准和准则。要真正实现我国金融机构的健康化，必须引入国际上更高的标准，这方面，我国的差距还比较大。当然，这也有一个逐步认识、不断提高的过程。总体来看，整个改革过程始终还是贯穿着这条主线，就是按照市场规则和经济规律，逐步引入并建立既符合我国国情、又体现市场原则的法律、制度规则、计量标准和实践准则。有了这套制度标准，改革的进程就会更加规范，就会更好地与国际接轨。从我国商业银行来看，拨备计提不足使得自身消化不良贷款的能力较低，导致不良贷款快速累积。通过要求商业银行采用更高的会计准则和更高的贷款分类标准，自主进行不良贷款的拨备，保障有较大的自主权将已经损失掉的不良资产及时核销。同时，通过实施巴塞尔协议Ⅱ和Ⅲ，保证商业银行拥有较大的空间应对金融风险。资本金的多少，决定了银行的实力和支付、清偿能力，它不仅可以保证银行经营活动的正常运行，而且可以应付偶发性资金短缺，从而能维护存款人的正当利益和公众对银行的信心。国际上曾发生过多起商业银行在经营过程中由于资本金不足且又承担了过高经营风险而导致资不抵债，不得不破产清盘或伸手求助于政府的案例，最终使广大存款人受害，甚至产生无力偿债的连锁效应而危害整个经济。对于商业银行而言，不仅要谋求自我发展，更要有充分的自我约束，而资本充足率正是这种约束，即一定规模的资本金只能经营一定规模的业务量。市场经济中有许多企业正是由于过度谋求发展，承担了过大的风险而失败的。银行与一般的工商企业不同，直接涉及公众利益，出现支付风险会在社会上产生广泛的连锁反应，对经济的危害性极大，因此，对银行业谨慎经营的约束比其他行业要更为严格。

三是监管要以合规经营和强化风险内控制度为主，要在金融企业的自主创新和充分披露风险与有效风险管理之间寻求平衡。尽快提高监管有效性，科学限定新业务的准入，建立健全高效的银行业监管信息系统，依法严肃处罚违法违规经营的金融机构并追究高级管理人员的责任，提高监管能力和监管队伍素质。

四、在线修复与处置部分高风险金融机构同步开展

金融风险处置，一方面需要采取机构重组等方式对金融机构进行在线修复，化解金融风险，另一方面需要通过行政关闭、破产清算等方式，在保护存款人投资者权益的同时，防范道德风险，实现市场退出。

为了使货币政策能够有更好的传导机制，为了金融稳定以及整个金融市场和金融服务的健康发展，所以要积极推动改革，要使金融机构健康化。为了实现这种健康化，要在线修复和紧急救助。在线修复，即修复它的资产负债表。所谓"在线"，是因为我国经济运行没法中断，"机器要继续运转，同时更换问题部件，不能让它停下来"。对于出现的比较明显的问题，实在需要救助的，应该坚决出手救助。对于救助的副作用，也必须作出权衡。

对于处置措施的选择，首先要考虑金融机构的系统重要性。如果该金融机构不具有系统重要性，当其陷入严重财务困境时，除兼并重组外，必要时可实施破产清算，这对于严肃市场纪律、保护公共利益是必需的。如果该金融机构是具有系统重要性的，当其陷入严重财务困境时，应及时提供流动性支持，或者动用公共资金救助，或果断实施兼并重组，确保不发生系统性金融风险。这是各国在金融风险处置上采取的一般策略。

| 金融机构改革的道路抉择 |

在实践中,自雷曼兄弟公司破产以后,很多人似乎不敢再以防范道德风险作为理由而放手让问题金融机构自生自灭。在市场处于崩溃边缘的情况下,政府坚持不出手相援,固然防止了道德风险,但也许会导致整个金融市场迅速崩溃。其结果可能是整个经济陷入衰落,全体老百姓都会遭殃,风险甚至进一步蔓延到全球。因此,应对系统性危机,政府还是应该及时参与救助,但的确也需要防止道德风险。这就需要在两者之间进行必要的取舍、协调,取得平衡,尽可能减少道德风险问题。

关于风险处置的时机选择,总体上,政府在金融危机处理中态度越明确、应对越及时,危机成本则越小。美国20世纪八九十年代银行和储贷危机就因资金不足、措施不当等原因而未及时施救,造成破产机构增多、处置成本加大,致使危机持续了近十年。相比之下,在2008年国际金融危机中,各国政府的应对举措比较果断、迅速、有力,使得这次危机成为一场"相对便宜"的金融危机。

对于道德风险和成本分担,在金融危机中,公共部门的直接干预行动能发挥重要的稳定作用,但也有可能增加道德风险,牺牲纳税人利益。因此,在风险可控时,政府不宜直接介入干预,要尽量依靠市场或私人机构自救。如果风险累积严重,政府救助不可避免,则需要遵循一定原则,在资产救助、负债救助和资本金救助等方式上合理搭配,以确保能够广泛促进全社会福利。

当然,有效风险处置的重要前提是健全的法律支持体系。金融风险处置涉及复杂的债权债务关系和法律诉讼,需要明确风险处置主体,并赋予其权责,因而需要完善法律法规和健全组织体系,并加强对中小投资者的权益保护。

对我国而言,在金融风险的防范和处置上,需要根据经济社会发展的不同阶段和突出问题,考虑经济转轨过程中金融风险形成的特殊性,注重防范和化解金融风险的系统性、整体性和协调性,在动用一定的公共资源化解存量风险的同时,将防范和化解金融风险与建立健全金融法制、改善金融生态、推进金融改革发展、加强宏观审慎管理、强化金融监管、发挥市场机制作用有机结合起来,进而探索建立和不断优化适合我国国情的金融风险防范和处置框架。

五、推动金融机构创新发展,提升金融服务实体经济的能力

在有效化解金融风险后,需要在加强金融监管防范金融风险的基础上,通过鼓励创新,提升金融服务实体经济的能力。一是积极推进金融业综合经营试点。从发达国家经验看,混业经营已经成为主要趋势。欧洲的混业经营快速发展,特别是银行保险业混在一起。1999年,美国出台了银行改革法案,正式取消了已在美国实行了60多年的分业经营规定,实际上过去美国对混业经营的禁止在很大程度上是对1929年大危机的一种误判,或者说是误读了当时的历史,体现为1933年的《格拉斯—斯蒂格尔法案》。根据我国的实际情况,随着金融业发展的多元化,综合经营也在我国快速发展。从提升金融业竞争力角度看,综合经营是实现收益与风险平衡的创新方向。长期以来,我国金融机构的主要缺陷是业务结构单一、经营方式粗放、金融服务水平不高,金融产品的深度和广度难以满足多元化金融需求。在利率和汇率市场化改革背景下,金融业有效管控风险实现可持续增长的压力日益突出。综合经营促进金融机构的业务和收入更加多元化和均衡化,更好地抵御周期性风险,提升跨周期经营能力。实践表明,金融业综合经营增加了金融产品、服务供给的多样性和竞争性,使企业和消费者有了更多选择,促进了社会经济发展,也助推了金融业自身的改革开放,提升了我国金融业的国际竞争能力。虽然其间也还存在这样那样的问题,尤其是监管体制不相适应的矛盾日趋严重。但总体来说,继续发展综合经营符合金融业风险和收益平衡需要,也有助于金融机构更好地服务实体企业。

二是继续扩大金融业对外开放。随着我国经济社会的发展,新兴行

业需要全新的金融服务，原有薄弱环节融资难问题仍然凸显，只有推进金融创新，才能满足这些领域的金融服务需求。同时，经济金融运行中的风险也在不断发生变化，需要通过金融创新来管理风险。经济全球化将在更大范围、更高层次上实现资源优化配置，我国要把握住全球化中的战略机遇，必须推进金融创新，提高银行、证券、保险等行业竞争力。不仅如此，国际经验表明，金融业对外开放与金融稳定和金融安全呈正相关关系，在开放和鼓励竞争的监管制度下，金融业的发展相对更健康，发生金融危机的概率远远低于在封闭、垄断的监管制度下的危机概率。因此，需要主动适应经济金融全球化深入发展趋势，加强国际和区域金融合作，充分利用两个市场、两种资源，努力把金融对外开放提高到一个新水平。如果不能掌握国际经验和客观规律，不能遵守国际最佳实践，很可能会走弯路，甚至付出巨大的代价。作为发展中国家和经济转型国家，必须把国情意识和世界视野相结合，既要学习借鉴国外金融业的经验做法，又要结合国情特点，以我为主、因势利导、因地制宜。在实践中始终注意把握对外开放节奏和力度，维护金融稳定和安全，积极探索一条有中国特色的金融开放之路，实现以开放促创新。

此外，在保证监管有效性的前提下，对于金融创新业务的监管也需要相应的监管理念、方式等方面的创新，保持适度的监管力度，有效平衡风险管控和鼓励创新二者的关系。

六、加强体制机制建设，构建金融机构健康发展的制度环境保障

通过以上几个步骤，金融机构应对风险冲击、风险防控、服务实体经济等方面的功能将得到较大幅度的改善，但要避免上述改革措施完成后，新的风险卷土重来，还需要从体制机制建设方面下工夫。在体制机制建设方面，采取的措施包括建立存款保险制度，强化宏观审慎管

理、改革金融监管体制、构建新型银企关系等。

首先，如果存款保险制度比较完善且能充分发挥作用，一般情况下是应对危机的第一道防线，如果金融机构破产倒闭了，可以首先通过存款保险机制来解决问题。存款保险机制的资金来自银行上交的保费。但正常情况下银行缴纳的保费相对有限，一旦发生大规模的危机，可能造成存款保险机构所持资金规模难以应对的问题。比如次贷危机爆发时，美国联邦存款保险公司仅有400多亿美元的资金，要开展救助肯定是力不从心。还有一些存款保险机制不预筹资金，属于事后筹钱方式，即所谓空壳型或付款箱型的，只管付钱，而且箱子里也没什么钱。这种情况下，也还是需要外部资金的介入，并通过未来增加保费收入来逐步弥补。

不仅如此，还可以进一步深究存款保险机制作为一种救助方式的内在财务机制。存款保险的资金来源是金融机构缴纳的保费，这个保费出在哪里呢？出在金融机构的成本里。金融机构的成本从哪里出？不是金融机构的股东出，而是体现在金融机构业务中，实际上大多数是转嫁给了存款人和贷款人，也就是转嫁给银行客户了。这个过程中，存款人需少拿一点存款利息，贷款人则要多出一点贷款利息。可见，作为银行客户的存款人和贷款人，实际上也是公众，也间接地参与了建立存款保险并发挥作用的过程，只不过不像纳税人参与缴税那么直接。相比较而言，从间接税等角度看，纳税人是一个比较广的范围。现代社会中，由于绝大多数企业和个人都要在银行开户并进行存款等金融业务，因此存款人的范围甚至不比纳税人的范围小，贷款人的范围可能相对小一些，但也非常广泛。从这个角度看，存款人、贷款人间接地向存款保险贡献了资金。

要依靠存款保险解决像次贷危机这样的大问题，可能需要大幅度增加存款保险的费率。即便如此，存款保险制度也只针对吸收存款的金融机构，而不针对像雷曼兄弟、贝尔斯登这样的投行，尤其是在现代金

| 金融机构改革的道路抉择 |

融市场主要靠资本市场融资的情况下,很多金融机构不吸收存款。此外,还有大量的影子银行,都是不缴保费的。因此,仅依靠存款保险制度恐怕还不够,解决不了很多机构的问题。在这种情况下,又形成了两种方式:一种是自保,像系统重要性金融机构这样的大型金融机构应该加强自保;另一种是生前遗嘱,金融机构应事先准备好应对机制,尽量避免将问题甩给公众。

其次,强化宏观审慎管理。宏观审慎管理是一个动态发展的框架,其主要目的是维护金融稳定、防范系统性金融风险,其主要特征是建立更强的、体现逆周期性的政策体系,包括对银行的资本要求、流动性要求、杠杆率要求、拨备规则,对系统重要性机构的特别要求,会计标准,衍生产品交易的集中清算等。宏观审慎政策框架虽包罗多项内容,但并不是一个简单的政策堆积。强化宏观审慎管理的背后逻辑在于微观审慎性的总和不等于宏观审慎性。微观审慎体现为每个金融机构都应保持自身的健康性,并通过监管来督促微观主体的健康性。但即便如此,健康的微观主体加总并不能充分保证宏观整体是健康的。因此,通过逆周期的宏观审慎管理,有助于防微杜渐,防范金融风险。

此外,构建新型银企关系也有助于优化金融机构的发展环境。从国际上看,银企关系主要有三大类别。一是日韩模式,即银企紧密型、控制导向型。第二次世界大战后日本财力薄弱,企业与财团联系起来,日本三菱、住友、三井等主办银行制,银行与企业之间互相持股,对企业非常了解,是银企紧密型,虽然多数情况下,银行持股比例不大,但对企业有较大控制力。日本在主办银行制度下,银行通过企业经常项目账户可以掌握企业工资、水电费、原材料、扩大再生产等信息,是了解企业的最好方式,实行相机控制原则。企业出了问题会采取特殊手段,作为小股东,发言权很大,可能采取财务管理措施,比如委派财务主管、财务顾问等,甚至采取更进一步的手段,实施公司治理措施。银行倾向于帮助企业摆脱困难,而我国在企业出现风险时,银行争相扣企业抵质押物等资产。二是盎格鲁—萨克逊（A-S）模式，即保持距离型（arm-length）。这种模式企业融资结构更依靠资本市场，实行股本融资，股本首先承担企业损失。银行向企业贷款，企业股权融资占比较高，自己承担风险，银行比较放心，不用过多参与企业经营，贷款主要是消费性贷款，对企业的贷款则主要是用来补充企业流动资金。银行与企业的合作，竞争性比较强，企业可以换合作银行，与银行没有血缘关系，关系不紧密。三是莱茵模式。主要在德国，也包括一些德语区，如荷兰、比利时、卢森堡等国。德国实行两层董事会制度，监事会发挥较大作用。监事会实行三三制，包括股东、地方政府、利益相关者（银行、社团、上下级关联企业）。

由于金融机构改革的复杂性较高，必须根据实际情况选择适宜的银企模式。我国企业的自有资本相对较少，财务杠杆率比较高，资金需求大量依靠银行贷款。构建良性、健康、互惠的银企关系，一方面需要深化企业改革，提升企业整体素质和盈利能力，保证企业客观反映生产经营和财务状况等信息；另一方面，也需要金融机构在有效管控风险的前提下更好地服务实体企业。

争论和抉择是中国金融机构改革的基本演进路径，在争论中砥砺，在抉择中推进，最终推动中国形成具有较强竞争力、充分稳健性和较高服务实体经济效率的金融机构体系。

按照上述逻辑，本书将分为四篇，一是机构改革篇，主要介绍对金融机构的在线修复，包括财务重组、公司治理、强化外部约束、公开发行上市等内容。二是风险处置篇，主要介绍高风险中小金融机构的市场退出。三是机构发展篇，主要包括综合经营、对外开放等相关内容。四是制度环境建设篇，主要包括存款保险制度、宏观审慎管理等内容。

机构改革篇

第一章
大型商业银行改革

　　商业银行是我国金融业的主体，商业银行改革是整个金融改革的核心组成部分。中国工商银行、中国农业银行、中国银行、中国建设银行和交通银行五家大型商业银行是我国资金的主要筹集者、供给者以及金融服务的主要提供者。因此，大型商业银行改革问题一直是国内外关注的焦点，特别是经过1997年亚洲金融危机，社会各界更加认识到银行改革已迫在眉睫。2003年以来，中国人民银行作为国有独资商业银行股份制改革试点工作领导小组办公室，会同有关部门及时启动五家大型商业银行股份制改革，通过国家注资、处置不良资产、成立股份公司、引进战略投资者、择机上市等改革步骤，推动大型商业银行建立现代金融企业制度。通过一系列改革，以大型商业银行为主体的中国金融业发生了历史性的变化。金融机构实力明显增强，金融市场信心不断提升，金融服务水平和国际竞争力大幅提高，金融体系的稳定性与安全性不断增强，为国民经济抵御国际金融危机冲击、保持健康平稳运行奠定了坚实基础。恰如人民银行周小川行长2012年3月在《中国金融》发表的《大型商业银行改革的回顾与展望》中所总结的："2003年以后，国家决定启动大型商业银行股份制改革，创造性地运用国家外汇储备注资大型商业银行，按照核销已实际损失掉的资本金、剥离处置不良资产、外汇储备注资、境内外发行上市的财务重组'四步曲'方案，全面推动大型商业银行体制机制改革。"

第一节　改革背景

一、国有专业银行向国有独资商业银行的转型

新中国成立到1978年以前，受苏联计划经济体制的影响，我国实行了高度集中统一的计划经济体制。与之相配套的是"大一统"的银行体制，中国人民银行是唯一的银行机构，既办理工商信贷和居民储蓄业务，又肩负金融管理职能。受计划体制的影响，国家银行在国民经济活动中主要发挥会计、出纳作用，按照国家计划配给相应的配套资金，并非真正意义上的商业银行。改革开放以后，我国金融体系发生了重大变化。随着我国从过去集中型中央计划体制向市场经济体制转轨，大型商业银行经历了恢复成立、国有专业银行、国有独资商业银行三个阶段。1979年2月，国务院决定恢复中国农业银行，由中国人民银行代管。3月，国务院同意改革中国银行体制，中国银行从中国人民银行分设。1983年9月，国务院决定中国人民银行专门行使中央银行职能，中国农业银行、中国银行开始独立行使职权，开展业务活动，同时，中国工商银行从中国人民银行分设，承担原来由中国人民银行办理的工商信贷和储蓄业务。1984年1月，中国工商银行成立。1985年11月，中国人民建设银行（后改名为中国建设银行）信贷计划纳入中国人民银行信贷体系。至此，中国形成了以中国人民银行为中央银行，以中国

工商银行、中国农业银行、中国银行、中国建设银行四家国有专业银行为商业银行主体的银行组织体系。1987年，国家重新组建股份制的交通银行。

1993年11月，中国共产党第十四届三中全会提出要加快金融体制改革。12月，国务院颁布《关于金融体制改革的决定》，明确提出要把国有专业银行办成真正的商业银行，从而确立了国有专业银行商业化改革的方向。为此，1994年成立国家开发银行、中国进出口银行、中国农业发展银行三家政策性银行承接国有专业银行的政策性金融业务，实现了政策性金融与商业性金融的分离，对国有专业银行实行统一法人体制和分业经营，推行资产负债比例管理，放宽业务领域和范围等。1995年5月，《商业银行法》获得通过，明确大型商业银行是"自主经营、自担风险、自负盈亏、自我约束"的市场主体，以法律形式确立了四大国有专业银行的平等地位及其商业银行性质。至此，四家国有专业银行从法律上定位为国有独资商业银行，并进一步加快向国有独资商业银行转型。

二、亚洲金融危机爆发与国有独资商业银行综合改革

1997年，亚洲金融危机爆发。党中央、国务院积极应对，11月召开第一次全国金融工作会议，提出要加快国有独资商业银行的商业化步伐。会后国务院陆续出台一系列重大政策措施，加快推进国有独资商业银行的综合改革，包括进一步完善统一法人制度、内控制度、内部治理机构，改革财务会计制度、加大机构调整力度等。特别是，1998年8月，财政部发行2 700亿元特别国债，充实中国工商银行、中国农业银行、中国银行、中国建设银行四家银行资本金，使其资本充足率达到8%。1999年先后成立信达、华融、长城和东方四家金融资产管理公司，收购和处理从四家国有独资商业银行剥离出的13 939亿元不良资

产。从 2001 年起全面推行贷款五级分类制度，实行审慎的金融会计原则，逐步降低商业银行营业税，加大呆账准备金的计提和核销力度。逐步推行商业银行信息披露制度，加强了对大型商业银行的市场约束，提高了银行经营的透明度。同时，不断加强对大型商业银行的外部监管，督促其深化内部改革，完善内控制度。大型商业银行也通过自身努力，积极推进经营管理体制改革，完善信贷管理和风险控制机制。这些措施增强了大型商业银行的资本实力和抗风险能力，使得中国银行业得以平稳地度过亚洲金融危机，改善了大型商业银行的资产和财务情况，为其加强内部管理、深化改革赢得了机遇和时间。最后，这些措施还为大型商业银行的股份制改革积累了经验，创造了必要条件。

亚洲金融危机爆发时，四大专业银行转为商业银行还没有完成，很多负面情况暴露出来，很大程度上将大型商业银行改革的不利因素变成了有利因素。一方面，亚洲金融危机的爆发，提高了中国社会各界对银行体系稳健经营重要性的认识，坚定了决策层推进大型商业银行改革的决心。另一方面，中国顺利度过亚洲金融危机的冲击，在 20 世纪 90 年代中后期实现了持续、稳定的经济增长及其所带来的资源优势，为大型商业银行改革创造了有利条件，提高了改革的可行性。另外，亚洲金融危机的爆发，更提示监管机构和大型商业银行自身开始高度重视当时所存在的种种问题，尤其是不良资产比率问题。

三、新一轮改革迫在眉睫

亚洲金融危机后国家采取的一系列改革措施增强了大型商业银行的资本实力和盈利能力，使其财务状况有所改善。但由于公司治理和经营机制改革没有及时跟进，不良贷款产生的机制并没有得到根本扭转，大型商业银行存在的体制和机制等方面的深层次问题并没有得到解决。2000 年以后，大型商业银行的不良贷款迅速反弹，形势非常严峻。从

2002年第四季度到2003年第一季度，中国大型商业银行的不良资产问题一度成为国外各媒体关注的焦点问题。国外一些知名的财经杂志和报刊，包括《时代周刊》（Times）、《商业周刊》（Business Week）、《经济学家》（The Economist）和《远东经济评论》（Far East Elonomic Review）等，都有重头文章讨论中国银行业的巨额不良资产，国际货币基金组织（IMF）在其2002年中国分析报告中也专门对中国银行业不良贷款进行了分析。这些分析或评论估计中国大型商业银行的不良贷款比例可能超过50%，并认为居高不下的不良贷款以及政企不分、体制不顺、内部管理混乱等问题将成为引发中国金融危机的"定时炸弹"，中国随时有可能爆发金融危机。尽管外界对中国银行业不良资产的估算和评论有言过其实、故意夸大之嫌，但从一个侧面也反映了大型商业银行资产质量状况存在令人担忧之处。

▼ 专栏1

外部媒体关于大型商业银行不良贷款问题的评论

一、国外学者和媒体对我国不良贷款问题的评论

1999年，澳大利亚国立大学的黄益平在其发表的《处置中国银行业的坏账》（2002年更新）中写道，从技术上看中国的四家大型商业银行已丧失清偿能力，不良贷款率已超过30%，银行危机随时可能爆发。估计银行业的重组成本占GDP的18.8%~25%。

2001年12月20日，《远东经济评论》刊载的戴维·雷格有关中国四大国有银行不良贷款的文章认为，尽管资产管理公司通过拍卖和处置不良资产已降低了国有银行的不良贷款，但即使其收回不良资产票面价值的20%，损失也是巨大的。这使得北京处于困境当中：限制向国有企业贷款会使银行不再流血，但也会增加企业倒闭和失

业率上升的社会和政治风险。而如果银行不能完成市场化转变,其改革注定失败,金融危机也很有可能发生。

2002年8月7日,菲利普·塞格尔在《亚洲华尔街日报》发表题为"中国已经具备爆发银行业危机的条件"的文章,称中国的不良贷款堆积如山,政府借款不断增长,很可能爆发全面的政治经济危机。

二、评级公司对中国不良贷款问题的报道及评论

2002年1月15日,国际信用评级机构惠誉的分析人士在接受《华盛顿邮报》记者采访时表示,如果使用国际通行的会计方法,中国的大银行"可能已经破产了很多次"。据该公司估计,按照五级分类标准来计算,中国四大国有银行的不良贷款比率远远超过35%,资本充足率大大低于巴塞尔协议的8%。

2002年5月9日,标准普尔发表题为《中国银行业若不获注资,不良贷款问题将持续十年》的文章,称中国的大型商业银行不大可能达到中国人民银行所希望的在5年内把不良贷款比率降至15%的目标。如果没有政府支持,中国银行业可能需要10~20年的时间才能把整体不良贷款率从目前至少50%的水平上降至5%的水平,所需支出可能高达4.28万亿元人民币,几乎占2011年GDP的一半。

2002年5月11日,标准普尔公司和穆迪公司在接受《纽约时报》访问时,均对中国主要银行的贷款问题表示担忧,称中国的坏账规模可能几倍于日本。

三、国际货币基金组织对中国不良贷款问题的评论

2002年,国际货币基金组织工作人员在中国磋商报告中指出:"即使向资产管理公司转移呆账后,商业银行公布的不良贷款比率仍然很高(30%),……工作人员估计,银行部门的潜在贷款损失为GDP的45%~70%"、"中国银行部门不良贷款,包括已转移到资产管理公司的部分,相当于GDP的56%~78%"。

当时，大型商业银行存在的问题主要体现在以下方面：

第一，经营机制尚未转换，行政机构的色彩依然较重。长期以来，工商银行、农业银行、中国银行、建设银行四家银行作为国家专业银行，扮演着第二财政的角色，基本执行国家事业单位的管理制度，经过前期改革后虽有重大转变，但与现代金融企业的目标差之甚远。主要表现是，现代金融企业的法人治理结构尚未建立；机构按行政区划设置，人员按行政级别管理；尚未真正建立起以利润为核心的自我约束和自我发展的经营机制。

第二，资产损失十分严重，资本金严重不足。按贷款质量五级分类划分，截至2001年末，工商银行、农业银行、中国银行、建设银行四家银行不良贷款总额超过2万亿元，不良贷款率31%。如果不扣除贷款损失，四家银行账面所有者权益为5 983亿元，资本充足率为7.7%。如按审慎会计原则扣除全部实际损失（包括账面贷款损失、可疑类贷款按提足准备金测算的损失、非信贷类损失三项），四家银行所有者权益实际为负。

第三，业务经营管理机制不健全，机构臃肿，冗员过多。大型商业银行经营管理薄弱的问题十分突出，内部业务规章制度不严密，业务程序不够规范，在头寸调度、结构匹配、风险管理、业务定价、成本控制、财会制度、人事管理等方面漏洞较大，尤其是机构臃肿，冗员过多，削弱了银行的盈利能力。截至2001年末，工商银行、农业银行、中国银行、建设银行四家银行共有一级分行128个、二级分行1 303个、县级支行约1.16万个、其他机构（分理处、经营网点等）9.48万个，机构总数达到10.8万个。四家银行职工总数176.13万人，人均利润约0.98万元，仅为境内外资银行的1/25，股份制银行的1/10。盈利不足导致大型商业银行抗风险能力薄弱，充实资本金和提取呆账准备金困难，业务开发投入和技术提升投入能力不足，严重削弱竞争力并阻碍了大型商业银行的发展。

金融机构改革的道路抉择

此外，根据我国加入世界贸易组织（WTO）协议，2006年我国金融业需全面对外开放，意味着金融市场将在更大程度上融入全球金融体系之中，我国金融机构将面临资本实力雄厚、公司治理健全、金融创新能力强、具有国际竞争经验的外资金融机构的激烈竞争。中资银行迫切需要通过深化内部改革确立竞争优势，肩负起迎接外资银行挑战、积极参与国际金融竞争、振兴民族金融业的历史重任。

大型商业银行当时的状况以及金融开放的压力，迫使社会各界认识到进一步改革的必要性和紧迫性。2002年2月，第二次全国金融工作会议在北京召开，以加强金融监管、深化金融改革、防范金融风险为主题，全面总结1997年全国金融工作会议以来的金融工作，对今后一个时期的工作做出部署。会议通过《中共中央、国务院关于进一步加强金融监管　深化金融企业改革　促进金融业健康发展的若干意见》（中发〔2002〕5号），指出对国有独资商业银行进行综合改革是整个金融改革的重点；对国有独资商业银行进行股份制改革是公有制多种实现形式的重要探索；具备条件的国有独资商业银行可改组为国家控股的股份制商业银行，完善法人治理结构，条件成熟的可以上市。

为落实会议精神，国务院批准成立了六个专题工作小组。其中中国人民银行牵头国有独资商业银行综合改革专题工作小组。2003年4月银监会分设后，大型商业银行改革工作仍由中国人民银行负责。2003年5月19日，人民银行行长周小川创造性地提出利用外汇储备注资实现大型商业银行财务重组的改革思路，并向党中央、国务院领导同志作了汇报。2003年9月，国务院常务会议、中央政治局常委会议分别听取了中国人民银行关于加快国有独资商业银行股份制改革的汇报，决定选择中国银行、建设银行作为试点银行，进行股份制改革。同时，决定成立国有独资商业银行股份制改革试点工作领导小组，正式启动大型商业银行股份制改革试点工作。领导小组负责国有独资商业银行股改的重大决策，包括确定股份制改革的目标、方向，决定各家银行的股份制改革方案。领导小组组长、副组长分别是时任中共中央政治局常委、国务院副总理黄菊和国务委员兼国务院秘书长华建敏。领导小组成员单位包括国务院办公厅、中国人民银行、财政部、税务总局、银监会、证监会、外汇局以及大型商业银行。领导小组下设办公室，负责国有独资银行股改的具体政策制度、协商和协调。领导小组办公室设在中国人民银行，办公室主任为中国人民银行行长周小川，成员包括上述部委副部级领导和四大国有独资银行的负责人。经领导小组及其办公室广泛征求意见、反复研究和缜密论证，《中国银行、中国建设银行股份制改革实施总体方案》于2003年12月上报国务院并获批，国有独资商业银行股份制改革试点工作正式启动。其后，又陆续启动了工商银行、农业银行股份制改革。此外，还推动完成了交通银行深化改革。

第二节 改革方向的争论

全社会对大型银行改革的迫切性存在共识，但对改革各个环节和步骤均存在不同观点和激烈争论。自2003年至2007年，人民银行就改革中的重点难点问题听取和征求了人大、政协、专家学者、国际组织等多方面的意见，结合当时国内外实际情况并借鉴各方面的经验进行了广泛深入的研究和充分的论证，从而确保改革能够沿着正确的方向积极稳妥推进。

一、首先改什么：财务重组

大型商业银行首当其冲的是资产质量等财务问题，包括核销资产损失、剥离不良资产、注资等关键内容。一种观点是，大型商业银行在性质上属于国有独资，有国家信用作最后保障，财务重组的必要性仍然

金融机构改革的道路抉择

存疑。另一种观点认为，必须下决心使银行的财务状况根本好转，满足股份制改革的基本条件，并力争使资本充足率达到巴塞尔协议和上市标准，保障国家金融安全。据此，国家采取措施帮助大型商业银行进行财务重组，既借鉴了国际上对问题金融机构进行救助的历史经验，也是出于加快金融改革、维护国家经济金融安全的需要，同时考虑了大型商业银行承担经济发展历史成本的客观事实。

（一）财务重组是维护金融稳定的现实需要

金融是现代经济的核心。经济决定金融，金融服务于经济。1991年2月，邓小平同志视察上海浦东时指出："金融很重要，是现代经济的核心。金融搞好了，一着棋活，全盘皆活。"[①] 在现代经济中，金融资产不是一种简单的商品，它在很大程度上已经成为一种关系到国家经济命脉的资源。若大批量的金融机构倒闭，或者大型金融机构倒闭，不再只是简单的市场参与者消失，在很大程度上将影响到一国乃至整个社会的稳定。历史上多国的金融危机特别是银行危机充分显示了金融的外部性和传染性，个别银行机构出现的流动性困难可能引发其他类似银行的挤兑，并导致整个市场的恐慌，严重时还会危及社会稳定。因此，当金融机构出现问题或者陷入危机时，各国政府通常会考虑予以救助，以帮助其渡过难关。巴西、墨西哥、俄罗斯、阿根廷及东南亚金融危机经验教训证明，金融危机随时都有可能突然发生，且与本国金融机构经营稳健程度直接相关。如果微观基础中的金融机构不健康，历史遗留问题不解决，金融稳定难以保持。

我国大型商业银行是金融业的主体，多年来为支持经济体制改革、促进国民经济发展、维护社会稳定作出了重要贡献。截至2003年，四大银行各项贷款和存款分别占全国金融机构的60%左右，并承

[①] 《邓小平文选》（第三卷），人民出版社，1993。

担着全社会80%的支付结算服务，是经济建设资金的主要筹集者和供应者，在优化金融资源配置方面发挥着至关重要的作用。大型商业银行能否稳健经营、健康发展，关系到我国的经济发展、金融安全和社会稳定。

1997年亚洲金融危机后，国家向工商银行、农业银行、中国银行、建设银行共补充了2 700亿元资本金，剥离了近1.4万亿元的不良资产，使大型商业银行不良资产的资本负担有所下降。但由于未建立防止不良贷款大量产生的体制机制，大型商业银行的资产质量未能明显好转，资本金仍然严重不足，成为当时最大的金融风险。2003年底，按照五级分类口径统计，四家大型商业银行的不良贷款余额高达1.9万亿元，不良贷款比率高达20.36%。不良贷款拨备严重不足，资本充足率偏低，银行体系隐藏着巨大的风险。当时很多国际国内主流媒体对中国金融都有非常严峻的描述，比如"中国的金融是一个大定时炸弹，随时都可能爆炸"，"中国的商业银行技术上已经破产"。当时，大型商业银行报告的不良资产率是25%，市场的估计在35%~40%。还有一些人指出，如果按照贷款的科学分类，大型商业银行的不良资产比例可能超过50%。这在很大程度上使得国际国内很多人对中国银行业的发展比较悲观，失去了信心，外资也不敢进入中国金融业。

按照我国加入世贸组织的承诺（见表1-1），2006年我国需全面取消对外资银行外币业务、人民币业务、营业许可等方面限制，意味着我国金融业特别是大型商业银行面临更加激烈的竞争，留给大型商业银行内部改革、"强身健体"的时间非常有限。因此，迫切需要尽快解决启动财务重组，以解决大型商业银行不良贷款比例高、资本金不足等突出问题，为下一步改革创造条件，从而从根本上增强其财务可持续发展能力，为维护金融稳定打下扎实的微观基础。

金融机构改革的道路抉择

表1-1　　　　　　　　　金融业加入世贸组织承诺表

加入世贸组织承诺		银行及其他金融服务	证券业	保险业
一、市场准入		5年内，取消对外资银行所有权、经营和设立形式等非审慎性措施	• 外国证券机构驻华代表处可以成为交易所特别会员 • 允许设立中外合资基金管理公司，外资比例在加入时不超过33%，加入后3年内不超过49% • 3年内，允许外国证券公司设立合营公司，外资比例不超过1/3 • 证券业营业许可按审慎性原则发放	• 允许设立非寿险合资公司，外资比例可达51% • 允许设立寿险合资公司，外资比例不超过50% • 大型商业险经纪、再保险经纪、国际海运、空运及运输保险合资公司外资比例不超过50%；3年内，外资比例可以达到51%，5年内，允许设立独资子公司 • 按审慎性原则发放营业许可
二、地域限制	人民币业务	• 4年内，新增开放16个城市 • 5年内，取消地域限制	无	• 允许外国寿险公司、非寿险公司和保险经纪公司在上海等地提供服务 • 2年内，允许在北京等地提供服务。3年内，取消地域限制 • 再保险业务没有地域限制
	外汇业务	无		
三、业务范围限制	人民币业务	• 2年内，允许向中国企业提供服务 • 5年内，允许向所有客户提供服务	• 合营公司（不通过中方中介）从事A股承销、政府和公司债券的承销和交易、基金的发起 • 合营公司（不通过中方中介）从事B股交易	• 允许从事没有地域限制的"统括保单"大型商业风险保险 • 允许提供境外企业的非寿险服务、在华外商投资企业的财产险、与之相关的责任险和信用险服务；2年内，开放非寿险业务。3年内，开放健康保险、团体险和养老金/年金业务 • 就非寿险、个人事故和健康险向一家指定中国再保险公司进行20%分保；1年内，分保比例15%，2年内10%，3年内5%，4年内取消强制分保 • 不允许经营法定保险业务
	外汇业务	无		
四、其他		5年内向中国居民个人提供汽车信贷服务	无	无

（二） 化解银行体系历史包袱需要进行财务重组

四家大型商业银行不良资产问题，是我国经济转轨过程中深层次多种矛盾的综合反映，既有银行自身经营管理不善的原因，也有经济体制转轨中企业关、停、并、转和政策性破产兼并，以及各级政府行政干预和盲目重复建设等原因。在2001年至2002年，人民银行作了很详细的抽样调查统计，基本摸清了不良贷款历史问题的形成原因。这也是影响整个国有独资商业银行改革方案设计的基础性的工作。

根据调研结果，我国不良贷款的形成过程主要有三个时段：上世纪80年代至90年代初，向传统的老工业企业发放的贷款和对盲目重复建设发放贷款所形成的不良贷款，约占三分之一；上世纪90年代初经济过热时发放的贷款所形成的不良贷款，约占三分之一；上世纪90年代中后期，国家实施企业破产兼并改制所形成的不良贷款，约占三分之一。

从具体原因看，主要由于商业银行内部管理原因形成的不良贷款占全部不良贷款的19.3%，而由于银行客户、宏观经济体制变化等外部原因所形成的不良贷款占全部贷款的80.7%。后者主要包括：我国直接融资比例过低，国有企业严重缺乏资本金，资产负债率过高，银行信贷资金被经营效益较差的企业长期占用；为了支持产业结构调整和体制转轨，在关、停、并、转包括纺织、煤炭、军工、外贸、供销等内的行业的有关企业过程中，四家银行发放了大量的特定贷款，承担了第二财政的职能；国有企业亏损增加了银行贷款的回收难度；国有企业重组，在一定程度上是以增大银行损失、增加金融补贴为代价实现的；社会信用环境较差，企业逃废银行债务严重。此外，未能实行审慎会计制度，银行拨备计提不足，积聚的不良贷款未能及时冲销；财政税收制度不合理，银行在实际亏损的情况下仍上缴所得税，进一步削弱了四家银行消化不良资产的能力等。

金融机构改革的道路抉择

改革早期，国家拿出财政和金融资源，优先使用到农业改革、国有企业改革、对外经济改革方面，通过让利方式促进上述领域的改革。各个领域的改革需要消耗相当多的资源，当财政资源很紧、体制上又缺少灵活性时，主要就是金融业承担了改革的成本，其后果之一就是在银行业积累了大量的不良贷款，同时也使金融改革滞后。无疑，当改革发展到一定阶段，就应该把改革的重点转到金融行业，解决这些历史包袱。高比例的不良资产，如果国家不付出一定的资源来加以解决，而是依靠商业银行自身加以解决，并非完全不行，但是可能需要花很长时间。如果按商业银行经营最好的年份算，不良贷款的消化估计要花8至10年。情况好的平均可能花5至7年，差的要十几年。

值得注意的是，转轨体制因素在亚洲金融危机后得了重视，在一些方面有了较大的改善。首先，对大型商业银行的行政干预大大减少，政府部门已经从法律角度明确了商业银行决定贷款的自主性。其次，大型商业银行的客户群体开始多元化，早期要求大型商业银行必须对国有企业提供信贷支持的做法被逐步放弃。人民银行2003年的调查统计显示，大型商业银行所发放的贷款中，超过50%的贷款是向非国有企业（包括外商投资企业和民营企业）以及居民个人（包括住房抵押贷款和个人消费贷款）发放的。再次，随着国有企业改革的不断深入并取得一定的进展，一些国有大型企业逐步成为上市公司，国有企业经营状况的改善也为商业银行解决不良资产比例过高的问题带来了可能。此外，金融生态不断改善，有关法律法规，包括《企业破产法》《证券法》和《公司法》等也都在进一步的修订和完善之中。

总体来看，当时虽然大型商业银行的不良贷款总体规模较大，但是比较而言，由于大型商业银行自身原因形成的不良贷款比重并不过高，各种外部制约因素也在不断改善，改革是有希望的。

(三) 财务重组是实行资本充足率监管的必然要求

商业银行与一般工商企业一样，应具有适当数量的自有资本金。国际上中央银行间的权威机构国际清算银行于1988年专门通过了"关于统一国际银行的资本衡量和资本标准的协议"，简称《巴塞尔协议Ⅰ》，明确规定商业银行的资本充足率应使用资本对风险加权总资产之比来衡量，该比率不应低于8%。人民银行也签署了上述协议，1995年颁布的《商业银行法》中明确写入资本充足率不得低于8%的规定。

资本充足率对于商业银行经营管理和银行业监管都十分重要。第一，资本充足率的高低代表着商业银行应付金融风险能力的高低。资本金的多少，决定了银行的实力和支付、清偿能力，它不仅可以保证银行经营活动的正常运行，而且可以应付偶发性资金短缺，从而能维护存款人的正当利益和公众对银行的信心。第二，一个好的银行不仅要谋求自我发展，更要有充分的自我约束，而资本充足率正是这种约束，即一定规模的资本金只能经营一定规模的业务量。许多企业正是由于过度谋求发展，承担了过大的风险而失败的。银行与一般的工商企业不同，直接涉及公众利益，出现支付风险会在社会上产生广泛的连锁反应，对经济的危害性极大，因此，对银行业谨慎经营的约束比其他行业要更为严格。第三，商业银行承担着大量的与国际贸易、国际资本流动有关的业务活动，与国际上的金融机构往来频繁。资本充足率对一家银行的国际活动、国际地位有很大的影响，国际评级机构也把资本充足率作为银行评级的重要尺度，从而会在很大程度上影响一家银行的国际金融活动能力。第四，金融监管机构需要使用统一的监管尺度，既有利于公平竞争，又有利于加强监管。如果没有统一的尺度，则易于出现监管力度的任意性和一对一讨价还价的状况。因此，资本充足率不仅是国际银行业间的游戏规则，也是中国发展市场经济和促进银行业健康发展的内在要求。

金融机构改革的道路抉择

在中国经济体制从传统的集中型计划经济转变为社会主义市场经济的过程中，商业银行在经济运行中的地位和作用得到大幅度的提升，但资本金的充实和积累显得跟不上经营规模的快速增长，出现了资本充足率偏低且达不到应有标准的状况。1997年亚洲金融危机后，国家采取了若干重大的改革和政策措施，使大型商业银行的资本充足率得到明显的改善。一是于1997年调低了大型商业银行的所得税税率，使大型商业银行自我积累一部分资本金的能力有了显著的提高。二是于1998年由国家财政向工、农、中、建四家大型商业银行补充了2 700亿元资本金。三是于1999年成立信达、华融、长城、东方四家资产管理公司，用于接收相当一部分由于政策性贷款及在转轨期间所形成的不良资产，使大型商业银行减轻了核销和准备核销不良资产的资本负担。尽管采取了这些举措，但大型商业银行的资本充足率仍未达到国际上银行业认可的水平。根据银行2002年年报披露的结果，工商银行、中国银行和建设银行的资本充足率分别为5.74%、8.35%和5.99%，如果按国际标准测算，则资本缺口更大。由于改革与经济高速增长使银行业的资产业务量增长很快，常规性的资本自我积累不足以弥补资本缺口，也不能满足经济体制转轨期间经济增长及其对金融服务业的需要。

像一般工商企业一样，如果资本不足，首先应由原有的股东考虑向其注资，或引入其他股东。若不注资，另一种选择是停止大型商业银行资产过度膨胀的局面，甚至让大型商业银行主动收缩战线，缩减资产，从而让资本充足率的分母减下来以便达到8%的标准。但当时四家大型商业银行提供了国民经济中约70%的商业银行服务，如果发生资产骤减，其他金融机构难以及时替代它们的作用，从而会因缺乏银行业服务而拖整个国民经济增长的后腿。因此，必然需要通过财务重组，在完成化解不良资产步骤后，由国家对大型商业银行进行注资。

（四）引入战略投资者和股份制改革也需要以完成财务重组为前提条件

财务重组前，国际上普遍认为我国大型商业银行已经"技术性破产"，国际上一些反华势力经常以我国四家银行不良资产比例过高、资本充足率过低为由，制造中国金融危机论，企图以此限制外商对华直接投资，限制我国经济的发展。在这种背景下，如果不通过财务重组彻底扭转大型商业银行的财务状况，是无从谈及引入战略投资者的。且根据我国《证券法》规定，金融机构上市必须满足以下条件：连续三年盈利；资本充足率达到或超过8%；净资产占总资产的比例不得低于30%。因此，四家银行上市前，也必须处置不良资产，足额补充资本金。

开展财务重组可以大大推进整个股份制改革。核销和不良贷款剥离处置注资完成后，试点银行就可以对外真实披露资产负债表，尽快聘请会计师事务所和财务顾问等中介机构，开展外部审计、经济和法律尽职调查，同时尽早开始以改善后的财务报告与潜在战略投资者磋商，从而加速股份制改革进程。

二、拿什么来改：财务重组的资源选择

2002年的全国金融工作会议明确提出要对国有独资商业银行进行股份制改革。当时的情况，财政资源非常有限，如何找到足够的财务重组资源，成为制约改革的首要问题，因而在采取何种资源解决历史问题存在比较激烈的争议。在借鉴国际上救助重组经验的基础上，人民银行对各种可能的资源来源进行了深入分析和比较研究，最终创造性提出动用外汇储备注资的改革思路。

| 金融机构改革的道路抉择 |

（一）财务重组资源选择的国际经验

我国大型商业银行改革前，由国家采取政策措施降低银行业不良贷款，对金融机构实施救助，在国际上有许多实例。国外政府对金融机构的救助大致可以分为以下两类：

一类是欧美等发达国家，主要通过提供担保和财政资金救助金融机构，中央银行因其独立性只对具有偿付能力的金融机构提供流动性支持，或牵头组织商业机构提供救助。例如，美国1986—1995年解决储贷机构危机的总成本为1 529亿美元，其中主要由存款保险基金构成的私人资金291亿美元，由政府拨款和处置融资公司发行债券构成的公共资金1 165亿美元，税收优惠等间接成本73亿美元。在拯救里昂信贷银行时，法国政府先后在1994年和1997年分别提供了230亿法郎和36亿法郎的援助。在马丁银行濒临倒闭时，英格兰银行宣布购买1英镑马丁银行的股票，凭借中央银行的信誉使其转危为安。

另一类是日本、韩国、中国香港以及发展中的国家或地区，由于财政资源不足，除了财政拨款和税收优惠外，一般还借助于国际多边组织和跨国银行的援助，中央银行不仅对缺乏流动性的金融机构同时也对没有偿付能力的金融机构提供援助。

大量国际经验表明，公共资源的投入是金融机构救助和改革中必不可少的环节，而且往往是先决条件。无论美国等成熟市场经济国家，还是转轨国家或新兴市场经济国家，政府无不在其银行救助中扮演主导角色，而且还动用了各种财政手段，包括政府负债担保（存款保险）、不良资产冲销、税项豁免、过桥贷款、央行流动性支持等，以现金或国债形式注入资本金，甚至全盘接管（过渡性国有化）。国际经验还表明，当政府因初始成本高昂而贻误改革时机，最终可能付出更惨重的经济、社会甚至政治成本。中国的特殊国情决定了政府在金融机构救助中具有关键性作用，需要为改革重组投入部分公共资源。

（二）我国银行改革中财务重组的可选资源

我国历史上曾启用公共资源对大型商业银行进行注资和剥离、处置不良资产。1998年，财政部发行了2 700亿元特别国债补充商业银行资本金，特别国债不向社会公开发售，由四家银行全额承购。根据四家银行的风险资产、资本净额、贷款呆账和资本充足率等指标，确定四家银行特别国债的承购数额。1999年，国家成立华融、长城、东方和信达四家金融资产管理公司，分别对口承接四家银行和国家开发银行剥离的1.4万亿元不良资产。资产公司收购不良资产的资金来源主要是人民银行再贷款和资产公司向商业银行发行的金融债券。

与国际上许多国家不同的是，我国当时没有制度化的保险资金支持，财政的财力一直比较薄弱，各种负担较重。到2002年国家提出要对大型商业银行进行改革时，面对高额的资本金缺口和严重的不良资产状况，财务重组的资源来源成为制约改革进程的关键性问题。

在研究设计股份制改革方案过程中，中国人民银行和有关部门对可供选择的各类财务重组资源选择进行了充分论证：

一是财政发债。财政发债实际上是纳税人用未来的纳税来承担，法律上需要人大的批准。由于企业的经营自主权在渐进改革过程中逐步得以释放，中国经历了与俄罗斯、东欧转轨国家类似的财政汲取资源能力的下降。在"弱财政"的大背景下，改革启动的前10年，中央财政支出相对于中央财政收入不断攀升，收支差额在2003年达到最大值3 149.51亿元，形成了"弱中央财政"的局面。与此同时，地方政府还存在着庞大的隐性债务问题。基于财政赤字已经较大的现实，财政发债注资对我国长期经济发展会有副作用。特别是自1998年实施积极财政政策以来，我国已经连续几年依靠发行国债拉动投资和促进经济增长，从整个经济的承受能力来看，国债发行的余地也已经很小。同时，国家公共财政需要支出的方面很多，运用发债的方案也不易获得通过。

二是国有资产承担。当时我国的国有资产分布于国有企业、国家基础设施和国家机关资产中，其中包括城市地产资源的大部分，但由于股权分置改革尚未进行，国有股减持问题未得到解决，也没有开发出其他国有资产减持方式，改革启动时仍无法利用。

三是银行体系自身资源。2003年基准存贷款利差约3.42个百分点。银行据此增加的收益，可使银行体系每年消化约3%~4%的不良贷款。考虑到存贷款利差已经较大，难以进一步显著扩大。依靠这一资源，四家银行大约需7~10年的顺利经济周期才有可能解决历史包袱。同时这种办法未来不确定因素较多，处理不恰当容易导致改革半途而废。

四是中央银行直接向商业银行提供贷款。如果采取这种方法，就会加大货币投放量，对人民币币值稳定带来较大的影响，并增加通货膨胀的压力，影响货币政策的独立性。

五是外汇储备。自1994年外汇体制改革以来，我国外汇储备总体保持快速增长的势头，到改革启动前夕，我国积累了较多的外汇储备。这些外汇储备是用人民银行历年的货币发行所购入的，属国务院可调控的资源，现行法规未对其运用做明文规定和限制，也不需要经人大审议批准。

（三）现实且极富创意的选择——外汇储备注资

由于程序上的灵活性，以及充足外汇储备的资源优势，利用外汇储备注资成为一种现实且极富创意的选择。同时，国际上不乏运用中央银行资源化解金融风险的案例。当时，中国外汇储备较多，人民币面临升值压力较大，采用外汇储备注资，可起到既解决大型商业银行资本充足率不足，又可部分缓解人民币升值压力的"一石二鸟"的作用。所以，国家选择了人民银行提出的运用外汇储备注资的方案。

国务院公布决定动用外汇储备为改革试点银行补充资本金后，国内外各方面的反映总体上是积极正面的。海外舆论和国际金融组织的权威人士总体认为,动用外汇储备对大型商业银行注资表明中国政府对国家金融安全以及国际金融稳定负责任,是在认真解决中国当前最紧要的经济问题,并且有能力处理金融体系的重大问题。国际投资银行家普遍认为,利用外汇储备向国有银行注资,无损于中国的主权评级,同时可以避免对政府财政造成强烈冲击,对金融业发展是有利的,是强化银行业财务状况的重要一步。当然,社会上也有人士对外汇储备注资的合法性、法律依据、效果等方面存在疑虑。人民银行通过多种渠道进行了解释和宣传,对外汇储备注资的程序、法律依据等问题以及选择外汇储备注资的优势等进行充分的说明。

首先,外汇储备注资符合法律程序。外汇储备是国家可运用的资源,运用外汇储备对大型商业银行注资是涉及到我国金融体系安全的一件大事,党中央、国务院高度重视。人民银行会同有关部门在能否动用外汇储备对改革试点银行进行注资以启动大型商业银行股份制改革问题上,充分征求了有关法律部门和专家、有关学者的意见。在认真论证的基础上,国家作出了向试点银行注资并进行股份制改革的决定。

国家外汇储备不属于财政预算范畴,国务院可直接决定动用外汇储备对国有独资商业银行进行注资。在国外,政府对银行注资是一种常见的政府行为,其根本目的在于通过政府注资防范和化解系统性金融风险,但由于政府用于注资的资金来源于税收,因而一般需要议会的批准。在我国,财政资金安排也是一种公共财政行为,涉及到全国纳税人、不同群体的利益,需要作为国家最高权力机关的全国人大讨论、审议、批准。我国的外汇储备是人民银行运用商业银行交存的准备金和发行货币所购入的,是中央银行持有的资产,属于国务院可调控的资源,不属于财政预算范畴。因此,国务院可直接作出动用的决定。

金融机构改革的道路抉择

外汇储备注资符合《中国人民银行法》。《中国人民银行法》明确规定,中国人民银行"持有、管理、经营国家外汇储备、黄金储备";中国人民银行在国务院的领导下,依法独立执行货币政策,维护金融稳定。国家外汇储备作为中央银行持有、管理和经营的资产,经国务院批准,用于以推动国有独资商业银行股份制改革、维护我国金融稳定和国家金融安全为目的的改革试点注资,完全符合《中国人民银行法》有关规定。

其次,外汇储备用于注资也符合其用途和功能。外汇储备的基本职能是国际支付、汇率调控和金融稳定。我国运用部分外汇储备向进行股份制改革试点的国有独资商业银行注资,体现了外汇储备用于维护金融稳定的基本功能。由于影响各国金融不稳定的因素及爆发危机的状况各不相同,因此如何运用储备来保持金融稳定,须结合本国或地区具体情况,并必然会有所差异。商业银行是我国金融体系的主体,当时影响我国金融体系稳定的最主要的因素是国有独资商业银行的不良资产比例高、资本充足率低。因此,运用国家外汇储备对国有独资商业银行注资,推动大型商业银行财务重组和股份制改造,正是维护我国金融体系稳定的根本所在。

再次,外汇储备注资符合当时的国情,是特殊历史条件下的特殊政策安排。加快推进大型商业银行股份制改革,事关提升银行业国际竞争力的根本,也是维护我国国家金融安全的头等大事。在当时国家财政压力很大、不宜大量动用财政资金的情况下,运用外汇储备对改革试点银行注资成为必然选择。我国国际储备较为充足,2003年末我国外汇储备已达到4 033亿美元。由于新世纪以来经济发展势头强劲,投资环境不断改善,当时预计今后几年外汇储备还会有较大的增加。因此,运用外汇储备对改革试点银行注资既不会伤及财政基础,也不会影响国际清偿力。

外汇储备注资后表现为中央银行在汇金公司的股本资产,中央汇金公司持有银行股份。通过试点银行深化改革,建立规范的公司治理,加强内部控制和外部监管,可以确保国家新注入资本的安全,并获得合理的投资回报和分红收益。中央汇金公司作为经国务院批准的国有独资投资公司,依法履行国有资本出资人的职能,中央银行并不直接持股,也不存在政府行政机构参与和干预企业经营问题。

此外,运用中央银行资源化解金融风险在国际上不乏先例。1998年秋,香港动用外汇基金1 180亿港元购入一部分蓝筹股,成为蓝筹公司的投资人和持股者。后来又将这些股份组成盈富基金。日本中央银行在2002年末设置2万亿日元的额度用于直接收购商业银行手中持有的股票,从而成为投资人和持股者。2003年初,又将此额度扩大为3万亿日元。事后,日本央行的这一做法在各国中央银行的讨论中获得了较普遍的认同。这些实践都是有关国家或地区根据具体的法规环境以及宏观经济稳定的主要矛盾而作出的应急选择。

三、改革评估:改革成本和收益

任何改革都会付出一定的成本,同时也会带来收益。如何评价改革成本和收益引起了广泛争议。

(一)改革成本

合理确定成本的边界,是正确估算大型商业银行股份制改革成本的关键。在进行改革的成本分析时要讲究科学,每项成本各不相同,不可以简单叠加,更不能有重复计算。大型商业银行股份制改革的成本主要是不良资产处置过程中的国家补助。

1. 早已发生的财务事实不是改革成本。股份制改革前,国有商业银行存在并不断暴露出大量的不良资产,这主要是由于经济体制转轨中企业关、停、并、转和政策性破产兼并等原因,也源于银行自身经营管理不善等原因。这些不良资产在1998年剥离了一部分，另一部分反映为对资本的侵蚀，导致国有商业银行的实际净资产均为负值。这些已经发生的财务事实，不是本轮财务重组的成本。

2. 资产损失核销不是改革成本。财务重组过程中，大型商业银行动用了一些自身的财务资源核销不良资产，包括已计提的准备金、利润、所有者权益等。由于按照现行的呆账计提和核销管理办法以及监管部门的标准，银行不良资产都要计提准备金并予以核销，这些是商业银行自身努力的结果，符合会计原则，不是国家付出的成本。

3. 外汇储备注资不是改革成本。外汇储备注资并非财政资助或者收入支持，而是国家的一种投资，形成商业银行的资本金并增加了国家的所有者权益。这种投资长期存在，而且获得良好的投资回报。

4. 可疑类资产市场化处置中批发与零售产生的估值价差应视为本次财务重组的成本。国有商业银行通过招投标方式以市场价出售了一批可疑类不良资产，这属于商业行为，理论上不存在政府补助，但由于我国资产处置市场深度不够，定价能力弱，国家对不良资产批发与零售中产生的估值价差给予了一定的援助，应视为本次财务重组的成本。

5. 其他自有成本。银行改革过程中还会产生一些自有成本，包括技术成本（包括制度学习成本和体制转换成本）以及交易成本（包括各种中介费用和利益相关人补偿成本）等，这些属于改革成本。但由于其相对于其他成本来说数量微小，往往可以忽略不计。

(二) 改革收益

大型商业银行改革的收益主要包括如下几项：

1. 试点银行经营利润提高而带来的税收收入。改革以来，大型商业银行的经营利润同比显著提高，资本充足率、资产质量和盈利能力等财务指标显著改善，总体保持稳定并呈现可持续性。利润的提高将带来银行所得税的提高，这部分税收收入是改革收益的重要组成部分。

2. 出资人的投资收益。虽然在计算改革成本时没有计入国家注资，因为注资是投资而没有损失，从严格意义上来说仅存在机会成本。但注资的回报却可算作改革收益，这是因为，如果没有坏账的处置和其他改革措施，就不存在投资回报。出资人作为所有者所取得的收益实际上体现的是改革后银行本身财务状况的优化，属于改革的收益之一。

3. 大型商业银行上市带来的国有股权溢价收入。大型商业银行上市后，国有股份产生了大幅的溢价，外汇储备保值增值效益巨大。例如，建设银行上市后，汇金公司持股市价为481.21亿美元（以IPO价格2.35港元/股计算），加上向两家战略投资者转让股份收回资金39.66亿美元，总共为520.87亿美元，与汇金公司最初投入建行的225亿美元相比，账面增值295.87亿美元，增长了1.3倍；中国银行在香港上市后，汇金公司持股市值约合663亿美元（以IPO价格2.95港元/股计算，包括国有股减持的部分），如加上转让给战略投资者所得和分红所得，2003年底国家通过汇金公司注资中国银行的225亿美元已增值2.04倍。

综上所述，从财务角度来看，国有商业银行改革的收益已经超过成本。更重要的是，从长期来说，改革使我们获得了三家资产质量良好、经营稳健、具有可持续发展能力的银行，提高了为国民经济发展服务的能力与效率。

四、改成什么样：国有独资还是股份制改革

按照国有独资商业银行股份制改革方案的目标和要求，财务重组和完善公司治理工作同步进行。在财务重组中的核销和剥离不良贷款、外汇储备注资工作完成后，银行改革的重心就转移到完善公司治理机制上来。对于是否应完善公司治理，如何完善，当时存在一些争议。周小川行长发表于2000年5月9日《人民日报》的《关于商业银行如何

充实资本》、发表于 2004 年 5 月 31 日《人民日报》的《关于国有商业银行改革的几个问题》对这些争议作了深入分析。

(一) 大型商业银行是否需保持单一国有制？

党的十四届三中全会以及后续的重要决定中均指出，要发展以公有制为主体的多种所有制形式："国有股权在公司中占有多少份额比较合适，可按不同产业和股权分散程度区别处理，生产某些特殊产品的公司和军工企业应由国家独资经营，支柱产业和基础产业中的骨干企业，国家要控股并吸收非国有资金入股，以扩大国有经济的主导作用和影响范围"；"一切反映社会化生产规律的经营方式和组织形式都可以大胆利用。要努力寻找能够极大促进生产力发展的公有制实现形式"；"只要坚持公有制为主体，国家控制国民经济命脉，国有经济的控制力和竞争力得到增强，在这个前提下，国有经济比重减少一些，不会影响我国的社会主义性质"。

大型商业银行在国民经济中的作用较为突出，但国家在这方面的控制力仍可通过控股权来加以体现。在一般人心目中，感觉大型商业银行很重要，但其重要性究竟体现在何处？如何维护其重要作用？主要有以下几个方面：

——动员储蓄并将大量的储蓄资源进行合理的配置，其效果直接关系到资源配置是否能得以优化并使经济增长的潜力得以充分发挥。改革的理论与实践已经表明，强调市场化的运作才能保证资源的合理配置，而靠主观意志干预这种资源配置往往最终形成不良资产。

——通过全国性支付清算系统和信用信息系统保证各项经济活动的支付和全社会的信用体系，大型商业银行在这方面的责任较之中、小型银行要更为突出。为此要求大型商业银行更要按市场规律规避风险，谨慎经营。

——1994 年以后，国家已通过建立三家政策性银行明确要求将政策性金融任务从商业银行中分离出来。1997年11月的全国金融工作会议再次强调了地方政府不应干预商业银行业务。这均表明，大型商业银行的重要性已不再表现为政府对储蓄资源的直接支配。亚洲金融危机中的一些事例也表明，政府直接指挥商业银行进行资源配置，导致日后付出极大的代价，因小失大。

基于以上理解，为发挥大型商业银行对经济的重要作用，应更强调其面向市场的经营管理。应该说，非国有股权的资本参与会有助于大型银行更加明确经营目标、抵御行政干预，有助于通过股东利益机制和审计监督等法人治理结构扭转大型商业银行多年来形成的非市场化经营的传统，有助于经济和金融业的健康发展。

另外，为了在经济体制转轨和扩大对外开放期间保持国家有充分的控制力，保持对外部意外冲击的防御能力，国家仍可选择对一部分大型商业银行保持绝对控制权，这也和我国金融监管的能力需逐步提高有关。

(二) 应该通过加强管理还是通过公司制和股份制改造来推进？

应该说，这一争议是改革方案选择中讨论的热点问题。有观点认为，应先抓企业管理，在抓好企业管理的基础上再考虑进行股份制改造。回顾国有企业的改革进程，我们不难发现类似的争议，即问题是出在管理还是出在企业机制上？是用人问题还是体制问题？如果企业领导人不行，通过更换管理层的方式，银行经营是否能够得到根本好转？在此基础上，再通过一定时间的效益积累，进行公司化和股份制改造，是否可行？多年的经验表明，从这种思路出发，国有企业改革的效果并不乐观。究其根源，国有机构的问题并不仅在于科学管理不够，而是有着更为本质的机制问题。为此，党的十六大和十六届三中全会再次强调了企业改革的方向。

如果比较一下大型商业银行和国有企业，不难发现二者存在高度雷同性。如果过去说国有企业像政府机关，是某种程度上"准官僚体制"；那么大型商业银行则更像是一个政府部门，不像商业机构。大型商业银行在人事制度、报酬制度、职工福利、社会保障以及内部激励机制上，都存在明显的行政级别制度和严重的官本位。大型商业银行的负责人决策权也往往受到一定的限制，缺乏市场化经营。基层储蓄网点的吸储员工和业务发展所需要的具有较高风险控制能力的信贷人员在责任上存在明显差异，但是在报酬上并无明显差别。内部激励的不足，加上外部压力的不足，如仅仅依靠加强管理，大型商业银行的改革恐怕时间会拖得很长。

党的十六大文件中明确肯定了股份制改造的方向，要通过改变公司治理结构来真正改变企业的运行机制，该思路同样适用于大型商业银行的改革。大型商业银行的改革，就其本质而言，也是国有企业的改革。

（三）为什么完善公司治理是股份制改革的核心和关键？

党的十一届三中全会以来，我国在商业银行改革方面作了长期、艰苦的探索，但应当看到，前一阶段改革主要是在梳理内外部关系、引进先进管理技术以及处置不良资产的层面上进行的，并没有触及银行管理体制这一深层次问题。现代市场经济条件下，银行（及其他公司组织）科学管理、高效运作的原动力在于内部建立有效的权力制衡和激励约束机制，而良好的公司治理正是确保银行利益相关者（stakeholders，具体包括股东、高管层、存款人、员工、社会公众等）利益均衡的制度安排，它是银行良好运作和科学管理的根源和基础，是实现银行价值最大化目标的制度保障。

长期以来，大型商业银行与国有企业一样，存在产权边界模糊、产权界定不清、产权约束弱化的现象，并直接导致了所有权与经营权不分、监督约束机制弱化的银行治理状况。在公司治理不健全的情况下，

第一章 大型商业银行改革

银行经营和运行具有明显的"超经济"特征，具体表现在：一是"所有者缺位"，政府常常以行政性目标直接干预银行的正常经营，银行也常常将满足政府的政策偏好作为其经营目标，银行真正所有权的行使实际处于虚置；二是"内部人控制"，银行管理者拥有许多重大事项的决策权，利润最大化的动力机制和激励机制严重缺失。尤其是在国家几乎承担无限责任的情况下，银行无倒闭之虞，经营过程中风险意识淡薄也就在所难免。改革前大型商业银行也借鉴国际先进经验在风险控制、财务管理、人事激励、业务流程、信息科技等方面进行了一些改革，但由于没有建立科学的公司治理机制，没有真正从责、权、利明晰的角度去约束银行所有者和经营者，改革的效果也难免不尽如人意。

由此可见，公司治理问题正是导致大型商业银行经营机制落后、经营风险积聚、约束机制弱化以及经营绩效差的根本原因。这一深层次的问题不解决，就无法在银行内部建立起完善的经营机制，政银关系、银企关系和银行内部关系也就不可能真正理顺。

新世纪之初是我国经济结构进行战略调整、国民经济实现大跨越的关键时期，大型商业银行落后的管理体制和服务水平已完全不能适应市场经济发展的要求，银行资源配置效率低下以及所蕴藏的巨大风险已成为国民经济持续快速发展的"软肋"和"瓶颈"。如果说在原来相对封闭经济下，大型商业银行依靠国家信用和垄断地位尚可勉强维持低效运营局面的话，那么，在中国加入世贸组织、银行业全面开放的形势下，大型商业银行的经营状况和改革思路将受到更加严峻的冲击和挑战。

从世界范围看，以股权多元化为基础的股份公司是现代商业银行主要的组织形式。根据股改前英国《银行家》（*The Banker*）的排名，全球1 000家大银行基本上都是股份制银行，排名前50位的银行中，除我国大型商业银行外，其余全部都是股份制银行和上市公司。商业银行采用股份公司形式，关键在于它为银行建立所有权、经营权和监督权独立运作、有效制衡这一科学公司治理机制奠定了良好的组织框架。在实行股份制治理和资本市场运作的条件下，大多数国际先进银行借助自我约束、外部监管和市场监督不断完善公司治理机制，提高内部管理和风险控制水平，从而实现银行价值最大化。"他山之石，可以攻玉"。根据国际实践经验大力推进股份制改革，建立和完善公司治理机制，已成为大型商业银行从根本上摆脱经营困境、提高综合竞争力，从而更好应对加入世贸组织挑战的关键。

我国国有企业股份制改造也为大型商业银行起到了良好的示范作用。大型商业银行股份制改革前，国有企业特别是国有大中型企业通过股份制改革、中外合资以及规范上市等形式积极进行重组改制，不仅筹集了大量发展资金，而且实现了企业内部组织结构的整合和优化，改善了企业公司治理状况。在大型商业银行股改前夕，绝大部分国家重点企业及国有大中型骨干企业均实行了公司制改革，实现了投资主体多元化。改制企业通过建立科学的公司治理机制，在实现政企分开、转换经营机制、加强企业管理以及机构人员改革等方面迈出了重要步伐，这些实践为大型商业银行改革提供了可以参照的模式和经验。

正是基于对现代企业制度原理的把握和对我国国情的深刻理解，国家明确了国有独资商业银行股份制改革的总体目标，即按照"产权清晰、权责明确、政企分开、管理科学"的现代企业制度，通过财务重组、内部改革和严格外部监管，真正建立现代金融企业制度，健全法人治理结构，转换经营机制，加强内部管理，实现可持续发展，成为资本充足、内控严密、运行安全、服务和效益良好，具有国际竞争力的现代商业银行。

五、开放对改革的促进性：是否应该引进战略投资者

历史经验表明，改革与开放相结合，是国内外竞争性行业与企业取

得成功的一个重要法宝。自 2004 年以来，建设银行、中国银行、工商银行和交通银行积极推动引进战略投资者工作，取得了重大进展。社会舆论对此进行了充分的肯定，但也有一些不同评论。正确看待大型商业银行引进战略投资者，不仅涉及银行公司治理及其未来发展问题，也关系国家金融开放战略和金融安全等重大决策。

（一）是"引资"，更是"引制"、"引智"

在完成不良资产核销和剥离并创造性地用国家外汇储备为大型商业银行注资后，大型商业银行的资本状况大幅改善。那么，为何还要选择引进战略投资者？

我国大型商业银行改革的历史经验表明，大型商业银行的改革，仅仅依靠注资、不良资产处置等"物理变化"，不能解决其根本问题。必须切实转换经营机制，改革才有可能取得实质性进展。引进战略投资者不仅仅是为了筹资，而是为了引进先进的管理经验和技术手段，促进国有银行完善公司治理结构，提高国有银行的自主创新能力和经营管理水平，增强核心竞争力。

境外战略投资者从一开始就非常关注银行的资产质量，非常重视如何防范和减少新增不良资产，对银行如何真实、准确、完整、及时披露财务信息也有严格要求。这些都会帮助国有银行改进风险管理和内控机制，增强透明度，进一步加快并深化体制机制改革，提高自身的"造血机能"，从而告别依靠国家政策剥离不良贷款的"输血机制"。

国际经验表明，财务重组、股份制改革、引进战略投资者和发行上市在银行改革过程中缺一不可；我国大型国有企业的改革，特别是股份制改造和上市后发生的变化，也为国有银行改革提供了良好的范例，特别是国有企业引进战略投资者对于发行上市的重要支撑作用，更是为大型商业银行改革提供了直接借鉴。从实际情况看，引进战略投资者也的确起到了比较理想的作用，建设银行、中国银行、工商银行和交通银行受到了国际、国内投资者的广泛认可，发行市盈率和市净率都达到甚至超过了国际银行业发行上市的平均水平。

▼ 专栏2

中海油两次上市案例

中海油是我国3大主要石油和天然气公司之一，在国有石油企业的三巨头里，中海油的包袱最轻、资产质量最好，管理层的国际化程度最高，盈利能力最强。但中海油的海外上市却是一波三折，在1999年招股中遭受了失败的沉重打击。在发行失败后，通过引入战略投资者，审慎制订发行计划等措施，最终成为最受投资者欢迎的上市公司之一。

第一次招股的失败

1999年9月，中海油聘请所罗门美邦、第一波士顿、中银国际等三家著名投资银行，拟定了一项发行20亿新股、招股价介于8.46~9.61港元之间、集资25.6亿美元的发行计划。

中海油从9月底开始全球路演，但投资者反应冷淡。10月14日，公司宣布将集资规模缩减为10亿美元，每股招股价则降低为6.98港元。然而，一直到路演结束仍不能达致最低目标，中海油只好决定暂停其上市计划。中海油延迟招股是1999年数家上市受挫的红筹国企公司中规模最大的一家。中海油放弃招股，对即将上市的一系列中国公司，特别是中石油和中石化有不利的影响。不少人甚至怀疑海外上市之路是否还能走下去。

引入战略投资者，确保再次上市成功

为保证二次上市成功，中海油做了16个月的精心准备，其重要的一个措施就是引入了大量的战略投资者。2000年，中海油通过配股引入新加坡国家投资公司、美国国际集团、亚洲基建基金、美邦保险香港、美邦保险百慕大、和记黄埔、港灯等八大战略投资者,以每股 0.825 美元(折合 6.43 港元)的价格购入 5.6 亿股中海油股份,占扩大后已发行股本的 7%。

在购股合同中,中海油承诺如果发行价格低于机构投资者的认股价格,将以新发行的股份补偿机构投资者;如果两年内中海油仍未能 IPO 或者违反相关保证条款,中海油将按照年收益率 8% 的价格回购机构投资者的股份。由于中海油在 2000 年 12 月宣布发放 3 300 万美元的红利,机构投资者的购股成本降为每股 5.97 港元。

2001 年 2 月,中海油以 6.01 港元价格成功发行,共净募集资金 101 亿元人民币(未实际执行补偿协议)。尽管此次上市又逢全球股市低迷,但中海油的股价却在挂牌后逆市上扬,股价由挂牌时的 6.01 港元涨至收市时的 7.00 港元,涨幅达 16%。中海油甚至还被誉为"体型最佳"、"容貌最美"、"魅力最大"的大型国企。英国《金融时报》评论说,"一个失败的 IPO 一般不会再引起市场上什么热烈的反应,但中海油却是个例外。"

战略投资者在中海油顺利上市中起到了积极作用

战略投资者对中海油的认可消除了广大境外投资者的疑虑。八家知名战略投资者的入股,极大地消除了广大境外投资者对中海油的顾虑,从而踊跃购股。

战略投资者的价格指引作用。在私募讨价还价的过程中,对中海油的价值定位有了较为客观的认识,充当了一个境外投资者和中国国企之间的媒介,定出的价格较为合理。

发行时继续认购新股,稳定了市场预期。战略投资者不仅在发行之前入股中海油,发行时继续认购中海油的新股,这是对中海油新股价格的一种肯定,很大程度上稳定了市场预期,对中海油上市初期的价格平稳上升起到了重要的作用。

引进战略投资者和发行上市，也是为了应对2006年末我国金融市场全面开放后来自外资银行的全方位竞争的紧迫需要。通过引进资本实力强大，具有丰富、成熟经营管理经验和公司治理经验的境外战略投资者，使我们得以用较少的代价换取战略伙伴的先进管理经验和技术，特别是在产品开发、定价、风险管理等核心竞争力的领域中获得战略伙伴的合作，在较短的时间内提高经营管理水平。同时，通过境内外上市，可以大幅度提高试点银行的资本实力、品牌效应、投资者和消费者信任度和认同度，以较快的速度获取和国际知名银行同等竞争的平台，实现建设一流现代化商业银行的战略目标。资本充足率和核心资本充足率也都有了不同程度的提高。

显而易见，引进战略投资者有利于完善公司治理，有利于加强内部控制机制建设，有利于快速吸收先进的管理经验和技术，有利于促进上市成功，有利于增强资本基础，是大型商业银行改革的重要环节。

（二）不存在所谓的"贱卖"，而是"双赢"

尽管如此，对大型商业银行改革的一些议论却依然时聚时消，这其中一直包括对贱卖国有资产的担心。

实际上，市场交易没有贵贱问题，只有是否合法、是否透明、是否公平的问题。大型商业银行在引进战略投资者的过程中，是完全依据《公司法》并遵循公司治理结构的法定程序进行决策的。公司管理层受董事会的委托，从国家利益最大化（即股东利益最大化）的角度出发，结合银行发展的需要，与投资者谈判并争取最好的条件，然后根据程序上报董事会，董事会决策之后，由股东大会表决通过。在这个决策过程中，始终遵循了市场原则，国家没有行政干预，也没有暗箱操作。同时，监管部门就引进外资比例等作出了具体规定，并按照正常监管要求，对引进的战略投资者进行资格审查，最大程度上保证了战略投资者的资质。

第一章 大型商业银行改革

战略投资者入股的价格是引资双方遵循"公开、公平、公正"的市场化原则进行商业谈判的结果。在引资初期，中国银行业的投资吸引力并没有社会公众想象中的那么大，真正能与中资银行进行谈判或进入谈判阶段的战略投资者十分有限，改制银行以"资质优、价格优、条件优"为标准，择优选择战略投资者，通过异常艰辛的谈判，最终达成合作协议。因此，股权转让价格是商业谈判、市场行为确定的，是业务协助、投资金额、价格组合、股权锁定等各种商业条款的综合反映。

战略投资者入股的价格与战略投资者技术援助是成正比的。在引资过程中，各家银行结合自身的情况，与战略投资者签订相关协议，战略投资者在投资锁定期、排他性投资、品牌适用、技术援助和支持、业务合作等方面都进行了不同程度的承诺，而这些技术援助和合作价值都体现于经谈判达成的转让价格之中了。

引进战略投资者显著提升了IPO价格和国有资产价值。一方面，战略投资者以较高的溢价投资，提高了改制银行的每股净资产；另一方面，战略投资者也提升了改制银行的IPO价格。例如"汇丰概念"就是交通银行IPO的最佳投资亮点，也是交通银行股票上市后稳步上扬的重要因素。战略投资者对增强其他投资者的投资意愿起到了巨大作用。在其他三家银行上市定价过程中，战略投资者对于提升其IPO价格也都起到了一定的作用。

国家占绝对控股地位的现状决定了收益最大的是国有股东。四家银行上市后，国有股东所持股份基本都在60%以上，占绝对控股地位，不但在股权比例上确保了国家对国有银行的绝对控股权，而且在日常经营管理中，以市场化的方式，确保了国家对国有银行的实际控制权，确保了国家的金融安全。股票上市后，战略投资者获得了较大的账面收益，但收益最大的还是占绝对控股地位的国有股东。这种双赢的局面，有利于银行和战略投资者未来的合作，也有利于中国银行业未来的改革与发展。

对大型商业银行价值的客观认识也有助于厘清争论。UBS亚洲首席经济学家安德森就认为"中国的金融体系既不是一座将要爆炸的矿井，也不是一座诱人的金矿，而只是一个中等水平的投资机会"。股权转让价格，既反映了中资银行能提供给投资者的收益，也反映了投资者对中资银行所处经营环境的风险评价，同时也是中外资战略合作的平衡配比。国家最终是最大的赢家。如果我们采取一种狭隘的做法，可能不会有这样的市场表现。因此，认为引资贱卖的言论从实践结果来看并不成立。

不仅要改革，而且要深化改革。凡是改革都会有阻力，而且改革的难度越大，力度越大，纷争和质疑也就越激烈。但改革是世界潮流，大型商业银行改革作为中国金融改革的重中之重，必须顺应潮流，没有退路。而力排众议，为大型银行改革作出引进战略投资者这一最佳路径选择，充分显示了党和国家的大智慧、大魄力，也透视出大胸怀、大视野。事实证明，在中国金融业全面开放新形势下，引进合格的境外战略投资者不仅对大型银行体制机制创新具有重要的促进作用，而且迅速提升了其市场竞争力，使其真正成为了能够参与国内外金融市场竞争的现代股份制商业银行。

（三）关于绝对控股地位问题

对于外资进入中国银行业，一些舆论担心会削弱国家的控股地位，影响金融安全。大型商业银行关系国家的经济命脉，在我国银行业中占主导地位。党中央、国务院高度重视维护国家金融安全，人民银行会同有关单位将如何保持国家对大型商业银行的绝对控股权作为一个专题进行了认真研究，并采取了有效措施确保国家对国有银行的绝对控股地位。这些措施包括：

严格比例控制，确保国家绝对控股地位。在引进战略投资者时，改制银行严格执行单家投资比例不超过20%、多家投资比例不超过25%

的规定。在发行上市过程中,合理确定境外公开发行的比例。从实际运作来看,2010年末,五大商业银行的国家股(财政部、汇金公司和社保基金会三家)占比分别为75.22%、82.26%、71.36%、57.09%、37.88%。

坚持国家对大型商业银行董事会的控制权。在改制及引进战略投资者时,领导小组办公室及各改制银行都将维护国家对银行董事会的控制权作为一项重点工作,要求国家选任的董事占董事会的半数以上。

采取向社保基金上交分红的方式补充社保基金,避免影响国家的控股权。即按首次公开发行融资额的10%计算应转拨社保基金的资金额,国有股东通过以后年度的分红予以支付。

允许汇金公司择机在市场中购入股份,并要求国有股东在转让股份时,赋予汇金公司优先购买权。

此外,引资过程中,注意对核心商业机密、客户资源和关键业务的保护,处理好竞争和合作的关系。与战略投资者的所有合作,都必须基于不得有损国家秘密和大型商业银行的商业秘密,并在最大程度保护自身战略利益的前提下进行。

通过上述措施,不但在股权比例上确保了国家对大型商业银行的绝对控股权,而且在日常经营管理中,以市场化的方式,确保了国家对大型商业银行的实际控制权,确保国家的金融安全。

(四)战略投资者的退出争议

2008年底以来,受国际金融危机影响,部分境外战略投资者迫于自身财务原因减持了部分中资金融机构股份,但大型商业银行的改革成果和投资价值已得到市场普遍认可,愿意承接股份的机构较多,并未对中资机构日常的经营管理和我国金融体系的稳健运行造成负面影响。

境外战略投资者减持中资银行股份的原因比较复杂,主要包括以下三个方面。

| 金融机构改革的道路抉择 |

境外战略投资者自身经营策略变化是其减持中资银行股份的重要原因。境外战略投资者的减持始于2008年，当时受国际金融危机影响，世界经济进入深度调整，经济金融运行不确定性明显增大，国际银行业面临的市场环境和监管环境发生深刻变化。为处置危机后面临的财务损失，提升风险抵御能力，各大型国际金融机构持续通过多渠道筹集资金，其中就包括减持所持有我国商业银行的股份。这不是针对我国银行业做出的特殊选择，而是依据其全球经营战略被迫调整、被动选择的结果。例如，美国银行危机期间收购美林证券出现巨额亏损，不得不出售持有多家金融的股权以及部分海外分支机构，以降低财务报表上的亏损数额。苏格兰皇家银行出于自身财务需要，自2009年以来先后退出包括中国、澳大利亚等在内的23个海外市场。

金融危机后金融监管标准趋严是迫使金融机构出售股权资产的外部原因。新巴塞尔协议对银行资本监管更为严格，要求银行缩小资产负债表规模和业务范围，金融机构普遍面临资本充足率达标等监管压力。为满足监管要求和合规成本，境外银行类投资者倾向于回归传统业务，收缩海外投资规模。例如，美国银行于2011年被列入系统重要性商业银行后，资本缺口达300亿至500亿美元。新的监管资本计量还对持有其他金融机构少数股权设置了非常复杂的计算方法，且需提取更多的资本金，股权持有方为减少资本占用并避免不必要的麻烦，倾向于将少数股权直接出售并转化为收益。

此外，随着我国经济发展进入新常态，出于对我国银行业盈利增速放缓、不良贷款率上升的担心，境外战略投资者对我国银行业未来发展的信心受到一定影响，对重点领域、重点区域金融风险的忧虑明显增加，倾向于通过减持或退出我国银行业股权以降低投资组合的风险。

境外战略投资者的退出对大型商业银行以及香港及境内资本市场的影响有限。一方面，经过多年来的不懈改革、发展和努力，大型商业银行在资本实力、公司治理、经营管理等方面都取得了长足进展，综合竞争力、国际形象和国际化水平显著提高，大型商业银行的多项关键指标排名全球名列前茅，经营业绩、投资价值和改革开放成果已得到市场的普遍认可。境外战略投资者退出后也并未中断与大型商业银行的联系，而是转为以机构之间的方式在已有的良好基础上继续开展业务合作。另一方面，大部分境外战略投资者退出主要采取场外大宗交易、协议转让方式，且获得其他机构投资者的积极认购，并未对二级市场产生冲击。

六、公众公司化：是否应该发行上市

上市是彻底改造大型商业银行公司治理机制的重要环节。通过发挥资本市场的外部约束、监督和促进作用，建立一整套新的市场激励和约束机制，从而促使大型商业银行进一步转换经营机制，成为真正的市场化经营的主体。虽然几家大型商业银行在制订上市方案以及推进实施过程中，社会各界对于上市必要性、方式以及上市地的选择等问题曾经存在一些争议，但通过不断地探索和严谨研究，几家大型商业银行的首次公开发行工作均取得了巨大成功，先后全部完成 A+H 股两地上市。对于一些具体问题的探索，也已成为后续进一步完善改革的宝贵经验，周小川行长发表于 2004 年 5 月 31 日《人民日报》的《关于国有商业银行改革的几个问题》对此作了总结。

（一）是否应积极推动国有银行转变为公众持股的上市公司？

一种观点将上市误解为改革的最终目标，认为上市的目的在于满足融资的需要，以补充大型商业银行资本金的不足，并解决管理层的内部激励问题。但事实上，大型商业银行上市的目的不仅如此。

上市只是改革步骤中的一个阶段，如果按照进程划分，也仅仅是处于整个改革过程中前半阶段。既然国家有能力为大型商业银行注资，则

金融机构改革的道路抉择

上市主要不是为了筹资,而是为了解决激励问题,改革的最终目标是为了建立一整套新的市场激励和约束机制,强调投资者利益,彻底打破大型商业银行的"准官僚体制",改变"官本位"的经营目标,通过合理的绩效激励机制、充分的风险控制和资本约束,将大型商业银行变成真正的市场主体。

上市作为一个重要的步骤,其重要作用还在于解决长期制约商业银行发展的机关化约束问题,如商业银行的税收问题。长期以来,我国对于商业银行的税收,存在一些不符合市场经济规律的规定,税收部门也承认这一点,但因要改的税种税率很多,总要排个先后,在大型商业银行真的面向资本市场和公众投资者之前,改革大型商业银行的税收制度就很难排上议事日程。通过大型商业银行上市的倒计时计划,外部压力迫使这些问题的解决迫在眉睫,从而提速改革的进程。在人事、福利、社保、经营自主权等方面也与此类似。

从广义的公司治理来看,商业银行业务运作涉及公众利益,必须增大透明度和提高公众监督的力度。通过上市,大型商业银行必须满足上市公司信息披露的要求,上市为真正的公众监督创造了条件。因此,政府注资的意义,并不仅仅是为了改善银行的资产负债表,而是为了建立一个新的高效率运用储蓄的金融中介机制。从更实质的意义看,只有通过上市,通过施加足够的外部压力,才有可能真正建立和完善公司治理结构,切实切断机关化运行机制,保证大型商业银行改革成功。

一些大型国有企业的改革,特别是股份制改造和上市之后所发生的变化,为大型商业银行改革提供了良好的范例。我们可以观察到,一些大型国有企业在公开发行股票上市之前,也同样是机关化的,所有者缺位导致了大量的内部人控制和企业经营效率低下,业绩较差的情况。在股份制改造和上市之后,对于企业的监管不再停留在政府主管机构的层面上,上市后来自境内外公众投资者和机构投资者、来自境内外证券监管机构的监管要求,迫使上市公司在信息披露、业务经营、市场战略方面必须更多考虑股东利益。应该说，如果没有股份制改造，没有上市的外部压力，没有战略机构投资者和公众投资者的监督，没有独立董事的引入，内部改革压力恐难以形成改变机制的力量。如果不通过上市，不通过调整股权，没有充分的外部监督和外部压力，改革恐怕难以取得实效。商业银行也是一样的，上市后必须接受股东、监管机构、公众以及其他利益相关者的监督，必须进行详尽的信息披露，必须在健全的会计准则基础上充分考虑股东利益。因此，通过推动上市，才能促成规则的整体改变，强化公司治理，真正有效防止出现改革中反复出现的"进一步，退两步，重走回头路"的现象。

(二) 整体改制上市还是分拆上市？

在对大型商业银行改革方案进行研究论证的过程中，对于改制方式主要有三种观点：一是整体改革，将国有银行主要资产和业务整体改制为股份公司并进行上市。二是分拆改制，也就是"好银行、坏银行"模式，把问题银行的不良资产与优质资产分离开来，将不良资产置入集团，剩下的优质资产重新组建为一家股份公司并上市，形成优质资产和不良资产分离的运行模式，集团公司与股份公司均为独立的企业法人。三是将同一地区的几家银行的分支机构联合，形成区域性的大银行，然后进行改制上市。

第三种方案有明显的缺陷，容易形成新的地区性金融垄断，降低金融运行效率。因此，改制方式之争主要集中于整体上市还是分拆上市。整体上市能够确保大型商业银行的完整性，保持大型商业银行的规模优势，但在当时看来难度颇大，主要缺陷是市场容量可能不足以及不良资产信息披露的障碍。不少人士担忧，按照上市公司要求公开披露大型商业银行不良资产有关信息，可能严重影响社会公众对金融体系的信心。当时对于改革的路径还在探索过程中，对于迅速扭转大型商业银行的财务状况，使之满足上市条件，也存在较大的疑虑。

虽然整体上市困难，但分拆上市存在着更为严重的弊端。此前的国有企业重组上市的一个鲜明特点是分立上市公司和存续公司，把核心资产和主营业务剥离出来组成一个上市公司，存续公司承接原国有企业的非核心业务和资产，并作为上市公司的控股公司——集团存在。我国电信、石化、钢铁等行业大型国有企业改制上市都曾采取这种安排。这种安排虽然实现了主营业务和优质资产的快速上市，具有一定的战略灵活性，但其遗留的问题也比较多。

一是存续公司资产质量差、盈利能力弱、"失血"严重、步履维艰。二是存续公司保留了大量的人员。母公司和上市公司之间人员待遇和环境的不平衡容易加深内部利益摩擦，不利于集团整体协调运作。三是存续企业仍在旧体制下运行，制约了上市公司的市场化运作。改制后的上市公司虽然表面上建立现代公司治理结构，但股权结构大多过于集中，国有股"一股独大"，控制权、决策权仍然掌握在原集团公司，上市公司的市场竞争力受到旧体制的约束。由于劣质资产、非核心业务以及大量人员仍保留在存续公司，并且存续公司仍在旧体制下运行，存续公司往往出现持续亏损，并且往往从上市公司"抽血"来维持运转，侵犯上市公司的利益，从而使问题无限期拖延下去。

比较而言，整体上市虽然面对诸多困难，但优点相对于分拆上市显而易见。整体上市能够保持银行业的规模优势，并且规避关联交易等资本市场上不规范的行为；能够利用集团优势消化历史不良资产；能够保存相对完整的银行体系，为建立现代化的银行经营管理制度打下良好的基础。

与此同时，对于整体上市的障碍也有了新的认识。关于股市容量的问题，一是不能局限于境内的资本市场，境外中国香港、美国等地的资本市场都可以作为上市地的选择；二是股市本身也具有弹性，随着资本市场的基础性改革的推进，我国股市容量呈现出逐年扩大的趋势。关于巨额不良资产和资本金严重不足问题,国家明确了处置不良资产的原则、步骤和方式,并创造性地采用外汇储备作为注资的财务资源,这些问题的解决都为最终采用整体改制的方式奠定了良好的基础。

(三) 上市地的选择

大型商业银行上市地的选择对发行上市的成功以及上市后的公司治理、内部控制制度的建设等有着非常重要的意义。人民银行会同有关部门对上市地可供选择的方案作了充分的利弊分析,据此指导商业银行开展相关工作。

中国企业可选择的股票发行及上市方式主要包括五类:A 股、B 股、H 股、红筹股和其他(见表 1-2)。

表 1-2 中国企业可选择的股票发行及上市方式

类型	注释及已上市的案例
A 股	境内注册的中国公司向境内投资者发行,在上海或深圳证券交易所上市和交易,例如宝钢股份
B 股	境内注册的中国公司向境外投资者和境内居民发行,以人民币标明面额,以美元或港元购买,在上海或深圳证券交易所上市和交易。目前 B 股市场规模不大,在该市场融资的企业越来越少
H 股	公司在中国境内注册成立,在香港联交所上市并以港元认购及交易。很多 H 股公司,以香港为主要上市地发行股的同时,也在美国或其他资本市场发行存托凭证,在纽约证券交易所上市,例如中石油、中石化、人寿、人保等
红筹股	在境外注册、但主要业务在境内的中资控股公司,在香港联交所上市并以港元认购及交易,同时也在美国或其他资本市场发行存托凭证,在纽约证券交易所上市。例如中国移动、中国联通等
其他（如 N 股）	包括在纽约证券交易所上市并以美元认购及交易的 N 股,例如华能国际;以及在新加坡证券交易所上市的 S 股,例如鹰牌陶瓷等。目前这些方式因远离企业所在市场而较少使用

选择上市地时需要考虑多种因素、多方影响。首先是所选择的上市地点能够实质性地促进银行治理结构的完善,实质性地促进银行经营

机制的转变和经营绩效的提高。

其次国家持有的股份必须具有一定的流通性,这样做的好处在于一方面可以容易变现,降低国家对各家银行进行财务重组的成本,完成保值增值的任务;另一方面,可以避免出现由于大股东所持股份不能流通而造成其行为扭曲的现象。

再次能够使大型商业银行改革和境内证券市场的改革互相促进。大型商业银行如果在境内上市,可以扩大境内证券市场规模,改善上市公司结构,增加境内证券市场的吸引力。但是,境内证券市场当时存在的全流通问题和监管不力为大型商业银行的境内上市造成了实质性的障碍。大型商业银行能否在境内上市很大程度上要取决于境内证券市场改革措施是否到位。

上市的时间和工作程序还需要具有可预期性。大型商业银行上市时间紧迫,对上市地的选择要有预期,如果境内上市有太多的非市场因素导致大型商业银行境内上市工作无法有序进行,或者如果决定在境内上市,后又由于种种原因而搁浅,则券商的损失会很大。

此外,大型商业银行境外上市还需关注境外上市存在的法律风险。由于上市地法律环境和境内法律环境有很大差异,企业在境外上市要面临不同的法律体系的监管,境内企业不熟悉境外的法律,不能适应这样监管环境,就可能出风险问题,企业一旦被诉讼,则可能损失巨大。境内的经济情况和监管情况也与境外存在差异,境外投资者对于境内情况不了解,对境内的某些做法容易产生疑义。

综合来看,大型商业银行的上市地可能的选择有四种:境外单独上市、境外先上市境内后上市、境内外同时上市以及境内单独上市。根据以上所提出的选择原则考虑以上四种方案的利弊,可以得出如下结果(见表1-3)。

表1-3　　　　　　　　　　　上市地选择的利弊

上市地	对治理结构和经营绩效的促进作用	促进国内证券市场发展	法律风险
境外单独上市	能使公司的治理结构有所改善，主要表现在信息披露义务和高层管理人员市场意识的提高	直接作用有限	需要规范运作，防范法律风险
境外先上市境内后上市	境外上市有促进作用。境内市场存在流通股和非流通股之分，大股东利益机制不顺，监管受到外部干扰较大，无法形成威慑力量，因此对治理结构和经营绩效的促进不大	较好	需要规范运作，防范法律风险
境内外同时上市	各项作用同上。只是上市的技术工作难度稍大	较好	需要规范运作，防范法律风险
境内单独上市	境内市场存在流通股和非流通股之分，大股东利益机制不顺，监管受到外部干扰较大，无法形成威慑力量，因此对治理结构和经营绩效的促进不大	较好	风险较低，但对规范运作的压力也低

基于以上分析，建设银行率先选择以全流通方式在香港发行H股上市。一方面香港是国际金融中心，也是国际重要的资本市场之一，香港资本市场的广度和深度以及监管水平和要求完全符合建行上市的目的和要求。另一方面当时内地市场不具备接受大型商业银行上市的条件，A股市场主要由散户投资者组成，机构投资者的进一步发展壮大需要一定过程，二级市场对大盘股的承受能力有限，国有股全流通的问题也尚未解决。此外，美国颁布《萨班斯法案》后，对内控程序和信息披露的要求更为严格，海外公司赴美国上市的成本和法律风险大大上升，加之H股作为全球开放市场已经可以全面接触到国际投资者，故未选择在美国公开发行上市。等到交通银行、中国银行发行上市时，香港仍是发行地的首选，且随着境内股权分置改革的推进和市场环境的好转，中国银行、交通银行、建设银行均选择在A股再发行股票。此后，工商银行、农业银行均实现了A+H股同步发行上市。

七、盈利能力：商业银行盈利问题

大型商业银行改革以来，利润在一段时间内保持了较快增长。对此，一些舆论认为，银行存在榨取实体经济利益之嫌；另一些舆论则认为，银行在利率尚未市场化的条件下可以轻松盈利。那么，一段时期内推动大型商业银行盈利快速增长的因素有哪些？应如何看待大型商业银行的盈利水平？

（一）影响因素之一：改革红利

盈利是反映商业银行经营成果的重要财务指标。影响商业银行盈利水平的主要因素可以从内部和外部两方面进行分析。

从内部来说，资产规模、存贷比、资本充足率、不良资产率、净息差、非利息收入占比、成本收入比等指标都与银行利润高度相关。从外部来说，经济周期、税收制度、银行业市场结构、金融发展水平也会影响银行盈利水平。然而，对于中国银行业，还有一个重要的影响因素不容忽视，这就是银行业改革红利。应该说，近年来的盈利也是银行业改革成果的具体反映。

2003年，中国启动了大型商业银行股份制改革。借鉴国际银行业和国内企业改革经验，中国银行业采取了核销资产损失、市场化处置不良资产、补充资本金、上市等改革措施。这些改革措施至今仍产生着积极影响，形成了银行业的改革红利。

改革红利之一是通过核销和处置不良资产，提高了银行生息资产占比，信贷成本大幅下降。2002年，包括国有和股份制商业银行在内的主要商业银行不良贷款余额在2万亿元以上，不良资产率高达25%；损失准备金缺口达1.34万亿元，拨备覆盖率仅为6.9%；而账面税前利润仅364亿元。不良贷款长期占据在银行资产负债表的资产科目，不能实现正常还本付息，大量损失类贷款根本不产生现金流。2003年以来，大型商业银行改革先后核销和处置了约2万亿元不良资产，农村信用社改革使用央行票据等置换不良资产1 700多亿元，国家还加大了商业银行自主核销资产损失的力度，银行业用改革后增加的盈利冲销了大量不良资产，弥补了过去的损失。随着我国经济应对国际金融危机效果不断显现，不良资产连续出现双降，信贷成本不断降低。截至2017年第一季度末，银行业金融机构不良贷款余额1.58万亿元，不良贷款率为1.74%；拨备覆盖率达到178.76%。

改革红利之二是通过补充资本金，提高了银行损失吸收能力和业务发展能力，增加了银行稳定可用资金来源。2003年中国商业银行仅有八家资本充足率达到8%的监管要求，且达标银行的资产占比仅为0.6%。2003年以来，中国银行、建设银行、工商银行、农业银行、光大银行等先后获得国家注资约825亿美元。商业银行除通过利润留存等内源融资方式不断补充资本金外，还利用发行股票、次级债等外源融资方式进一步补充资本金。充足的资本尤其是普通股资本对增强资产扩张能力和盈利能力至关重要，同时充足的资本金本身也是降低资金成本，提高净利息收益率的重要因素。

改革红利之三是通过引进先进技术和理念，降低了银行经营成本。2003年以来的银行业改革在注重内部改革的同时，顺应中国加入世界贸易组织的大潮，向国际知名金融机构打开了投资入股的大门。一些先进的经营理念和管理方式得到应用，特别是银行业的科技化、集约化大大节约了成本。在科技化的支持下，以零售业务为主的中国银行业普遍加快了电子渠道替代柜台的步伐。先进技术和理念的运用，使得中国主要商业银行成本收入比大大降低，目前已普遍控制在30%左右。

此外，通过公开发行上市，市场对银行的约束和促进作用初步形成。商业银行为实现股东利益最大化，满足股东分红需求，普遍制订了以加快发展为主旨的经营计划，并通过层层下达与薪酬紧密挂钩的、以利润增长为核心的绩效考核指标，将落实经营计划的压力传导到基层行，力争经营规模快速扩大、利润逐年递增成为银行各级经营管理者普遍的行为选择。正是这种动力和压力，也使得商业银行利润持续高速增长。

（二）影响因素之二：实体经济基础

从实体经济角度来看，银行业利润增长与企业利润增长基本一致，反映了国民经济运行的基本状况。

近年来，我国经济保持了持续快速增长的态势，2005年至2011年的平均GDP增速高达11%，2012年以后增速有所放缓，但仍保持在6%以上的水平。在经济高速增长期，工业企业利润增幅也较快。以2010年和2011年为例，全国规模以上工业企业的利润增幅分别达45%、25%。值得注意的是，由于国家出台了多项政策鼓励和引导商业银行加大对中小企业的支持力度，利润增长最快的私营企业已成为银行的主要客户，客观上进一步扩大了银行利润增幅。以2011年为例，中小企业贷款余额占全部企业贷款余额的60.5%，中小企业贷款当年新增额占到全部企业贷款新增额的比重达到68.4%。中小企业中90%为私营企业，据此推断，私营企业贷款约占全部企业贷款的54%，为银行贡献了一半的收益来源。

观察商业银行的收入结构，可以发现净利息收入和非利息收入均有改善。一方面，商业银行中间业务收入占比有所提升。国际大型商业银行中间业务收入占比一般都在50%左右，这一收入结构大大提高了资本使用效率。我国商业银行一直致力于改善收入结构，主要商业银行中间业务收入从2003年末的约10%提升到2016年末的约20%。

不能否认的是，商业银行中间业务收入提高并非完全由于业务转型和产品创新，不排除部分是由于银行在融资谈判中处于强势地位而收取到的不合理费用。另一方面，商业银行净利息收益率（也称净息差）改革后有所改善。净息差体现了商业银行综合平衡资产负债和成本收益后的定价能力。以大型商业银行为例,2008年以来,受国际金融危机及人民币名义利差收窄影响,净息差从2.94个百分点一度下跌至2009年的2.24个百分点,2011年逐步回升到2.6个百分点,后随着利率市场化的推进利差又再度逐渐下跌,到2015年末平均净息差约为2.5个百分点。但与国际上商业银行相比,我国的平均净息差水平并不高,与美国、韩国、新加坡等国主要商业银行净息差水平较为接近,高于日本,低于巴西、印度、俄罗斯等国(见表1-4)。

表1-4 部分国家(地区)
主要商业银行平均净息差比较(2009—2015年)

年份 国家(地区)	2009	2010	2011	2012	2013	2014	2015
美国	2.74	2.84	2.60	2.50	2.38	2.33	2.28
巴西	6.18	5.83	5.49	5.85	4.85	4.17	4.13
日本	0.76	0.72	0.74	0.65	0.74	0.81	0.72
韩国	NA	2.47	2.58	2.41	2.12	1.99	1.82
新加坡	2.01	1.87	1.77	1.72	1.62	1.64	1.70
印度	3.05	3.37	3.33	3.23	3.16	3.12	3.12
中国香港	1.45	1.37	1.43	1.38	1.43	1.41	1.22
俄罗斯	6.78	6.23	5.84	5.22	5.37	4.67	3.50
中国内地	2.43	2.58	2.82	2.83	2.75	2.71	2.47

数据来源:中国内地为银行业平均净息差,来源于银监会监管数据;其他为根据bankscope中各国家(地区)主要商业银行净息差算术平均所得。其中:美国选取了花旗银行等20家银行,巴西选取了巴西银行等5家银行,日本选取了东京三菱金融集团等6家银行,韩国选取了韩国发展银行等10家银行,新加坡选取了星展银行等4家银行,印度选取了印度国民银行等7家银行,中国香港地区选取了东亚银行等8家银行,俄罗斯选取了外贸银行等2家银行。

国际经验表明,净息差的提高与商业银行客户结构的变化密切相关,越是零售客户多、客户规模小、融资期限短的银行,净息差越高,这在一定程度上反映了这些客户贷款的风险溢价水平,也是中国银行业净息差得以回升的重要原因。

(三) 大型商业银行盈利前景及其影响

目前,银行业改革红利正在加速消失,不良资产反弹的压力增大,拼规模、拼份额的粗放经营模式无法持续,2009年以来的信贷过快增长也消耗了银行的资本。

随着经济金融形势的转变,银行盈利高增长局面已难以维持,特别是2015年以来净利润增速已明显放缓。如果不能维持银行合理的盈利水平,则不仅会大大影响其服务实体经济的能力,更有可能出现系统性金融风险。金融服务实体经济的要求强化,信贷投放需保持一定增速,商业银行补充资本压力进一步增大。与此同时,我国逐步实施巴塞尔新资本协议对商业银行资本充足水平和流动性水平提出了更高的硬性要求。

有专家预测,商业银行盈利增长如果能够保持在15%左右,则可以通过利润留存方式补充一部分资本金,通过外源融资解决的资本规模不会过大,也能够为市场所接受;如果商业银行盈利水平下降幅度过大,则不仅无法通过利润留存补充资本,从而加大股票市场融资规模压力,更可能因为影响市场信心而导致系统性风险。

经济增长新常态下,不良资产有所反弹,处置和核销不良资产将动用银行部分收入。随着宏观调控政策效果逐步显现,资产价格还将进一步回落,商业银行抵质押资产可能出现不足值问题,贷款价值比变化可能导致违约增加。

如今摆在我们面前的难题是,如何在提高商业银行服务实体经济的能力,有效解决实体经济融资难、融资贵问题的同时,保持银行合理的盈利水平。解决这一难题,可以从以下三方面入手。

第一个方面是鼓励商业银行加大改革创新力度,敏锐把握实体经济对金融服务的需求,从提高效能和降低成本两个方面入手,充分运用现代科技成果,积极创新产品、改进服务,通过产品和服务创新寻找新的利润增长点。与此同时，清理金融服务不合理收费和不合理附加条件，明确商业银行不得对企业贷款收取资金管理费，严格限制以收取财务顾问费、咨询费等名义增加不合理费用。

第二个方面是加快发展直接融资市场，拓宽企业融资渠道。对于种子期、初创期和成长期的小企业，要通过发展天使投资、风险投资和私募基金等给予金融支持，减轻对银行融资的依赖。同时，引导大企业更多地发展直接融资，促使商业银行主动将信贷业务转向小企业。此外，应鼓励和扩大基础性的资产证券化试点，将银行缺乏流动性的资产转变为流动性较高的有价证券，改善银行资产负债结构，降低资本充足压力。

第三个方面是加快发展面向基层和社区的小型金融机构，缓解小型金融机构金融服务供给不足的矛盾。放宽小型金融机构准入条件，允许民营资本参与设立和组建小型金融机构，通过发展小型、社区型金融机构改善小型微型和"三农"金融服务，促进民间融资"阳光化"和规范化，通过改善银行业市场结构调节商业银行盈利水平。

八、社会责任与商业原则的冲突：面向"三农"、商业运作与机制设计

与其他大型商业银行相比，农业银行改革涉及服务"三农"的组织架构改革设计等重点难点问题，更具艰巨性、复杂性。一种观点认为，股份制商业银行主要目标是盈利性，与贯彻国家战略，补齐支持"三农"和小微企业发展等短板存在利益冲突。为落实国家关于农业银行改革要坚持"面向'三农'、整体改制、商业运作、择机上市"的原则要求，人民银行会同有关部门深入开展调研，对农业银行服务"三农"的体制机制设计进行反复研究论证，最终推动农业银行实施深化

"三农金融事业部"改革,取得了良好成效。

(一)农村金融:"撤退"还是"前进"

1979年2月,国务院正式发出《关于恢复中国农业银行的通知》,标志农业银行正式恢复,其主要任务是:统一管理支农资金,集中办理农村信贷,领导农村信用社,发展农村金融事业。此后,农业银行在农村地区广设网点,开办了当时农村所需的多种业务,在聚集资金、引导资金流向农村起到了很大的作用。但是,随着国有专业银行转型为商业银行,包括农业银行在内的四大银行的支农力度不断下降。工、农、中、建四家银行自1997年以来从农村战略性"撤退",纷纷撤并农村的经营网点。至农业银行股改前,除了农业银行尚在农村地区保留有一定的机构与人员外,其他三家基本已经退出了农村金融市场。不仅机构人员严重不足,"三农"金融业务的品种也非常单一。农业银行当时在农村地区的业务仅限于存款、贷款、汇兑、结算等几项传统业务,且其中贷款业务管理权限上收,授权、授信十分困难。农村中小企业很多项目缺少资金支持,农户更是难以获得银行信贷资金。大型商业银行在农村服务中的缺位,导致了农村与城市金融市场的割裂,形成了金融"城乡二元化"的局面。

新世纪以来,国家高度重视农业作为基础战略产业的重要地位,认真对待和着力解决"三农"问题,提出农村农业工作是全党工作的重中之重,关系到党和国家事业发展全局,要进一步增强责任感、紧迫感、使命感,坚定信心、振奋精神、乘势而上,着力在经济发展方式转变和经济结构调整中继续加强农业基础,在统筹城乡发展中继续加快农村经济发展,在保障和改善民生中继续增进农民福祉。党中央、国务院2004年起每年的中央一号文件均以"三农"为主题,2004年至2006年分别下发了《关于促进农民增加收入若干政策的意见》《关于进一步加强农村工作提高农业综合生产能力若干政策的意见》和《关于推进社会主义新农村建设的若干意见》，开启了新时期"三农"大发展的序幕。

随着"三农"经济的快速发展，农村金融服务的市场潜力也应重新评估。传统观念中，"三农"一直与成本高、收益低、风险大相联系，县域和农村金融服务因此一直存在很大的缺口。但是，"三农"和县域业务同时具有资金成本低、贷款定价能力较强等独特优势，尤其是伴随着我国经济的不断发展，"三农"和县域经济在国民经济中的战略地位日益凸显，正逐渐演变为整个经济社会发展的突破口和增长极，其中孕育着重大的发展机遇。"三农"和县域经济发展的突出特征和趋势是各种生产要素的集聚化发展，如农业集约和工业集群等。在统筹城乡发展的大背景下，生产要素将进一步向农业产业化龙头企业、农村集体经营组织、农民专业合作社和种养大户集中，组织化、规模化水平的提高，使农业抵御自然和市场风险的能力不断提升，有利于降低"三农"和县域金融服务风险。此外，城乡产业一体化的发展，逐步带动城市产业向县域转移，推动县域产业的极大发展，农村和县域居民的消费能力和水平也有了明显的提升。按商业运作的原则拓展"三农"金融业务越发具有现实可行性。

为加大金融对"三农"的支持力度，2007年第三次全国金融工作会议对农业银行改革提出了原则性要求，即"面向'三农'、整体改制、商业运作、择机上市"的十二字方针。这是党中央、国务院从推进我国现代化进程、优化金融发展布局、夯实农业基础的大局出发，赋予农业银行的重要历史使命。

（二）大型金融机构服务"三农"面临的困难和挑战

与中小金融机构相比，大型金融机构服务"三农"具有一定的优势，主要体现在服务渠道网点遍布城乡、金融业务和产品更为丰富多样、资金实力、技术能力和抗风险能力更强等方面。但"三农"客户的特点使得大型金融机构服务"三农"也面临困难和挑战。

"三农"客户金融需求的一个突出特点，就是分布散、额度小、频率高。大银行服务小客户，在体制机制上不可避免地面临诸多困难和挑战。

首先，"集约化"经营管理方式不适应"分散型"的"三农"客户需要。大型商业银行通过收缩机构网点、集中经营资源、上收管理权限等举措，形成了一套较为成熟的适应城市金融业务发展的集约化经营管理模式。但这种模式与散、小、弱的"三农"客户特别是贫困地区"三农"客户的实际需求格格不入，尤其是在这套模式下形成的银行人、财、物资源与投入回报率正向配置机制，无法适应"三农"客户的金融需要。

其次，"长链条"经营决策体系不适应"需求急"的"三农"客户需要。大型商业银行点多、面广、链条长，经营指令六层传导（总行——一级分行——二级分行——县支行——二级支行——分理处）的"决策慢性病"一直存在。显然，这种经营决策慢性病与额度小、频率高、时间紧、季节性强的"三农"客户的实际无法接轨。

"大一统"经营准入政策和"制式化"产品供给模式也不适应"差异大"、"多元化"的"三农"客户需要。在商业化经营转型中，大型银行为了控制风险，相继制定出台了一系列"高压线"式的客户、产品、业务等经营准入政策，并通过评级、授信、授权等方式在全行范围内"大一统"的强力推行，产品服务体系也主要以城市客户为目标进行设计开发，很多是制式化的产品。显然，这些"一刀切"式做法与地域广、民族多、经济发展水平不同的"三农"客户的实际不相适应，无法满足额度、频度、复杂程度以及担保方式差异很大的"三农"金融需求，尤其是许多以发达地区和城市居民为样本研究出台的准入政策和服务产品，无法适应"差异大"的"三农"客户金融需求。

此外,"硬信息"风险控制方法也不适应"软信息"的"三农"客户需要。大型商业银行的风险管理体系基本都是根据城市市场的客户特征建立起来的,依赖于齐全的财务报表、权属凭证、书面文件等"硬信息"。但"三农"客户往往难以提供这方面的有效信息,信息不对称的问题非常突出。识别其风险状况更多地需要借助诸如其人品、周围的社会关系等间接信息,需要更多地依靠客户经理的经验。如果把现有的风险管理制度、技术、流程等简单套用到农村市场,就会出现两种情况:要么门槛过高,影响对"三农"的金融服务;要么形同虚设,造成新的风险。如何处理好风险控制硬要求与"三农"风险软措施之间的关系,需不断实践探索。

(三) 不同体制机制的比较

由于大型商业银行在服务"三农"方面面临特殊的困难,农行改革要实现面向"三农"和商业运作相结合,必须在组织架构和业务模式等方面有所改革和创新。围绕服务"三农"的职能定位,有三种模式可供选择:一是整体改制的一级法人模式,也就是传统的总分行模式;二是整体改制的集团模式,也就是采用集团控股下的二级法人,将县域支行改造为专事"三农"服务的法人机构;三是整体改制的事业部制模式,也就是在保持现有框架不变的前提下,形成分别服务于城市和农村市场的两个相对独立的业务经营管理体系,将全部县域支行纳入"三农金融事业部"。

整体改制的一级法人模式的优点是不需对架构作大的调整,不足之处在于经营管理重心向上集中,易导致资源配置过多地向城市业务倾斜,不利于农业银行落实面向"三农"的市场定位。

整体改制的集团模式的优点是通过不同的法人将城市业务与"三农"等县域金融业务分开,"三农"金融的经营决策重心下沉到县域,有利于贴近"三农",更有效地适应县域经济和新农村建设的不同需要。不足之处在于组织架构需要作根本性的调整，对农业银行内部一直以来的传统大银行观念冲击较大，而且部分经济落后地区的子银行抗风险和可持续发展能力较为薄弱，发展也可能面临较大的问题。

整体改制的事业部制模式借鉴了国际银行业实行事业部制的经验，优点是实质上属整体改制的一级法人模式，但又相对确定了"三农"金融平台，机构、人事等方面需要作的调整相对比较小，可操作性相对较强。不足之处在于事业部边界包括职能边界和业务边界等若不能清晰划定，事业部与各级之间的关系可能难以理顺，摩擦较多。

为探索事业部制的实现模式与路径，农业银行于2007年10月起选择部分分支机构进行事业部改革试点。人民银行会同相关单位对试点进展情况多次进行深入调研，逐渐明确了对事业部机构设置、业务边界和报告关系、业务流程和信贷审批体制等方面的机制设计思路。

（四）"三农金融事业部"改革的主要内容

经国务院批准，人民银行于2010年5月向农业银行下发了《关于深化中国农业银行"三农金融事业部"改革试点有关事项的通知》，正式启动农业银行深化"三农金融事业部"改革，在四川、重庆、湖北等8省（区、市）县域支行试点实行有别于城市业务的管理体制和运行机制，并给予差别化存款准备金率、财税优惠和监管费减免等扶持政策。在对改革试点持续监测跟踪并阶段性评估总结后，人民银行报经国务院批准后于2011年9月、2013年11月和2015年4月先后三次扩大范围，最终推广至农业银行全部县域支行。

"三农金融事业部"特殊的体制机制主要体现在"三级督导、一级经营"的管理体制和"六个单独"的运行机制上。

"三级督导、一级经营"是指实行总行、试点省分行、地市分行管理部门"三级督导"，县域支行"一级经营"的事业部管理架构。

在有条件的省份,农业银行也可以探索省级分行的"三农金融事业部"管理部门直接管理县域支行的模式,以缩短管理链条。对县支行按事业部制的基本原理进行改造,加挂"中国农业银行××县三农事业部"牌子,成为独立经营单元,在班子合格、管理合格的前提下,拥有相对较大的经营自主权与相应的激励约束机制,其内部组织架构由"管理主导型"改造为"经营管理型",精简中后台部门,充实面向县域、面向农村金融市场的业务一线力量,不断增强其面向市场自主经营、就近决策的能力,进一步强化经营主体地位,创新经营机制,提高服务效率,激发经营活力,更好地服务"三农"和县域经济发展。

"六个单独"分别是:单独的资本管理机制,借鉴对法人机构资本充足率管理的模式,单独拨付事业部资本;单独的信贷管理体制,"三农金融事业部"应具有独立的信贷授权、授信、担保等方面的制度办法和操作程序;单独的会计核算体系,实现事业部单独核算报表的自动生成;单独的风险拨备与核销机制,实现事业部单独足额计提减值准备金和单独核销不良资产;单独的资金平衡与运营机制,赋予试点行事业部相对独立的资金平衡自主权;单独的考评激励约束机制,制定符合"三农"和县域金融服务特点的经营指标和考核办法。

(五)"三农金融事业部"改革取得了显著成效

认识上,农业银行服务"三农"的认识不断深化,"三级督导、一级经营"管理体制在组织架构上得到确认。目前,农业银行董事会和高管层分别设立"三农"发展委员会和"三农"金融部管理委员会,总行成立"三农"金融部并搭建"三部六中心"组织架构,全国所有省、市分行均成立"三农"金融分部并搭建"两部六中心"组织架构,所有县域支行加挂"中国农业银行××县三农事业部"牌子。相比改革前，现有组织架构能够确保有专门的机构和人员服务"三农"。

体制上，"六个单独"逐步落实。农业银行对"三农金融事业部"实行了单独的会计核算，针对"三农"业务和部门制定了内部信贷政策、产品体系、管理和考核办法，对部分"三农"业务给予差别化的资本占用系数和拨备核销额度等。相比改革前，"三农金融事业部"已有专门的、有别于城市业务的政策和运作模式，资源保障上也享受倾斜支持。

扶持政策全部得到了落实。人民银行自2011年起对农业银行县事业部进行考核，对达标的县事业部执行比农业银行低2个百分点的优惠存款准备金率；县事业部发放的农户贷款、农村企业和农村各类组织贷款取得的利息收入在营改增前减按3%的税率征收营业税，营改增后减按3%的税率计算缴纳增值税；监管费比照农村信用社的标准免收业务监管费和机构监管费。

"三农金融事业部"业务发展总体较好，"三农"基础金融服务水平持续提升。截至2016年末，农业银行县域贷款余额3.18万亿元，较2010年末增加1.67万亿元，增长了2.11倍，较农业银行整体贷款增速高21.0个百分点。"三农金融事业部"累计发放惠农卡1.94亿张，在农村地区设立"金穗惠农通"工程服务点约63万个，在县以下布放转账电话、ATM、POS机等各类电子机具约101万台，代理城乡居民养老保险1 406个县，代理新农合897个县，对行政村的服务覆盖率超过75%。

尽管改革取得了长足的进展，但是体制机制上还有尚需完善的地方，"六个单独"还需要进一步落实，经营和决策的重心有待进一步下沉，服务"三农"和县域经济的能力和水平也需要进一步提升。改革仍在推进过程中。

第一章 大型商业银行改革

第三节 改革的战略抉择

一、总体目标

大型商业银行股份制改革的总体目标是：按照"产权清晰、权责明确、政企分开、管理科学"的现代企业制度，通过财务重组、内部改革和严格外部监管，真正建立现代金融企业制度，健全法人治理结构，转换经营机制，加强内部管理，实现可持续发展，成为资本充足、内控严密、运行安全、服务和效益良好，具有国际竞争力的现代商业银行。创造条件并选择有利时机在境内外上市，实现公众持股。

二、主要思路

历史经验表明，仅仅依靠注资、不良资产处置等"物理变化"，不能解决大型商业银行存在的根本问题。只有通过目标明确的股份制改革，大型商业银行才有可能建立和完善公司治理结构，改革才有可能取得实质性进展。为稳步推进大型商业银行股份制改革，在认真总结我国经济与金融体制改革经验的基础上，创造性地运用国家外汇储备注资大型商业银行，按照核销已实际损失的资本金、剥离处置不良资产、外汇储备注资、境内外公开发行上市的财务重组"四步曲"方案，并确定了财务重组、建立现代公司治理、引进战略投资者、择机上市等改革步骤的总体方案，全面推动大型商业银行体制机制改革。由于大型商业银行各自的发展沿革、历史包袱、改革前各方面的条件有所不同，几家

金融机构改革的道路抉择

银行的改革措施既有共同点也有不同之处。从总体上看，采取的是"一行一策"原则，按照核销和剥离不良资产、国家注资、股份制改革、境内外上市等几个步骤，逐步进行改革，以中国银行和建设银行作为改革试点先行，取得成功经验后再逐步推开。其中，中国银行、中国工商银行整体改制为股份有限公司并上市；中国建设银行以分立方式进行重组，分立为中国建设银行股份有限公司和中国建银投资有限责任公司，中国建设银行股份有限公司继承原中国建设银行的商业银行业务并上市，中国建银投资有限责任公司继承未纳入中国建设银行股份有限公司的非商业银行股权投资等其他业务；中国农业银行整体改制为股份有限公司并上市，同时建立县域事业部制管理体制；交通银行深化股份制改革并整体上市。

▼ 专栏3

国务院决定中国银行和中国建设银行实施股份制改造

——摘自中国人民银行网站 2004 年 1 月 6 日新闻

国务院日前决定中国银行和中国建设银行实施股份制改造试点。这是贯彻落实党的十六大和十六届三中全会精神，加快金融改革，促进金融业健康发展的重大决策。

国有独资商业银行多年来为促进国民经济发展、支持经济体制改革、维护社会稳定作出重要贡献。由于国有独资商业银行公司治理结构和经营机制存在缺陷，加上其他一些历史原因，目前国有独资商业银行仍存在不良资产率高、资本充足率低等问题。近年来，国有独资商业银行加快了改革步伐，国家采取了支持国有独资商业银行发展的政策措施，银行的资产质量和盈利水平明显改善，为推进国有独资商业银行股份制改革积累了经验，创造了条件。为了适应经济发展的需要,根据国有独资商业银行的具体情况,国务院决定选择中国银行和中国建设银行进行股份制改造试点。

这两家国有独资商业银行实施股份制改造,核心是要办成真正的商业银行。主要内容是,按照现代商业银行要求,建立规范的公司治理结构和严明的内部权责制度,形成良好的财务约束和内在风险防范机制,同时要进行相应的财务重组,加快处置不良资产、充实资本金,建立良好的财务基础和严格的财务标准。通过股份制改造,使试点银行成为资本充足,内控严密,运营安全,服务和效益良好的现代金融企业。

加快深化内部改革,建立良好公司治理结构,转换经营机制,是这次国有独资商业银行股份制改造的关键。在改革过程中,试点银行必须坚持改革与管理并重,加大内部改革力度,建立规范的股东大会、董事会、监事会制度,引进国内外战略投资者,实现投资主体多元化,加快改进公司治理结构,实行科学的、现代化管理。

针对两家试点银行目前的财务状况,国务院决定动用450亿美元国家外汇储备等为其补充资本金。国务院要求,新的资本金注入后,要对试点银行实行更加严格的外部监管和考核,确保新注入资本金的安全并获得合理回报。在处置不良资产时要严肃追究银行内部有关人员的责任,严厉打击逃废银行债务的不法行为。

国有独资商业银行进行股份制改造,最终成为具有国际竞争力的现代化股份制商业银行,是我国金融业的一次全新的改革实践。试点银行和有关部门要统一思想,坚定信心,坚决按照中央的决策和部署,密切配合,各尽其责,奋发进取,扎实工作,全面实现国有独资商业银行股份制改造的各项预期目标。

金融机构改革的道路抉择

(一) 实施财务重组

财务重组是股份制改革的前提,包括用银行原有财务资源(账面资本金、准备金及利润等)核销部分资产损失、按照市场化原则处置不良资产以及国家注入新的资本金。其中,国家注资的目的是增强大型商业银行财务实力,满足相关监管要求;核销资产损失和处置不良资产的目的是使大型商业银行轻装上阵,保证国家新注入资本金的安全性和合理回报,并满足股份制改革和上市的基本条件。

(二) 完善公司治理,加快内部改革

在大型商业银行股份制改革的总体战略安排中,股份制改革、建立健全良好的公司治理结构是关键的一步,其主要内容是改变大型商业银行受外部行政干涉、无法像正常商业银行运作,内部的内控体系松散、风险管理落后的局面,进而从根本上扭转由于内外原因共同导致的银行不良贷款居高不下的问题。内部改革主要包括10个方面的内容:一是建立规范的股东大会、董事会、监事会制度,按照"三会分设、三权分开、有效制约、协调发展"的原则,最大限度地发挥现代公司治理结构与机制的功能。二是在保持国家绝对控股地位的前提下,引进境内外战略投资者,改变单一的股权结构,实现投资主体多元化,并发挥战略投资者在完善公司治理、推动技术和业务合作方面的作用。三是制定清晰明确的发展战略,以市场和客户为导向,实现利润最大化。四是建立科学的决策体系、健全的内部控制机制和完善的风险管理体制。五是整合业务和管理流程,实现机构扁平化和业务管理垂直化,将人员、机构和业务流程优化紧密结合,优化组织结构体系,压缩中间管理层次,进行网点精简和调整,稳妥裁撤冗员,实现减员增效的目标。六是建立市场化和规范化的人力资源管理体制,破除职工工作终身制、干部职务终身制,建立有效的激励约束机制,

建立健全全面的考核体制和严格的问责制。七是建立审慎的会计、财务制度和透明的信息披露制度。八是加强信息科技建设，建立集中统一的信息科技系统，加强对网上银行和电子银行建设，全面提升综合服务功能。九是发挥中介机构的专业化优势，积极推进股份制改革和上市进程。十是加强人员培训和公共关系宣传，做好理论和思想准备。

（三）完善配套政策

在大型商业银行改革过程中，比较注重改进各项标准和准则。在会计准则方面，做了数次修改，使得我国的会计准则更为接近国际准则。在贷款分类方面，要求严格执行五级分类，要求执行《巴塞尔协议》对商业银行的资本充足率要求，并提出了明确的时间表来加以落实。另外，在披露标准和公司治理准则方面也都做了改进。同时，进一步强化了监管。2003年成立了银监会，强化了监管组织体系，进一步明确了监管原则。配套政策措施是股份制改革的重要保证，包括改革和完善财税制度、国有资产经营制度、干部人事制度，以及当时尚存的明显不适应市场经济要求、与现代企业制度和国际通行惯例相悖的有关政策制度等，为改革创造良好的外部环境。

（四）本轮改革与之前改革的不同之处

此次大型商业银行股份制改革是我国历次金融改革的延续，是改革的不断深化，同时在新的经济金融环境下又有新的重大突破。2003年以前的改革以财务注资和不良资产剥离为主，以加强大型商业银行内部管理为辅，其直接目标是防范亚洲金融危机对我国金融业产生剧烈冲击。总体而言，这一阶段的改革主要在处置不良资产、加强内部管理等技术层面上进行，尚未触及到体制等深层次问题，其结果更多的是使大型商业银行发生"物理变化"。2003年以来的大型商业银行改革从注资和不良资产处置等财务重组入手，重点在于通过股份制改革、引进战略投资者和发行上市，在大型商业银行中建立现代金融企业制度。从这个意义上讲，本轮大型商业银行改革在银行内部产生了深刻的"化学变化"。

三、基本步骤

（一）不良资产处置

不良资产处置主要包括三个方面的内容：一是用银行原有财务资源（账面资本金、准备金及利润等）核销部分资产损失。2003年改革前，我国银行业没有实行规范的资产五级分类制度，银行没有计提相应拨备，没有及时核销不良资产，导致不良资产积聚。实际上，大型商业银行的自身积累是"虚假"积累，本来就应该用于核销坏账和计提坏账准备金。二是按照市场化原则处置可疑类资产。与1999年按照账面价值剥离不良资产不同，本轮不良资产处置采用了市场化的处置方式，由四家资产管理公司进行公开竞标，报价最高者中标，中标资产管理公司可以再出售给其他资产管理公司、境内外其他合格投资者，或者运用各种市场手段对资产包进行处置。这种处置方式体现了公平、公正、公开的原则，最大限度地引入了市场竞争机制，强化了激励与约束机制，有利于待处置不良资产的价值回收最大化。三是严格进行外部审计，加大不良资产责任人追究力度，加强控制不良资产的制度建设，防范不良资产反弹。

2004年，中国银行、中国建设银行、交通银行分别用自身财务资源核销损失类资产；通过市场化的招投标方式分别处置可疑类资产。2006年，财政部通过"共管基金"方式置换中国工商银行损失类资产，并委托资产管理公司处置；通过市场化的招投标方式处置可疑类资产。

2008年,财政部通过"共管基金"方式置换中国农业银行不良资产;考虑到中国农业银行的不良资产笔数多、金额小,大多分布在县域及县域以下,因此委托中国农业银行自身处置,并设置了目标回收率。通过处置不良资产,大型商业银行的不良资产比例大幅下降,资产质量明显改善,拨备覆盖水平不断提高,抗风险能力得到进一步加强。与此同时,控制不良资产的相关制度安排也不断完善(见表1-5)。

表1-5　　　　　大型商业银行改革不良资产处置情况

项目	不良资产剥离与核销
中国银行	将1 485.4亿元可疑类贷款以无追索权方式出售给信达资产管理公司。将1 053.8亿元损失类贷款予以核销,并以零价格无追索权方式划转给东方资产管理公司。
建设银行	以账面价值的50%无追索权地向信达资产管理公司出售截至2003年12月31日账面价值为1 289亿元的不良贷款。用准备金核销了569亿元不良贷款。
交通银行	2004年4月,信达资产管理公司与交通银行就不良资产的处置初步达成框架协议,将以账面价值50%的价格收购其414亿元可疑类贷款。税前一次性集中核销118亿元损失类贷款和207亿元可疑类贷款打包出售后的损失;对其他各项资产损失补提准备金191亿元。
工商银行	2005年5月27日,工商银行以无追索权方式按账面价值向华融资产管理公司转让共计1 760亿元损失类不良贷款和共计700亿元的其他减值资产(未扣除减值损失准备),在账面上反映为工商银行对财政部的应收款。财政部与工商银行设立"共管基金账户",其资金来源为工商银行拟上缴财政部的所得税以及财政部作为股东的分红,财政部用上述资金分五年归还购买工商银行损失类资产的款项。6月,将4 590亿元可疑类贷款转让给四家资产管理公司。
农业银行	以2007年12月31日为基准日,按账面原值剥离不良资产8 156.95亿元,财政部以无追索权方式购买上述不良资产。其中1 506.02亿元由人民银行再贷款等额置换,其余6 650.93亿元形成农业银行应收财政部款项。财政部与农业银行设立"共管基金",存续期暂定为15年,用于农业银行应收财政部款项本息的支付。

(二)国家注资与银行发行次级债补充资本

根据中国人民银行2002年的调查结果,银行自身经营管理不善形成的不良资产占比约20%，其余不良资产为体制性、政策性原因造成。由于大型商业银行不良资产主要是国家政策性因素造成的，且不健全的会计和财税制度削弱了大型商业银行消化风险的能力，用银行自身的积累核销坏账损失以及国家提供部分资金支持是合理的、必然的选择。

2003年12月，中央汇金投资有限公司（以下简称汇金公司）成立，由其代表国家对大型商业银行履行出资人职能，明确了对国有资本保值增值的责任与措施。2003年底，国家运用外汇储备向中国银行、中国建设银行分别注资225亿美元。2005年4月，国家运用外汇储备向中国工商银行注资150亿美元。2008年10月，国家运用外汇储备向中国农业银行注资1 300亿元人民币的等值美元（约190亿美元）。此外，财政部、汇金公司于2004年6月按照每股1.00元的价格分别对交通银行增资50亿元、30亿元（见表1-6）。

表1-6　　　　　　　　大型商业银行改革注资情况

项目	中国银行	建设银行	交通银行	工商银行	农业银行
方案获批时间	2003年	2003年	2004年	2005年	2008年
注资	225亿美元	225亿美元	80亿元人民币	150亿美元	1 300亿元人民币等值美元

从补充资本角度看，发行次级债作为一个重要手段在财务重组中得到普遍使用（见表1-7）。

表1-7　　　　　　　　大型商业银行改革发行次级债情况

项目	中国银行	建设银行	交通银行	工商银行	农业银行
次级债发行情况	2004年下半年至2005年上半年，分4次发行600亿次级债	2004年下半年发行400亿元次级债	2004年7月发行120亿元次级债	2005年下半年发行350亿元次级债，2007年12月31日前发行650亿元次级债	2009年5月发行500亿元次级债

从不良资产处置和国家注资看，在改革过程中创新性地探索出了

一条好坏资产搭配模式——先将好资产、坏资产分开；在股权层面上，好资产对应的股权会升值、溢价，未来有分红收益；好资产的升值、溢价如能覆盖坏资产的估计损失，则可放入一个好、坏搭配的资产组合，其净值如不低于对应负债，则总体上无亏损；坏资产损失可日后逐渐消化。中国银行、建设银行改革就是这一模式。这种思路充分体现了成本、风险与收益的对称原则，具有极强的财务约束力；同时以资产负债表而非当期损益来承担，财务重组空间大，覆盖坏资产的能力大。

（三）建立现代公司治理机制

现代企业制度和市场经济的发展历史表明，股份公司中委托代理关系和权利、责任制衡关系的确立，公司管理层与股东和利益相关者合法利益的机制建设，以及公司透明度和责任制度的建立，是完善公司治理结构的必要条件。因此，加快深化内部改革，建立良好公司治理结构，转换经营机制，是这次大型商业银行股份制改革的关键。在改革过程中，大型商业银行坚持改革与管理并重，加大内部改革力度，建立规范的股东大会、董事会、监事会制度，加快改进公司治理结构，实行科学的现代化管理。2004年8月和9月，中国银行股份有限公司和中国建设银行股份有限公司分别成立；2005年10月，中国工商银行股份有限公司成立；2009年1月，中国农业银行股份有限公司成立。

（四）引进境内外战略投资者

引进战略投资者尤其是具有丰富、成熟的经营管理经验和公司治理经验的境内外战略投资者，是建立真正意义上的公司治理结构、形成防范风险的内在机制的一个重要环节。引进战略投资者和发行上市的主要目的不只是筹资，更重要的是建立一整套新的市场激励和约束机制、严格的风险控制和资本约束，进一步完善公司治理结构，将大型商业银行转变为真正的市场主体。

在引进战略投资者过程中，坚持国家绝对控股和公平竞争、择优选择的原则，同时努力发挥战略投资者在完善公司治理、推动技术和业务合作方面的作用。2004年至2007年期间，五家大型商业银行依据公司治理架构，结合自身情况和未来发展引进了不同类型的战略投资者。其中，中国工商银行引入了高盛集团、安联集团和美国运通公司作为战略投资者，中国银行引入了苏格兰皇家银行、富登金融（原名亚洲金融，淡马锡全资子公司）、瑞士银行和亚洲开发银行作为战略和财务投资者，中国建设银行引入美国银行和富登金融作为战略投资者，交通银行引入汇丰银行作为战略投资者。到农业银行改革时，由于前面四家大型商业银行顺利发行上市并取得良好业绩的示范效应，且境内外资本市场环境较好，农业银行无须提前引入战略投资者作为发行上市的隐性担保，而是在发行上市时以统一的发行价格引入基石投资者作为战略合作方，且引入的机构类型更多，既有外资也有中资机构，既有金融机构也有大型企业（见表1-8）。

表1-8　　　　　　大型商业银行引进战略投资者情况

银行	引进境外战略投资者	初始入股数		入股金额（亿美元）
		绝对数（亿股）	占比（％）	
工商银行	高盛集团	164.76	4.93	25.82
	安联集团	64.33	1.93	10.08
	美国运通	12.76	0.38	2
中国银行	苏格兰皇家银行	108.09	4.96	15.73
	富登金融	117.85	5.72	20.23
	瑞士银行	33.78	1.55	4.92
	亚洲开发银行	5.07	0.23	0.74
建设银行	美国银行	447.13	19.14	119.17
	富登金融	132.08	5.65	24.66
交通银行	汇丰控股	91.15	18.61	21.79
	合计	1 177		245.14

（五）境内外公开发行上市

推进大型商业银行按照国际标准发行上市，有利于充分发挥资本市场的约束、监督和促进作用，实现大型商业银行体制和机制两方面的跨越。通过公开发行上市，可利用境内外的市场压力，促使大型商业银行形成与国际知名银行接近的内控体系、治理结构和激励约束机制，增加大型商业银行员工的责任感和敬业精神，全面提高我国银行业的国际竞争力。

领导小组办公室及成员单位周密部署，灵活机动选择发行 H 股和 A 股。在改革初期，考虑到境内资本市场较为低迷，先期上市的交通银行、中国建设银行分别于 2005 年 6 月和 10 月在香港上市，分别募集资金 22 亿美元、92 亿美元。后来，随着境内资本市场逐步转暖，中国银行分别于 2006 年 6 月、7 月在香港和上海证券交易所上市；中国工商银行于 2006 年 10 月以 A+H 股同步发行、同步上市的方式成功实现首次公开发行，筹集资金 191 亿美元，成为当时全球最大的首次公开发行 IPO。交通银行和建设银行也分别于 2007 年 5 月和 9 月回归 A 股市场。2010 年 7 月，在境内外资本市场剧烈波动的情况下，农业银行在香港和上海证券交易所成功挂牌上市，筹集资金 221 亿美元，刷新了工商银行的募资纪录（见表 1-9）。

表 1-9　　　　　　　　大型商业银行上市情况

银行	市场	发行比例（%）	上市日期	发行价	募集资金净额（亿元）	2017 年 6 月 30 日收盘价
工商银行	A 股	4.48	2006.10.27	3.12 元	455.79	5.25 元
	H 股	12.18	2006.10.27	3.07 港元	990.06	5.002 港元
农业银行	A 股	7.87	2010.7.15	2.68 元	675.58	3.52 元
	H 股	9.0	2010.7.16	3.20 港元	801.43	3.69 港元
中国银行	A 股	2.56	2006.7.5	3.08 元	194.51	3.70 元
	H 股	11.58	2006.6.1	2.95 港元	871.84	3.83 港元

续表

银行	市场	发行比例（%）	上市日期	发行价	募集资金净额（亿元）	2017年6月30日收盘价
建设银行	A股	3.85	2007.9.25	6.45元	571.19	6.15元
	H股	13.03	2005.10.27	2.35港元	725.50	6.05港元
交通银行	A股	6.51	2007.5.15	7.9元	247.50	6.16元
	H股	13.74	2005.6.23	2.5港元	172.90	5.51港元

注：1. 发行比例均指发行股份（含超额配售）占A+H股发行后总股份的比例。
2. 募集资金净额指行使了超额配售权后募集资金扣除发行费用后的净额。
数据来源：大型商业银行年度报告、公司公告以及Wind资讯、巨潮资讯。

四、具体操作（以上市时间为序）

（一）交通银行改革

1. 财务重组情况

（1）国家注资及老股东增资。财政部和汇金公司分别注资50亿元和30亿元，社保基金理事会投资100亿元，老股东增资11.36亿元。

（2）不良资产剥离与核销。在财政部和中国人民银行支持下，经过多次接触和磋商，2004年4月，信达资产管理公司与交通银行就不良资产的处置初步达成框架协议，将以账面价值50%的价格收购其414亿元可疑类贷款。除处置可疑类资产外，交通银行还在税前一次性集中核销118亿元损失类贷款和207亿元可疑类贷款打包出售后的损失。此外，对其他各项资产损失补提准备金191亿元。

（3）发行次级债券。2004年7月20日，交通银行成功发行120亿元次级债，进一步提升资本充足率。财务重组完成后，交通银行不良贷款余额为198亿元，不良贷款占比为3.43%，拨备覆盖率72.77%；按国际会计准则，核心资本充足率为5.89%，资本充足率为8.82%。

2. 引入境外战略投资者

2004年8月6日,交通银行与汇丰银行在人民大会堂签署战略合作协议,汇丰控股有限公司的全属附属机构香港上海汇丰银行有限公司投资现金144.61亿元人民币(约合17.47亿美元),入股交通银行,入股比例为19.9%,接近中国银监会规定的"单个外资机构入股的比例20%"的上限,成为仅次于财政部的交通银行第二大股东。

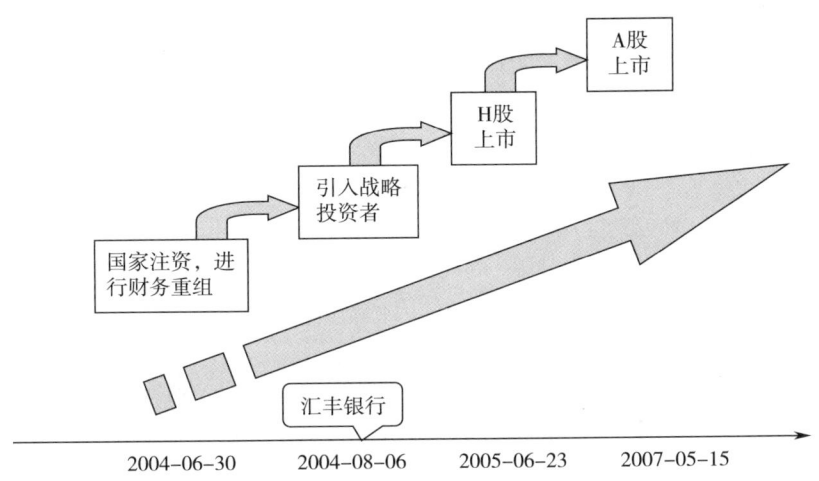

图1-1 交通银行改革路径

3. 公开发行上市

根据国务院批准的交通银行深化股份制改革整体方案的要求,经过近一年努力,交通银行于2005年6月23日在香港联合交易所主板成功挂牌上市H股,成为首家在境外公开上市的内地商业银行。2007年5月15日,交通银行在上海证券交易所成功上市,从而实现了A股、H股两地上市。

交通银行成功发行H股的主要特点:一是香港公开发行和国际配售获较高的超额认购,均为大型中国企业境外IPO第2位。二是按市场惯例确定发行价格,达到了较高的价格水平。市净率和市盈率均达到了香港同类银行股发行时的平均水平,也是大型国企境外上市的较高水平。在当时市场环境下确定这一价格水平，充分考虑了老股东的利益，特别是国家股的利益。三是筹资额超过预计目标，总市值为在香港上市的第 5 大银行。本次发行筹资额在行使超额配售后达到 21.63 亿美元，超过预计 18 亿美元的目标。发行后，交通银行资本充足率达到 11.5%，其中核心资本充足率达到 8.8%。四是在股权结构进一步多元化的情况下，仍然保证了国家绝对控股和中央财政第一大股东的地位。上市后（超额配售后），国家股及国有法人股占比为 64.74%。前 4 大股东占比分别为：财政部 21.78%、汇丰银行 19.9%、社保基金 12.13%、汇金公司 6.55%。五是社保基金和汇金公司持有的股份在上市后全部转为 H 股（1 年后可全部流通），实现了国家股保值增值的目标。按发行价格计算，在 1 年的时间内，在财务重组中注资的财政部及汇金公司持有股份增值 1.66 倍，社保基金持有股份增值 47.78%。

境外公开上市的成功，标志着交通银行顺利完成深化股份制改革的初步目标，更为重要的是，作为中国银行业在海外的首次亮相，它向世界展示了我国金融改革的成果，显示了中国政府推进金融改革的决心，表明中国商业银行在公司治理、风险控制、财务管理等方面正在发生积极变化，为大型商业银行的进一步改革进行了探索和铺垫。

4. 深化改革

2014 年 7 月，交通银行向国务院报送了关于"深化混合所有制改革、完善公司治理机制"试点方案的请示。按照国务院分工安排，人民银行于 2014 年 8 月会同有关单位成立交通银行深化改革工作小组，在交通银行上报方案的基础上，对于改革举措逐项开展深入研究。根据党的十八大、十八届三中、四中全会和中央经济工作会议精神，交通银行深化改革工作小组形成了交通银行深化改革方案。在多次召开小组会议研究讨论加以完善后，人民银行于 2015 年 4 月将交通银行深化改革方案上报国务院并于 6 月获国务院批准同意。2015 年 6 月 16 日，人民银行以银发〔2015〕187号印发《交通银行深化改革工作小组关于做好交通银行深化改革工作的通知》，请交通银行按照国务院批准同意的方案要求深化内部改革，交通银行改革工作领导小组各成员单位组织实施有关改革举措。

交通银行深化改革的主要做法包括：进一步优化股权结构，坚持国家在交通银行的控股地位，稳步推进股权多元化，推动实施员工持股计划；完善公司治理机制，激发体制活力，更好地发挥交通银行党委的领导核心作用，完善现有股东授权机制，更好地发挥董事会和高管层的作用；深化内部改革，加强外部监管，深化用人、薪酬和考核机制改革，落实风险管理责任制，强化内部监督，更好地发挥监事会作用等。

（二）中国建设银行改革

1. 财务重组

（1）汇金公司注资。2003年12月30日，汇金公司注资建设银行225亿美元，按当天的汇率折算，建设银行实收资本为人民币1 862亿元。同时，以截至2003年12月31日的全部资本金和储备（包括截至2003年12月31日年度的全部净利润，但不包括汇金公司注资），弥补

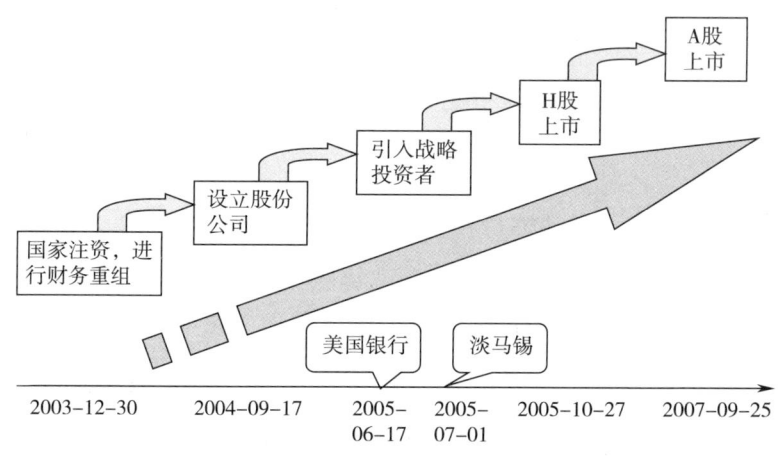

图1-2 建设银行改革路径

截至 2003 年 12 月 31 日的累计亏损。此外，剩余累计亏损 655 亿元以应收国家补充款项的形式进行补充，该应收款项由建设银行 2004 年全年和 2005 年上半年累计未分配利润全数清偿。

（2）不良资产处置和核销。以账面价值的 50% 无追索权地向信达资产管理公司出售截至 2003 年 12 月 31 日账面价值为 1 289 亿元的不良贷款。经国务院特别批准，建设银行用准备金核销了 569 亿元不良贷款，并进行了严格责任认定和责任追究。到 2004 年末，建设银行不良贷款比率降至 3.92%，不良贷款拨备覆盖率升至 61.64%，资本充足率达到 11.29%，为股改上市创造了条件。

（3）发行次级债券。银监会和人民银行批准建设银行于 2004 年下半年公开发行面值总额为 400 亿元的次级债券，并计入附属资本，进一步提高资本充足率。

在财务重组过程中，同时开展机构精简撤并工作，在两年多的时间里精简机构约 7 000 个，机构总量平稳下降，点均存款规模和盈利能力显著提高。2005 年底，建设银行营业机构总量下降至 1.4 万个，点均存款余额 2.7 亿元，比 2003 年提高 7 500 万元。

2. 分立、设立股份有限公司，建立和完善公司治理结构

2004 年 9 月，建设银行分立，现建设银行承继原建设银行截至 2003 年 12 月 31 日的商业银行业务及相关的资产和负债，中国建投承继原建设银行截至同日其余的业务、资产和负债，包括非商业银行及相关资产和负债，资产账面净值总额为人民币 71.87 亿元，约占原建设银行总资产的 0.2%。原建设银行在分立的同时以发起设立方式成立股份有限公司，注册资本为 1 942.30 亿元，按照《公司法》对股份公司发起人数的要求，国家电网、上海宝钢、长江电力三家公司与汇金公司、中国建投一起作为建设银行股份公司的发起人股东。2005 年 6 月和 7 月，建设银行分别引入美国银行和淡马锡作为战略投资者，进一步优化了股权结构。

第一章 大型商业银行改革

按照"三会分设、三权分开、有效制约、协调发展"的原则设立股东大会、董事会、监事会、高级管理层，形成科学的决策、执行和监督机制，确保各方独立运作、有效制衡。董事会主要关注公司的战略规划和市场定位等重大方向性的问题。监事会职责是督促董事会、管理层依法尽责。同时，经营管理层被赋予《公司法》规定的全部职权，充分发挥其主动性和积极性。先后引入四名独立董事和两名外部监事，优化了公司治理结构。

3. 引进境外战略投资者

在引进战略投资者过程中，建设银行始终牢牢把握保持国有绝对控股、有利于改善股权结构、引进先进经验和技术、最大限度地实现国有资产保值增值的基本原则。2004年7月底，建设银行成立专项小组，正式启动引进战略投资者工作，广泛挖掘潜在战略投资者，通过财务顾问向全球几乎所有符合条件、且对投资中国银行业感兴趣的多家机构发出邀请。从反馈情况看，当时反响并不热烈。外国机构较为普遍的看法是，投资建设银行这样规模的银行，拿出大额资金却只能拥有少数股权，而且对中国银行业的风险估计甚高。《亚洲华尔街日报》(*The Wall Street Journal Asia*)及《纽约时报》(*The New York Times*)曾竞相撰文引用业界权威人士言论，指出建设银行及中国银行业存在的种种问题，把美国的银行投资中国称为进入一个"大赌场"。

建设银行战略投资者价格通过商业谈判、市场行为确定，是业务协助、投资金额、价格组合、股权锁定等各种商业条款的综合反映。2005年6月17日，经过几十轮激烈谈判，建设银行和美国银行签署关于战略投资与合作的最终协议。美国银行分阶段对建设银行进行投资，第一阶段投资25亿美元以2004年末建设银行净资产的1.15倍购买建设银行9%的股份，第二阶段在建设银行海外IPO时认购5亿美元的股份。两阶段操作完成后，美国银行共计以30亿美元入股建设银行，上市前和上市时交割的加权平均价格为1.27元人民币，相当于2004年末净资产的1.26倍，未来美国银行还可增持建设银行股份至19.9%。此项交易公开披露后，国际投资者一致认为对双方来说都是风险与收益平衡较好的案例，是建设银行引进战略投资者的成功举措。

建设银行于2005年7月1日与淡马锡旗下的全资子公司亚洲金融控股私人有限公司（2007年5月更名为富登金融控股私人有限公司）签署关于战略投资的协议。淡马锡通过亚洲金融以14.66亿美元入股建设银行，获得5.1%的股份。淡马锡与建设银行在文化上更加相近，引进淡马锡作为战略投资者，增加了一个和美国银行制衡的力量，是对建设银行与美国银行战略合作的有益补充。

在股改上市，尤其是引入战略投资者谈判过程中，金融安全始终是一个需要关注的问题。实践证明，通过周密安排引入境外战略投资者不会对金融安全造成损害，在有些方面甚至有利于增强金融安全。首先，上市后汇金公司、建银投资、宝钢、国家电网和长江电力等公司还是主要股东，合计国有持股比例仍然高于74%，即使在美国银行全部行使期权后国有股仍占65%左右，其中汇金公司仍直接和间接持有59.31%的股权，建设银行不存在被外国战略投资者控制的问题。其次，引入战略投资者对于建设银行提高信用风险、市场风险、操作风险防范能力都将起到有力的促进作用，有助于建设银行的稳健经营和可持续发展，从而有利于整个金融体系的稳定。

事实证明，建设银行在上市前成功地引入战略投资者，成为市场推介过程中最重要的亮点之一。正是由于美国银行对建设银行大额长期投资坚定了国际投资者的信心，对建设银行业务上的全面协助提升了对建设银行未来发展和竞争能力的预期，这不仅保证了建设银行成功上市发行，而且是获得较高发行价格的一个重要原因。

4. 公开发行上市

股份公司成立后，建设银行于2004年10月启动上市准备工作。此后根据进度，确立了2005年10月上市的时间表。在上市地的选择方面,在对全球主要资本市场发行上市的可行性逐一比较分析后,决定先选择香港上市。香港是国际金融中心,也是国际重要的资本市场之一,香港资本市场的广度和深度,以及监管水平和要求都是国际一流的,符合建设银行上市的目的和要求。在定价方面上,建设银行始终处于主导地位,通过估值模型准确测算建设银行的内在价值,对路演材料进行提炼,准备管理层对问题的回答,最终定价与估值结果相近,充分体现了建设银行的内在价值。2005年10月27日,建设银行在香港联合交易所主板成功挂牌上市H股。2007年9月25日,建设银行在上海证券交易所上市,发行价为6.45元,从而实现了A股、H股两地上市。

值得一提的是,建设银行根据路演过程中各方反馈情况灵活调整H股发行策略,最大程度地维护建设银行利益与国家利益,根据对市场的把握,两次上调了定价区间,最后市净率提高到1.96倍,超过了亚洲先进银行的平均水平和美国银行1.61倍、汇丰银行1.87倍的水平。市盈率达到14.7倍,超过了美国银行9.9倍和汇丰银行12.1倍的水平。这样的定价,有效遏制了短期炒作,在上市后半个月左右的时间内价格保持基本稳定,最大限度地挖掘出一级市场的潜力。

建设银行H股上市创造了多项第一,包括五年半来全球最大的首次公开发行、亚洲除日本地区以外规模最大的首次公开发行、全球银行业和中国企业最大的首次公开发行等。本次发行上市也获得了国际资本市场的普遍认可,《财资》(*Treasury*)、《亚洲金融》(*Finance Asia*)、《国际金融评论》(*Internation Financing Review*)、《亚洲货币》(*Asia Money*)等著名财经期刊授予了最佳首次公开发行奖、年度最佳交易、中国最佳交易等一系列奖项。

(三)中国银行改革

1. 财务重组

财务重组之前,中国银行所有者权益余额2 233亿元(其中,实收资本 1 411 亿元，资本公积 130 亿元，盈余公积 494 亿元，未分配利润等 198 亿元）。按照审慎会计原则（2001 年金融企业会计制度）进行追溯调整，需对不良资产补提资产减值损失准备 2 360 亿元，另外还需确认预计负债 61 亿元，上述两项合计 2 421 亿元，超出中国银行所有者权益 188 亿元，实际上是资不抵债的，必须进行财务重组。

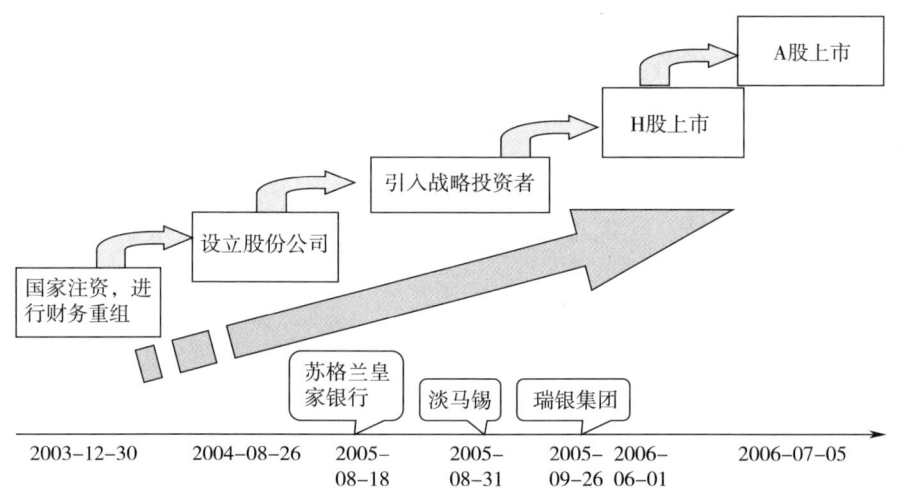

图 1-3 中国银行改革路径

（1）汇金公司注资。2003 年末，国家通过汇金公司向中国银行注入资本金 225 亿美元，折合人民币 1 864 亿元。同时，中国银行将原有的所有者权益余额转入未分配利润，用于弥补因计提不良资产减值准备所形成的累计亏损。

（2）出售不良贷款及政策性资产。2004 年，中国银行采取核销、划转和转让等多种方式，完成不良资产的清理处置。包括：将 1 485.4 亿元可疑类贷款以无追索权方式出售给信达资产管理公司；将 1 053.8 亿元损失类贷款予以核销，并以零价格无追索权方式划转给东方资产管理公司。

（3）发行次级债券。2004 年下半年至 2005 年上半年，中国银行分四次发行了 600 亿元次级债，用于补充附属资本。

通过实施财务重组,中国银行资产质量、财务状况得到根本改善,到 2004 年末,不良资产 1 099 亿元,比上年末下降 2 413 亿元;不良贷款比率为 5.12%,下降 11.16 个百分点;根据人民银行规定并依据中国会计准则计算的核心资本充足率及资本充足率分别为 8.48% 及 10.04%。

2. 设立股份有限公司,建立完善公司治理机制

根据银监会相关批复,中国银行由汇金公司为独家发起人,整体改建为股份有限公司,并于 2004 年 8 月 23 日召开股份公司创立大会,8 月 26 日获国家工商行政管理总局换发营业执照。

改革前,中国银行董事会全部由执行董事组成,与党委班子、管理层班子基本重叠,党委书记、董事长和行长三个职务由一人担任。改革后,董事会成员由非执行董事、执行董事及四位外聘国际专才所担任的独立董事组成。党委会主要学习研究贯彻落实党的路线方针政策方面的重大问题和按照干部管理权限研究人事问题。管理层主要负责经营管理、业务、财务管理,在业务经营管理中发挥重要作用。股东大会、董事会及其专门委员会、监事会、管理层及党委会能够按照公司章程和党章规定各司其职、各负其责,初步形成了决策机构、监督机构和管理层之间权责明晰、有效制衡、协调运转的法人治理结构。

3. 引入境外战略投资者

中国银行引进战略投资者不以引进资金为主要目的,而是着眼于引进先进的经营理念、管理经验和技术,着眼于帮助中国银行加强公司治理,完善风险管理和内控机制,提高产品创新能力和盈利能力,增强核心竞争力。银监会制定了长期持股、竞争回避、优化治理、业务合作等指导原则,中国银行由此确定了选择战略投资者的标准:一是有利于改变单一的股权结构,完善公司治理;二是国际大型商业银行不寻求在中国市场独立发展,并承诺与中国银行全面合作,促进中国银行业务发展和管理水平的提高;三是对投资要有相当的承诺;四是投资者本身要

具备治理机制好、经营业绩佳、国际声誉高等特点。

2005年,中国银行分别与苏格兰皇家银行、新加坡淡马锡(私人)控股、瑞士银行、亚洲开发银行等四家机构签订了战略投资与合作协议,四家境外战略投资者共投资51.37亿美元,持有中国银行16.85%的股权。2006年3月8日,中国银行又与全国社会保障基金理事会签署战略投资协议,后者投资100亿元人民币,购入中国银行约3.9%的新股。

4. 完成境外H股和境内A股发行

(1) 中国银行H股发行的基本情况。中国银行于2006年6月1日在香港联交所上市,首次公开发行255.69亿股H股新股(不含超额配售),发行比例为扩大后总股本的10.5%。发行价格为每股2.95港元,相当于2006年预测账面净资产值的2.18倍。筹资额为754亿港元,约合97亿美元。6月9日行使超额配售权,发行H股38.35亿股。H股发行规模合计为294亿股,发行比例为扩大后总股本的11.9%,筹资额为867亿港元,约合112亿美元。中国银行H股发行认购总需求、香港公开发行吸引到的申请单数量和散户认购需求、国际配售的认购需求均创造了香港首次公开发行史上的最高纪录,发行规模刷新多项纪录;发行价格位于定价区间的高端,对应的市净率和市盈率均高于香港市场可比公司发行时的水平,实现了国有资产的保值增值;同时发行后国有股权仍保持在70%以上,保证了国有股权的绝对控股地位。

(2) 中国银行A股发行的基本情况。中国银行于6月19日至23日在境内成功发行A股,7月5日在上海证券交易所上市。本次A股发行规模为64.94亿股,约占全面摊薄后总股本的2.56%,发行价为每股3.08元人民币,筹集资金约为200亿元人民币。中国银行首次公开发行的H股和A股规模约占发行后总股份的14.14%;发行完成后,中国银行的总股份数增加至2 538.39亿股。

(四) 中国工商银行改革

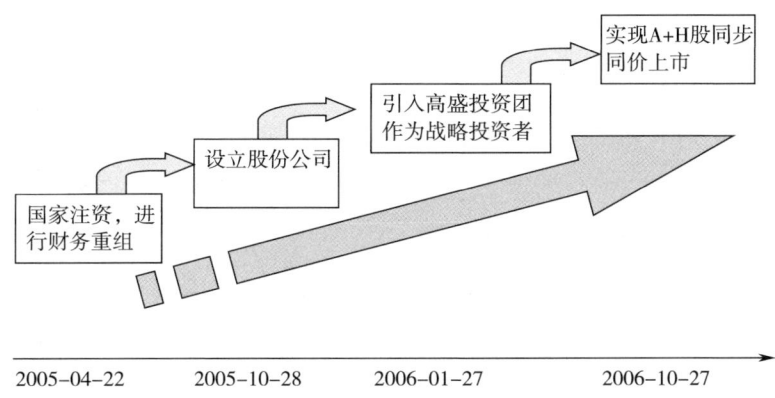

图1-4 工商银行改革路径

2005年4月18日，党中央、国务院批准工商银行股份制改革方案。按照方案要求，工商银行全面启动股份制改革各项工作。

1. 财务重组

（1）外汇注资补充资本金。汇金公司运用外汇储备向工商银行注资150亿美元，中央财政保留与汇金公司等额的资本金，其余转为风险拨备。经审计评估后工商银行的注册资本达到2 480亿元。与中国银行、建设银行两行方案的区别是：一是国家对工商银行的注资比对中建两行的注资额度小（两行各为225亿美元）；二是财政部在工商银行保留了大部分（150亿美元）国家原有资本金，而中建两行是将国家原有的资本金全部用于核销损失类资产。

（2）不良资产处置。2005年5月27日，工商银行以无追索权方式按账面价值向华融资产管理公司转让共计1 760亿元损失类不良贷款和共计700亿元的其他减值资产（未扣除减值损失准备），在账面上反映为工商银行对财政部的应收款。为此，工商银行与财政部设立一个"共管基金账户"，其资金来源为工商银行拟上缴财政部的所得税以及财政部作为股东的分红，财政部用上述资金分五年归还购买工商银行损失类资产的款项。2005年6月27日，在人民银行、财政部和银监会的组织下，按照公开、公平、公正的原则，采取多家竞标的市场化方式，将4 590亿元可疑类贷款转让给四家资产管理公司，回收率平均为26.38%。

为防范剥离过程中的操作风险和道德风险，工商银行明确了有关纪律，实行"六个严禁"，即严禁擅自调整剥离贷款额度及涉及的企业，严禁泄露剥离工作的情况，严禁与借款人串通转移资产，严禁编造、伪造信贷档案等资料，严禁擅自释放抵押物、放弃质押权和保证权，严禁截留、隐匿和私分剥离贷款合同项下收回的现金和资产，确保剥离过程依法合规、手续完备、资料齐全。同时，工商银行深入查找不良资产的成因，对不良资产形成负有责任人员进行严肃处理。

（3）发行次级债券。为进一步加强资本基础，经中国人民银行和中国银监会批准，工商银行在财务重组后的2005年下半年公开发行本金总额为350亿元的次级债券，分别为两组10年期次级债券及一组15年期次级债券。根据该批准，工商银行于2007年12月31日前额外再发行本金总额最高达650亿元的次级债券。根据中国银监会关于资本充足率的规定，这些次级债券可计入工商银行附属资本。

2. 设立股份公司，建立完善公司治理结构

在前期准备工作的基础上，按照《公司法》和《商业银行法》等法律法规要求，2005年10月25日，工商银行召开了股份公司创立大会暨第一次股东大会、第一届董事会第一次会议和第一届监事会第一次会议。会议通过了股份公司章程，股东大会、董事会和监事会议事规则，选举产生了第一届董事会和监事会，聘任了高级管理层。股份公司的决策、执行和监督体系初步形成。

2005年10月26日，银监会正式批准工商银行改制为股份有限公司，核准了业务经营范围、章程，以及董事会、监事会及高级经营管理

层主要成员的任职资格,并为股份公司颁发了新的金融许可证。10月28日,国家工商总局颁发了中国工商银行股份有限公司营业执照。同日,中国工商银行股份公司成立大会成功召开,中国工商银行股份有限公司正式成立,注册资本为2 480亿元,财政部和汇金公司为发起人,各占50%股份。

3. 引进战略投资者

(1) 境外战略投资者的引入对于提升中国国有商业银行的国际形象,促进成功上市,提高上市价格水平都具有重要意义。战略伙伴的投资代表了对银行投资价值的认可,能够提高境外投资者对国有银行整体质量和发行价格的信心,进而起到提高国有银行股票估值的潜在作用,提高国有银行成功上市的概率。据测算,在境外战略投资者的参与能使工商银行上市时的P/B值上升1%的情况下,工商银行上市时将多获得融资1.2亿美元,市值增加10亿美元;在其能使工商银行上市时的P/B值上升10%的情况下,工商银行上市时将多获得融资12亿美元,市值增加100亿美元。同时,引入战略投资者,不仅能够增强商业银行的资本实力,优化资本结构,而且能够引进国际先进的管理技术和理念,推进公司治理结构的进一步完善。

(2) 引入高盛投资团符合工商银行的发展战略。工商银行按照监管机构的规定,以能否满足自身发展战略需要,是否有利于工商银行的公司治理、风险管理以及产品创新作为选择战略投资者的标准,先后与数十家境外大型金融集团进行了广泛接触,开展了多层次的磋商谈判。经综合比较权衡,最终确定高盛投资团(包括高盛集团、安联集团和美国运通公司)作为战略投资者。2006年1月27日,工商银行与三家境外战略投资者高盛集团、安联集团和美国运通分别订立股份购买协议。根据它们各自的股份购买协议,2006年4月28日,高盛集团、安联集团和美国运通分别完成认购新发行的股份,分别占A股发行和H股发行前已发行股份的5.7506%、2.2452%和0.4454%。2006年6月

29日，社保基金理事会以约180亿元的总价认购工商银行新发行的股份。社保基金理事会认购的股份占工商银行A股发行和H股发行前已发行股份的4.9996%。上述投资者入资后，财政部和汇金公司所持股份比例相应减少至各自占工商银行A股发行和H股发行前已发行股份的43.2796%。

（3）在引资过程中始终将国家金融安全放在重要位置。一是维护国有股东的控股地位。境外战略投资者所持工商银行股份比例较少（8%左右），不会影响国有股东的绝对控股地位。即使考虑未来公开发行15%左右的股份，国有股东的持股比例也将保持在75%以上。二是严格遵守保密规定。在整个战略引资过程中，工商银行严格遵守国家有关保密的规定，制定关于股改工作涉密问题的有关规定，无论是对各方合作伙伴，还是对任何中介机构，都按规定和要求严格隔离、严格保密。

4. 公开市场发行

工商银行从2005年末开始对全球资本市场和国内外宏观经济形势进行分析，结合工商银行改制重组工作进展情况和国内IPO情况，初步认为2006年国际资本市场特别是中国香港市场发行时机良好，而A股市场对超大规模IPO的承受能力存在不确定性，应抓住时机，尽快完成境外上市，待时机成熟时再回A股发行。为确保首次公开发行成功，工商银行提出"同步申请，先后发行"的思路。2006年A股市场走出一轮牛市行情，市场信心全面恢复，投资者热情高涨，H股市场也有不俗表现。随着内外部形势变化，中国证监会提出工商银行实现A+H股同时同价上市。2006年9月27日，工商银行正式刊登A股招股说明书。10月9日，工商银行IPO全球路演正式启动。工商银行股票受到投资者的积极认购，最终定价为价格区间的高端，即H股3.07港元/股、A股3.12元/股，为中国大型商业银行最高的发行估值倍数（配售前市净率为2.23）。工商银行的IPO为国内首次A股与H股同时上市发行,是中国证券史上具有里程碑意义的事件。工商银行此次行使H股发行的超额配售权之后的A+H股融资总额为219亿美元,是全球资本市场有史以来最大的IPO。此外,H股与A股各自的发行规模,都分别超越了以往中国公司境外发行和国内发行的规模。

(五)中国农业银行改革

2008年10月21日,国务院审议并原则通过《中国农业银行股份制改革实施总体方案》。依据该方案,农业银行完成了国家注资、剥离不良资产等重大财务重组事项。

1. 财务重组

(1)国家注资。2008年10月29日,汇金公司向农业银行注入约190亿美元资产(与1 300亿元人民币等值)。财政部和汇金公司于2008年12月12日签署发起人协议书,财政部以截至2007年12月31日(评估基准日)经评估的农业银行净资产权益为基础,保留1 300亿元作为对农业银行的出资,汇金公司以上述向农业银行注入的约190亿美元资产(与1 300亿元人民币等值)作为对农业银行的出资。

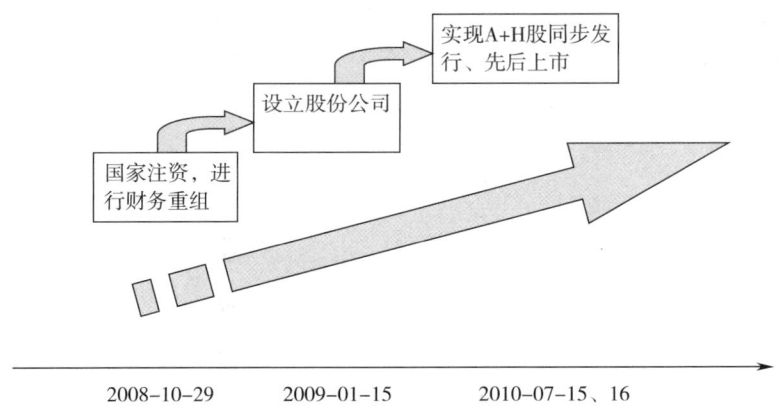

图1-5 农业银行改革路径

(2) 不良资产剥离。2008年11月21日,财政部批准农业银行以2007年12月31日为基准日,按账面原值剥离不良资产8 156.95亿元,财政部以无追索权方式购买上述不良资产。对于该等不良资产,以2007年12月31日中国人民银行对农业银行1 506.02亿元再贷款进行等额置换,其余6 650.93亿元形成农业银行应收财政部款项。财政部与农业银行设立"共管基金",用于农业银行应收财政部款项本息的支付。"共管基金"的所有权属于财政部,该基金由农业银行和财政部共同管理。农业银行受财政部委托对剥离的全部不良资产及对应的表外应收利息进行管理和清收处置,农业银行依据财政部的安排收取代理处置不良资产的手续费。"共管基金"的存续期暂定为15年,资金来源包括农业银行在"共管基金"存续期内所缴纳的企业所得税、向财政部派发的现金股利、财政部委托农业银行处置不良资产的净现金回收中扣除回收费用后的部分、财政部减持农业银行股份获得的收入中用于"共管基金"的部分、财政部等部门拨入的其他资金以及共管账户资金存放期间产生的利息收入。

(3) 发行次级债券。为进一步加强资本基础和优化资本结构,经中国银监会和中国人民银行批准,2009年5月20日,农业银行在银行间债券市场成功发行次级债券,包括5+5固定利率、5+5浮动利率及10+5固定利率三个品种,筹集资金500亿元,进一步提升资本充足率。

2. 设立股份有限公司,完善公司治理结构

2009年1月13日,银监会以《中国银监会关于中国农业银行改制为股份有限公司的批复》(银监复〔2009〕13号)批准农业银行改制为中国农业银行股份有限公司,并颁发金融许可证。2009年1月15日,国家工商行政管理总局向农业银行颁发企业法人营业执照,农业银行正式成立股份有限公司,注册资本为人民币2 600亿元,财政部与汇金

公司作为发起人,分别拥有50%的股份。2010年4月21日,财政部、汇金公司、农业银行与社保基金理事会签署《关于中国农业银行股份有限公司股份认购的协议》。根据该协议,社保基金理事会以总金额155.20亿元认购农业银行向其新发行的100亿股股份。2010年4月29日,农业银行的注册资本变更为人民币2 700亿元,财政部、汇金公司、社保基金理事会所持农业银行股份的比例分别约为48.15%、48.15%、3.70%。

3. 公开发行上市

农业银行IPO在A+H股上市模式上又向前推进了一步,创造了第三种新模式,即采取了"同时路演、同时簿记、同时定价、差异化定价"的方式。这是不同于建行和中行当年IPO时采取的先H股上市、后A股上市的模式,也不同于工行IPO时采取的A股、H股同时发行、同时定价、统一价格、同时上市的模式。农业银行创造的新模式,是根据两个市场的需求状况,为了保障高融资效率而设计出来的。7月15日和16日,农业银行A股、H股分别在上海证券交易所和香港联交所挂牌上市,A股、H股定价分别为2.68元人民币/股和3.20港元/股,成功募集221亿美元资金,创造全球最大IPO的历史新纪录。

4. 开展服务"三农"改革工作

为更好地探索大型商业银行服务"三农"的新路径,从2007年10月开始,农业银行以深化信贷制度改革、推动金融产品创新、完善风险管理、拓宽"三农"金融服务渠道为重点,开展了面向"三农"金融服务试点工作。在八个省(区、市)的123个县开展服务"三农"试点工作基础上,农业银行于2008年10月将试点范围扩大到全国共1 027个县,2009年10月又将面向"三农"金融服务工作在全行范围内推开。经国务院批准,农业银行从2010年5月起开展"三农金融事业部"改革试点,经三次扩大范围后已于 2015 年 4 月推广到农业银行全部县域支行。通过"三农金融事业部"改革,农业银行探索建立了"三农"金融业务差异化的管理体制和有效运行机制,金融服务"三农"水平得到持续提升。

第四节　改革成效和经验启示

改革以来,大型商业银行按照现代企业制度的要求不断改善公司治理结构,深入推进管理体制和经营机制改革,着力加强内控机制和风险管理制度建设,不断提高服务水平和效益,股份制改革取得了显著成效。

一、大型商业银行改革取得的成效

(一)财务状况根本好转,经营实力稳步增强,呈现较强的可持续性

改革后,大型商业银行资产规模和资本充足率显著提高,资产质量和盈利能力逐年改善,风险控制能力明显增强,尤其在国际金融危机的冲击下,仍保持较强的盈利水平和抗风险能力。截至 2016 年末,工商银行、农业银行、中国银行、建设银行、交通银行五家大型商业银行的资本充足率分别为 14.61%、13.04%、14.28%、14.94% 和 14.02%,不良贷款率分别为 1.62%、2.37%、1.46%、1.52% 和 1.52%,全年实现净利润分别为 2 791 亿元、1 841 亿元、1 841 亿元、2 324 亿元和 672 亿元。

第一章　大型商业银行改革

（二）市场地位和实力显著提升，国家注资获得明显收益

改革后，大型商业银行的市场地位和实力不断加强，国际竞争力显著提升，市场形象和知名度不断提升，无形资产明显增加。根据英国《银行家》（the Banker）杂志2016年7月的评选结果，工商银行、建设银行、农业银行、中国银行、交通银行分别位列全球银行净利润总额第1位、2位、3位、4位和11位，一级资本排名分别为第1位、2位、4位、4位和13位。目前，国有股权在大型商业银行居于控股地位，账面溢价可观，分红收益稳定增加。到五大行均实现上市后的2011年末，财政部、汇金公司持有大型商业银行的股权市值2.7万亿元；2003年至2011年，大型商业银行向国家上缴税收超过1万亿元、分红近5 000亿元，国有资本实现了巨大的保值增值。

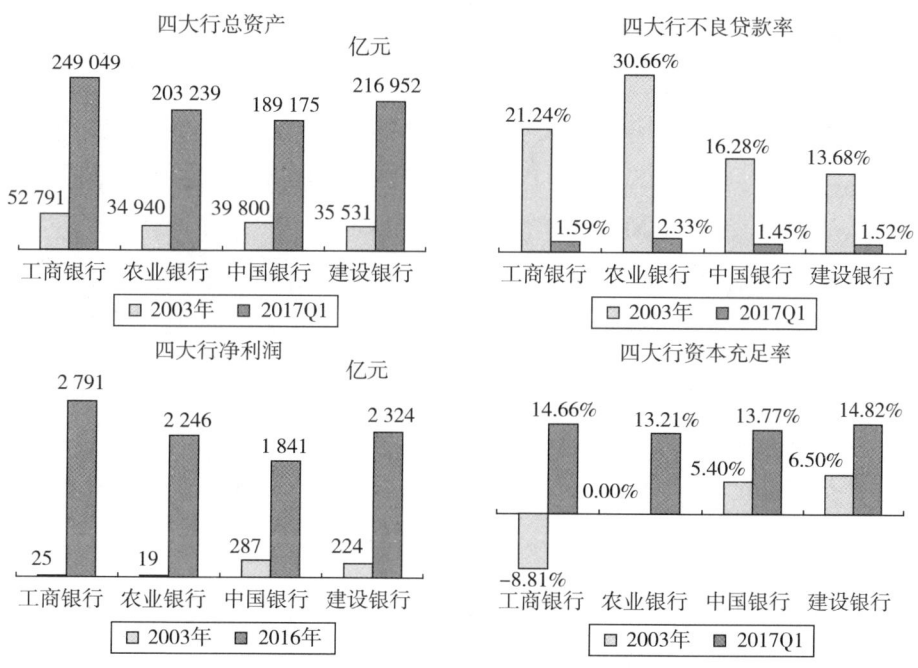

数据来源：根据大型商业银行年报数据整理。

图1-6　大型商业银行财务状况

▼ 专栏4

大型商业银行股份制改革提升国际评级机构对中国主权及银行业评级

资信评级是对个人、经济体与金融工具履行各种经济承诺的能力及可信任程度的综合评价。各家评级机构评级指标及其标识不尽相同，如"高品质"的长期债务等级，标准普尔标识为AA+、AA、AA-，穆迪为Aa1、Aa2、Aa3。评级有所谓的"主权上限原则"，即凡是美国以外发行者的证券评级，均以所属国家政府信用等级为上限。在给公司评级时，评级机构只考虑其偿债能力的因素，但对主权国评级，还需考虑其他一些政治、社会、文化等定性因素，如"政治局面的稳定性，社会和经济的凝聚力，与世界经济的整合程度"等。

基于对中国银行业不良贷款过高、公司治理不善可能引发金融危机的担忧，2003年前，国际评级机构对中国银行业的评级极为负面。从2002年底到2003年初，大型商业银行的不良资产问题一度成为国外各媒体关注的焦点问题。国外一些知名的财经杂志和报刊，包括《时代周刊》《商业周刊》《经济学家》和《远东经济评论》等，都有重头文章讨论中国的巨额不良资产，它们估计中国大型商业银行的不良贷款比例可能超过50%，并认为居高不下的不良贷款以及政企不分、体制不顺、内部管理混乱等问题将成为引发中国金融危机的"定时炸弹"，中国随时有可能爆发金融危机。2003年11月标准普尔将"中国大陆银行全部定为垃圾等级"时，曾引起舆论哗然。

2003年启动的大型商业银行股份制改革取得了举世瞩目的成绩，

国际知名评级机构不断调升对改制银行的评级。通过改革,大型商业银行不仅在财务指标上获得极大改善,而且在公司治理、风险控制以及经营模式等方面都取得了长足的进步。许多评级机构纷纷调高改革中的中行、工行、建行、交行的评级。大型商业银行股份制改革后,标准普尔于2005年9月宣布,基于政府的支持预期、外汇注资和银行改革,同时调升中行、工行、建行、交行的信用评级,中行、工行、建行的信用评级从"BBB-"调为"BBB+",交行的由"BB+"调为"BBB-"。标普特别指出"中国银行、中国建设银行和中国工商银行的评级调整主要反映了这三家银行财务实力和风险管理水平的改善。该三家银行都在筹备首次公开招股,与此同时也在提升本身的风险管理水平。"其后,惠誉、穆迪也先后宣布调升中行、建行、工行的评级。

大型商业银行的股份制改革对中国境内其他银行的声誉产生了溢出效应。因为中国银行业改革向纵深推进,改善了银行业整体稳健程度和业绩表现,一些评级机构相应调高了对中国银行体系的评价。穆迪公布的《2006年中国银行体系展望》,对中国银行业基本层面保持稳定至正面的展望。穆迪认为,大型商业银行的改革已扩展到城市商业银行、农村银行和信用合作社,加强银行运营、降低系统风险的改革与监管举措已出台,中国银行业将继续保持积极的前进动力。

基于中国金融业改革所取得的成就,许多评级机构提升了整个中国主权信用评级。2005年,标准普尔宣布,鉴于中国政府对金融业的积极改革以及国有企业利润率的提升,正式调升中国主权信用评级;惠誉公司发表声明宣称,将中国的长期外币评级由"A-"上调至"A",为惠誉评级体系中第六高的等级,这使中国的外币评级与智利、希腊和韩国处于同一水平。2006年7月标准普尔再一次做出调整,将中国长期主权评级从A-上调至A,与韩国、沙特阿拉伯和智利评级持平。标准普尔认为中国一直在努力强化银行体系，以减轻未来的财政负担，同时持之以恒的市场化和经济改革带来了很好的经济增长前景。

（三）公司治理不断规范，内控机制和风险管理能力不断增强

大型商业银行高度重视并不断完善公司治理，建立了由股东大会、董事会、监事会和高级管理层构成的现代公司治理架构，明确了各方的职责、权利、义务和相应的议事规则，董事会、监事会和高级管理层履职能力不断提高，逐步形成了决策科学、执行有力、监督有效的运行机制；国家、股东、客户及员工等各方关系日益和谐。大型商业银行构建了与现代公司治理结构相适应的风险管理架构和完善的风险防范体制，建立了对董事会负责、相对独立的内部审计体系，创建了全面风险管理体系。依托数据大集中、内部评级等内控和风险防范项目建设，信息化水平不断提高，管理手段和方法不断创新。

（四）人才队伍和企业文化建设有序推进，企业核心竞争力不断提高

大型商业银行全面推进人力资源管理体制改革，加大引进优秀人才的力度，先后从国外、香港地区和内地引进多名高管人员，不断优化人才队伍结构。注重加强现代金融企业文化建设，促进形成良好的企业核心价值观和企业精神，打造竞争和发展的软实力。同时，坚持以人为本，充分调动基层员工积极性，保持整体队伍基本稳定。

（五）与战略投资者展开业务和技术合作，体现了引"智"和引"制"效用

大型商业银行充分利用境外战略投资者先进的管理经验、技术优势

和业务专长，在公司治理、风险管理、资产管理等多方面展开合作，取得了积极成效。工商银行与高盛集团合作推动内部资本充足评估程序等项目，合作开展"松树街"领导力培训班等；与美国运通公司合作发行了牡丹运通卡，代销安联集团子公司——中德安联人寿保险有限公司银保产品。建设银行与美国银行在财富管理、零售银行、小企业业务、电子银行、人力资源等领域实施多个合作项目。交通银行与汇丰银行签订技术合作与交流协议，通过互派专家指导、授课培训及工作交流等形式，进行更富成效的双向交流和经验分享，双方还积极抓住人民币国际化的业务机遇，在人民币跨境结算、境外人民币债券投资等领域先行一步。尽管金融危机后，部分战略投资者转让了持有的大型商业银行的股权，但仍然继续与大型商业银行开展业务合作。

（六）市场约束和促进作用不断加强，有力地促进了境内资本市场的整体发展

通过公开发行上市，大型商业银行建立了市场化的资本金补充机制，规范了信息披露，加强了对高级管理层的履职约束，资本市场对建立现代金融企业制度的促进和监督作用明显增强。大型商业银行注重加强投资者关系管理，搭建了较为先进的投资者关系管理制度和面向所有投资者的沟通平台。此外，大型商业银行在A股市场成功发行上市，显著扩大了A股市场规模，提高了A股市场整体投资价值，稳定市场的作用得到明显发挥，有力促进了境内资本市场的发展。

（七）服务国民经济与社会发展的效率和能力不断增强

大型商业银行持续改进金融服务方式，不断增加金融服务品种，为经济社会发展提供多层次、全方位、广覆盖的金融服务。围绕建立"以客户为中心"的经营理念和机制，不断改进流程和管理制度，加快推进产品、业务和技术创新。切实履行社会责任，支持"三去一降一

补"和经济结构转型、绿色节能环保、科技创新、工业4.0、高端装备制造和国际产能合作、"一带一路"战略、东北老工业基地改造和长江经济带实施规划等,促进经济社会与自然环境和谐发展。积极关注民生,为扶贫、助学、抗震救灾等提供了优质高效的金融服务和多方面援助。

(八) 为我国金融监管标准和准则的国际化奠定了基础

大型商业银行改革进行的外部审计和境内外上市,大大推动了我国金融监管和会计准则国际化的进程。目前,我国银行业监管标准与巴塞尔银行监管委员会(BCBS)相关监管标准基本接轨,企业会计准则也与国际会计准则接近。正是由于具有系统重要性的大型商业银行经营管理和财务状况持续改善,夯实了微观金融基础,才使得我国有条件采取更为国际化的监管标准和准则。同时,监管标准和准则的国际化,也为确保我国金融业持续健康发展和金融稳定打下了坚实的基础。

2009年8月,中国正式启动首次FSAP评估。在中外双方的共同努力和密切配合下,评估于2011年11月圆满完成,有关评估报告《中国金融体系稳定评估报告》(FSSA)、《中国金融部门评估报告》(FSA)和《关于中国执行金融领域国际标准与准则情况的详细评估报告》(DARs)也已对外公布。评估报告认为,中国金融体系在商业化转型和增强财务稳健性方面取得了显著进展,金融体系的稳健性不断增强。可以说,大型商业银行股份制改革的成功实施是我国能够获得正面、积极的评估结果的重要因素之一。

二、大型商业银行改革的经验和启示

推动大型商业银行改革发展、建立现代金融企业制度过程中,在国务院的领导下,人民银行等有关部门不拘泥于传统理论和教科书,大胆探索、积极创新与尝试,形成了一些具有前瞻性和中国特色的经验和做法。

(一)抓住了推进大型商业银行改革的最佳时机

2003年,我国经济持续向好,国民经济平稳较快增长,商业银行各项业务稳步发展。同时,我国加入世界贸易组织的过渡期即将结束。中国政府审时度势、果断决策,抓住最佳历史时机,及时做出推进大型商业银行改革的重大决策。在这一有利时机启动改革,震动小,发展空间大,大大增强了改革成功的概率。在国际金融危机期间,国家又果断启动国家开发银行和中国农业银行改革,进一步增强了国内外各界对中国政府继续深化金融改革、维护金融稳定的信心。事实表明,正是由于改革及时启动、持续推进,使得大型商业银行改革顺利推进并取得显著成效,经受住了此次国际金融危机的冲击,也为我国应对国际金融危机提供了有力的金融支撑,增强了国内外对我国金融业发展和经济成长的信心。

(二)坚持建立现代金融企业制度的方向和目标

大型商业银行改革着力建立规范的公司治理结构,将股份制改革与加强内部控制同步实施。按照产权清晰、资本充足、内控严密、运营安全的现代金融企业的要求,大型商业银行均建立了相对规范的公司治理结构,逐步形成决策权、执行权、监督权既相互制约又相互协调的运行机制,并不断增强运作的有效性。按照改革与管理并重的原则,各家银行在加紧实施财务重组同时,加快内部改革和加强内部控制,加强和完善了信贷、财务、资本、人事等方面的内部控制和风险管理机制。

(三)集中有限资源解决关键问题

改革初期,金融业许多方面都存在亟须解决的困难。在国家财力相对薄弱的情况下,人民银行集思广益,实事求是地分析各种可能的选择,通盘考虑对于财政赤字、通货膨胀以及宏观经济的影响,经权衡利弊和反复比较,创造性地提出运用外汇储备注资大型商业银行、使用央行票据置换农村信用社不良资产的改革方案,有效解决了改革过程中最为关键性的资源选择问题。

(四)"在线修复"(online repair)金融体系

之所以采取"在线修复"的改革方式,是因为经济运行无法中断,金融体系这架机器还要继续运转以服务于社会经济的发展,这就需要在金融机构正常经营的同时更换问题部件。实践证明,有关部门从前瞻性的角度出发,未雨绸缪,对金融体系的一些系统性风险和脆弱性领域提前介入,实施"在线修复",在维护金融稳定方面具有事半功倍的效果。相比之下,如果不能采取前瞻性的措施,等到危机爆发,金融体系濒临崩溃,出现大型金融机构倒闭时才出手处置风险,相当于"离线修复"(offline repair),对实体经济增长将形成巨大冲击,成本高昂。"在线修复"在这次国际金融危机中也被美国和欧洲的一些国家学习使用。

(五)高度重视财务健康和重组再造

金融机构的财务可持续是金融稳定的微观基础。再好的制度,如果离开微观金融机构的财务健康,也无法落到实处。同时,如果微观主体不健康,货币政策就没有好的传导机制,宏观调控就缺乏基础,因此中央银行必须关注并推动微观主体和金融体系的健康化。在认真分析金融机构问题症结的基础上,人民银行集中有限资源,从财务重组入手,以完善公司治理、强化风险管理为重要内容,全面提高大型商业银行的健康程度,推动其实现了从资不抵债到资本充足、从"技术性破产"到经营良好的转变,在很大程度上消除了财务软约束问题。大型商业银行等金融机构开始在市场竞争中形成产品和服务定价,为推进利率市场化改革奠定了重要基础。

(六) 充分发挥资本市场的激励和约束作用

公开发行上市是彻底改造金融机构公司治理机制的重要环节。人民银行积极推动公开发行上市工作,统筹规划上市时机、上市地选择等,充分发挥资本市场的外部约束、监督和激励作用。通过公开发行上市,金融机构自身的资本实力、品牌效应、投资者和消费者认同度实现了质的提升。

(七) 坚持提升我国金融业稳健性标准

在改革中,人民银行注重真实的、高质量普通股资本的注入和维持,提高信息披露要求、会计与外部审计标准,促使金融机构真实反映财务和经营状况。坚持推动境外上市的大型商业银行实施国际通行的会计准则、公司治理要求等更高标准,使改革成果能以国际金融业通用和可信的形式向境内外展示,增强了国际社会对大型商业银行改革的认可度。同时,人民银行、银监会积极参与国际金融准则修订,稳步推进《巴塞尔协议Ⅲ》在中国的实施,推动构建与国际标准相接轨的银行业管理框架。

第五节 下一步改革发展方向

当前,我国经济金融格局正面临重大调整,经济步入新常态、技术面临变革、改革踏上新征程,国际形势更加错综复杂,利率和汇率市场化、资产证券化、金融业双向开放不断推进,传统银行业正面临"资金脱媒"、"技术脱媒"以及跨业、跨界竞争等多种考验,各类风险相互交织传染，金融改革步入"深水区"、攻坚区，大型商业银行改革发展机遇与挑战并存。同时，大型商业银行改革虽然取得了显著的成效，但银行的公司治理结构、经营机制和增长方式、风险防范机制等与国际先进银行相比还有较大差距，还需继续深化改革，进一步提升可持续发展能力和国际竞争力。

一、大型商业银行改革和发展面临的形势

宏观经济环境的变化对银行经营效果的影响较大。当前，全球经济复苏不及预期，国际金融危机后续影响还将持续很长一段时间。我国经济发展仍处于增长速度换挡、结构调整阵痛、发展动能转换的关键时期，经济内生增长动力尚待增强，经济企稳的基础仍不牢固，供给侧结构性改革任务艰巨，长期积累的矛盾和问题不断暴露显现。这不仅影响大型商业银行的经营效益和稳健运行，也对大型商业银行服务和支持实体经济提出了更高的要求。

金融市场环境的变化对大型银行经营管理构成挑战。在利率和汇率市场化改革持续深化的过程中，大型商业银行需要不断提高风险识别、管理和自主定价能力。随着银行业竞争日趋激烈，服务价格日趋下降，利差水平不断收窄，银行的盈利模式和发展方式亟须转型。与此同时，金融体系的跨行业跨市场特征更加突出，资本市场、房地产市场、债券市场资金联动以及不同类型金融机构间风险交叉传染隐患加大，新型金融机构发展迅速，互联网金融、非正规金融体系、民间融资领域向银行业金融机构风险传染情况增多。

金融生态环境有待进一步完善。部分地区和领域信用约束机制不强，逃废银行债务的现象时有发生。随着金融业态与网络信息技术的深度融合，金融风险与金融基础设施、信息安全等风险交织叠加，风险形势更加复杂。

国际金融市场和国际金融监管改革带来新的机遇和挑战。国际金融危机为大型商业银行开拓国际市场、加快国际化进程、提升国际知名度和竞争力提供了难得的机遇。但与此同时，国际金融市场更加复杂多变，大型商业银行海外运营面临的风险加大，对银行经营管理水平提出了更高的要求。由于国际金融监管改革对全球系统重要性银行提出了更高的监管标准要求，各国金融监管日趋严格，银行内部风险管理、薪酬管理、会计制度、评级、定价、透明度要求等面临调整，银行海外机构的合规管理压力也不断加大。

二、进一步深化大型商业银行改革

《国民经济和社会发展第十三个五年规划纲要》提出，要提高金融机构管理水平和服务质量。2017年7月第五次全国金融工作会议要求，完善国有金融资本管理，完善现代金融企业制度，完善公司法人治理结构，优化股权结构，建立有效的激励约束机制，强化风险内控机制建设，加强外部市场约束。为此，在新的形势下，要继续巩固大型商业银行改革成果，把改革推向深入，加快形成一批资本充足、内控严密、运营安全、服务优质、效益良好、创新能力和国际竞争力强的现代化大型商业银行。同时，继续改善金融监管，扩大对外开放，完善配套改革，为大型商业银行改革发展创造更好的环境。

（一）银行业深化改革的重点要转向转变发展方式和调整结构

一方面，要继续推进已改制大型商业银行完善公司治理结构、建立现代金融企业制度，转变主要依靠资产规模扩张的粗放发展方式。国际金融危机的一个重要原因，是一些金融机构的公司治理和风险管理存在严重缺陷，并形成"大而不倒"格局。对我国而言，仍然需要十分注重加强商业银行的公司治理，形成有效的决策、执行和制衡机制，如进一步厘清股东大会、董事会、监事会和高管层的职责边界，完善重大事项的决策机制和程序，加强信息披露，提高透明度，防止内部人控制等；健全资本约束机制，推进股权多元化，切实打破垄断，放宽准入，鼓励、引导和规范民间资本进入金融领域；建立健全有效的选人用人机制；健全科学合理的激励约束机制，加强薪酬监管；加强内控管理，完善全面风险管理体系等。

另一方面，要提高金融服务实体经济质量和水平。我国金融业的发展壮大很大程度上得益于实体经济的发展。要牢牢把握发展实体经济这一坚实基础，引导金融机构回归本源、专注主业，围绕实体经济需要开发新产品、开拓新业务。确保信贷资金投向实体经济，有效解决实体经济融资难、融资贵问题，坚决抑制信贷资金脱实向虚，防止虚拟经济过度自我循环和膨胀。金融机构要牢固树立服务实体经济的指导思想，完善考核体系和激励机制，切实下沉服务重心，不断改进流程、强化管理，优化信贷结构，创新金融产品，加大对实体经济重点领域和薄弱环节的金融支持力度，全面提高服务实体经济的质量和水平，实现金融与实体经济的共生共荣。

（二）继续完善金融宏观审慎管理制度框架

在应对 2008 年国际金融危机过程中，国际社会对加强宏观审慎管理达成高度共识。在总结以往经验的基础上，党的十七届五中全会明确提出，构建逆周期的金融宏观审慎管理制度框架。党的十八届五中全会强调，要加强金融宏观审慎管理制度建设，加强统筹协调，改革并完善适应现代金融市场发展的金融监管框架。2017 年 7 月，第五次全国金融工作会议要求加强金融监管协调，补齐监管短板，设立国务院金融稳定发展委员会，强化人民银行宏观审慎管理和系统性风险防范职责。2017 年 10 月，党的十九大报告要求健全货币政策和宏观审慎政策双支柱调控框架，健全金融监管体系。总体上看，构建宏观审慎管理制度框架，关键就是要建立宏观审慎管理和微观审慎监管协调配合、相互补充的体制机制，改革并完善适应现代金融市场发展的金融监管框架，健全符合我国国情和国际标准的监管规则，实现金融风险监管全覆盖。人民银行除了用好存款准备金率、利率等传统工具外，还灵活运用信贷政策、差别存款准备金率、住房抵押贷款按揭比例等手段加强宏观审慎管理。人民银行研究构建了金融机构宏观审慎评估（Macroprudential Assessment，MPA）体系，自2016年起正式实施，从资本和杠杆情况、资产负债情况、流动性、定价行为、资产质量、外债风险、信贷政策执行等七大方面，通过综合评估加强逆周期调节和系统性金融风险防范。这些措施能够为商业银行提供一种自我约束、自我把握的弹性机制，有助于提高商业银行的风险防范能力。

（三）扩大对外开放，提高商业银行国际竞争力

经过改革，我国商业银行的整体经营水平和市场竞争力有了很大提高，但与国际先进银行相比，我国商业银行的经营环境、经营管理水平和整体竞争力还有相当大的差距。已经完成的商业银行改革重点解决了资本充足水平和质量的问题，资本质量是一个健康性的总指标，未来我们还要继续强调金融产品和金融服务的质量，这些最终要取决于客户的评价。提高我国商业银行国际竞争力，一方面，要鼓励国内符合条件的银行业金融机构"走出去"，积极参与全球金融市场竞争；另一方面，要在风险可控的前提下，在更大范围、更高层次上开放国内金融市场，完善人民币汇率形成机制，增强人民币汇率双向浮动弹性，稳妥有序推进人民币资本项目可兑换，推进贸易投资便利化，逐步拓宽资本流出渠道，放宽境内居民境外投资限制等。

（四）加快建立普惠金融事业部

普惠金融事关发展和公平，有利于促进创业创新和就业。根据

2017年5月3日国务院常务会议的有关部署，要推动大中型商业银行设立普惠金融事业部，聚焦小微企业和"三农"等提升服务能力。下一步，大型商业银行要完成普惠金融事业部设立，成为发展普惠金融的骨干力量。按照商业可持续原则，采取专门的信贷评审、风险管理、资源保障、绩效考核等机制，下放信贷审批权限，实行专业化经营管理，严格落实小微企业贷款增速不低于各项贷款平均增速、户数和申贷获得率不低于上年同期水平。

（五）加快配套改革，改善商业银行发展环境

首先，要继续推进利率市场化建设。商业银行财务重组和股份制改革取得阶段性成果，在很大程度上消除了财务软约束问题、开始在市场竞争中产生产品和服务的定价，为存贷款利率的基本放开奠定了重要基础。其次，在当前经济增速放缓，金融风险积累有所增加的情况下，尤其要加快完善存款保险的风险识别和处置功能，充分发挥存款保险市场化风险化解机制的作用。通过加强对存款人的保护，完善风险差别费率机制，进一步发挥存款保险对风险的事前识别和矫正作用，加强存款保险运行监测，妥善应对突发风险，积极探索存款保险市场化的处置平台作用，促进银行业健康发展和稳健运行。最后，金融法制建设还需进一步加强，社会信用体系建设需进一步推进，登记、托管、支付、清算和银行卡等金融基础设施建设还需要进一步改进和完善。

附录：大型商业银行改革大事记

1972年4月18日，国务院决定恢复中国人民建设银行。

1979年2月23日，国务院发出《关于恢复中国农业银行的通知》，中国农业银行总行于3月30日正式开始办公。

第一章　大型商业银行改革

1979年3月13日，国务院同意并批复中国人民银行《关于改革中国银行体制的请示报告》，中国银行从中国人民银行分设出来，同时成立国家外汇管理局。

1979年8月，国务院批准中国人民建设银行从财政部独立。

1979年11月30日，中国人民银行、中国农业银行发出《关于人民银行、农业银行业务范围划分的通知》。

1984年1月1日，中国工商银行成立，原由中国人民银行办理的储蓄、信贷等商业银行业务划归中国工商银行办理。

1984年2月6日，中国人民银行颁布《关于中国人民银行专门行使中央银行职能的若干问题的暂行规定》。

1986年7月24日，国务院决定重新组建交通银行。

1995年5月19日，第八届全国人大常委会第十三次会议通过《商业银行法》。

1998年3月1日，第八届全国人大常委会第十三次会议审议通过国务院提请审议的《财政部发行特别国债补充国有独资商业银行资本金》的提案。

1998年8月18日，财政部决定发行2 700亿元特别国债，以拨补四家国有商业银行资本金。

1999年4月20日，中国首家经营商业银行不良资产的公司——中国信达资产管理公司成立。

1999年10月，中国华融资产管理公司、中国东方资产管理公司和中国长城资产管理公司相继成立。

2000年8月底，四家金融资产管理公司已经先后全部完成了国有商业银行不良资产的剥离与收购工作。

2002年2月5~7日，第二次全国金融工作会议在北京召开，中共中央总书记江泽民、国务院总理朱镕基做重要讲话。全国金融工作会议指出，在新的发展时期做好金融工作的指导方针是，进一步加强金融监

金融机构改革的道路抉择

管,深化金融企业改革,改进金融服务,整顿金融秩序,防范和化解金融风险,维护国家金融安全,促进国民经济持续快速健康发展。确定"十五"期间金融工作的主要任务是,进一步完善现代金融机构体系、市场体系、监管体系和调控体系,努力实现金融监管和调控高效有力,金融企业经营机制健全、资产质量和经营效益显著改善,金融市场秩序根本改善,金融市场秩序根本好转,金融服务水平和金融队伍素质明显提高,全面增强我国金融业竞争力。

2003年4月26日,国务院决定,设立中国银监会。中国银监会履行原由中国人民银行履行的监督管理职责,统一监督管理银行、金融资产管理公司、信托投资公司及其存款类金融机构,维护银行的合法、稳健运行,并于2003年4月28日起正式履行职责。

2003年5月19日,中国人民银行行长周小川创造性地提出利用外汇储备注资实现大型商业银行财务重组的改革思路,并向党中央、国务院领导同志作了汇报。

2003年9月,为加快推进国有独资商业银行股份制改革,成立了国有独资商业银行股份制改革试点工作领导小组及其办公室,中共中央政治局常委、国务院副总理黄菊任组长,国务院秘书长华建敏任副组长,中国人民银行行长周小川任领导小组办公室主任。

2003年12月16日,中央汇金投资有限责任公司注册成立。

2003年12月27日,第十届全国人大常委会第六次会议通过了《银行业监督管理法》和修改后的《中国人民银行法》《商业银行法》。

2003年12月30日,国家运用外汇储备、黄金储备通过汇金公司向中国银行、建设银行各注资225亿美元。

2004年8月18日,交通银行完成引入战略投资者——香港上海汇丰银行有限公司的入股股权交割工作,汇丰银行的入股价格(P/B)为交行每股净资产的1.76倍,约合人民币1.86元/股。

2004年8月26日,中国银行股份有限公司设立。

2004年9月21日,中国建设银行股份有限公司设立。

2005年4月22日,国家运用外汇储备通过汇金公司向工商银行注资150亿美元,工商银行股份制改革正式启动。

2005年6月17日,建设银行和美国银行签署战略投资与合作协议,美国银行的入股价格(P/B)为建行每股净资产的1.15倍,约合人民币1.16元/股。

2005年6月23日,交通银行在香港成功上市,IPO价格为2.50港元,上市首日收盘价2.83港元。

2005年7月1日,建设银行与新加坡淡马锡控股(私人)有限公司下属的亚洲金融控股私人有限公司正式签署战略合作协议,其入股价格(P/B)为建行每股净资产的1.19倍,约合人民币1.20元/股。

2005年8月18日,中国银行与苏格兰皇家银行集团签署战略投资与合作协议,其入股价格(P/B)为中行每股净资产的1.18倍,约合人民币1.18元/股。

2005年8月31日,中国银行与新加坡淡马锡控股(私人)有限公司所属全资子公司亚洲金融控股私人有限公司签订了战略合作协议,其入股价格(P/B)为中行每股净资产的1.18倍,约合人民币1.18元/股。

2005年9月26日,中国银行与瑞士银行集团签署战略性投资与合作协议,其入股价格(P/B)为中行每股净资产的1.18倍,约合人民币1.18元/股。

2005年10月27日,建设银行在香港成功上市,IPO价格为2.35港元,上市首日收盘价2.35港元。

2005年10月28日,中国工商银行股份有限公司设立。

2005年12月31日,中国银行完成引进战略投资者的资金交割工作。

2006年1月27日,中国工商银行与高盛投资团正式签署战略投资与合作协议，其入股价格（P/B）为工行每股净资产的 1.22 倍，约合人民币 1.2585 元/股。

2006 年 6 月 1 日，中国银行在香港成功上市，IPO 价格为 2.95 港元，上市首日收盘价 3.40 港元。

2006 年 6 月 19 日，工商银行与社保基金理事会签署战略合作协议。

2006 年 7 月 5 日，中国银行在上海成功上市，IPO 价格为 3.08 元，上市首日收盘价 3.79 元。

2006 年 10 月 27 日，工商银行以 A+H 股同步发行、同步上市的方式成功实现首次公开发行，A 股发行价 3.12 元，首日收盘价 3.40 元，上涨 5%；H 股发行价 3.07 港元，首日收盘价 3.52 港元，上涨 15%。

2007 年 5 月 15 日，交通银行在上海成功上市，IPO 价格为 7.90 元，上市首日收盘价 13.54 元。

2007 年 9 月 25 日，建设银行在上海成功上市，IPO 价格为 6.45 元，上市首日收盘价 8.53 元。

2008 年 10 月 29 日，汇金公司向农业银行注资 1 300 亿元人民币等值美元，国有商业银行股份制改革的收官之战开始。

2009 年 1 月 9 日，召开了中国农业银行股份公司创立大会，股权董事、监事已按法定程序产生并召开了第一届董事会和监事会会议，"三会一层"的公司治理架构初步设立。

2009 年 1 月 16 日，中国农业银行股份有限公司设立。

2010 年 3 月 25 日，人民银行会签财政部、银监会、证监会、中投公司向国务院上报《国有独资商业银行股份制改革试点工作领导小组办公室关于深化农业银行股份制改革有关问题的请示》。

2010 年 5 月，人民银行、财政部、银监会联合印发《关于深化中国农业银行"三农金融事业部"改革试点范围等有关事项的通知》，将农业银行四川、重庆、湖北、广西、甘肃、吉林、福建、山东 8 个省、

561个县的县支行纳入"三农金融事业部"改革试点范围。

2010年7月15日、16日,农业银行分别在香港、上海成功上市,大型商业银行股份制改革圆满收官。

2011年9月,人民银行印发《关于扩大中国农业银行"三农金融事业部"改革试点范围等有关事项的通知》,将农业银行黑龙江、河南、河北、安徽4个省、371个县的县支行纳入"三农金融事业部"改革扩大试点范围。

2013年10月,人民银行印发《关于扩大深化中国农业银行"三农金融事业部"改革试点范围等有关事项的通知》,将农业银行江苏、浙江、湖南、云南、江西、陕西、广东7个省、538个县的县域支行纳入深化"三农金融事业部"改革试点范围。

2015年4月,经国务院批准,人民银行印发《关于全面推开中国农业银行三农金融事业部改革的通知》,将农业银行全部县域支行纳入深化三农金融事业部改革范围。

2015年6月16日,人民银行印发《交通银行深化改革工作小组关于做好交通银行深化改革工作的通知》(银发〔2015〕187号),要求交通银行按照国务院批准同意的方案深化内部改革,交通银行改革工作领导小组各成员单位组织实施有关改革举措。

2017年7月,第五次全国金融工作会议指出,"要优化金融机构体系,完善现代金融企业制度,完善国有金融资本管理。"

第二章
开发性、政策性金融机构改革

我国开发性、政策性金融作为商业性金融的重要和有益补充，在服务国家战略、推动实现政府发展目标、提高社会资源配置效率、加大对重点领域和薄弱环节的支持力度等方面，都发挥了不可替代的重要作用。党中央、国务院高度重视开发性、政策性金融机构的改革和发展。2007年全国金融工作会议明确了分类指导、"一行一策"的改革原则，提出首先推进国家开发银行（以下简称开发银行）改革，中国进出口银行（以下简称进出口银行）和中国农业发展银行（以下简称农发行）也要进行内部改革，增强资本实力，为进行全面改革创造条件，并要求继续发挥政策性金融围绕国家战略服务、支持经济社会发展的作用。根据国务院的统一部署，人民银行会同有关部门积极稳妥地推进开发银行、进出口银行、农发行和中国出口信用保险公司（以下简称中信保）的改革工作。如何有效发挥开发性金融机构和政策性银行功能，稳健性和财务可持续性是核心因素。周小川行长在2015年8月《财经》专访中指出："国际上讨论了几十年如何保持银行业稳健，从巴塞尔协议Ⅰ、巴塞尔协议Ⅱ到巴塞尔协议Ⅲ还有巴塞尔监管核心原则和损失吸收能力，最终都离不开资本约束，找不出其他的替代方法。三家银行也是如此，无非是如何筹集资本，不再搞低资本的带病运行"。特别是，关于开发性金融的本质特征，在 2017 年 5 月 14 日"一带一路"国际合作高峰论坛上，周小川行长论及运用开发性金融，助力"一带一路"资金融通时，就开发性金融改革作了归纳："开发性金融不偏离政策目标、不违背资本约束、不依赖政府补贴、不追求盈利最大化、不突破市场原则、不打破业务边界、不与商业性金融争利，坚持服务国家战略、开展自主经营、注重市场运作、讲求保本微利、实现财务可持续、保持稳健发展的经营方针，以促进金融资源合理高效公平配置为目标，以经济社会发展重点领域和薄弱环节为业务重点，以中长期投融资为主要操作方式，依托信用支持，兼备减让式与商业性金融优势，更加注重商业性和市场化特征，是促进稳定增长、平抑周期性波动、推动结构调整、补齐融资短板的重要投融资平台"。

第一节　改革背景

我国开发性、政策性金融机构成立以来取得了较快的发展。随着世界经济格局的深刻调整和我国国民经济的快速发展，我国开发性、政策性金融机构面临的国际国内经济金融环境、所承担的任务和政策目标等也发生了很大变化。当前，需要结合国际国内经济金融形势变化，以及国际金融危机以来经济金融领域的新情况和新问题，着眼于开发性、政策性金融机构功能和作用的发挥及风险防范，统筹规划开发性、政策性金融机构的改革和长远发展，构建适应当前我国经济社会发展新要求的开发性、政策性金融服务体系。

一、对开发性、政策性金融机构的认识不断演进

开发性、政策性金融机构自出现以来，在世界各国经济发展和社会

金融机构改革的道路抉择

进步的过程中一直发挥着重要而独特的作用,且不仅广泛存在于发展中国家,也存在于市场体制和金融体制完善的发达国家,成为市场机制有益和必要的补充。但随着各国经济发展程度的变化,开发性、政策性金融的业务内容、运作机制也随之发生了变化。从时间演进来看,20世纪二三十年代为应对经济危机和大萧条,主要发达国家先后成立了开发性、政策性金融机构;第二次世界大战以后到20世纪60年代,开发性、政策性金融被广泛应用于各国经济复兴计划或经济赶超战略;20世纪90年代以来,随着各国市场经济成熟度日益提升,部分国家对开发性、政策性金融机构进行了商业化改革;国际金融危机后,有关国家调整了开发性、政策性金融机构商业化改革的方向和步伐,更加重视开发性、政策性金融机构在应对危机中的作用,将其作为促进经济回升、扩大对外贸易的重要手段。

我国对开发性、政策性金融的认识也经历了周期性变化,对其理解在不断演进和深化。政策性银行[①]源自于党的十四大和十四届三中全会的设计。当时的想法是把政策性金融和商业性金融分离,让专业银行真正转型为商业银行。起初,大家对政策性银行的看法比较负面,认为政策性银行的任务就是承担经济转轨期间的"转轨成本",将来如果经营得不好,或者转轨接近完成时,任务完成了就关掉。但实际上,经过这么多年的努力,商业银行逐渐走上了良性发展的道路,开发性、政策性金融机构也逐渐摸索出一条服务国家战略、依托信用支持、注重长期可持续的发展道路。应该说,成立三家政策性银行,把商业性和政策性业务区分开,分别满足国民经济和政府的需要,不仅为国民经济作出了贡献,同时也为整个金融体制改革中功能的区分和清晰化作出了重大贡献。

同时,由于商业性金融追求盈利最大化,因而会对短期经济效益不

---

① 开发银行2008年改革前定位于政策性银行。

高而长期经济效益显著、经济效益不高但社会效益显著的项目或产业缺乏关注。出于风险控制的需要,商业性金融往往会在经济繁荣时扩张业务,在经济衰退时收缩业务,具有明显的顺周期性。相较而言,开发性、政策性金融不以盈利为首要任务,更关注经济发展的重点领域和薄弱环节,可以在商业性金融资源配置失灵的领域提供更多的支持。在经济衰退时期,开发性、政策性金融可以根据国家战略投入更多资源以实现既定目标,而在经济繁荣时期投入可相对减少,具有逆周期性的特征,可以平抑经济的周期性波动。

从我国实际情况来看,开发性、政策性金融仍将在较长时期内不可被商业性金融所替代。此次国际金融危机中,世界各国经济受到严重冲击,2009年下半年以来,中国经济虽率先实现复苏,但基础仍不稳固,所面临的外部环境和世界经济形势仍存在较大的不确定性。随着我国经济发展步入新常态,需要开发性、政策性金融发挥更大的作用,加大对重点领域、薄弱环节和关键时期的支持力度,促进经济结构优化升级和经济增长从要素驱动、投资驱动转向创新驱动,为供给侧结构性改革营造良好的金融环境。

二、国际金融危机以来的新动向

国际金融危机爆发后,西方国家的商业性金融体系出现了"惜贷"的情形,一些具有一定外部性的公共融资难觅投资者,尤其是基础设施、公用设施和一些涉及重要战略领域的融资。一方面源自商业银行自身的资产负债表状况不佳;另一方面则是从回避风险的角度出发,商业银行当时认为最好的方法就是少发放贷款而持有现金,宁愿囤积现金也不愿意贷款。这些现象也使各国认识到,还是需要开发性金融和政策性金融,而非完全依靠商业性金融机构。

反思国际金融危机,需要重新认识政府信用和开发性、政策性金融的价值和作用,吸取"去政策性"和"去政府信用化"的改革教训。金融体系的设计和构建不仅要考虑经济增长时期、还要考虑经济下行和危机时期的投融资和金融制度安排,重视政府信用和开发性、政策性金融在平抑经济周期波动、锚定市场信心中发挥的重要作用,立足长远部署国家整体金融战略。实践表明,政府信用有不随市场波动的能力,是稳定市场和稳定金融的基础,能抵抗市场的逆向风波,保持市场的系统性稳定,维护全局利益。开发性、政策性金融作为政府信用的重要载体和政府与市场间的桥梁,不论在发展中国家还是发达国家,不论在经济稳定发展阶段还是在应对金融危机阶段,都是金融体系中不可或缺的组成部分,需要进一步发展和深化。

因此,国际金融危机以来,有关国家开发性、政策性金融发展和改革出现了新动向。一是欧美各国重视采用政府信用干预和救市,通过向金融机构注资、增信、向市场注入流动性等方式,锚定市场信心,稳定金融体系。二是开发性、政策性金融维护经济金融的作用进一步显现,为防范金融风险、维护市场稳定和恢复本国经济作出了积极贡献。三是部分国家调整了开发性、政策性金融的改革方向,延缓了改革步伐(见表2-1)。

表2-1　国际金融危机以来开发性、政策性金融机构改革新动向

开发性、政策性金融的作用进一步显现	• 德国复兴信贷银行向危机中的金融机构提供了122亿欧元的援助,并负责管理德国政府1 000亿欧元的企业救助基金 • 美国进出口银行加大了对海外业务的直接贷款力度,危机前贷款余额一度降为零,2014年9月末达到215.6亿美元 • 日本政策投资银行围绕政府目标,扩大了对大中型企业贷款、认购商业票据、为大中型企业提供债务担保等业务,并与商工中金等其他政策性金融机构一道承担起防范金融风险、维护市场稳定的责任 • 韩国产业银行通过建立债券市场稳定基金、支持企业重组、加强对中小企业支持等多种途径,促进金融市场稳定 • 俄罗斯和一些新兴市场经济国家,通过对本国开发性政策性金融机构注资等措施,或者新设政策性金融机构,加大对实体经济的支持力度

续表

一些国家调整了开发性、政策性金融改革的方向和步伐	• 日本政策投资银行两次推迟民营化改革进程。日本政府于2007年提出改革计划,将日本政策投资银行改制为政府持股100%的股份公司,并计划通过5至7年的过渡期逐步向民营化转型。2008年国际金融危机爆发后,日本政策投资银行再次承担起政策性金融重任,围绕政府目标开展了一系列投融资业务;日本政府也对民营化改革进行反思,重新调整改革计划,将过渡期延长到"2012年4月起的5至7年后",并要求政府始终持有三分之一以上股权,确保控制力。为应对大地震灾后重建,日本政府于2011年再次将民营化时间延期3年,调整为2015年4月1日之后,缓冲期仍设定为5至7年,全面民营化至少延后至2020年 • 韩国产业银行重新回归政策性银行定位。韩国政府于2007年提出民营化改革计划,拟将韩国产业银行改组为商业性的金融控股集团,并将政策性业务逐步移交给新设立的韩国金融公司,改革过渡期为5年。2008年国际金融危机后,韩国产业银行救助重点企业集团,发挥了重要作用;而韩国金融公司在中长期业务等方面经验不足,陷入了名不副实、改而不革的无奈境地。2013年8月,韩国政府宣布恢复韩国产业银行的政策性银行定位,并制订了回归的具体计划

三、我国开发性、政策性金融机构发展历程

20世纪90年代以前,我国政策性金融服务主要由大型商业银行等金融机构承担。1994年,根据经济金融体制改革的需要,我国成立了开发银行、进出口银行和农发行三家政策性银行,将支持"两基一支"(基础设施、基础产业、支柱产业)、机电产品和成套设备出口、粮棉油收购等政策性业务从当时的中国工商银行、中国农业银行、中国银行、中国建设银行四大专业银行中分离出来,构建了专门的政策性银行体系,实现了政策性金融与商业性金融的分离。2001年,在原中国人民保险公司和进出口银行出口信用险部的基础上,又组建了中国出口信用保险公司,从事政策性出口信用保险业务。至此,我国政策性金融

体系初步建立。

四家机构自成立以来,在服务国家经济建设和社会事业发展、支持国内企业"走出去"等方面,都发挥了不可替代的重要作用。开发银行通过加大对"两基一支",以及经济薄弱环节建设资金支持力度,有力地促进了国家经济建设和产业结构调整及优化升级,同时在支持国家实施"走出去"战略方面扮演了重要角色。进出口银行通过政策性贸易融资等方式,有力地支持了我国机电产品、成套设备和高新技术产品出口,有效地推动具备比较优势的企业到境外投资和承揽业务,促进了我国贸易出口和国际经贸合作。农发行以履行粮棉油收购资金供应和管理为主要职责,为保障国家粮食安全提供了有力的支持;同时,加大对农业产业化龙头企业、加工企业和小企业的支持力度,经批准适时开办农村基础设施建设、农业综合开发、农业生产资料和农村流通体系建设等新的贷款业务,积极支持改善农业生产条件,支农能力不断增强。中信保通过提供风险保障,在保障出口收汇安全、促进对外贸易发展和结构调整、支持企业对外投资、服务国家经贸战略等方面发挥了重要作用。

当前全球经济仍处在深度调整期,我国经济发展进入新常态,国内经济运行下行压力仍然较大,开发性、政策性金融在关键时期支持经济发展的作用凸显,四家机构更好地发挥服务国家战略的功能和作用,积极服务"稳增长、促改革、调结构、惠民生、防风险"目标,加大了对重点领域和薄弱环节的支持力度。截至2016年末,开发银行、进出口银行、农发行三家银行的资产总额分别为143 405亿元、33 343亿元、56 163亿元,贷款余额分别为103 181亿元、25 141亿元、40 946亿元。截至2016年末,中信保资产总额1 186亿元,承保金额4 731.2亿美元(四家机构财务状况和经营情况见表2-2、图2-1、图2-2、图2-3、图2-4)。

第二章 开发性、政策性金融机构改革

表 2-2　　开发性、政策性金融机构财务状况比较

单位：亿元（除承保金额、不良贷款率）

	开发银行			进出口银行			农发行			中信保		
	资产	不良贷款率	净利润	资产	不良贷款率	净利润	资产	不良贷款率	净利润	资产	承保金额（亿美元）	净利润
1998 年	5 255	32.63%	7	438	13.93%	0.8	8 212	27.23%	0.97	—	—	—
2002 年	10 417	1.78%	119	1 102	5.01%	0.63	7 645	42.76%	2.09	36	27.5	-1.42
2016 年	143 405	0.88%	1 097	33 343	1.57%	50.23	56 163	5.39%	162.07	1 186	4 731.2	7.92

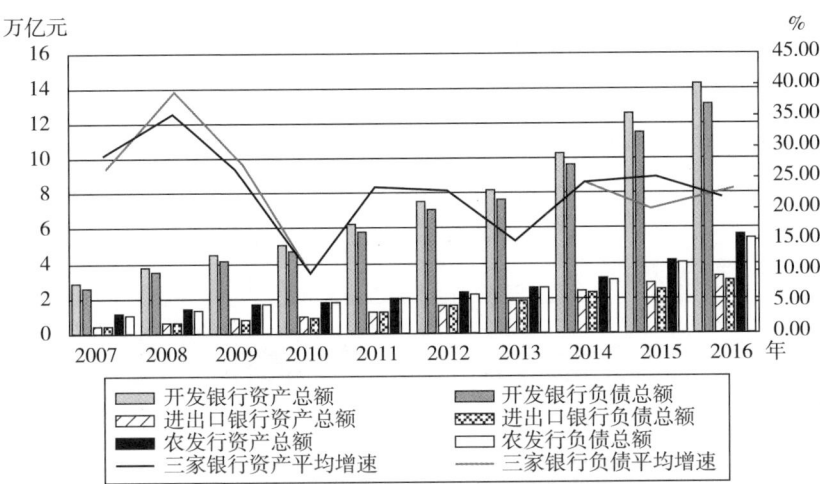

图 2-1　开发银行、进出口银行、农发行近年资产负债情况

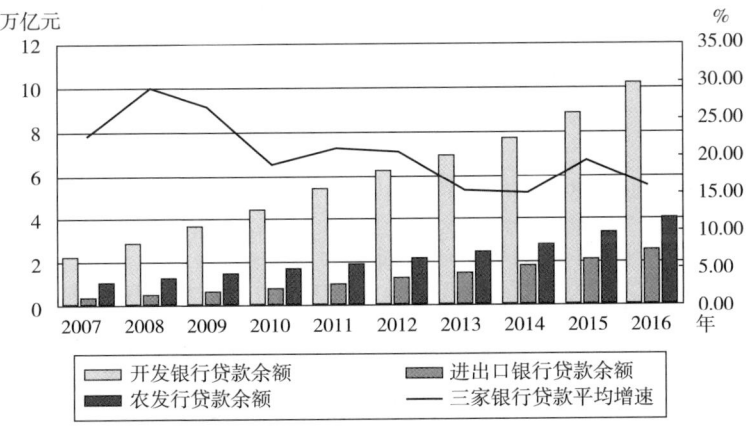

图 2-2　开发银行、进出口银行、农发行近年贷款支持情况

147

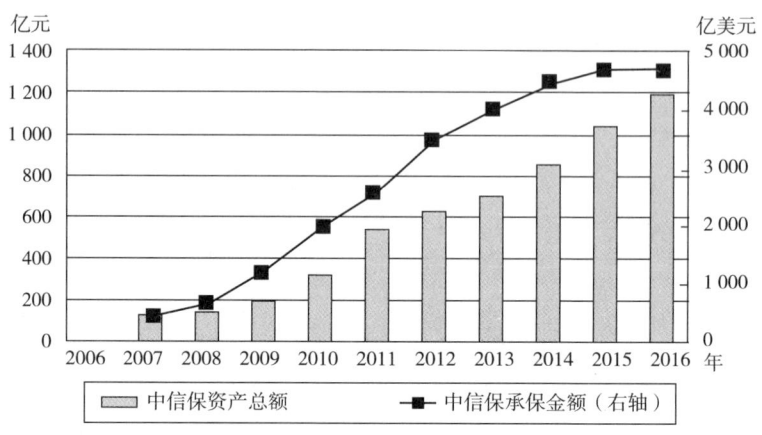

图 2-3 中信保近年经营情况

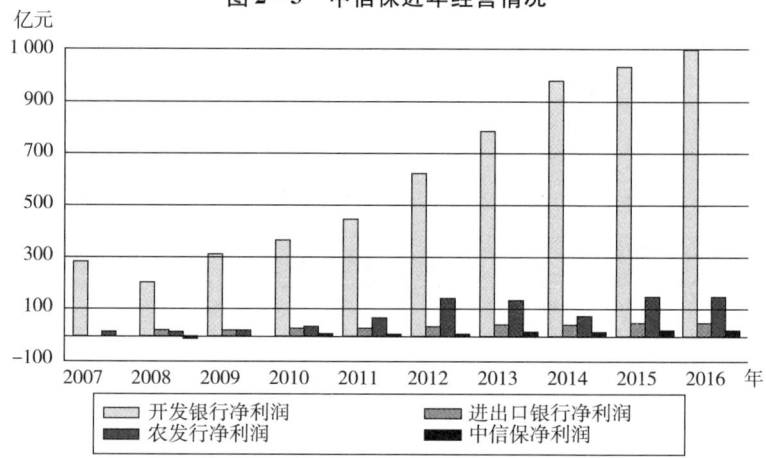

图 2-4 四家机构近年利润情况

四、存在的问题

改革以前，我国开发性、政策性金融机构不同程度地存在业务边界不清、治理结构不完善、以资本为核心的约束机制尚未建立、风险补偿机制和财税支持政策不完善、缺乏立法和章程陈旧等问题。另外，自国际金融危机发生以来，国内外经济金融形势发生了深刻变化，金融领域出现了很多新情况和新问题，危机也暴露出开发性、政策性金融机构在风险防范方面的一些缺陷和不足，迫切需要通过改革加以解决。具体来看，存在的问题主要如下：

一是功能定位有所弱化，业务边界逐渐模糊。开发性、政策性金融作为商业性金融的补充，应主要发挥弥补"市场失灵"的作用，但我国开发性、政策性金融机构的业务范围一直未能及时根据经济发展需要和外部形势变化进行调整。近年来，部分开发性、政策性金融机构在原有业务基础上，开发了商业性、自营性业务。在缺乏内部清晰的分类管理和严格的外部约束评价机制的情况下，部分开发性、政策性金融机构商业化冲动日趋强烈导致其资产规模扩张迅速，一定程度上存在"监管套利"等问题。另一方面，由于缺乏政策性业务范围的动态调整机制，一些如"三农"、小微企业等薄弱环节的金融需求却没有得到开发性、政策性金融的充分支持，开发性、政策性金融支持经济社会全面发展的功能发挥得不够充分。

二是治理结构不完善，缺乏科学、规范的决策机制和有效的制衡机制。改革之前，进出口银行、农发行和中信保还未按照现代金融企业制度要求建立规范的法人治理结构。进出口银行的董事会成立之后不久即停止运转，农发行、中信保一直没有建立董事会。高级管理层集决策权和执行权于一体、内部经营管理和外部政策协调于一身，导致权力过于集中，对业务拓宽和规模扩张缺乏有效的制衡机制。

三是资本约束机制不健全，抗风险能力较弱。四家机构的资本情况各不相同，并未建立严格的资本约束机制。开发银行的资本相对多一些，2007年末改革的时候补充了一些资本，但是开发银行的盘子大，2014年末资产规模超过10万亿元，也有一些资本缺口。进出口银行和农发行自成立以来一直没有补充资本金。改革之前，进出口银行的注册资本金仅为50亿元，农发行的注册资本金为200亿元，与进出口银行、农发行现有资产规模相比明显过低，2014年末资本充足水平与监管要求差距较大。农发行还有一个历史包袱影响了资本充足率，即20世纪90年代初有农业专项贷款发生损失，如果考虑这部分因素，农发行实际资本充足率为负数。2001年中信保成立时资本金为40亿元，并且规定风险责任余额不得超过资本金的20倍。2008年下半年以来，受国际金融危机和世界经济增长放缓的影响，进出口企业面临的信用风险上升，中信保的赔付金额大幅增加，风险总责任余额与资本金的比例大幅攀升，抗风险能力脆弱。

四是风险补偿机制不健全，财税支持政策不完善。改革之前，对开发性、政策性金融机构的风险补偿主要采取综合补贴的方式，即如果机构产生亏损由财政进行相应补偿；仅个别业务按业务分类明确了风险补偿机制，但占比很小。总体上看，财政并未对政策性业务产生的亏损及时足额补偿到位。同时，我国政策性金融机构享有的财税优惠政策极为有限。除政策性贷款免印花税外，三家银行并无其他税收优惠政策支持，在营业税、所得税及提取风险拨备等方面与商业银行无异。农发行作为我国专门支农的政策性银行，享有的财税优惠政策却少于农村信用社、农业银行"三农金融事业部"。

五是立法缺失，章程陈旧，缺乏有效的外部监管依据。长期以来，我国对商业性金融机构的制度安排比较健全，但对开发性、政策性金融机构的制度安排存在空白和缺失，没有制定专门的法律法规，既无法实现机构的自我约束，又不利于提高外部监管的有效性。我国开发性、政策性金融机构成立已二十年有余，但一直未出台专门适用于开发性、政策性金融机构的法律或行政法规，仅依靠有关部门出台的部分规章和规范性文件及内部章程开展业务。在考核方面，也没有建立比较完善的专门针对开发性、政策性金融机构的考核评价机制。改革之前，进出口银行、农发行和中信保的章程自制定以来从未修订，章程中有关业务范围、治理结构、管理模式、风险控制机制、风险补偿等相关内容大多已经过时，已经严重滞后于形势发展的需要，亟待调整和修订。开发银行章程在2008年商业化转型时进行了修订，但章程适用于商业银行的定位，与本次改革开发性金融机构定位存在偏差。

第二章 开发性、政策性金融机构改革

第二节 改革思路的争论

一、战略定位的争论：商业化转型还是维持开发性、政策性金融机构定位

2008 年国际金融危机之前，随着我国市场经济的发展和商业银行服务能力的提高，商业性金融不同程度地进入开发银行从事的政策性业务领域，开发银行许多原有政策性业务实际上已经成为商业性业务。同时，开发银行迫切需要建立市场化的约束机制，强化风险管控。因此，确定了开发银行商业化转型改制的方向。当时，开发银行从政策性银行转型为商业银行，既要转制又要转型，国内没有先例可循，国际上也少有现成经验可供借鉴。开发银行既要推进改革又要支持经济平稳较快增长，改革的跨度和难度很大，具有很强的探索性、实践性和艰巨性。

国际金融危机爆发后，开发性、政策性金融机构在积极应对国际金融危机冲击等方面作用更加凸显，充分发挥了服务国家战略目标、满足重点领域和薄弱环节的金融服务需求、弥补商业性金融服务缺陷等重要作用，有关国家对开发性、政策性金融机构改革的国际动向对我国开发性、政策性金融的改革与发展有一定借鉴意义。从我国实际情况看，首先，我国当前及今后若干年内有不少领域如"两基一支"、新型城镇化、棚户区改造、国际合作与对外经贸、"三农"发展等都需要金融支持，仍需要开发性、政策性金融机构继续完善运作模式，依托金融体系为下一步推进实现国家战略发挥作用。其次，目前我国已经有工、农、中、建、交等大型商业银行，还有大量的全国性股份制商业银行和城市

商业银行，在数量上并不缺少大中型商业银行，但对开发性、政策性金融机构和从事中长期业务的金融机构仍然有一定的需求。最后，开发银行在多年实践中摸索出一条服务国家战略、依托信用支持、不靠补贴、市场运作、自主经营、注重长期、保本微利、财务可持续的"开发性金融"的路子，进出口银行、农发行、中信保在实践中探索形成了政策性金融的业务模式，为我国经济社会发展发挥了积极作用，应鼓励其继续从事现有的业务并不断深化改革。

这种背景下，强化进出口银行、农发行、中信保的政策性职能定位，明确开发银行开发性金融机构的定位，符合国家发展战略，有助于优化金融业结构和布局，也是四家机构自身发展的现实需要。

二、组织结构的争论：维持机构原企业组织形式还是建立现代企业制度

开发银行、进出口银行和农发行成立于1994年，当时的企业组织形式为全民所有制企业。2008年开发银行商业化转型时将企业组织形式变更为股份有限公司。在本轮开发性、政策性金融机构改革过程中，有观点认为，政策性银行应维持全民所有制企业组织形式，否则会导致其偏离政策性银行定位，将国家对企业承担的无限责任变为有限责任。

经反复论证，本轮开发性、政策性金融机构改革将三家银行均变更为有限责任公司，旨在建立现代金融企业制度，建立可持续发展的体制机制。

首先，国有企业的改革方向是建立现代企业制度，这是历次中央全会的核心思想，也是改革的经验总结。20世纪90年代以来，党中央、国务院在研究推进包括金融业在内的国有企业改革、建立和完善社会主义市场经济体制的过程中，先后提出一系列非常重要的论述，核心是推动国有企业建立现代企业制度，实行公司制的组织形式，同时国家对

第二章 开发性、政策性金融机构改革

企业的债务承担有限责任。比较典型的论述包括：十四届三中全会提出"建立现代企业制度，是发展社会化大生产和市场经济的必然要求，是我国国有企业改革的方向"；十五大报告提出"建立现代企业制度是国有企业改革的方向""进一步明确国家和企业的权利和责任。国家按投入企业的资本额享有所有者权益，对企业的债务承担有限责任"；十五届四中全会重申"建立现代企业制度，是发展社会化大生产和市场经济的必然要求，是公有制与市场经济相结合的有效途径，是国有企业改革的方向"、政府"对企业的债务承担有限责任，不干预企业日常经营活动""公司制是现代企业制度的一种有效组织形式"；十八届三中全会再次强调要"推动国有企业完善现代企业制度"。

其次，坚持完善现代金融企业制度是本次改革方案的重要内容。改革方案提出坚持完善现代金融企业制度建设，同时明确提出建立资本约束机制、完善法人治理等改革举措，这些与十四届三中全会以来的改革精神一脉相承。如果实行全民所有制的组织形式，并且主张国家承担无限责任，这与党中央、国务院历次会议和改革方案精神内在不一致。并且，参照《全民所有制工业企业法》，全民所有制企业"以国家授予其经营管理的财产承担民事责任"、可以"依法被宣告破产"，与有限责任公司"以其全部财产对公司的债务承担责任"没有本质区别，均是主张政府或股东对企业承担有限责任。

再次，企业组织形式变更不会影响进出口银行和农发行的政策性银行定位。企业组织形式为有限责任公司与是否是商业化主体无关。目前，作为政策性金融机构的中信保、作为准政府机构的汇金公司企业组织形式均为有限责任公司，并未影响两家机构的功能发挥和业务开展。同样，将进出口银行、农发行变更为有限责任公司，并不会改变其国有全资性质，也不会影响其政策性功能的定位和发展。

最后，股份有限公司和有限责任公司都是规范的公司组织形式，本身并无优劣之分，采取何种组织形式应服务于机构定位。本次改革将开

发银行定位为开发性金融机构，且股东数量较少，并不谋求上市，与其他三家政策性金融机构保持一致的有限责任公司更为合适。

三、治理结构的争论：衙门还是公司

规范的公司治理是现代金融企业制度的核心，有效的公司治理是机构可持续发展的保障。有效的公司治理表现为，董事会进行科学决策，经营管理层得到正向激励和约束，股东和公司利益得以实现。但在改革过程中，有观点认为，进出口银行和农发行定位于政策性金融机构，企业性质维持全民所有制的企业组织形式，相应地，政策性银行部分决策事项则应在履行公司治理程序后交由政府部门审批，这与按照完善现代金融企业制度建立规范的公司治理架构有所差异。从国际经验看，各国开发性、政策性金融机构普遍参照现代公司治理要求搭建了完善的治理结构，力求在不偏离职能定位和服务方向的基础上，提高效率、稳健经营，实现可持续发展。开发性、政策性金融机构的运作主要依靠董事会进行，董事会职能主要是协调和决策，其成员主要来自政府部门、行业代表和机构自身，以便充分反映各方意见，最大程度上实现政策性目标。

从我国来看，开发性、政策性金融机构虽然服务于国家战略，但归根结底是银行、是企业，不是政府部门或者行政事业单位，应实行政企分开和转换经营机制，按照公司制的方向建立和完善治理结构。具体来说，本次开发性、政策性金融机构改革正在建立规范的公司治理架构，同时，由于服务目标的特殊性，为保障国家战略意图得到有效贯彻落实，四家机构的治理结构与商业性金融机构也会存在差异。具体表现为董事会成员构成更加广泛和多元化，包括了执行董事、来自宏观管理和产业部门的部委董事、代表出资人利益的股权董事，以达到较好的平衡，既兼顾资本约束、保持财务健康，也要切实符合服务国家战略发展

需要的方向；监事会有更强的独立性，监事会维持或变更为外派监事会，更好地发挥监督效能；建立健全董事会战略决策、监事会依法监督、高级管理层授权经营的高效运行机制等。此外，在内部决策和外部监管的衔接方面，外部行政部门的监督约束要尊重机构自身的公司治理，不能干扰董事会的履职。例如董事会建立后，董事会作为出资人代表组成的决策机构，要定期对经营管理层进行考核和评价，形成有效的内部制衡和激励。相关部门对于开发性、政策性金融机构绩效评价方面的考核意见，应通过部委董事反映在董事会的运作中，不宜在公司治理之外再搞额外的考核办法，不宜以某一个部门的指标来代替董事会的作用和其他部门的意见，避免走回计划经济、行政命令的老路上去。

四、业务模式的争论：合理界定并动态调整业务范围，实行分账管理与分类核算

我国开发性、政策性金融机构成立至今业务范围一直未能根据形势需要动态调整，同时，政策性业务与自营性业务、开发性业务与商业性业务混合经营管理的模式容易导致"监管套利"和道德风险，用自营性业务弥补政策性业务亏损的方式也会影响开发性、政策性金融机构的财务可持续。

纵观世界主要各国开发性、政策性金融机构的发展历程，开发性、政策性金融的业务领域和业务形式始终以国家政策为导向，随着经济金融环境的变化不断动态调整。如日本国际协力银行成立之初主要是通过财政资金为船舶、车辆、成套设备等出口项目提供长期信贷。1952年，该行增加了进口信贷和担保业务，支持进口国内短缺的能源和原材料等资源。随后，随着日本的经济重点逐步由单纯出口导向转向出口与海外投资并重，日本国际协力银行进一步增加了海外投资贷款等业务。美国农民家计局 1935 年成立之初是为了应付农业危机，帮助新创业的农

民以及低收入农民家庭建立农场维持家计等活动融通资金。随着美国农村经济的发展,农民家计局的业务重点逐步转移到支持农业生产、促进农村开发、配合政府实施农业政策等方面。德国复兴信贷银行成立初期主要向制造业提供贷款,振兴工业,现在则主要向中小企业提供贷款和投资,还包括对出口项目和跨境投资提供融资以及承办官方发展援助。

另外,从国际经验来看,开发性业务与商业性业务、政策性业务与自营性业务经营管理模式可通过分账管理、分类核算解决。一种是在同一机构内部同时经营两类业务,但实施分账管理,进行两类业务的约束和监管,如加拿大出口发展公司、韩国输出入银行等。另一种是将两类业务分别划分到不同的实体进行经营,采取集团或母子公司制的模式,使不同种类和性质的业务实现彻底隔离,便于监管、考核和风险防范,如世界银行集团、德国复兴信贷银行等。

从我国来看,本次改革的重要内容是合理划分开发性业务和商业性业务、政策性业务和自营性业务范围并明确动态调整机制,进行分账管理与分类核算,避免财政补贴混用和业务边界不清晰,有效防范道德风险。一是将开发性金融机构业务分为开发性业务、商业性业务,其中开发性业务根据决策程序分为国家指令、事先约定(补偿机制)或国家兜底的业务(以下简称特定开发性业务)和其他开发性业务;将政策性金融机构业务分为政策性业务、自营性业务;明确界定开发性业务与商业性业务、政策性业务与自营性业务范围,并进行分账管理、分类核算。二是建立业务范围的动态调整机制。随着经济发展阶段的变迁,开发性业务、政策性业务范围及支持的重点会有所不同,原来的开发性业务、政策性业务领域有可能成为可商业化运营的领域,因此,业务范围也应随经济社会发展而动态调整,实现政策性金融、开发性金融和商业性金融的协调发展。三是根据现实需要允许政策性金融机构开办一些自营性业务。政策性金融机构近年来的业务实践证明,自营性业务在不需要给予财政补贴的情况下实现了保本微利和可持续发展,填补了政策性金融和商业性金融的空白,发挥了服务国家战略的作用和功能。在经济发展的不同阶段,关于业务的认定标准也存在差异,部分自营性业务随着发展需要可能会被列入政策性业务范围,部分政策性业务随着发展需要可能会被列入自营性业务。同时,鉴于业务发展的连续性、专业人才队伍的建立和经验积累等因素,自营性业务有其存在的必要性和合理性,但要保持合理的规模和比例。四是开发银行实行集团式架构,条件成熟时,开发银行应探索通过事业部方式逐步将商业性业务全部交由子行承担,形成各项业务之间机构、风险、人员隔离,独立核算的管理架构。

第三节　曲折探索和战略抉择

党中央、国务院高度重视开发性、政策性金融机构的改革和发展,国务院领导同志多次作出重要指示要求推进开发性、政策性金融机构的改革。2004年以来,特别是2006年第三次全国金融工作会议筹备期间根据国务院的统一部署,有关部门对政策性银行改革发展问题展开了认真深入的研究。2007年第三次全国金融工作会议明确了分类指导、"一行一策"的改革原则。此后,开发性、政策性金融机构改革加快推进。

一、第一阶段:2008—2012年

(一)商业化:国际金融危机之前首先推进国家开发银行商业化转型

2008年国际金融危机之前,在当时特定的经济结构与市场环境中,商业银行的资本充足率和资本补充能力明显提高,商业性金融不同程度地进入"两基一支"等原有政策性金融领域,国家开发银行业务与商业

银行业务的界限日趋模糊,一定程度上产生竞争。在这种背景情况下,确定了国家开发银行商业化转型的方向。这一阶段的改革,对国家开发银行资本金进行了补充,提高了其资本实力,构建了较为规范的公司治理架构。2007年12月,汇金公司向国家开发银行注资200亿美元,国家开发银行改制转型迈出重要步伐;2008年12月,国家开发银行成立股份有限公司。国家开发银行股份公司成立后,建立了"三会一层"公司治理架构,组建了董事会、监事会及专门委员会;制定了公司章程、股东大会和董事会、监事会及专门委员会议事规则和行长工作规则等公司治理基本制度,决策机制不断完善;优化全面风险管理架构,风险管理水平不断提高。股份公司挂牌以来,国家开发银行克服了国际金融危机带来的不利影响,经营业绩平稳提升,不良贷款率一直保持在较低水平。

(二) 国际金融危机以来的中信保改革

2009年至2011年期间,为应对国际金融危机冲击,并充分发挥政策性出口信用保险在支持外贸发展、实施"走出去"战略中的功能和作用,人民银行牵头有关部门对中信保进行了改革。2011年5月,中信保改革实施总体方案获得国务院批准。2011年6月末,中投公司向中信保注资200亿元人民币,有效提升了其资本实力和抗风险能力。中信保改革以来,其政策性功能定位增强,公司治理结构不断健全,建立了包含执行董事、部委董事、股权董事在内的董事会,逐步建立科学的决策机制,内部改革稳步推进,风险管控水平不断提高,业务发展更加稳健,使其服务国民经济的能力得到大幅度提升。

二、第二阶段:党的十八大以来开发性、政策性金融机构再出发

国际金融危机爆发后,国际上关于开发性金融服务国家发展战略

的作用再次得到重视；我国社会各界对于开发银行的作用、未来发展方向等形成了一些新的认识，需要通过深化改革来进一步加以明确。党的十八大以来，面对错综复杂的国际国内经济环境，发挥开发性、政策性金融服务国家战略的必要性凸显，但同时，伴随着业务的快速发展，开发性、政策性金融机构也面临着一系列问题，亟须通过改革加以解决。党的十八届三中全会、2014年政府工作报告明确要求"推进政策性金融机构改革"。习近平总书记、李克强总理多次强调要发挥开发性金融、政策性金融服务国家战略的功能和作用。在此背景下，有关部门加快了政策性金融的改革步伐。

2014年12月，农发行改革方案经国务院批复同意；2015年3月，国家开发银行深化改革方案、进出口银行改革实施总体方案经国务院批复同意。2015年4月，中国政府网公布了国务院关于开发银行、进出口银行和农发行改革方案的批复；2015年7月，国家外汇储备分别对国家开发银行、进出口银行补充资本金480亿美元、450亿美元；2016年11月，国务院批准同意开发银行、进出口银行、农发行章程。通过改革，三家银行定位进一步明确，开发银行定位于开发性金融机构，进出口银行和农发行政策性职能定位进一步强化；三家银行的资本实力和抗风险能力得到显著增强，治理结构、约束机制、内部管理和外部监管进一步健全，有助于更好地发挥其在重点领域、薄弱环节、关键时期的重要作用，为促进经济社会持续健康发展作出更大贡献。

（一）补充资本金并建立资本充足约束机制

资本金是金融机构用以开展业务、消化损失、抵御风险的基础，也是约束过度扩张、促进稳健发展、落实审慎监管的有效手段。不管是商业性金融机构，还是开发性、政策性金融机构，都应将本求利，"有多少本，干多大事"。虽然开发性、政策性金融具有逆周期调节等重要作用，但如果过度使用，也可能会引发资源配置和价格机制的扭曲。从国

金融机构改革的道路抉择

际上来看,开发性、政策性金融机构的资本充足率要普遍高于商业性金融机构。例如,德国复兴信贷银行、日本国际协力银行、巴西开发银行、印度进出口银行、马来西亚进出口银行等,远高于巴塞尔协议规定的最低资本充足率要求。

改革前,四家机构不同程度地存在资本金不足的问题,若资本金长期不足将制约其可持续发展,影响其开发性、政策性作用发挥。因此,补充资本金并建立资本充足约束机制是改革的核心要义。

一是资本金来源以及补充方式的选择。一般有两种思路。一种思路是外源性资本,主要是外部注资。在注资主体方面,主要是从公共性、能够代表国家的出资人中选择,包括财政、汇金公司、外汇储备注资等渠道。第一,财政注资。开发性、政策性金融主要服务于国家战略,由财政注资开发性、政策性金融是较好选择,若中央财政压力较大,也可考虑由其他主体注资。第二,汇金公司注资。通过汇金公司注资可直接利用现有平台,也有前期的管理经验可循,具有操作便捷等优势。第三,外汇储备注资。对于有外汇运用需求的机构,外汇储备注资可以进一步拓宽外汇储备的运用渠道,还有利于支持我国对外贸易和支持企业"走出去"战略,符合国家整体战略利益。另一种思路是加强内源性资本积累。一是可以将部分所有者权益转增资本。二是可以通过减少分红或者分红转注资增加内源性资本积累。此外,还可通过发行符合监管要求的新型资本工具逐步补充资本;通过符合审慎监管要求的信贷资产转让和资产证券化等措施,减少对资金与资本的需求量;开发银行商业化子行可通过吸引社会投资者入股等市场化方式筹集资本。

经论证和测算,为适应较长时期内支持我国对外贸易、境外投资和实施"走出去"战略需要,2011年6月末,由中投公司通过汇金公司向中信保注资200亿元人民币。2015年7月,外汇储备向开发银行、进出口银行分别注资480亿美元、450亿美元,资本实力和抗风险能力显著增强,资本充足率分别提高至11.41%、12.77%,分别增加2.63个、

10.51个百分点,有助于更好地发挥开发性金融、政策性金融的功能和作用,进一步加大对"一带一路"、棚户区改造、京津冀协同发展、国际产能合作等重点领域的支持力度,更好地服务稳增长、调结构、惠民生,支持经济社会持续健康发展。2015年12月,财政向农发行注资100亿元,农发行未分配利润270亿元转为资本,资本实力得到增强,下一步将通过盈利转增资本金、应上交的所得税转增资本等多种方式进一步补充农发行资本。

二是明确资本约束机制和资本不足的措施。资本金得到有效补充后,有助于推动四家机构建立资本约束机制,解决发展中缺乏有效约束的问题。我国大型商业银行股份制改革的经验和本次国际金融危机充分表明,资本充足是对金融机构最有效的约束。对我国开发性、政策性金融机构而言,开发性业务中的特定开发性业务和其他开发性业务并存,政策性业务和自营性业务并存是现实选择,也是发展的需要。在此前提下,就必须建立制度,防范道德风险。特定开发性业务、政策性业务由国家明确风险补偿机制或承诺事后兜底,接受国家有关部门的监督考核,理论上可不需要资本金。但国内外实践证明,没有资本约束的特定开发性业务、政策性业务很容易出现规模失控和风险管理失效,也容易产生道德风险。因此,从实践出发,也要有数量型的、实实在在的资本约束机制。对于其他开发性业务、自营性业务,需要建立严格的数量型资本约束机制,以限制其资产规模的过度扩张,并接受监管部门的审慎性监管,有利于形成和商业性金融机构公平竞争的格局。在资本的计算方法方面,如果一个项目是国家明确指示去做的特定开发性业务或政策性业务,由国家明确了风险补偿机制,可以把风险权重稍微降低一点,除此之外三家银行则参照巴塞尔协议和通用的银行监管规则进行资本计量,并适用非系统重要性银行10.5%的资本充足监管标准。中信保仍适用风险责任余额不得超过资本金20倍的标准。

同时,进一步强化资本、成本和风险约束意识,限制资产负债规模的过快增长。如果资本积累略低于扩张速度，国家可以视能力提供补充资本支持。如果国家没有补充的话，可按资本内源性补充的速度控制业务扩张，可以少做一些、做精一点。当资本充足率接近监管底线时，可通过发行符合监管要求的新型资本工具、信贷资产转让和资产证券化、利润转增资本等措施以达到监管标准，维护资本约束严肃性。

（二）明确配套支持政策

建立资本约束机制之后，就要解决开发性、政策性金融机构可持续发展的问题，明确相应的配套政策。

一是完善风险补偿机制。开展政策性业务的前提是，财政补贴应当事先明确并足额到位，以真正体现其政策性特征。而改革前，对政策性业务并未建立风险补偿机制并及时足额补充到位。

因此，本次改革正按业务分类稳步推动建立不同的风险补偿机制。对于开发银行的特定开发性业务、政策性金融机构的政策性业务，由国家明确风险补偿机制，例如事先明确风险补偿机制或明确承诺对风险损失事后兜底，改变对机构出现整体亏损时才进行补贴的方式，以避免出现诱导机构整体做亏的负面激励，从而实现开发性、政策性金融机构的财务可持续。对开发银行的其他开发性业务和确需保留的商业性业务、政策性金融机构的自营性业务，由开发性、政策性金融机构自主决策、自担风险、自负盈亏，国家不予补贴，从而有助于厘清责任。

二是明确财税支持政策。从国际上看，开发性、政策性金融机构普遍享有税收优惠政策，以体现政府对薄弱环节的金融支持，并且在立法或者章程中予以明确。例如，美国进出口银行、加拿大出口发展公司免缴所得税；日本政策金融公库、日本国际协力银行免缴所得税、印花税、不动产购置税、车辆购置税；德国复兴信贷银行、韩国进出口银行享受全部免税政策等。因此，在符合税制改革方向和税收公平前提下，本次改革正统筹研究给予开发性、政策性金融机构相应的财税支持政策。

三是明确债券信用政策。金融债券融资一直是开发银行的主要资金来源。2008年商业化转型前，开发银行发行的人民币金融债券为政策性金融债。根据银监会规定，其风险权重为0，投资者无风险集中度比例限制。开发银行改制为商业银行后，不再是政策性银行，其债券面临重新定性问题，当时给予了过渡期的安排。开发银行金融债券数量大、占比高，其债信问题不仅对开发银行自身、而且对债券市场乃至整个金融体系都会产生重要影响。按照改制时制定的监管标准，过渡期结束后，开发银行债券将等同于机构债，将产生商业银行资本占用增加、债券投资者需求受限等问题。

开发性、政策性金融机构不吸收储蓄存款，主要依靠增信后在银行间市场发债融资，给予开发性、政策性金融机构债信支持是国际通行制度安排。本次改革后，开发银行定位于开发性金融机构，要充分发挥服务国家战略的作用，国家对开发性金融的资金支持政策表现为一种增信。增信不同于担保或兜底，方法也有若干种。目前，人民银行和监管部门将政策性银行的债券定义为"政策性金融债"，就是给予一定的增信支持。此外，待开发银行商业性业务独立为子行后，将以子行自身信用发债融资。

（三）加强内部管控和外部监管

虽然开发性、政策性金融机构享受信用支持，但并不意味着不存在风险。2008年国际金融危机期间，房利美和房地美作为美国的政府支持企业，一度面临破产关闭风险。因此，加强内部管控与外部监管也是本次改革需要解决的问题。

改革之前，在内部控制方面，我国的四家机构一定程度地存在注重业务发展、风险管理和内部控制不足，业务流程需要进一步优化，案件查处、问责和责任追究力度不够，审慎会计制度执行和信息披露需要加强等问题。因此，本次改革要求这三家银行加强内控和风险管理，确保稳健经营和发展。一是加强风险评估、预警、监测和管理体系建设。设立风险管理委员会，建立健全科学、有效的内控制度，增强内部审计的独立性和权威性，建立完善的风险控制体系。二是优化业务流程，完善前中后台分离和贷款"三查"制度。制定规范的业务申请、受理和审批规则。三是加大案件查处、问责和责任追究力度，建立激励与约束相适应的责任追究和问责机制。四是按照现代金融企业财务管理原则，严格执行审慎会计制度和信息披露制度。

改革之前，在外部监管方面，存在监管法规、监管标准及制度建设滞后等问题。目前，有关部门已研究出台三家银行的审慎性监管规定，将差异化监管与统一监管相结合，进一步提高监管的有效性和针对性，促进开发性、政策性金融机构合规经营，有效防范道德风险。其中，差异化监管主要是由于开发性、政策性金融的功能和运作模式与商业性金融不同，需要在加强外部监管的同时对部分指标实行差别化监管。例如开发性、政策性金融机构不以盈利为主要目标，部分盈利性指标不能简单套用商业性金融机构的监管标准，还要考虑服务国家战略成效等方面。统一监管主要是三家银行大部分监管要求和指标应与商业银行一致，从而有利于防范风险。从国际经验看，参照商业银行的一些标准对开发性、政策性金融机构监管日益成为一种国际趋势。如2013年10月，德国政府修订《德国复兴信贷银行法》，明确由德国联邦金融监管局参照《商业银行法》部分条款对德国复兴信贷银行（KfW）实施监管。同时，由于在特定开发性业务和政策性业务风险权重、盈利能力等个别指标已考虑三家银行的特殊性，在实施监管时应避免软约束问题，确保监管措施执行刚性。

（四）修订和完善章程，条件成熟时立法

改革前，我国开发性、政策性金融机构立法缺失，章程陈旧且长期未修订。从国际上看，由于开发性、政策性金融机构种类较多，专业性较强，分属不同的特定领域，因而各国一般对各种开发性、政策性金融机构分门别类地单独立法。日本在这方面表现得尤为典型，共有分别规范不同开发性、政策性金融机构的三部法律。德国、美国、韩国、巴西等国也是如此，德国复兴信贷银行、美国进出口银行、韩国产业银行、巴西国家发展银行等都有专门立法。即使开发性、政策性金融机构本身是政府机构的一部分，也有专门适用的法律法规，例如，美国的联邦小企业署、农民家计局等。

为充分发挥开发性、政策性金融作用，建立促进开发性、政策性金融机构可持续发展的体制机制安排，本次改革对开发性、政策性金融机构章程进行了修订，明确功能定位、经营范围与业务、资金来源、治理结构、风险管控等相关原则，从而规范开发性、政策性金融机构组织和行为，并促进开发性、政策性金融机构合规经营、监管部门有效监管。

从长远看，有必要针对我国开发性、政策性金融机构不同特点和不同服务领域，推进开发性、政策性金融立法，按照一行（司）一策的改革原则制定相应的行政法规，以此作为内部运营和外部监管的法定依据。

第四节　改革成效和经验启示

国务院批准同意的开发性、政策性金融机构改革方案，对四家机构改革的预期目标进行了明确，改革已取得初步成效。

一、改革预期目标

开发银行要坚持开发性金融机构定位，适应市场化、国际化新形势，充分利用服务国家战略，依托信用支持、市场运作、保本微利的优势，进一步完善开发性金融运作模式，积极发挥在稳增长、调结构等方面的重要作用，加大对重点领域和薄弱环节的支持力度。通过对开发银行深化改革，合理界定业务范围，不断完善组织架构和治理结构，明确资金来源支持政策，合理补充资本金，强化资本约束机制，加强内部管控和外部监管，将开发银行建设成为资本充足、治理规范、内控严密、运营安全、服务优质、资产优良的开发性金融机构。

进出口银行要发挥好政策性银行作用，合理界定业务范围，明确风险补偿机制，提升资本实力，建立资本充足率约束机制，强化内部管控和外部监管，建立规范的治理结构和决策机制。通过改革，把中国进出口银行建设成为定位明确、业务清晰、功能突出、资本充足、治理规范、内控严密、运营安全、服务良好、具备可持续发展能力的政策性银行，充分发挥在稳增长、调结构、支持外贸发展、实施"走出去"战略中的功能和作用。

农发行改革要坚持以政策性业务为主体，对政策性业务和自营性业务实施分账管理、分类核算，明确责任和风险补偿机制，确立以资本充足率为核心的约束机制，建立规范的治理结构和决策机制。通过改革，把农发行建设成为定位明确、功能突出、业务清晰、资本充足、治理规范、内控严密、运营安全、服务良好、具备可持续发展能力的农业政策性银行，在农村金融体系中真正发挥出主体和骨干作用。

中信保改革要适应经济全球化和我国对外经贸与投资合作发展的需要，紧紧围绕服务国家发展战略，按照现代金融企业制度的基本要求，强化政策性职能定位，明确业务边界，实行分类管理、分类考核，建立规范的公司治理结构，强化内部风险控制和外部监督管理。通过改革，把中信保建设成为定位明确、业务清晰、功能突出、偿付能力充足、治理规范、内控严密、运营安全、具备可持续发展能力的政策性保险公司，充分发挥政策性保险在支持外贸发展、实施"走出去"战略中的功能和作用,促进国民经济持续、快速、健康发展。

总体来看,改革有助于更好地发挥开发性金融和政策性金融作用,在支持棚户区改造和重大项目建设、推进产业升级、推动中国装备制造业"走出去"和更多企业开拓国际市场、保障粮棉油收储、支持农业农村基础设施和重大水利工程建设、提高我国企业和出口商品的国际竞争力、推动有比较优势的企业"走出去"、保障出口收汇资金安全等方面持续发力、精准发力,为稳增长、促改革、调结构、惠民生作出更大贡献。

二、初步成效

四家机构改革已取得积极成效。开发银行向棚改、铁路、水利、农业现代化、"一带一路"沿线国家和地区提供大力支持。进出口银行支持"一带一路"建设,助力国际产能和装备制造合作、对外贸易、"走出去"等。农发行服务国家粮食安全,支持农业现代化和农村基础设施建设。中信保为货物、技术和服务出口、大型成套设备出口、对外工程承包和海外投资等提供风险保障。具体包括:

功能定位增强,积极服务国家战略。开发银行立足开发性金融机构定位,主动对接国家宏观政策,确保重点领域和重大项目建设资金需求。2016 年末,贷款余额 103 183 亿元,同比增长 12.1%;全年发放棚户区改造贷款 9 725 亿元,是上年的 1.3 倍;发放精准扶贫贷款 3 153 亿元,覆盖 800 多个连片特困地区县和国家级贫困县;全力支持国家重大铁路建设和水利工程项目,发放铁路贷款 1 725 亿元,承销铁路债券 1 000 亿元,水利贷款 811 亿元。进出口银行强化政策性职能定位,服务对外经济合作大局,推动对外经济提质增效。2016 年末,贷款余额 25 141 亿元,同比增长 16.7%;共支持"一带一路"、国际产能和装备制造合作项目 600 多个,贷款余额同比增长 13%。农发行坚持政策性银行发展方向,积极落实国家战略部署,切实加大对"三农"领域供给侧结构性改革的支持力度。2016年末，贷款余额40 946亿元，同比增长18.9%；全年对"三农"领域净投放1.15万亿元，创历史新高。中信保认真落实国家政策，积极支持国际产能和装备制造合作，推动国家重大项目落实，很好地履行了政策性职能。2016年，中信保全年实现承保金额4 731.2亿美元，同比增长0.34%。

治理结构初步健全，决策机制不断完善。中信保已建立规范的公司治理结构，董事会在重大项目决策、经营管理重大事项的决策作用有效发挥。执行董事、部委董事、股权董事的结构安排，有利于执行国家外经贸和产业政策，又有利于通过市场化运作在较长时间内达到盈亏平衡。同时，人民银行会同有关单位抓紧完善开发银行、进出口银行、农发行治理结构。

资本实力有效提升，约束机制初步建立。2011年6月末，中投公司通过汇金公司向中信保注资200亿元人民币。2015年7月，外汇储备向开发银行、进出口银行分别注资480亿美元、450亿美元。2015年12月，财政向农发行注资100亿元，农发行未分配利润270亿元转为资本。四家机构的资本实力和抗风险能力显著增强，将有助于推动建立以资本充足率、风险责任余额与资本金倍数为核心的市场化约束机制，解决发展中缺乏有效约束的问题。

章程获得国务院批准，改革政策措施予以明确细化。经深入研究和充分论证，人民银行牵头起草并向国务院上报了三家银行章程。2016年11月，国务院批准同意《国家开发银行章程》《中国农业发展银行章程》《中国进出口银行章程》。2016年12月，人民银行印发《国家开发银行改革工作小组关于进一步做好国家开发银行深化改革工作的通知》（银发〔2016〕320号）、《中国进出口银行改革工作小组关于进一步做好中国进出口银行改革工作的通知》（银发〔2016〕321号）、《中国农业发展银行改革工作小组关于进一步做好中国农业发展银行改革工作的通知》（银发〔2016〕322号），要求三家银行遵照实行三家银行章程，稳妥有序开展后续工作。三家银行章程对改革各项政策措施进行了明确和细化，三家银行章程的获批，有助于规范三家银行组织和行为，确保其有效履行职责，有利于充分发挥开发性、政策性金融作用，建立促进三家银行可持续发展的体制机制安排。

内部改革稳步推进，风险管控不断强化。改革以来，中信保不断加强制度建设，修订和完善各类规章制度，优化业务流程，公司经营管理和运行更加规范有序；重大业务风险评审机制不断优化，业务评审的科学性和规范性不断提高，国家风险研究和管理得到加强。开发银行完善了全面风险管控体系，健全授信制度，加强重点领域风险管控，不断强化经营管理，可持续发展能力和抗风险能力进一步增强。进出口银行强化全面风险管理，不良资产管控取得积极成效，授信管理进一步完善，业务精细化管理程度有所提高，服务发展能力得到提升。农发行加大产品服务创新力度，实施信贷全流程标准化管理，启动全面风险管理体系建设，强化内控合规管理，内部配套改革稳步实施。

三、改革经验

开发性、政策性金融机构改革形成了一些具有前瞻性和中国特色的经验和做法。

一是未雨绸缪，以改革促发展。在开发性、政策性金融机构发展出现问题、服务国民经济的能力受到制约时，在机构自身改革的同时，从外部推动改革，化解制约其发展的各种不利因素，有利于其更健康地发展。通过改革，不仅能够化解开发性、政策性金融机构发展中存在的体制和机制障碍，还能够有效提高开发性、政策性金融的服务效率和能力。

二是充分借鉴国际成功经验和成熟做法。从国际及长期趋势看，开发性、政策性金融机构职能定位有所反复，特别是在某些特殊时期如2008年国际金融危机期间，开发性、政策性金融机构在应对危机、促进经济结构调整等方面的职能有所强化。在我国，开发性、政策性金融改革没有先例可循，国际开发性、政策性金融发展改革中的经验和教训，对于推进我国开发性、政策性金融改革具有重要的启示和借鉴意义。

三是建立强有力的工作协调机制。为了更好地推进四家机构改革，人民银行会同有关部门成立了改革工作小组及其办公室。工作小组及其办公室及时研究、协调、解决改革工作中的问题，适时宣传改革的必要性、紧迫性以及改革取得的成效。改革工作小组成员单位和有关部门分工明确，密切配合，高度协同，大胆进行探索创新，对改革过程中的重点难点进行了充分的讨论和论证，不断凝聚共识，推动改革不断深化。同时，改革方案研究论证期间，工作小组与社会各界及时沟通，就改革的目标、步骤、时机等重大问题广泛听取和征求多方面意见，并深入基层，了解各方需求，广泛听取各方意见，确保出台的改革方案经得起实践的检验。

第五节　进一步深化改革的方向

一、进一步探索开发性金融发展新路径

近年来，以国家开发银行为代表的中国式开发性金融实践表明，开发性金融不仅在参与中国国家战略性、政策导向性业务方面具有明显优势，随着"一带一路"建设的推进，项目融资、贸易融资的需求将越来越大，需要开发性金融发挥更大的作用。

从国家开发银行近年来的财务表现可以看到，通过"公司化经营，市场化运作"，开发性金融显现了巨大的活力和生命力。国家开发银行盈利能力强劲，排在工农中建之后，已进入中国银行业的第一梯队，并

保持了较好的资产质量和资本充足率水平。

国家开发银行的开发性金融实践可以总结出以下经验：一是开发性金融要重视市场约束。国家开发银行以市场化方式获得资金来源，存在硬预算约束。只有注重资金约束和回报才能在使用中注重效率，只有承担了资金成本才能体现资金的效用。二是开发性金融要做到保本微利，通过资本控制资产规模和风险，实现了有限财力在国民经济社会发展重点领域和薄弱环节中的高效率使用。三是有效的公司治理是开发性金融的重要保障，可以增强董事会和经营层制衡和正向激励，避免开发性、政策性金融过度依赖财政投入，有利于提高资产质量，实现可持续发展。

二、推动政策性银行可持续健康发展

除了开发性金融机构外，设计好政策性银行的未来发展道路也十分重要。从各方面的需求来看，在"一带一路"战略发展的大背景下，既要服务好、支持好沿线国家经济发展，又要实现可持续，必须坚持互利共赢，政策性银行必须建立正向激励机制和更加明确的业务定位，坚持走"公司化经营，市场化运作"的发展道路。

一是做好业务分类，明确政策性银行应开展开发性金融业务。目前，进出口银行和农发行已经从事了相当规模的开发性金融业务。今后，应更加明确，政策性银行的业务可划分为三七开或二八开，其中，30%或20%为政策性业务，根据国家指令来办理，其前提是国家财政给予补贴并足额到位。另外70%或80%为开发性金融业务，这些业务也服务于国家战略，但要坚持自营、自我约束和可持续，并建立有效的财务考核和正向激励。

二是健全公司治理结构。政策性银行也要构建决策科学、执行有力、监督有效的现代公司治理机制。其中，董事会由出资人代表组成，要对经营管理层进行绩效考核和评价,形成有效的内部制衡。政策性银行的公司治理特色是,董事会中有一定比例的部委董事,这些部委董事作为代表国家和各部委的"代理人",要充分发挥在董事会中的作用,体现国家对政策性银行的战略要求和评价。

三是推进商业化和市场化。资金来源方面,对于财政补贴到位的政策性业务,主要由财政资金解决,也可以探索在明确财政补偿机制的条件下,采取市场化发债方式筹集资金。对于保本微利的开发性金融业务,主要通过市场化发债筹集资金,也可以适当给予增信支持。针对农发行资本金严重不足的问题,应抓紧向其注资,夯实资本金基础,实现资本约束。

四是鼓励更多使用人民币。要在"一带一路"战略深入实施过程中,继续扩大人民币跨境使用,使我国海外战略更具可持续性。

附录:开发性、政策性金融机构改革大事记

1994年3月17日,根据《国务院关于组建国家开发银行的通知》(国发〔1994〕22号),国家开发银行成立。

1994年4月19日,国务院发出《国务院关于组建中国农业发展银行的通知》(国发〔1994〕25号),中国农业发展银行成立。

1994年4月26日,根据《国务院关于组建中国进出口银行的通知》(国发〔1994〕20号),中国进出口银行成立。

1998年3月,国务院决定中国农业发展银行主要集中精力加强粮棉油收购资金封闭管理。

1998年12月,中国投资银行并入国家开发银行。

2001年5月23日,国务院正式批准组建中国出口信用保险公司,同年10月19日,中国出口信用保险公司正式成立。

第二章 开发性、政策性金融机构改革

2006年9月29日，人民银行牵头的国有银行改革专题工作小组国务院专题报告，明确提出"国家开发银行向开发性银行转型"。

2007年1月，全国金融工作会议对政策性银行的改革发展作了全面部署，明确了坚持分类指导、"一行一策"的改革原则，并提出首先推进国家开发银行改革、中国进出口银行和中国农业发展银行也要深化内部改革，为进行全面改革创造条件。

2007年12月31日，中投公司通过汇金公司向开发银行注资200亿美元。

2008年5月，人民银行上报国家开发银行改革具体实施方案，明确国家开发银行独资或控股分别设立国银金融和国银证券两个子公司，分别承接股权投资和投行业务，加快转型步伐。

2009年3月，人民银行会同财政部、商务部、保监会等机构成立了进出口银行和中信保改革工作小组。

2011年5月，中国出口信用保险公司改革实施总体方案获批。

2011年6月，中投公司向中国出口信用保险公司注资200亿元。

2012年1月，全国金融工作会议指出，"政策性金融在国民经济和社会发展中具有独特作用，宏观层面上可以有效支持国家发展战略，微观层面上可以弥补商业性金融的不足"。

2013年11月，党的十八届三中全会通过的《中共中央关于全面深化改革若干重大问题的决定》明确要求"推进政策性金融机构改革"。

2015年12月8日，《中国农业发展银行改革实施总体方案》获国务院批复同意。

2015年3月20日，《国家开发银行深化改革方案》《中国进出口银行改革实施总体方案》获国务院批复同意。

2015年4月12日，中国政府网公布国务院关于国家开发银行、中国进出口银行、中国农业发展银行三家银行改革方案的批复。

2015年7月，国家外汇储备向国家开发银行和中国进出口银行分

别注资480亿美元与450亿美元。

2016年12月23日,人民银行以通知形式向国家开发银行、中国进出口银行、中国农业发展银行三家银行发文,通知其章程已经国务院批准同意。

2017年11月6日,开发银行新一届董事会成立。

2017年11月15日,银监会公布《国家开发银行监督管理办法》《中国进出口银行监督管理办法》和《中国农业发展银行监督管理办法》。

第三章
农村信用社改革

农村信用社是我国金融体系的重要组成部分，党中央、国务院一直高度重视农村信用社的改革发展。2003年6月，国务院印发《深化农村信用社改革试点方案》（国发〔2003〕15号），标志着深化农村信用社改革工作正式开始。周小川行长在2003年8月18日深化农村信用社改革试点工作会议上指出："深化农村信用社改革，把农村信用社办成产权清晰、管理科学、约束机制强、财务上可持续发展、坚持商业性原则、主要为'三农'服务的金融机构"。人民银行通过资金支持与农村信用社改革成效挂钩的政策安排，建立持续的正向激励机制，撬动改革，促进实现"花钱买机制"的政策目标。经过改革，农村信用社长期积累的沉重历史包袱逐步得到有效化解，资产质量和经营状况明显改善，资金实力和支农信贷投放显著增加，产权制度改革取得一定进展，农村信用社可持续发展能力和支农服务功能显著增强，改革取得重要的阶段性成果。

| 金融机构改革的道路抉择 |

第一节 改革背景

党中央、国务院历来十分重视农村金融体系的改革和发展。农村信用社是我国金融体系的重要组成部分，是我国农村金融的主力军和联系广大农民的金融纽带。农村金融体制和农村信用社改革事关农民、农业和农村经济发展的大局。2003年以前，农业银行商业化改革并逐渐从农村撤出，邮储银行在农村所设网点没有贷款功能，农村信用社不良贷款率高达50%左右，基本不具有持续为"三农"服务的能力。从完善农村金融服务体系、改进农村金融服务的现实需要出发，深化农村信用社改革已经迫在眉睫。

一、农村信用社存在的必要性和定位

1997年亚洲金融危机后，国有独资商业银行不断推进商业化改革。在改革过程中，国有独资商业银行不断加强对信贷资金的集中管理，业务重心逐步转移。随着商业银行改革的不断深化，我国农村金融体系发生了很大变化，金融资源的供给被削弱。粮棉流通体制改革后，农发行的政策性金融业务难以跟上"三农"发展和市场环境的变化，政策性金融支农作用发挥受到限制。农业生产保险和农村商业性保险短缺，农村直接融资渠道不足，农村资金外流严重，加上农业担保体系和信用环境建设滞后，使得农村金融体系比较脆弱，农村资金供求矛盾日益突出。

农村信用社是农村金融服务的主力军。长期以来，农村信用社坚持服务"三农"的方向，不断改进信贷服务，增加支农投入，在促进农业和农村经济发展，帮助农民发展生产、增加收入等方面，做了大量工

作,对推动"三农"发展发挥了重要作用。同时,由于体制机制的原因,改革初期,农村信用社发展中存在着产权关系不清晰、历史包袱沉重、资产质量差、潜在风险大等问题,严重制约着农村信用社进一步改善农村金融服务。在此情况下,经国务院批准,人民银行于1999年开始运用支农再贷款支持农村信用社,但与每年大量流出农村的资金相比是杯水车薪。同时,依靠人民银行再贷款解决农村信用社资金不足的问题,不仅加大了货币政策的压力和困难,而且容易产生道德风险。因此,必须从制度安排、法规建设、机构定位等方面理顺农村资金的运行机制,引导农村资金用于农村发展。

农村金融体制改革必须创造农户和农村金融机构多赢的局面。过去十多年,农村金融机构大面积亏损是影响我国农村金融发展的一个重大问题。没有财务健全的农村金融机构,农村金融必然萎缩。只有为农村金融机构创造可持续发展的环境,农村经济的发展才会进入良性循环。深化农村信用社改革,把农村信用社办成产权清晰、管理科学、约束机制强、财务上可持续发展、坚持商业性原则、主要为"三农"服务的金融机构,不仅可以巩固和加强其在农村金融体系中的基础地位和主力军作用,而且可以带动农村金融体系的全面改革,促进农村金融健康发展,改善农村信用环境,走出一条有中国特色的农村金融服务之路,为农村经济繁荣和城乡协调发展作出新的贡献。

二、21世纪以来农村信用社面临的主要问题

1996年国务院决定农村信用社与农业银行脱离行政隶属关系,由人民银行对农村信用社实施监督管理。1998年以来,国务院先后成立了整顿工作小组和改革调研小组,对农村信用社进行了规范整顿,并围绕有关问题进行了大量调研论证。经国务院同意,从2000年开始,在江苏省组织开展了农村信用社改革试点工作,在产权模式和组织管理

方式等方面进行了探索。与此同时,在其他地区也进行了不同形式、不同内容、不同层次的改革实践。这些改革取得了一定进展,也积累了一些经验。但从总体上看,在农村信用社产权制度、管理体制和防范风险等重要问题上,还没有取得根本性的突破。

到2003年,经过改革的农村信用社自身实力有所增强。但从整体看,农村信用社无论是在自身建设,还是在适应为"三农"服务要求等方面,都还存在着不少问题,主要是:历史包袱沉重,资产质量差,经营困难,潜在风险很大;产权不明晰,法人治理结构不完善,经营机制和内控制度不健全;管理体制不顺,管理职权和责任需要进一步明确。

(一) 历史包袱较重,经营存在较大困难

农村信用社历史包袱形成的原因是多方面的,既有农村信用社市场定位的问题,又有经营管理的问题,还有经济体制的问题,还包括外部干预产生的问题。2002年末,以县(市)为单位,全国共有农村信用社2 535个。其中,实际资不抵债农村信用社2 480个,占比97.8%,实际资不抵债额合计为3 247亿元;资能抵债农村信用社55个,资能抵债额合计为136亿元。全国农村信用社历年亏损挂账额为1 314亿元,占其历史包袱的三分之一。全国农村信用社不良贷款损失占其历史包袱的三分之二。按照贷款四级分类口径统计(2008年10月前,农村信用社贷款风险管理执行四级分类标准),2002年末,全国农村信用社不良贷款余额5 147亿元、不良贷款比例37%,其中逾期贷款383亿元、呆滞贷款3 643亿元、呆账贷款1 120亿元。按实际资不抵债额计算公式测算,不良贷款实际损失额(按照贷款四级分类口径统计,不良贷款实际损失 = 逾期贷款×10% + 呆滞贷款×40% + 呆账贷款)为2 616亿元。

(二) 产权主体虚设，法人治理结构不完善

长期以来，我国农村信用社由于入股额度小，股权过于分散，入股人很难真正参与农村信用社的决策和管理，农村信用社也难以形成有效的内部制约机制，"谁投资、谁管理、出了问题谁负责"的问题没有得到很好的解决。我国农村信用社产权关系不明晰，未明确责任承担主体和收益主体，社员对他们出资组建的农村信用社只有名义上的归属关系，而实际上的产权关系是模糊的，农村信用社的产权主体是虚设的。虽然农村信用社已初步建立了法人治理结构，但"三会"的构成和运作不规范。由于我国农村信用社的股权非常分散，社员大会参与管理的积极性不高，社员大会的权力虚设；理事长和经营者集于一身，既行使行政管理权，又代表所有权；监事会的职权流于形式，监督作用不到位。同时，农村信用社普遍存在着内部人控制现象，导致了法人治理扭曲和内部人损害所有者或外部出资者利益的行为。

(三) 管理体制不健全，行政干预较为严重

1996年农村信用社与农业银行脱钩后，中国人民银行成为农村信用社的管理主体，履行对农村信用社的金融监管职能和行业管理职能，同时，农村金融体制改革办公室还发挥着对农村信用社的管理职能。制度上的弊端导致管理者与管理对象权责不分，履行行政管理、行业管理和依法监管三项职能互相矛盾，金融监管与行业管理都难以到位。部分农村信用社县联社与基层信用社之间关系扭曲，形成了县级联社管理权限过大，基层社权限过小的局面。同时，从农村信用社建立到本轮改革前的50年历史中，地方政府对农村信用社的行政干预从来没有停止过，也是农村信用社风险隐患较大的主要原因之一。常见的干预方式既有间接干预，也有直接干预。间接干预包括利用手中掌握的资源对农村信用社进行诱导；通过选择性执法等手段对个别不能满足地方政府管

理要求的农村信用社进行干扰。直接干预包括行政指令性放款,将高风险金融机构"拉郎配"式并入农村信用社,均增加了农村信用社的资产损失。

第二节 改革思路的争论:重点和路径

一、农村金融机构改革思路的争论

(一)农村金融机构的财务可持续性问题

改革前,人们往往将金融机构的资金混同于财政资金,因此在强调发挥金融服务"三农"作用时,并不太考虑金融机构的财务状况。但是金融机构的资金并不等同财政资金,金融支持"三农"发展必须要考虑其财务的可持续性问题。

在不良净资产率高达50%、资本普遍为负的情况下,当时的农村信用社很难持续发展。国家历来重视对农村和弱势群体提供一部分政策性金融支持,但政策性金融支持力度也要视当时财政状况而定。农村信用社如果长期混淆政策性和商业性之间界限,一方面存在财务不可持续性问题,另一方面也存在较大的道德风险。农村信用社和其他金融机构一样都需要承担风险,如果没有充实的资本,金融机构的财务纪律、经营方针和理念以及公司治理等方面都会出现问题。因此,在2003年农村信用社改革试点之初,就明确了其方向是通过改革解决农村信用社的财务可持续性问题。这个方向在随后的试点推广中也得到坚定贯彻。

(二) 花钱买机制：采用财政和发行央票的方式弥补农村信用社的历史资产损失

谁来承担历史包袱在改革之初是一个存在广泛争议的问题。2002年左右的情况是：全国农村信用社系统全行业亏损，历史包袱包括农行和信用社脱钩带来的损失、各地办乡镇企业和县以下政府行政干预造成的损失、在高通胀时期承做保值贴补储蓄形成的损失等。根据全国农村信用社的损失情况，改革初期中央决定动用1 700多亿元的资金化解过去的损失，其中财政承担约100亿元，发行央票1 600多亿元，另外再发放少量央行再贷款。截至2013年3月末，人民银行共计对2 408个县（市）农村信用社发行专项票据1 699亿元，支付专项票据利息90亿元，对2 405个县（市）兑付专项票据1 694亿元，兑付进度达到99%以上，对新疆、吉林、黑龙江等3省（区）发放专项借款17亿元。

(三) 激励机制和道德风险问题

一种观点认为，农村信用社服务"三农"，天然存在政策性金融和商业性金融混淆的情况。激励机制模糊问题是必然存在且不可解决的，在行为上，必然产生扭曲，即干好干坏一个样；或者说农村信用社只要是贷款支持"三农"，无论财务状况如何，最后都有人且应该有人兜底。这次农村信用社改革明确了资金支持与改革成效挂钩的政策安排，有步骤地鼓励农村信用社化解以前的不良资产，不断充实资本，达到监管标准，从而进一步可持续地为"三农"服务。

2003年之前，由于农村信用社的会计准则和五级贷款分类的执行并不严格，社会各界对其不良资产有多大、亏损有多少并不清楚。当时国务院决定，按照2002年底全国统计报表中不良资产的数据推动不良资产化解工作，基本做到了农村信用社自身消化一半、国家财政和央行帮助消化另一半。并且，在化解不良资产过程中设计了一个激励机制：

即只有农村信用社尽可能化解了自身不良资产，中央才会在此基础上提供资金支持。

改革必须防范道德风险。如果让下级在改革开始后重新上报统计数据，可能会出现失控的现象，导致改革所需的资源数倍增加，以至于大大超过之前的设想和可能提供的资源数量。在 2003 年启动改革时，坚持以 2002 年底报送数据作为处置不良资产的标准，有效防止了地方向中央政府讨价还价的道德风险，增强其自身改革的动力。在改革全过程中，这条原则得到了较为严格的执行。

二、中央银行的战略抉择

在农村信用社改革过程中人民银行发挥了三种角色：正视并解除农村信用社的历史包袱，提供连续的正向激励机制，防止走下坡路和防范道德风险。

（一）正视并解除历史包袱

农信社过去形成的不良资产，既有行政干预、行政命令的原因，有乡镇财政缺口向农村信用社透支的原因，也有自身经营和价格机制上的原因。这些贷款非常分散，处于基层，监管部门虽然在基层也有一定的力量，但力量有限。按理说，为了防止道德风险，应该要求农村信用社首先把自身经营已形成的风险加以化解，收不回来一定要惩罚，为后面的改革打好道德基础。但实践上并不存在一个很有效的分清历史责任的办法，也不存在一个有效的监督回收损失的操作机构，损失掉的就已经损失掉了，只有依靠国家想办法承担这些历史包袱，把农村信用社放在一个新的起点上，希望其为"三农"提供金融服务并且能逐步成长起来。由于这些不良资产很分散，回收可能性也很小，即使想回收也要靠当地的人员去回收，因此，可以约定谁回收谁受益。正视农信社的历史包袱是在改革转轨期间、在早期政企不分、价格不对的状况下产生的,就要求必须加快农村金融改革。只有正视和解决历史包袱,才可能创建新起点。反过来看,如果人民银行持续给予再贷款,计算下来,经过20年、30年或者50年,农信社有可能逐步消化历史包袱,但不利于尽快消化历史包袱,更好地发挥农信社作为服务"三农"的金融主力军功能。

消化历史包袱有两种办法:一种是继续发放低价的再贷款,使农村信用社依靠存贷款利差逐步消化历史包袱。另一种是使用专项票据。人民银行设计了基于专项票据和专项借款的资金支持政策,由国家承担农村信用社净值损失的一半,另一半由农信社自己消化;同时农信社不良资产处置回收后国家并不拿走,以增强农信社不良资产的消化动力。在人民银行资金支持后,农信社要依靠自身力量增资扩股,通过股份制改造提高资本金,改变公司治理结构,完善内部管理。

(二) 提供连续的正向激励机制

在机制设计上,有关部门希望农村金融中的激励机制范围大一些,能够涵盖从比较差的到比较好的机构,对所有机构都应有正向激励机制设计。如果说财务改革是上台阶,则要激励农信社一个接一个地上几个台阶。第一个台阶是,参加改革的省、地、市、县一直到基层农村信用社,如果要选择国家帮助解决历史包袱,首先就必须对改革计划做出承诺,然后才可能获得资金支持和对消化不良资产的鼓励政策。第二个台阶是,农信社自己必须努力消化不良资产,同时必须想办法增资扩股,使资本充足率从过去净值为负上升到零的水平。经过努力达到零后,人民银行可以用专项票据置换其不良资产,同时人民银行向农村信用社支付专项票据利息,使专项票据成为农信社的优良资产。获得专项票据的农信社,资产负债表得到了改善,但是由于票据并不是现金,不能用于发放贷款,票据暂时不准在市场上流通,不能交易,因此部分削减了发放再贷款对货币政策的冲击。第三个台阶是,由于票据期限是两年,两年后必须再进一步把资本充足率提高到2%(巴塞尔协议第一版(1988年)要求核心资本充足率是4%,总资本充足率是8%)。如果资本充足率达到相应要求,公司治理和不良资产消化达到相应指标,经过验收确认,人民银行可以将票据兑现成现金。获得兑现的农村信用社就可以扩大金融服务,可以扩大贷款业务。由于当时农村贷款利率已经扩大到基准利率的 [0.9,2.0] 范围内浮动,因此有盈利空间。在这三个台阶之上还有进一步向上的台阶和要求,在基本的、健康的发展方向确定后,还必须在以后的年份进一步改进,使得农信社能够达到和一般金融机构所要求的同等的资本充足率、抗风险能力和不良资产率。

由于受人员素质和所处环境的制约,虽然中国农村金融基层组织在公司治理和管理方面不可能达到与城市金融机构同等水平,但是总体上上述改革措施可以将农村信用社向好的方向推进。总之,上述制度设计的根本目的是建立连续的、不断向上、大范围的正向激励机制,督促农村信用社向正确的方向发展。

(三)防范道德风险

鉴于农村信用社市场风险相对偏高和持续面临的行政干预,在制度设计上,必须考虑道德风险问题。在经历了解除历史包袱、充实资本金,达到一定的抗风险能力之后,在监管政策上要防止农信社自身经营不善对存款人造成损害。其中最关键的政策设计是"实时校正措施"(Prompt Correction Action,PCA)。具体来说,当金融机构资本充足率处于下滑态势,监管部门就应马上采取措施限制其业务发展和限制分红等,使信用社面临硬约束。即如果资产质量持续下滑,监管机构就应要求其被收购兼并,并且要在净资产演变成负值之前被关闭。各个国家的及时校正措施在做法上略有不同,一个主要借鉴来自美国联邦存款保险公司的 FDICIA 1991（Federal Deposit Insurance Company Improvement Act）。其具体做法是：存款类机构的资本充足率一般应该达到10%，当降到8%时，就要给予提醒；降到6%时，就开始采取限制性措施，例如限制开办新业务，限制吸收批发性存款；当降到4%时，就要求准备被兼并收购；当降到2%时，就要被关门，即在尚未损失储户的钱之前就关闭问题机构。

我国在农村信用社的实时校正措施执行机制上作了三点安排。第一，根据农村信用社分布的分散性和基层性，精心设计了能及时跟踪反馈经营信息的监管机制。第二，结合具体国情，建立及时有效的退出机制。以农村信用社改革为例，净值下滑接近零时应责令市场退出。在关闭有问题机构方面，关键是要有执行的决心。关闭会引致基层农村缺乏金融服务的呼声，不关闭则必然形成道德风险。鉴于存款保险制度已于2015年得以顺利运行，这一问题的掣肘因素已充分缓解。第三，在关闭差的金融机构的同时，允许成立创新型金融机构向农村提供金融服务。我国的农信社基本上是一乡一家，一旦关闭的确会导致金融服务缺位问题。替代性办法是探索建立社区性银行、农村新型金融组织等发展道路。尽管新牌照发放会面临种种监管要求，但必须清醒地认识到，当农村信用社改革进入一个新阶段，在市场准入中考虑了允许、鼓励新机构替代有问题的机构。否则，有可能造成旧机构有问题下不了手，又不允许新机构去运行，产生新的道德风险和逆向选择。当然，新机构能否搞好是有风险的，既取决于其自身经营和治理能力，也取决于持续性监管水平。

第三节 改革战略抉择

2002年第二次全国金融工作会议后，国务院成立了由人民银行牵头的深化农村金融和农村信用社改革专题工作小组,对农村金融和农村信用社改革问题作了进一步的调研论证。时任国务院总理温家宝和副总理黄菊非常重视农村金融和农村信用社的改革和发展,即使在"非典"肆虐期间仍多次听取人民银行、银监会有关农村金融和农村信用社改革问题的汇报,并作了重要指示。农村金融和农村信用社专题小组经多次开会,反复论证,对农村信用社改革和发展提出了"明晰产权关系,强化约束机制,增强服务功能,国家适当扶持,地方政府负责"的总体要求和农村信用社的改革试点方案。

2003年6月27日,国务院下发《关于深化农村信用社改革试点方案的通知》(国发〔2003〕15号),确定吉林、山东、江西、浙江、江苏、陕西、贵州、重庆8个省(市)作为第一批试点单位,参加深化农村信用社改革试点工作。2003年8月18日,国务院召开了深化农村信用社改革8个试点省(市)负责人座谈会。2004年6月,8个省(市)政府和银监会等部门向国务院上报了深化农村信用社改革试点阶段性总结报告。2004年8月,农村信用社改革进一步推广至除海南省以外的29个省(区、市)。2007年8月,海南省也正式启动了农村信用社改革,组建了海南省农村信用社联合社。

▼ 专栏5

农村信用社改革试点资金支持政策

按照国务院的统一部署,中国人民银行负责制定和组织实施农村信用社改革试点资金支持政策,建立正向激励机制,对促进实现改革目标发挥了重要的主导作用。

一、资金支持额度核定

国发〔2003〕15号文件规定,农村信用社资金支持额度按照其

2002年年末实际资不抵债数额的50%核定,以法人为单位计算,按省(自治区、直辖市)汇总核定。以2002年年末金融监管统计数据为基数核定资金支持额度,有利于防范改革试点地区攀比资金支持额度的道德风险,引导农村信用社尽快将工作重心转移到深化改革上。

实际资不抵债数额 = 实际资产损失 − 所有者权益 − 呆账准备金

其中,实际资产损失 = 呆账贷款 + 呆滞贷款的40% + 逾期贷款的10% + 投资资产的10% + 抵债资产的50%

所有者权益 = 实收资本 + 资本公积 + 盈余公积 + 未分配利润

二、资金支持政策主要内容

(一)资金支持方式

中国人民银行采取专项票据和专项借款两种方式对农村信用社予以资金支持。专项票据是由中国人民银行向农村信用社发行、用于置换其不良资产的定向票据;专项票据的发行与农村信用社资本充足率的提高结合,兑付与农村信用社明晰产权关系、完善法人治理结构、加强内部管理和增强服务功能的效果挂钩。专项借款是由中国人民银行委托国家开发银行向农村信用社发放,用于增强其资金实力、改善财务状况,由省级人民政府统借统还,省级联社承贷;专项借款采取分批发放方式,每批借款的发放均与农村信用社资本净额的改善挂钩。

(二)主要内容

资金支持政策坚持因地制宜、分类指导,防范道德风险,建立正向激励机制,以及"花钱买机制"的原则,对专项票据发行、兑付,以及专项借款发放,均设置了适当条件和规范透明的考核程序,建立将资金支持与农村信用社改革成效挂钩的持续正向激励机制,撬动改革,促进改革达标。同时,考虑到地区间农村信用社的经营财务状况和改革难易程度差异较大，允许情况不同的农村信用社自主选择两种资金方式中的一种方式，并针对产权组织形式不同的农村信用社，分别规定了专项票据发行、兑付标准，以鼓励各地农村信用社结合自身实际，积极稳妥地安排改革进度。

1. 坚持政策扶持与正向激励相结合的原则，实现"花钱买机制"的政策目标。按照国务院国发〔2003〕15号文件的精神，改革试点之初，中国人民银行会同中国银监会就及时制订并发布了有关资金支持政策实施方案，对资金支持政策的实施设置了适当条件和规范透明的考核程序。资金支持政策强调，专项票据的发行与兑付和专项借款的发放进度，必须与试点省（市）改革试点实施方案的实施进程相结合，与农村信用社增资扩股、提高资本充足率和降低不良贷款比例挂钩。资金支持政策不仅帮助农村信用社消化历史包袱、化解金融风险，而且创新货币政策工具，运用专项票据和专项借款方式，建立一个连续的正向激励机制，撬动各有关方面改革的积极性，促进农村信用社实现"花钱买机制"的政策目标。

2. 坚持因地制宜、分类指导的原则，充分考虑各区域经济发展的差异性和不平衡性。考虑到地区间农村信用社的财务经营状况和改革难易程度差异较大，中国人民银行设计了专项票据和专项借款两种资金支持方式，由农村信用社根据实际情况自主选择。同时，针对此次产权制度改革方案包括股份制、股份合作制以及合作制三种产权制度模式，以及农村商业银行、农村合作银行以县（市）为单位统一法人以及县、乡两级法人四种组织形式，资金支持政策分别规定了不同的专项票据发行、兑付标准，以鼓励各地农村信用社结合自身实际，积极稳妥地安排改革进度。产权制度改革和资金支持政策均突破了以往政策"一刀切"的传统模式，以多元化的制度供给满足多元化的制度需求，有利于甄别和细化激励对象。

3. 坚持循序渐进原则，逐步推进农村信用社深化改革。国发〔2003〕15号文件明确规定："中央银行票据支付必须与农村信用社改革效果挂钩，以县（市）为单位验收支付，标准为：产权明晰，资本金到位，治理结构完善。"鉴于本轮改革试点的艰巨性和复杂性，改革初期预判，票据到期时，大部分农村信用社难以完全达到规定的票据兑付条件和符合监管最低标准的资本充足率，如期进入兑付程序难度大。为增强票据兑付考核的操作性，量化考核条件，便于农村信用社准确把握改革要点，中国人民银行按照先易后难、循序渐进、逐步深化的思路，完善资金支持政策，明确农村信用社在申请兑付专项票据时，明晰产权关系、完善法人治理结构应取得明显进展，重点考核其健全内控制度、转换经营机制和运行法人治理框架的实际成效，并提出了逐步提高资产质量、有效控制成本费用、不断改善财务状况的具体要求。完善后的资金支持政策能直观地考核农村信用社所取得的改革实效，增强了改革试点资金支持政策的透明度、公信力和可操作性，便于改革取得实效的农村信用社及时获得资金支持。

4. 坚持严格考核的原则，确保资金支持政策公信力和透明度。为提高农村信用社改革成效考核的质量，中国人民银行不断加强制度建设，保证资金支持政策的顺利实施。一是建立联合考核工作机制。全国农村信用社提交的每笔专项票据发行兑付申请，需经中国人民银行当地分支机构会同中国银监会当地派出机构联合审查、逐级考核。二是建立考核评审委员会制度。作为票据发行、兑付考核的决策机构，考核评审委员会负责对申请票据发行、兑付的农村信用社进行评审，形成最终考核意见。三是建立考核申诉制度。为未通过专项票据发行、兑付申请的农村信用社提供申诉、复审的渠道。四是建立考核考评机制。为督促中国人民银行各分支机构认真履行专项票据考核职责，中国人民银行对其分支机构的考核工作质量进行考评，并纳入年度工作考核。五是现场抽查机制。每期专项票据考核，中国人民银行会同中国银监会均按一定比例，对提出发行兑付申请的农村信用社的改革实效组织进行现场检查，在兼顾工作效率的同时，提高考核工作质量。

附：名词含义

1. 专项票据定义

专项票据是指中国人民银行向农村信用社（包括农村商业银行、农村合作银行，下同）定向发行、用于置换其不良贷款和历年挂账亏损的债券。专项票据期限为2年，年利率为1.89%，按年付息。专项票据不能流通、转让和质押。发行对象为农村信用社县（市）联社、农村合作银行、农村商业银行。

发行日与兑付日。专项票据的发行日为每季度第三个月第一周的周四，起息日与发行日相同，兑付日为2年后的相同日期，推迟兑付日为4年后的相同日期，遇节假日顺延。

登记、托管和代理兑付。中央国债登记结算有限责任公司为专项票据持有人开立托管账户，办理专项票据的登记、托管和代理兑付业务。

2. 专项借款定义

为了帮助消化农村信用社历史包袱，促进改革试点的顺利开展，对试点地区的农村信用社，国家通过财政、税收、资金等途径给予扶持政策。在资金方面，对试点地区农村信用社，按2002年末实际资不抵债数额的50%，由中国人民银行发行专项票据或安排专项借款。其中，专项借款是指中国人民银行发放专项再贷款，并通过国家开发银行向农村信用社改革试点省（自治区、直辖市）政府的融资，专项用于帮助资不抵债的农村信用社消化历史包袱。

第三章 农村信用社改革

经过8年的改革，到2011年，全国农村信用社资产规模、存贷款余额和盈利能力大幅度提高，不良贷款明显"双降"，资本实力得到提高，支农能力不断增强，风险大大降低。如考虑到贷款分类口径变化等因素，这些指标改善程度更大。全国农村信用社经营规模、资本和拨备增长以及资产改善的幅度都高于全国银行业整体水平（见表3–1）。

表3–1　　　　　　　全国农村信用社改革前后成效对比

	2002年末	2010年末	变化情况	全国银行业变化
资产	2.2万亿元	10万亿元	增长3.5倍	增长3倍
各项存款余额	2.0万亿元	8.6万亿元	增长3.20倍	增长3倍
各项贷款余额	1.4万亿元	5.7万亿元	增长3.07倍	增长2.64倍
当年亏损的机构（按县统计）	1 057家	154家	占比从45.07%下降到6.54%	—
利润	−50亿元	926亿元		
不良贷款余额	5 228亿元（四级分类）	4 256亿元（五级分类）	比2007年末（五级分类）少2 282亿元	
不良贷款率	37.64%（四级分类）	7.53%（五级分类）	下降30个百分点	下降22.5个百分点
贷款损失准备充足率	26.04%（2007年末）	96.11%	比2007年提高70个百分点	
所有者权益	−274亿元	5 853亿元		
资本充足率	−8.5%（四级分类）	8.85%（五级分类）	比2002年提高17.35个百分点	比2003年的−2.98%提高15.14个百分点

优质农村信用社覆盖县域超过一半。全国农村商业银行、农村合作银行和资本充足率8%以上的农村信用社中共有1 214家机构的各项指标已达较优水平，基本发展为优质农村信用社：平均资本充足率达12.39%；平均不良贷款率仅3.41%；资产总额7.03万亿元，占比70%；覆盖1 451个县，占有农村信用社县数的56%（见表3–2）。

表 3-2 优质农村信用社主要指标

	家数	存在当年亏损或历史亏损挂账家数	主要指标（不含存在当年亏损或历史亏损挂账农村信用社）					
			平均资本充足率	平均不良贷款率	覆盖县域数	占有农村信用社县域比例	资产总额（万亿元）	资产占比
农村商业银行	87	0	14.53%	1.98%	274	10.6%	2.89	28.7%
农村合作银行	228	2	12.25%	2.49%	272	1.05%	1.51	15%
资本充足率10.5%以上[①]农村信用社	391	31	12.77%	4.01%	362	14%	0.99	9.8%
资本充足率8%~10.5%农村信用社	585	44	9.15%	6.03%	541	20.9%	1.66	16.5%
合计	1 291	77	12.39%	3.41%	1 449	56%	7.03	70%

资本充足率在8%以下的农村信用社经营情况明显改善，盈利、资本和贷款质量等指标均大幅度提升（见表 3-3）。

表 3-3 资本充足率在8%以下的农村信用社发展情况

按2010年资本充足率划分	家数	利润总额（亿元）		所有者权益（亿元）		不良贷款比例	
		2010年末	2002年末	2010年末	2002年末	2010年末（五级分类）	2002年末（四级分类）
4%~8%农村信用社	423	58.40	-14.53	496.57	-92.89	10.3%	44.1%
0~4%农村信用社	283	22.51	-11.76	284.21	-88.28	14.7%	49.8%
0以下农村信用社	356	-45.56	-24.00	203.01	-170.39	26.3%	54.8%
合计	1 062	35.35	-50.20	983.80	-351.57	16.9%	49.5%

总的来说，2003 年以来，农村信用社改革设计的方向正确、成绩显著。按照这个路子坚定不移地走下去，随着经济社会发展和农村信用社经营管理改善，全国农村信用社必将朝着更好的趋势发展。

[①] 巴塞尔协议Ⅲ提出，在8%的最低资本要求基础上，银行还应保留2.5%的普通股资本留存缓冲和0~2.5%的逆周期资本缓冲。因此，此处按照10.5%的资本充足率划分优质农村信用社。

第四节 农村信用社改革的总体成效

通过改革，农村信用社的产权制度、治理结构、内部管理都明显好转，资产质量和经营效益不断提升，支农主力军地位进一步增强。具体改革成效如下。

一、各项扶持政策落实到位，农村信用社历史包袱有效化解

对农村信用社的财政、税收、资金等一系列扶持政策逐步落实到位，农村信用社长期积累的沉重历史包袱逐步得到有效化解。经过十年改革探索，人民银行等部门提供的 2 600 多亿元政策支持资金全部落实到位，其中，保值贴补息到位资金 89 亿元；税收减免额 760 亿元；人民银行采取专项票据和专项借款两种方式，对农村信用社安排资金支持 1 718 亿元、支付专项票据利息 90 亿元。人民银行资金支持政策是中央扶持政策的主体，是实现"花钱买机制"目标的重要推动者。经过改革，农村信用社（含农村商业银行、农村合作银行）支农能力不断增强，涉农贷款和农户贷款分别占全部金融机构的三分之一和近七成，金融支持"三农"的主力军作用得到持续发挥。

国家扶持政策的落实到位对化解农村信用社历史包袱发挥了重要的促进作用，农村信用社历年亏损挂账和不良贷款大幅下降。改革过程中共消化历年亏损挂账 1 125 亿元，降幅达到 86%。已全部消化历年亏损挂账的县（市）个数为 2 107 个，占县（市）总数的比例为 91.8%。当年亏损的县（市）个数由 2002 年末的 1 330 个下降至 13 个。按照贷款五级分类口径统计，2014 年末，全国农村信用社不良贷款比例为 3.8%，比 2007 年末下降 17.2 个百分点。资本充足率为 13.2%，比

2007年末提高13.3个百分点。农村信用社资金实力显著提高、资产质量明显改善，金融风险得到有效控制。按照贷款四级分类口径统计，2008年末，全国农村信用社不良贷款余额和比例分别为2 965亿元、8%。与2002年末相比分别下降2 182亿元和29个百分点。按照贷款五级分类口径统计，2014年末，全国农村信用社不良贷款余额和比例分别为3 998亿元、3.8%，与2008年末相比分别下降1 941亿元和12.14个百分点。

二、资产质量和盈利能力显著提升，抗风险能力得到增强

资本充足率和贷款损失准备充足率逐年上升。按照贷款四级分类口径统计，2008年末，全国农村信用社资本充足率为11.6%，与2002年末相比提高了20.1个百分点。按照贷款五级分类口径统计，2014年末，全国农村信用社资本充足率和拨备覆盖率分别为13.2%、135.2%，与2008年末相比分别提高了9.7个和111.1个百分点。农村信用社自2004年实现首次轧差盈利后，利润总额快速增长。截至2014年末，累计实现盈利8 863亿元。

三、综合实力明显增强，支农信贷投放不断增加

农村信用社已成为我国农村地区机构网点分布最广、支农服务功能发挥最为充分的银行业金融机构，对保持我国农村金融的稳定发展、提升农村金融服务能力和水平、推动社会主义新农村建设发挥了重要作用。2014年末，农村信用社农户贷款余额3.39万亿元，持有其贷款的农户数达4 236万户，平均单户贷款余额8.0万元；农业和农村（县及县以下）贷款余额分别为2.27万亿元和6.20万亿元，占各项贷款余额的比重为21.5%和58.7%，占全国农业贷款和农村（县及县以下）

贷款余额的比重为68.2%和32.6%。农村信用社小微企业贷款余额3.74万亿元，同比增长19.6%，高于同期全国金融机构小微企业贷款增速4.1个百分点。

四、产权制度改革稳步推进，法人治理框架基本建立

全国农村信用社结合自身实际，分别自主选择了股份制、股份合作制和合作制等产权制度和农村商业银行、农村合作银行、县（市）统一法人、县乡两级法人等产权组织形式。截至2014年末，共有以县（市）为单位的统一法人农村信用社1 484家，两级法人农村信用社3家，农村商业银行665家，农村合作银行89家。农村信用社在构建多种产权制度和组织形式，明晰产权关系、完善法人治理方面进行了有益探索，取得了初步成效。部分农村信用社建立健全并有效实施了不良贷款责任追究、成本费用控制、有利于可持续发展的利润分配、能上能下的劳动用工等制度，内控管理制度不断完善，激励约束机制得到增强。

五、新型监督管理体制初步建立

农村信用社改革明确并落实了省级人民政府对辖内农村信用社的依法管理和金融风险处置责任，省级联社开始履行行业管理、指导、协调、服务职能。改革以来，地方政府加强领导、高度重视、大力支持，对深化农村信用社改革发挥了重要作用。各级地方政府普遍加强了对改革试点工作的组织领导，并通过多种形式帮助辖内农村信用社化解历史包袱、清收不良贷款、改善金融生态环境，出台了一系列支持农村信用社改革发展的扶持政策。并组织研究制定农村信用社清产核资、增资扩股以及促进农村信用社经营机制转换和进一步改善农村金融服务

的政策措施。地方政府授权省联社履行行业管理和服务职能,各地省联社在建章立制、业务指导、人员培训、清收不良贷款等方面做了大量工作,对改善农村信用社外部经营环境、促进农村信用社加强内部管理、防范业务风险发挥了积极作用。

第五节 深化农村信用社改革面临的新挑战

一、农村信用社发展面临新的形势

当前,我国农村信用社实现了脱胎换骨的变化和跨越式的发展。截至2016年3月末,农村商业银行数量占农合机构(农村信用社、农村商业银行和农村合作银行的统称)的44.4%,资本、资产和利润分别占农合机构的66.7%、63%和70.5%,存贷款占比分别从2002年末的59%和58%提高到64%和65%,涌现出一批定位"三农"、财务健康、内控严密、治理有效、服务优质的农村商业银行,有21家入选英国2016年《银行家》杂志世界银行业1 000强。下一步,要把握好农业农村经济发展的阶段性特征,在坚持定位"三农"、稳定县域的前提下,按照市场主导和因地制宜原则,深入推进农村信用社改革。

(一)积极发展普惠金融

从普惠金融出发,金融服务应该惠及所有适龄的有生产能力的人,这里的金融服务不仅包括常规的贷款可得性,还应该包括开户、存款及存款产品的选择、支付、贷款、基本的农业和养殖业保险、现货和期货市场价格信息、购买农业生产资料及其渠道和价格信息等一系列基础金融服务。人民银行积极推动普惠金融发展,结合中央关于精准扶贫的要求,使金融业能够在11个连片特困区的脱贫方面作出积极贡献。

在近年来的国际会议和国际论坛中,各界比较关注的普惠金融方式是手机银行。在城市中有互联网等多种多样的具有潜力的金融服务方式,但对于农村来说,国际上推荐的南非、印度尼西亚和拉丁美洲等若干国家的普惠金融经验,主要还是手机银行。党中央、国务院历来重视"三农"金融服务,而且中国也具有更好利用手机发展普惠金融的条件。中国现在已经有十亿部的全球最大的智能手机保有量,同时,与很多发展中国家相比,我国的手机信号覆盖面非常好。此外,由于移动通讯存在显著规模效应,我国手机的各项费用也相对比较合理。如果能够充分发掘我国各方面的有利条件,建立相应的政策配套支持,就有可能在基于手机的普惠金融方面取得较大突破。

(二)适应农村承包土地经营权流转,创新农村金融贷款方式

在过去几十年中,对于农村金融贷款是以抵押贷款为主还是以无抵押贷款为主存在很大争议。抵押贷款在安全性和便利性上具有优势,但是由于我国的农村集体建设用地和宅基地除少数试点地区外均不能流转和抵押,所以中国过去一直试图发展不依靠抵押但又能为"三农"服务的贷款方式,比如依据农业订单或其他方式向农民、农牧民发放贷款。这些新型贷款方式有很多显著成效。例如,随着订单农业的发展,通过期货市场对冲未来农产品价格波动的风险,同时对农牧业中的植物病虫害、气候灾害或畜牧病疫等灾害进行保险,这样的农业订单就有点类似出口企业的出口信用证,可以进行贸易融资。

2015年底全国"两权"抵押贷款试点①正式启动。由于银行不能将收回的承包土地自己耕种,所以建立农村承包土地经营权的流转市场

---

① 农村承包土地经营权抵押贷款和农民住房财产权抵押贷款。

对于实现农地抵押权至关重要。农村宅基地流转问题非常复杂，人民银行认真领会中央关于深化农村改革和"三权分置"对"两权"抵押贷款试点工作提出的要求，增强改革试点的责任意识和紧迫性，积极为全国开创好的经验，保证改革目标如期实现。

（三）更好地扎根基层，改进公司治理

农村金融机构应该更好地扎根基层，不断改进公司治理，提高管理水平，改善农村金融生态。中央和国务院领导非常重视农村金融的作用，但是农村金融仍然是我国金融体系中的薄弱环节。金融机构具有不断提升业务服务对象层次的倾向，所以应该注意强调基层金融机构扎根于基层和为基层服务的理念。扎根基层的方针和理念的强化，应该来自于金融机构自身治理结构，其公司治理结构已经表明金融机构生存和发展的方向和空间。在全国金融生态不断改进特别是信息系统不断发展的情况下，我国农村的信息系统仍相对薄弱。未来地方政府和人民银行可以共同努力，进一步加强农村的信用信息系统建设，为解决农村财产权抵押担保等一系列问题提供保障。

（四）壮大农村信用社的资本实力，提升资本质量

资本质量是资本能够吸收损失的能力。像其他各类金融机构一样，农村金融机构在充实资本、壮大股本之后，应该更加强调资本的质量。在农村信用社改革的初期，地方为了达到央行兑付央票的条件，非常积极地扩大股本的数量，但其中一部分股本可能并不真实，或者有一部分是低质量的股本，这些低质量股本当风险出现时并不能真正充分地吸收损失。因此，需要不断提升农村金融机构的资本质量。在这方面，农村信用社或者农村金融机构的职工股份持有权的作用和新型合作金融机构等问题非常值得进一步探讨。

二、可能的目标和方向

（一）分类引导

对优质农村信用社，监管部门应考虑适当放宽业务准入，制定较高标准的公司治理准则；对中等农村信用社，股东可通过市场化方式增强资本实力，新老股东共同消化历史包袱；对偏差农村信用社，有关部门可考虑采取政府阶段性持股，大银行并购，托管、关闭等措施。根据全国农村信用社的实际经营状况，下一步改革应分类引导。监管部门可综合资本充足率、涉农贷款比例、法人治理水平、风险管理能力和盈利水平等指标，设定几个"台阶"，对能再"上台阶"的农村信用社，在税收、支农再贷款额度和利率、准备金率、监管费等方面给予优惠政策，对发展缓慢的农村信用社则从股东分红和高管薪酬等方面加以约束。

一是农信社改革必须坚持县域法人地位不动摇。党中央、国务院历来高度重视加快农村金融体制改革和创新，明确要求维护农信社和农商行县域法人地位总体稳定。2008年以来的中央1号文件先后明确提出"维护和保持县级联社的独立法人地位"、"稳定县（市）农村信用社法人地位"、"保持县域法人地位长期稳定"、"稳定农村信用社县域法人地位"等要求。2012年第四次全国金融工作会议明确提出农信社"保持县域法人地位的长期总体稳定"。2017年第五次全国金融工作会议再次强调"保持农村信用社和农村商业银行县域法人地位总体稳定"，并明确要求"切实下沉服务重心，扎根当地、服务基层，注重差异化发展，提供更多特色化金融产品和服务"，"严格限制地方性金融机构跨辖区设立分支机构"，"鼓励金融机构向社区、村镇延伸服务，合理扩大基层金融机构信贷审批权限"。

二是对优质农村信用社、农村商业银行和农村合作银行，省联社应转变管理理念,从行业管理向依靠资本为纽带的管理演进,通过提供金融服务,改制为金融控股公司。监管部门适当放宽业务准入,帮助制定实施较高标准的公司治理准则。

三是鼓励资本充足率在4%～8%之间的农村信用社采取市场化方式增强资本实力,新老股东共同消化历史包袱,用较短时间使资本实力和法人治理水平再上一个台阶。可鼓励农村信用社采取多元化手段充实资本金。如依靠利润增长内部积累资本;转化资格股、存款化股金等为合格资本;积极引入包括民营资本、大型银行在内的各类投资者,新老股东以原股缩水、新股溢价等方式共同消化历史包袱和充实资本,改善公司治理结构;探索新的资本补充工具,如创立以应急可转债为核心的农村信用社逆周期补充资本的工具,当触发资本充足率未达标等设定条件时,此项债权即转为普通股。

四是对资本充足率4%以下农村信用社,鼓励其充分运用上述市场机制补充资本,在有效改善经营管理和法人治理的基础上,可辅以必要的政策引导和扶持。如对于目前市场融资困难的农村信用社,各级政府可阶段性持有一定股份。

五是对少数难以用市场化方式解决的特殊困难地区农村信用社,可结合中央有关扶贫工作部署,采取创新型政策工具解决。如有的可转为政策性金融机构的分支机构。有的可以引导大银行收购这类农村信用社,履行支农社会责任,同时给予财政补贴、再贷款支持等政策倾斜使其能够保本经营。还有的可考虑地方政府意愿,由人民银行和存款保险机构实施托管,待情况好转后,再恢复正常管理模式。

六是对极个别无特殊情况、严重经营不善、限期整改仍无起色的农村信用社予以关闭。同时要新设机构,不形成新的金融服务空白。

(二)完善法人治理结构

监管部门可抓住时机,帮助全国农村信用社确立继续推进改革的方向和决心,明确下一步改革是在前期财务重组的基础上,充分调动农村信用社和地方政府积极性,依靠市场资本参与、监管约束和政策扶持的力量共同推进改革深化,注重不断完善法人治理结构,帮助农村信用社成长为财务健康、内控严密、治理有效、服务"三农"的真正市场主体。要保持农村信用社县(市)域法人地位基本稳定,重心下沉,严格限制跨区域跨行业经营,从机制上确保其依法合规稳健发展。一是可参考经济合作与发展组织(OECD)、国际清算银行(BIS)等国际组织对银行公司治理的原则指引,监管部门和行业管理部门要加强约束指导,进一步明确"三会一层"的合理分工。把董(理)事会职能真正落实到制定农村信用社发展战略、风险策略、治理制度及其监督落实上去,弱化其对管理层和上级联社的具体业务联系。二是要切实维护小股东权益,如通过累积投票制度推举董(理)事的权利,注重发挥外部董(理)事和监事作用,提高信息披露有效性。三是要加强对省联社的履职责任约束。

(三)推动省联社改革

地方政府可考虑推动建立科学的省联社—基层农信社管理体制。一是推动省联社进一步深化改革,按照"明确职责、规范履职、改进管理、强化服务"原则,明晰省联社履职边界、规范履职行为,淡化行政管理,强化服务职能,实现由管理型向管理—服务型转变。二是充分认识省联社的定位和潜在的利益冲突,在中央统一谋划和规制下,推动符合条件的省联社向金融控股公司转型,降低基层农村信用社的运行成本,建立并完善农村信用社股东有效行使权利的机制,提高农信系统的整体抗风险能力。三是促进省联社坚持因地制宜、分类指导原则,对辖内农村信用社实施分类管理。对经营财务状况明显改善、内部管理水平较高、可持续发展能力较强的农村信用社,省联社应按照市场化原则,提供支付结算、业务咨询等公共服务。对经营财务状况有所改善,具备一定自我发展能力的农村信用社，省联社应通过强化现场检查、外部审计等措施，规范农村信用社经营行为，培育其自我管理能力，引导其逐步建立可持续发展机制。对资金实力弱、财务状况差、自我发展能力严重不足的农村信用社，省联社要进一步加大管理工作力度，强化监督检查，可对其高级管理人员聘任、大额贷款和财务开支等重要事项进行指导咨询，帮助其逐步可持续发展。

(四) 配套措施

一是积极引进民营资本投资者。按照商业化和市场化原则，推动农村信用社进一步明晰产权关系，构建多元化产权制度和多样化组织形式，坚持股份制为主导的改革方向。注重运用市场化手段，建立投资者适当性制度，合理引导合格的民营资本投资入股农村信用社，促进农村信用社增强资本实力，提高资本质量，优化股权结构，强化股东的风险意识和责任约束，提高股东参与经营决策的能力和积极性，发挥民营资本投资者在法人治理中的主导作用，真正构建"三会一层"运作规范，权力有效制衡的激励、约束机制，增强农村信用社深化改革的内在动力，内生发展促进农村信用社实现可持续发展的机制。

二是构建多元化、多层次、高效率的适度竞争农村金融市场。适度放宽农村金融市场准入标准，鼓励国内外各类社会资本通过入股、重组、兼并等方式进入农村金融市场，构建真正的农村金融竞争主体。大中小型涉农金融机构的布局要合理，市场定位要清晰，实现合作共赢，共同提升农村金融服务水平。大中型涉农金融机构要发挥好资金、技术、人才方面的优势，不断提升支农骨干和支柱作用。农业银行、邮储银行要进一步推动"三农金融事业部"深化改革，更好地服务"三农"和县域经济发展。同时，还要进一步深化农村信用社改革，不断改进服务方式、创新金融产品，巩固和提升农村金融服务主力军地位。在风险可控的前提下，监管部门可以大力发展小额贷款公司、村镇银行等产权明晰的新型农村金融机构和依托移动互联网的新型金融服务形式,着力打造治理有效、定位清晰、服务"三农"的专业化农村小微银行。地方政府要引导并规范发展在农民专业合作社基础上开展信用合作和资金互助,适时适度发挥民间信用合作促进改善农村金融服务的作用。引导民间金融阳光化、规范化发展。

三是加快构建促进农村金融可持续发展的扶持政策体系。目前,可以考虑加快构建促进农村金融发展的系统性、制度性扶持政策体系,合理覆盖涉农金融服务的经营成本和风险,为农村信用社实现可持续发展创造良好的政策环境。其一是发挥财政政策的主导作用。其二是加大税收政策优惠力度。其三是强化货币政策的正向激励作用。其四是对地处老少边穷地区、商业可持续发展能力不足的农村信用社,加大财政补贴力度。

四是加快金融生态环境建设。按照政府主导、各方配合的要求,地方政府需要全力推进"信用户、信用村、信用乡(镇)"的创建工作。各级政府要建立健全债权人联席会议制度,及时沟通信息,定期对违信、失信企业和个人予以通报,配合司法、执法部门,加大对违信行为的处罚力度。有关部门要进一步规范企业改制行为,坚决制止企业逃废农村信用社债务的行为。地方政府还要做好对农村地区的信用知识宣传工作,提高农民和企业的信用意识和风险防范意识。监管部门也要加快推进农村信用体系建设,通过准确识别贷款人身份,保存贷款人与农村信用社的信贷记录等方式,帮助农村信用社准确判断信贷风险,提高信贷资金投放效率,为农村企业和农户贷款业务提供信用支持,缓解农村企业和农户贷款难问题。

附录:农村信用社发展和改革大事记

1950年,中国人民银行和中华全国合作社联合总社提出首先在华北试办信用社（部），当年在河北、山西等省试办组织了信用社105个，在供销社内部建立信用部439个。

1951年5月，中国人民银行召开了第一次全国农村金融工作会议，颁发《农村信用合作社章程准则（草案）》等，标志着新中国信用合作组织在广大农村开始建立。

1954年1月9日，中国人民银行向各区、省、市分行下达关于为农村信用合作社组织名称按《中国人民政治协商会议共同纲领》规定称为"信用合作社"的通知，将其作为信用社组织、经营、管理的基本法规。

1955年1月14日，中国人民银行印发《农村信用合作社章程（草案）》。

1956年1月23日，中共中央政治局提出《1956年到1967年全国农业发展纲要（草案）》，要求在1957年内基本上做到乡乡有信用合作社，积极开展农村信贷业务和农村储蓄业务。1956年5月末，全国信用社发展到16万个，覆盖了97.5%的乡（镇）。

1956年7月，毛主席等中央领导同志亲切会见出席全国农村金融先进工作者代表大会的代表并合影。

1957年1月10日，中国人民银行召开全国信用合作工作会议，明确提出了长期办社、民主办社和勤俭办社的方针。

1957年9月21日，邓子恢副总理在农村工作会议上指出农村信用合作的任务是：彻底消灭农村高利贷，巩固农村金融，发放贷款，解决农民生产和生活的需要，吸收存款，支持农业合作社。

1958年12月20日，中共中央、国务院下发了《关于适应人民公社化的形势 改进农村财政贸易管理体制的决定》，信用社和农村的银行营业所统一更名为"信用部"后，划归人民公社管理。

1959年4月，中央发布了《关于加强农村人民公社信贷管理工作的决定》，把信用部中的原信用社进一步下放到生产大队，更名为信用分部。1959年末，全国共建立信用分部近20万个。

1962年11月9日，中共中央、国务院批转了人民银行《关于农村信用合作社若干问题的规定试行草案的报告》，从此一直到"文革"结束，信用社进入整顿时期。

1977年11月28日，国务院在《关于整顿和加强银行工作的几项规定》中提到："信用社既是集体金融组织，又是国家银行在农村的基层机构"。

1978年5月12日，根据《国务院关于整顿和加强银行工作的几项规定》，人民银行总行发布《关于农村金融机构的几点意见》，对信用社的机构设置、组织领导、业务经营、资金计划、财务制度等十个方面的问题作了具体规定，并开始实行所、社合一，合署办公。

1979年2月23日，国务院以〔1979〕56号文发出了《关于恢复中国农业银行的通知》。《通知》规定：农业银行领导农村信用合作社，发展农村金融事业。

1984年8月6日，国务院下发《批转中国农业银行关于改革信用合作社管理体制的报告的通知》（国发〔1984〕105号），全国各地开始组建县联社，由农业银行继续管理，要求对信用合作社管理体制抓紧进行改革，恢复和加强信用合作社组织上的群众性、管理上的民主性、经营上的灵活性。

1986年3月6日，《人民日报》发表评论员文章《坚持信用社的改革方向》。

1990年12月29日，中国共产党第十三届中央委员会第八次全体会议通过《中共中央关于进一步加强农业和农村工作的决定》。决定指出，信用合作社在交足准备金、留足业务备付金后，适当多存多贷，支持农业生产。

1993年12月25日，国务院出台《关于金融体制改革的决定》，明确提出：积极稳妥地发展合作银行体系，在农村信用合作社联社的基础上，有步骤地组建农村合作银行。

1994年2月23日，中国人民银行、中国农业银行联合下发《关于加强农村信用社领导和管理的通知》。此后，农业银行基层处（所）与农村信用社陆续实行分门办公。

1996年8月22日，国务院出台《关于农村金融体制改革的决定》（国发〔1996〕33号），提出把信用社逐步改为由农民入股、由社员民主管理、主要为入股社员服务的合作性金融组织。信用社与农业银行脱离行政隶属关系，对其业务管理和金融监管分别由信用社县联社和人民银行承担。

1997年2月24日，国务院农村金融体制改革部际协调小组在北京召开"全国农村信用社管理体制改革工作会议"，姜春云副总理到会接见了全体会议代表。

1997年6月，根据国务院办公厅转发《中国人民银行关于进一步做好农村信用社管理体制改革工作意见》（国办发〔1997〕20号），人民银行开始承担引导和直接监督农村信用社在改革中发展的历史使命。

1999年5月，人民银行总行下发通知，在农村经济比较发达、县（市、区）联社较多并已完成规范工作任务的地方进行组建市（地）联社试点。

2000年4月12日，中共中央政治局常委、国务院总理朱镕基到江苏省进行调研。朱镕基总理指出，农村信用社是最好的联系农民的金融纽带，使它成为新形势下农村金融的主力军。

2000年7月，经国务院批准，江苏省政府进行农村信用社新的改革试点。2001年下半年，江苏省联社和常熟、江阴、张家港3家农村商业银行全部开业，由此进行了开始股份制改革的探索。

2002年11月，经中国人民银行批准，山东、浙江等地部分农村信用社进行存、贷款利率改革试点。

2003年6月27日，国务院印发了《深化农村信用社改革试点方案的通知》（国发〔2003〕15号），确立了新的改革方向：农村信用社定位为农民、农业和农村经济发展服务的社区性地方金融机构；积极探索和分类实施股份制、股份合作制、合作制等各种产权制度，使信用社真正成为"自主经营、自我约束、自我发展、自担风险"的市场主体；把信用社的管理交给省政府负责，通过省级联社，对信用社实施管理、指导、协调、服务。试点扩大至吉林、山东、江西、浙江、陕西、贵州、重庆8个省（市）。

2004年3月4日，首批中央银行专项票据发行，共向8省（市）272家联社发行中央银行专项票据119亿元。

2004年8月17日，国务院办公厅下发《关于进一步深化农村信用社改革试点的意见》（国办发〔2004〕66号）。试点扩大至除海南省外的21个省（区、市）。

2005年8月25日，第一家省级农商行上海农村商业银行成立。

2007年8月10日，随着海南省联社揭牌仪式启动，宣告全国建立省级联社任务全部完成。它的诞生标志着农村信用社新的管理体制框架已经全面建立。

2008年，银监会对农村信用社实施三年达标升级规划。

2008年2月26~27日，银监会召开全国农村中小金融机构监管工作会议。会议强调，从2008年开始，农村中小金融机构监管、改革和发展由"深化改革试点"全面转入"深入实施和攻坚"阶段，并明确了下一轮农信社改革的目标和努力方向。

2009年6月14日、12月16日，中共中央政治局委员、国务院副总理王岐山先后考察了宁夏黄河农村商业银行通贵支行和湖南省湘潭县信用合作联社响水乡信用社等，对支持"三农"发展、新农村建设等方面的情况进行调研，称赞农村信用社"你们的服务很深入！"。

2010年12月16日，重庆农商行在香港成功上市，成为农商行上市第一股。

2010年12月，全国农村信用社、农村商业银行负债资产首次突破10万亿元。

2011年2月25日至26日，中共中央政治局委员、国务院副总理王岐山在陕西省西安市考察农村金融工作，指出农村信用社要当好支农服务的主力军。

2016年4月末，全国农村商业银行数量达到1 000家。

2016年9月末，全国农合机构网点达到7.7万家，占中国银行业网点总数的38%；从业人数达到78万人，占中国银行业从业人员总数的23%；资产总额达29.1万亿元，占全部银行业金融机构资产总额的13.4%，稳居全国银行业资产规模首位。

风险处置篇

第四章
高风险金融机构风险处置的战略抉择

金融风险处置事关金融改革、发展与稳定，是中央银行的重要职能。周小川行长在2008年7月29日《从次贷危机说起——在人民银行西安分行的形势报告》中指出："中央银行在处理金融风波、危机时会面临两难。一方面，中央银行要避免对金融机构施以过分的救助，从而导致道德风险。另一方面，如果中央银行宏观调控不力，而危机又是系统性的，就有可能导致一系列的连锁反应，导致经济的螺旋式下滑，甚至造成经济形势的严重恶化。这两个方面是一个矛盾体，需要找出平衡点，而寻找这个平衡点，首先要对形势有准确的判断"。20世纪90年代中期，特别是亚洲金融危机后，我国金融业长期积累的一些风险逐步显现。金融机构永续存在还是市场退出，关系到维护金融稳定和防范道德风险的精巧权衡，需要战略耐心和抉择的勇气。新世纪以来，中国人民银行会同有关部门，按照党中央、国务院的统一部署，集中处置了一批高风险中小金融机构，采取撤销、关闭、破产等方式，实现了对无法"在线修复"金融机构的市场退出。通过市场退出，部分金融机构风险得到及时化解，市场秩序得到整顿，金融风险防范长效机制逐渐建立健全，金融稳定和社会稳定得到有效维护。

第一节　处置金融机构乱象的背景和逻辑

我国在从计划经济向社会主义市场经济转轨过程中积累了大量的金融风险，这些风险大约三分之一来源于金融机构自身经营问题，三分之一承担了政策性或者体制性的任务，三分之一来源于行政干预。1992年随着经济过热，金融"三乱"现象（乱拆借、乱集资、乱办金融）的出现，进一步导致各类中小金融机构风险积聚。1997年，亚洲金融危机爆发，在外部环境和自身问题的共同影响下，我国金融领域的风险因素加速显现，并呈现不同类型金融机构风险集中爆发的态势。1997年12月，党中央、国务院及时召开第一次全国金融工作会议，下发了《中共中央关于深化金融改革　整顿金融秩序　防范金融风险的通知》，着手防范和化解金融体系的风险。在此过程中，人民银行会同有关部门积极采取各项措施，整顿金融秩序，处置中小金融机构风险，维护金融体系平稳健康运行，探索了一套行之有效的风险处置思路，其中最为重要的核心逻辑包括：

一、依法处置和救助高风险金融机构，化解存量风险，将在线修复和危机救助有机结合起来

我国高风险金融机构的风险突出表现是公司治理混乱、财务包袱严重，部分金融机构已经呈现出资不抵债的状况。金融机构的财务可持续是金融稳定的微观基础，金融机构的稳健性对于国民经济健康发展至关重要，如果微观主体不健康，货币政策就没有好的传导机制，宏观调控就缺乏基础。因此，作为中央银行，人民银行高度关注微观主体和

金融体系的健康化。

在理论思考和多年实践经验总结的基础上，周小川行长对高风险金融机构明确提出了分类处置的思路。根据金融机构的具体运行状况，高风险金融机构的风险处置可分为"在线修复"和危机救助两种模式。"在线修复"模式下，人民银行从前瞻性的角度出发，未雨绸缪，对金融体系的一些系统性风险和脆弱性领域提前介入，在金融机构正常经营的同时更换问题部件，如核销商业银行已实际损失的资本金、剥离处置不良资产等。但与此同时，部分高风险金融机构、特别是中小金融机构财务状况恶化迅速，风险突发性强、波及面广、危害性大，此时的风险处置需要做到"快、准、狠"，直接掐断风险苗头，防止个别金融机构风险向整个金融体系蔓延。

20世纪90年代中期特别是亚洲金融危机后，我国金融业长期积累的一些风险逐步显现，由于我国的财政实力还比较薄弱，且存款保险制度尚未建立，因此人民银行按照党中央、国务院的统一部署，突破了中央银行只能向银行业金融机构提供流动性的传统方式，对可能危及金融稳定的其他金融机构和系统性、区域性风险也提供了救助资源，妥善解决了大量金融机构的存量风险，有效地维护了金融和社会稳定。从全球金融实践看，人民银行及时救助高风险金融机构的做法也具有典型意义。2008年国际金融危机期间，美国等一些国家的中央银行都通过创新使用流动性工具和扩张资产负债表等方式化解了银行及非银行类金融机构的风险。该做法使中央银行实际上替代了相当部分的金融市场中介功能，用于解决在异常的市场环境下金融市场的流动性枯竭问题，避免金融市场失灵对经济造成严重破坏。

二、以防范道德风险为核心

为防范道德风险，并维护金融稳定，中央银行在处置金融风险和应对危机时,需要寻求平衡点。

20世纪90年代,我国大批中小金融机构经营失败有其特定的历史条件。当时,风险产生的重要原因与行政干预和政策性任务有关,而公众的风险意识和承担能力也较为薄弱,无法完全适用市场规则,难以过多地强调防范道德风险。为及时救助风险防止对经济造成更大冲击,当时主要采取了行政主导式救助,由中央银行履行最后贷款人职能,承担本该由财政、金融机构或投资者负担的成本。然而,这种中央政府包办、中央银行买单的方式虽然当时基本维护了金融和社会稳定,但也在一定程度上助长了金融机构盲目扩张和恶意经营的冲动,加剧了投资者漠视风险的意识和侥幸心理。

2003年以后,我国宏观经济连续保持了10余年的经济和物价水平的基本稳定,金融体系的市场化、商业化特征也随着改革开放日益明显。在这种新形势下,周小川行长多次强调,更好地防范道德风险,建立正向激励机制,应成为中央银行在处理金融风险和危机时注重的政策取向。2004年,在处置德隆系风险时,人民银行作为处置小组的牵头单位,会同有关部门确定由华融公司托管德隆系企业,以市场化方式进行处置。同时,联合财政部、银监会和证监会发布《个人债权及客户证券交易结算资金收购意见》,打破以往全额兑付做法,对10万元以上个人债权九折收购。后来又出台《关于个人债权收购有关问题的补充通知》进一步采取累进打折,金额越大的个人债权打折越多,直至300万元以上不予收购,逐步收紧政策,降低道德风险。之后,在我国证券公司综合治理和非银行中小金融机构风险处置中,人民银行又推动建立了证券投资者保护基金和保险保障基金,推动实行证券客户交易结算资金第三方存管制度,推动实施交易所国债回购制度改革,在保护投资者资产安全的同时,提高广大投资者风险意识。2015年,在人民银行的长期推动和主导下,存款保险制度正式实施,补齐了我国金融安全网最重要的一环,我国金融风险处置机制从中央银行最后贷款人

第四章 高风险金融机构风险处置的战略抉择

式的隐性保险走向了显性保险，有助于最大限度地降低道德风险。在处置金融风险的同时，人民银行等有关部门坚持不断完善与社会主义市场经济相适应的金融安全网，坚持"花钱买机制"和正向激励的改革原则，坚持防范道德风险，积极创新市场化风险补偿和市场退出机制，完善风险处置制度，丰富处置工具和平台，不断探索和完善了一条行之有效的道路。

三、实现金融机构市场彻底退出

高风险金融机构风险爆发后，对其进行风险处置最重要的核心是实现其彻底退出，避免尾大不掉，资产负债状况不清，影响投资者合法权益，并对行业内其他金融机构予以风险警示，严肃整顿市场秩序。对此，人民银行根据党中央、国务院的重要指示，对高风险金融机构进行的风险处置，均以推动其彻底市场退出为重要前提和努力方向。

从市场退出的模式看，金融机构市场退出模式及债务清偿政策的变化已成为我国金融风险处置制度变迁的一个重要组成部分。总的来看，金融机构市场退出模式多样，包括兼并收购、停业整顿、撤销关闭、破产等多种方式，实践中往往交互出现，缺乏明显的历史阶段性特征，但总体上是沿着从行政主导到市场模式的方向转变。退市金融机构债务清偿政策的变化轨迹则较为清晰，最初是由政府指定一个正常运营的金融机构全盘接收，然后变为政府负责兑付全部债务，再变为只兑付个人债权合法本息，再逐步发展到打折收购个人债权，目前已经进一步更新为在存款保险制度的机制下，向完善投资者保护制度、平等有效保护各类债权的方向发展。

从数量上看，20世纪90年代至今，人民银行会同有关部门推动我国高风险金融机构市场退出，取得了较为积极的进展。据统计，1997至2001年，采取撤销、解散、关闭、破产等办法，对427家严重违法违规经营、资不抵债、不能支付到期债务的中小金融机构实施了市场退出。1998年末至2002年末，通过更名、合并重组、商业银行购并、组建城市商业银行、撤销等方式，处置城市信用社2 481家。1999年，通过对信托业进行第五次大力整顿，对从事违法违规操作、发生支付危机、不能偿还到期债务的信托投资公司一律予以改组撤并，信托投资公司数量由1998年末的239家大幅减少至2001年的59家。2005年至2007年，积极推动南方证券等9家证券公司重组改革，先后对闽发证券等31家高风险证券公司实施了关闭或破产。2003年至2008年，平稳完成了海南华银国际信托投资公司等16家历史遗留的高风险金融机构的市场退出工作，采取撤销和停业整顿方式妥善处置了28家高风险中小银行业金融机构（包括6家信托投资公司、9家城市信用社和13家农村信用社）。在整顿金融秩序、对不合格金融机构实现彻底的市场退出后，我国金融业风险得到有效化解，金融机构经营过程中风险意识明显提升，行业抗风险能力进一步提高，广大投资者风险意识进一步增强，为金融体系的稳健运行打下了良好基础，也为金融改革和发展创造了良好的外部环境。

第二节 妥善处置德隆系风险

2004年发生的德隆系风险是我国金融市场化改革进程中较有代表性的跨市场、跨行业风险案件，也是实业企业投资金融业失败的典型案例。该风险事件影响范围广泛，对金融体系及社会稳定均造成了较为严重的冲击。面对严峻的形势，人民银行会同有关部门研究决定以华融公司为平台托管德隆系企业，探索了以市场化、法治化、专业化方式处置高风险金融机构的路径，同时，以德隆系风险处置为契机，推动了投资者保护制度的完善，在建立金融风险处置长效机制方面迈出了重要的

第四章 高风险金融机构风险处置的战略抉择

一步。

一、德隆系风险形成和原因

（一）集团盲目扩张，内控严重缺位，风险不断累积

德隆系是指以德隆国际战略投资有限公司（以下简称德隆国际）为母公司，通过控股新疆德隆（集团）有限责任公司（以下简称新疆德隆集团）、新疆屯河（集团）有限责任公司（以下简称新疆屯河集团），并以德隆国际、新疆德隆集团和新疆屯河集团为主线，经过复杂的资本运作及一系列不规范的操作，形成的直接或间接控股、参股的200多家实业企业、13家金融机构的总称。总的来看，德隆系风险的形成与其实业和金融版图的交叉急速扩张密不可分。

一方面，德隆系追求产业集团和业务领域的快速扩张。德隆系实际控制人唐氏兄弟靠抢购新股认购抽签表赚到第一桶金完成了原始积累后，开始从事房地产、农牧和娱乐业，之后，分别在1996年10月、1997年6月、1997年11月，收购控制三家上市公司新疆屯河（600737）、沈阳合金（后更名为合金投资，000633）、湘火炬（000549），确立了德隆系在食品业、机电业和汽车配件业的产业基础。2000年1月，德隆国际在上海浦东注册成立，成为德隆系事实上的最上层控股公司。德隆系以控股公司为平台，通过与其他公司合资组建新公司或控股上市公司的方式，继续进军旅游业、文体产业、饮料加工业、矿业、纺织业和建筑建材行业，形成了庞大的产业集团。

另一方面，德隆系不断控股金融机构，为其实业扩张的资金调度服务。1996年，德隆成为新疆金融租赁的第一大股东，1997年，德隆通过多家壳公司采取收购和委托其他公司持股的方式，控制了金新信托60%以上的股权，使其成为德隆的重要融资平台。2001年6月德隆成

金融机构改革的道路抉择

立了上海友联公司，以其为平台部署对金融机构的收购，统筹安排规模庞大的"融资"计划，统一掌控调度德隆系的资金。2002年和2003年，德隆通过"委托理财"等方式，先后控制了德恒证券、恒信证券和中富证券，通过下属子公司收购和委托持股等方式，收购了南京国投、长沙市商业银行、昆明商业银行，并实际控制了伊斯兰信托、南昌市商业银行和株洲市商业银行。

经过短期内大规模的企业扩张和复杂资本运作，德隆系发展成为涉及产业、金融两大领域多个行业，产权结构复杂的民营企业集群。经事后调查确认，德隆系参控股独立法人共有262家，其中6家上市公司及其下属企业合计132家，非上市公司57家，参控股金融机构13家，境内以自然人名义出资，与德隆没有直接产权关系，实际为德隆拥有或控制的"壳公司"有60家（见图4-1）。

但在德隆系快速扩张的过程中，风险隐患不容忽视。一是德隆系发展模式上缺陷突出，一方面盲目追求规模优势，片面追求进军多个行业，另一方面没有主业和持续增长的利润。德隆为投资者描绘出"并购交易完成—销售额增加—利润增加—股价上涨—价值提升—被并购交易完成"的美好图景，但是忽略了最重要的"价值创造"环节，直接后果只是扩大企业群的规模和数量，无助于真正提高竞争能力，各产业之间不能发挥协同效应。这种发展模式不但分散了企业资源，更放大了资金需求量，给集团资金链条支持带来沉重压力。在无效率的激进式扩张和缺乏主业支撑的情况下，德隆更多地依靠金融市场进行"空手道"游戏，这一发展模式没有可持续性，必将难以为继。

二是德隆系资本约束彻底失灵，集团发展陷入恶性循环。在自身资本金难以支持企业扩张时，为获取资金，德隆开展了一连串所谓"资本运作"：通过从金融机构骗取贷款或挪用客户资金等方式控股上市公司，再通过发行股票及配股从一级市场上获得资金；坐庄操纵上市公司股价，从二级市场获取资金；将股价拉高之后，以股票作质押，再从银行取得贷款；控制证券公司、信托投资公司等非银行金融机构，违规发行个人柜台债和信托计划等取得资金；以下属企业名义从商业银行大量贷款，用于收购金融机构股权和股市操作；从控股的城市商业银行融资转给非银行金融机构；挪用股民证券交易结算资金；利用上海证券交易所国债回购制度漏洞大量融资等。然而，这些"资本运作"不仅违法违规，也没有产生任何真正意义上的回报，只是用来归还先前的旧债，把整个集团拖入"扩张—资金紧绷—外部融资—再扩张—资金更紧绷"的恶性循环，造成德隆系整体资不抵债。

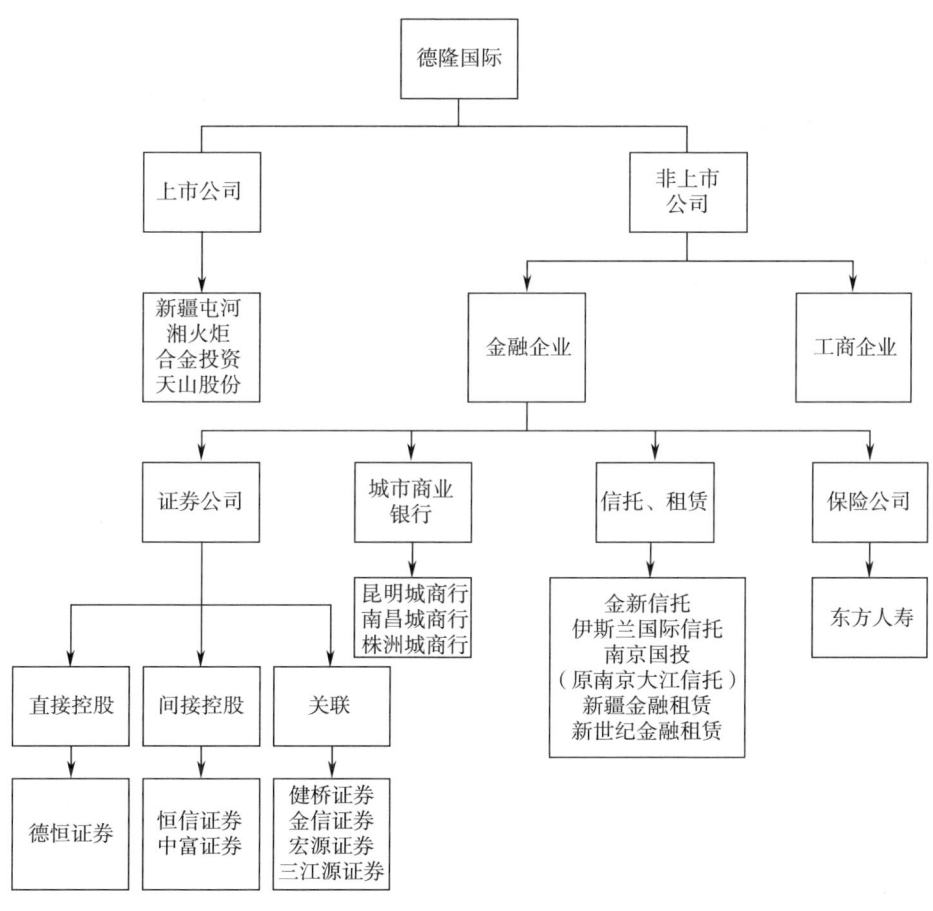

图4-1 德隆系部分企业图谱

三是德隆系打造的控股公司规模庞大，层级繁多，同时缺乏有效内部控制。德隆系从最顶端的德隆国际到最底层的法人子公司共有6个层级，形成了错综复杂的金字塔式网络。其中，德隆系实业企业二级子公司5家，三级子公司23家，四级子公司72家，五级子公司57家，六级子公司31家。金字塔顶端的控制人对下属各级企业拥有绝对控制权，其核心管理人员可以凭借一个电话就任意调拨资金，下达筹集资金的额度要求，直接干预控股金融机构经营活动，大量挪用、套取、抽逃金融机构及其客户的资金。

四是整个集团内部不当关联交易严重泛滥，形成利益输送和风险传递。通过形成控制性关系或者在重要岗位安插人员，德隆系实现了对旗下各种机构的完全控制，这些机构之间发生大量关联交易，为德隆提供了挪用资金、违规担保和非法融资的便利。如德隆系两家上市公司合金投资和湘火炬违规为德隆系成员上海星特浩公司提供2亿元担保；合金投资被关联方占用资金达1.8亿元。

五是金融监管协调和信息共享不足，集团存在监管真空。德隆系参控股的金融机构涉及银行、证券和信托等，由不同的行业监管部门负责监管，对德隆系的最上层控股公司德隆国际的监管始终处于缺位状态。德隆系利用旗下多家金融机构进行融资和利益输送，但行业监管部门监管信息相对分散，难以捕捉到系统性风险的全貌，集团整体的风险隐蔽性较强，也客观上造成了风险的不断累积。

(二) 风险全面爆发，冲击金融体系，引发社会不稳定

在以上多方面因素的叠加影响下，德隆系风险不断累积加剧。2004年，德隆系违规担保、挪用客户资金、不当关联交易等问题逐步曝光，4月14日，德隆系控制的新疆屯河、湘火炬、合金投资三家上市公司股票全部跌停，标志着德隆系风险的全面爆发。由于德隆系已经形成实业和金融资本混合、内部利益输送严重的产业集团，且大量使用违法违

第四章　高风险金融机构风险处置的战略抉择

规"融资"手段，资金链条长期高度紧张，其风险爆发扩散显示出时间短、冲击大的突出特征。

一是金融风险爆发，严重冲击金融体系。德隆系风险致使受到牵连的金融机构不同程度陷入支付危机，冲击了正常的金融市场秩序，公众信心严重受挫，影响了金融稳定。（1）银行贷款不能按期收回，贷款质量下降。德隆危机爆发后，银行只收不贷，再加上德隆为应对金融机构兑付风险从实业企业抽调巨额资金，德隆已无力偿还到期银行贷款。部分银行因德隆风险提前收贷，更是雪上加霜，巨额银行贷款风险显现。截至2004年9月30日，德隆系仅实业债务即达100余亿元。德隆参股、控股的商业银行也开始面临挤兑压力，周转遇到困难，不同程度地出现支付风险。（2）信托公司无法兑付。信托公司募集的资金主要被投入到资本市场，随着德隆系股票全线下跌，形成较大损失，无法兑付资金。金新信托到2004年8月初，尚有几十亿元的委托理财款未兑付，另两家信托公司伊斯兰信托、南京国投也因为现金流的问题出现了兑付困难，无法正常运转。（3）证券公司支付风险爆发。据审计结果，德隆系旗下德恒证券、中富证券的资产负债缺口和保证金缺口均较大；德隆系证券公司以国债回购和账外委托理财套取资金逾百亿元。到期的与未到期的客户全部要求兑付，大规模的逼债风潮出现，市场恐慌迅速蔓延，债权人纷纷通过司法程序采取保全措施，冻结、查封证券公司的账户、实物资产。（4）证券市场动荡，股市下跌。德隆系股票的全线下跌，在一定程度上使股民对证券市场信心受挫，2004年12月31日，上证综合指数收盘指数为1 266.5点，创出5年来最低的年收盘。股市的下跌，使得流通股市值损失高达7 000亿元，股市的融资功能也极度弱化，全年股市融资仅900亿元。2005年6月6日，上证综合指数跌至998.23点，为8年来的最低水平。

二是企业价值大幅下降，实业经营陷入困境。危机引发"多米诺骨牌"连锁效应，风险在各德隆系实业企业之间、实业企业与金融机构之间传染，德隆系陷入分崩离析的局面。（1）资金极度紧张。由于危机的产生，企业信用大大降低，供货商提前收款、下游用户停止预付，致使实业企业生产经营资金严重不足。（2）企业集团分崩离析。危机后，德隆对下属企业失控，部分利益相关方甚至出面抢夺资产，子公司迫于自身利益考虑，也纷纷欲脱离集团，企业面临被肢解压力。（3）高管和普通职工纷纷辞职。德隆危机后，由于各企业前途莫测，企业人心不稳，新疆屯河两名独立董事和重庆实业三位独立董事都提出辞职，德隆派出的董事也大多失联，董事会实际处于瘫痪状态，普通员工也纷纷辞职。（4）法律诉讼极大影响了企业正常的经营秩序。德隆系实业资产涉及诉讼案件共计259件，标的金额约200亿元，占其全部资产近七成；涉诉案件不仅数量多、金额大，而且地域分布也相当广泛，涉及26个省、自治区、直辖市。德隆各公司抵（质）押、担保的股权资产被司法冻结、执行的情况也较多，企业正常生产经营难以为继。（5）德隆系企业核心价值大幅下降。2004年5月，重庆高院将湘火炬持有重庆红岩的10.36%的出资强行裁定给重庆重汽集团持有，致使湘火炬持有重庆红岩股权由51%下降至40.64%，失去控股地位；2004年6月，新疆屯河集团将持有的天山股份5 100万股法人股转让给中国非金属材料总公司；2004年7月，新疆德隆集团及其关联企业将湘火炬股权转让给陕西万向集团有限公司。在这一系列股权转让后，德隆掌控的法人股所剩无几，优质资产大幅缩水，核心价值大幅下降。

三是群体性事件多发，引发社会不稳定。德隆系风险爆发引发了全国各地的讨债风潮，造成大规模的社会不稳定现象。（1）上访、讨债频发，投资者情绪激动。办理了金新信托委托理财业务的某股份有限公司董事长到德隆公司绝食讨债的行为，在社会上引起极大震动。特别是2004年7月，金新信托"乳品信托计划"到期后，金新信托无力支付到期债务，众多投资者到交通银行上海分行群访，一些外方媒体进行了连续报道，严重影响了交通银行上市和社会稳定。上海、浙江、新疆、重庆、湖南等地自然人和机构也掀起向德隆讨债风潮，频频出现投资者到德隆系金融机构营业部、地方政府、监管部门等场合聚集、上访的群体性事件，社会不稳定因素有愈演愈烈和向其他地区蔓延的趋势，少数投资者的不理智行为甚至是过激行为不断出现。（2）实业企业经营陷入困境导致局部地区农民利益严重受损。新疆屯河是涉农企业，每年有20多万农民为其播种近百万亩粮田，企业每年需支付农民原料款。由于企业资金紧张，欠付农民原料款严重，已经影响了农民正常利益；德隆的亚麻、棉花和制糖企业生产停顿，直接导致农民手中的农业产品无法销售，影响了农民正常的生产生活。

二、德隆系风险处置措施

德隆系风险全面爆发后，摆在决策者面前的是一长串十分棘手而又必须谨慎研究的问题：相关风险是完全交由市场消化，还是需要政府出面？风险处置的方式如何选择，是直接进入破产清算程序还是采用其他救助手段？德隆系企业盘根错节、良莠有别，特别是金融机构风险状况不一，是否适用一套处置办法？德隆系旗下大量金融机构面临兑付风险，如何在保障投资者合法权益的同时，降低处置政策的道德风险？作为新世纪以来严格意义可称为"首次"的集团性、跨市场跨行业特点突出的风险事件，对上述问题的答案直接关系到世纪之交金融改革成果的维护，以及后续金融市场建设的基础。对此，在党中央、国务院的科学决策和正确领导下，人民银行牵头协调有关部门进行了大量探索工作，留下了宝贵的风险处置经验。

（一）历史的选择：风险底数不清，系统关联性大，市场自我修复条件不足，需要多部门集中力量统筹处置

德隆系风险从显露苗头到全面爆发时间很短，留给市场和监管部

门的反应时间非常有限。党中央、国务院对此高度重视,多位领导同志作出重要批示,有关部门集合力量在短期内对德隆系整体风险状况进行了快速研判。金融风险方面,由于德隆系盘子极大,明的、暗的企业关联交错,实业企业和金融机构风险混杂,以及客观上金融监管的分割,整体来看金融风险底数不清,由于大量信息不透明操作的存在,市场采取"用脚投票"方式应对,导致德隆系旗下大量金融机构普遍面临挤兑风险,金融市场秩序已经受到较大影响。社会不安定因素方面,德隆系企业由于市场信誉已完全丧失,其所属的实业企业很难得到新的融资,生产经营及上下游企业、工人面临极大损失和下岗压力,而且大量为其提供农副产品的农牧民也可能遭受巨大损失,不稳定因素有愈演愈烈和向其他地区蔓延的趋势。企业自救方面,德隆系风险发生后,监管部门密切关注其动向,且鼓励其积极自救,但德隆集团内部运作已有混乱迹象,上下联系发生中断,一些与相关案件和集团重要融资活动有关的高管人员有的出境,有的失联,有的不作为,集团未能拿出完整可靠的重组方案,缺乏有效、系统的自救措施和手段。市场环境方面,德隆系风险爆发之前,我国正处于经济转轨的关键时期,由于法律、法规的不健全以及金融监管制度的不完善,金融秩序一度出现了混乱,金融机构风险积聚并不断暴露已经一段时间。从1997年至2004年10月,我国已经关闭了近160家信托投资公司、证券公司等非银行金融机构,分类处置了2 000余家城市信用社,清理了大量农村合作基金会。可以说,客观来看,在德隆系风险全面爆发的时候,我国金融市场整体正处于较脆弱时期,市场运行机制尚未完全理顺,仅仅依靠市场的自我修复能力,应对如此矛盾复杂的风险本身也有所不足。

在此背景下,党中央、国务院迅速统一各方认识,明确指出德隆系风险处置工作已经迫在眉睫。2004年5月,国务院召开由中央政法委、公安部、人民银行、证监会、银监会、保监会、最高人民法院以及有关地方政府参加的专题会议,研究部署有关工作,确定了"统一领导、市场原则、地方负责、部门配合、减少损失、确保稳定"的风险处置原则。经国务院批准,由国务院有关部门和监管机构共同组成了"德隆风险处置小组",集中多部门力量迅速投入风险处置工作,其中,人民银行负责从总体上研究德隆系风险防范和处置方案。作为德隆风险处置的领导机构和协调部门,德隆风险处置小组做了大量工作,先后召开了 40 余次会议,形成的会议纪要成为德隆风险处置的政策依据,为顺利处置德隆危机打下了坚实基础。德隆系风险的处置平台华融公司也多次向德隆风险处置小组汇报请示有关问题,托管中遇到的众多复杂问题也在德隆风险处置小组的支持和协调下得以解决。

(二)人民银行充分发挥牵头作用,监管部门通力协作,为危机处置提供政策指导,并妥善解决处置过程中大量实质性问题

德隆系风险发生之前,我国金融风险处置对象主要以国有金融机构和大企业为主,但处置民营企业风险还是第一次,特别是对德隆系这类涉及面广、影响大的高风险问题,仍十分缺乏经验。在德隆系风险处置过程中,人民银行积极发挥"德隆风险处置小组"牵头部门的作用,会同有关部门多次研究,提出了关于处置德隆系风险的总体意见(以下简称总体意见)。

德隆系风险处置政策性很强,矛盾错综复杂,其风险处置客观上要求必须统一部署、立足大局,采取任何措施,都要充分考虑有利于德隆系问题的总体解决,有利于防范和化解金融风险,有利于维护法制的尊严和统一。因此,需要着重处理好局部和全局的关系,保护债权人利益和维护社会稳定的关系,以及法律效果和社会效果的关系。为实现上述目标,自 2004 年 7 月起,人民银行会同有关部门、银行债权人委员会、德隆高层管理人员等进行多轮工作会谈,对德隆自身提交的债务资产估值情况进行了充分分析,多角度、全方位反复权衡,研究提出了总体意见,作为德隆系风险处置的总体处置方案。总体意见主要明确了风险

处置过程中的几项关键原则：对实业企业尽可能维持正常运行；对金融机构尽可能作重组的努力，重组不成则撤销或破产；德隆在风险处置后从实业和金融机构中全面退出；还特别明确了引入华融公司托管德隆系实业和金融企业，以市场化方式处置德隆系风险。

包括总体意见在内，人民银行会同有关部门在处置德隆系风险时着重考虑了处置的及时性和制度的后效性方面的统一，基于此前作出的大量基础性制度安排，为后续金融风险处置夯实了基础，具体体现在：坚持市场化、公开化处置方式，发现和提升了资产重组处置价值，强化市场风险意识的同时尽量减少经济损失；对不同经营状况的企业和金融机构采取"区别对待、分类处置"的方式，推动风险的及时化解和不具备经营可持续性企业的加速退出；以及研究出台《个人债权及客户证券交易结算资金收购意见》，兼顾以往债权收购政策延续性的基础上，在防范道德风险、推动风险防范长效机制的建立方面作出了重要突破。这些政策指导不但在后来被验证为行之有效地化解了德隆系危机，而且成为了我国处置系统性风险方面积累的一笔宝贵财富。

此外，由于德隆系风险的特殊性，处置工作探索性强，处置过程中也面临大量实质性问题。人民银行和银监会、证监会等金融监管部门通力合作，在指导成立银行债权人委员会，提出对德隆系实业企业未到期债务处置政策，支持德隆系企业资产和债务重组，维护资本市场稳定，指导华融公司做好德隆系相关企业和机构的停业整顿、托管经营、撤销或破产清算工作等方面，做了大量工作。此外，人民银行会同有关部门积极协调风险处置有关政策，及时研究并解决风险处置中遇到的问题，如德隆系证券公司的营运费用如何解决、金新信托异地个人债权登记等，保证了风险处置工作的顺利进行。

（三）相关部门和地方政府全力配合，为危机处置奠定了良好基础

为保障德隆系金融机构托管经营和停业整顿工作的顺利进行，最

高人民法院特别出台"三中止"司法保护措施，协调各地方法院暂停受理对德隆系的诉讼，尚未审理或正在审理的中止审理，尚未执行或正在执行的中止执行，并多次下发有关资产处置、财产保全和股权过户等问题的文件，为重组处置创造条件，赢得主动。公安部成立了"5·15"专案组，对德隆系6家金融机构和上海友联公司涉嫌犯罪问题进行立案侦查，掌握了其犯罪事实，追缴了部分资金，挽回了部分损失。及时处理风险处置中出现的不安定事端或苗头，维护被托管经营的金融机构经营秩序和社会稳定，为德隆风险爆发初期的风险控制和后期处置提供了保障。按照国务院要求，各地政府迅速成立了德隆危机风险处置领导小组，组织中介机构分别对辖区内德隆系信托公司、租赁公司等进行了专项审计和法律调查，并采取强有力措施，对相关企业进行控制，有效防止了风险的进一步扩大和蔓延。同时，地方政府发挥桥梁作用，大力支持和配合华融接管工作，有力维护了当地社会稳定，推动了个人债权收购、商业银行股权资产的处置、证券、信托和租赁等公司最终处置方案的实施，为全面解决德隆危机提供了保障。

（四）引入华融资产管理公司参与风险处置工作，构建风险处置操作的专业平台

按照市场化、专业化的处置思路，人民银行牵头各部门研究并报经国务院决定，引入华融资产管理公司全面参与德隆系风险处置工作。实业企业处置方面，2004年8月26日，华融公司与德隆国际、新疆德隆和新疆屯河签署了资产托管协议，开始了全面参与德隆系风险的处置工作。华融先后重组了天山水泥、屯河股份、湘火炬等6家核心上市公司以及长春企联房地产等3家非上市重点企业，对德隆国际、新疆德隆和屯河集团等三大集团公司本部实行破产，壳公司的处置也顺利完成。金融机构处置方面，华融公司履行尽职托管职能，首先摸清了德隆系金融机构的基本情况，其次组织个人债权登记，协助相关部门进行甄别确

认；本着"区别对待，分类处置，加速退出，化解风险"的基本思路，对德隆系13家金融机构分别采取了重组、撤销及关闭和股权转让三种处置方式。

三、德隆系风险处置经验和成果

总的来看，德隆系风险处置过程中，人民银行会同有关部门进行了大量的探索性工作，在维护社会和金融稳定的同时也注重推动防范风险长效机制的建立。总结其中的经验和成果主要有以下几点：

（一）强调按照市场化原则做好资产处置以及资产和债务重组工作

德隆系风险处置引入华融公司作为市场化、专业化的风险处置操作平台，虽以尽可能实现德隆系资产重组为目标，也强调并不意味着由政府把全部风险包揽下来，而是要求做好各项准备，预备在重组不成功时，启动风险处置预案，对难以进行资产和债务重组的企业依法撤销或破产。在处置过程中，还要求德隆系股权拍卖或转让价格的确定必须市场化，以合理价格实现交易，不得强行低价处置或拍卖，政府尽量减少行政干预；资产处置过程要合法、透明、公正，经得起市场检验，涉及的多家上市公司要按规定及时进行信息披露。提出市场化的风险处置方案，既是当时条件下的一种现实选择，也是金融风险处置的一次有益探索，有利于逐步建立规范的市场化风险处置机制，强化市场风险意识，教育投资者，同时最大限度地减少损失，保持社会稳定。

（二）提出"区别对待、分类处置"的科学处置办法

德隆系企业、特别是金融机构经营状况不一，风险有大有小，如果适用一套处置办法，不仅容易助长道德风险，也不利于充分调动被处置机构的积极性，不利于维护投资者权益。因此，在华融公司接手处置工

作过程中，人民银行牵头多部门研究决定对德隆系风险采用"区别对待、分类处置"的方式，不仅区分实业企业和金融机构的风险形态，采用了不同的处置原则，而且对金融机构也区分其资产、负债和资金情况，经过停业整顿、托管经营、摸清情况后，确定重组、坚定撤销或破产等不同处置方式，有力地推动了风险的及时化解和不具备经营可持续性企业的加速退出。

（三）出台《个人债权及客户证券交易结算资金收购意见》，在保证债权人合法权益、及时防范系统性金融风险的同时对建立市场约束机制和防范道德风险作出了制度安排

为妥善解决关键性的金融机构债权兑付危机，人民银行会同财政部、银监会和证监会研究制定并发布了《个人债权及客户证券交易结算资金收购意见》（以下简称《收购意见》）。《收购意见》首次对个人债权的政策保护范围作出了统一规定，在反思借鉴以往处置高风险金融机构债权兑付措施的基础上，确定了"依法清偿、适当收购"原则，从总体上保持了个人债权处理政策的连续性，维护社会稳定，但也强调了引导投资者真正树立风险意识，建立市场约束机制，防范道德风险，减少国家资金损失，主要体现在：

一是以往用再贷款支付个人债权仅限于市场退出的金融机构，《收购意见》对于停业整顿及托管经营等尚未明确最终处置方案的金融机构允许先行收购个人债权和客户证券交易结算资金，同时保留重组的机会。如果重组成功，新机构或重组方要负责偿还收购款，在处置方式上实现了更为多样灵活的策略，同时也增加了再贷款获得偿付的可能性。

二是以往个人债权的合法本息全额兑付，《收购意见》对储蓄存款合法本息和客户证券交易结算资金全额收购，对其他个人债权（主要为投资类产品或其他违规融资业务）小额部分全额收购，10万元以上

的大额本金九折收购。这一政策主要出于两方面考虑：一方面，过去金融机构均为政府所办，出了问题政府负有直接责任，但随着金融机构投资主体的多元化，应明确股东和投资者对损失负有主要责任，以此建立规范的公司治理结构，鼓励投资者强化风险承担意识。另一方面，过去个人债权主要是储蓄存款和股票市场客户保证金等简单债项，但进入21世纪以来增加了一些新的投资产品，并且在合同中已与投资者约定风险自担，因此出了问题不宜由政府兜底，而且10万元以下由政府兜底已经尽力保持了政策的连续性，尽可能保护了小额投资者利益。10万元打折收购分界点的确定是有统计数据和国际对比数据依据的，充分考虑了当时我国债务人实际金额分布情况，并根据我国国情适当提高了国际同类标准。《收购意见》首次明确了"打折收购"的做法，尽力寻求防范系统性金融风险和防范道德风险之间的平衡，在当时具有重要的突破意义，有利于遏制金融机构盲目扩张和恶意经营的冲动，打击投资者漠视风险的意识和侥幸心理，破除20世纪90年代一批中小金融机构经营失败过程中全额救助无形中导致的投资者、金融机构、监管方面和地方政府倒逼中央政府全面买单兜底的"四博一"局面。

三是以往不论什么时候出现了金融风险，对个人债权（包括大量违规或按规定应自担风险的投资类业务）均由国家保证兑付，《收购意见》明确对被处置金融机构2004年9月30日以前发生的个人债权按上述办法处理，对以后发生的个人债权，除了储蓄存款和客户证券交易结算资金外，将按照更为市场化的原则处理，以确保随着社会主义市场经济的不断发展完善，市场约束越来越严格。

四是《收购意见》明确，除客户证券交易结算资金外，其他债权只收购个人债权，机构债权不列入收购范围，这一规定延续了近年来关闭撤销金融机构的做法，但对其进行了明文化，不仅进一步强化了市场约束、督促金融机构做好风险管控，同时也明确了政策，改变了以往被关闭机构因部分债权收购政策不清楚、机构状态悬而未决的情况，促进了高风险机构的加速处置和市场退出。

总的来看,《收购意见》的出台是在存款保险制度和证券投资者风险补偿制度建立之前的过渡性政策,在政策制定过程中,人民银行会同有关部门充分研究了当时的金融市场实际、维护稳定需要,但也前瞻性地明确了逐渐破除投资者国家兜底意识、给金融机构确立市场约束的重要性,为防范道德风险、促进金融体系健康发展奠定了坚实的基础。

第五章
高风险中小银行业金融机构风险处置的战略抉择

20 世纪 90 年代至 21 世纪初，伴随中国从计划经济向社会主义市场经济转轨的进程，部分中小金融机构，特别是非银行业金融机构，在发展扩张过程中积累了一定风险，影响社会稳定，需及时有效处置并妥善解决其市场退出，中央银行的决策判断和果断处置是化解风险的重要力量。周小川行长于 2009 年 4 月在《中国金融》发表的《关于改变宏观和微观顺周期性的进一步探讨》中指出："为了稳定严峻危机下的市场，财政部门和中央银行必须迅速行动，采取非常规措施。即使采取了强有力的正确措施，但应对不及时或延误的行动滞后于事态的发展，将会降低措施的效果"。2003 年，银监会从人民银行分设时，为了保持工作的连续性，防止国有资产流失，国务院批准由人民银行牵头继续处置海南赛格国际信托投资公司等 16 家尚未完成停业整顿和撤销清算工作的高风险金融机构的市场退出后续工作。为此，人民银行成立相应的停业整顿工作组和撤销清算组，专门负责对这 16 家金融机构的停业整顿和撤销清算工作。经过十余年的不懈努力，16 家市场退出机构中，

第五章 高风险中小银行业金融机构风险处置的战略抉择

10家以破产方式退市的金融机构，经国务院批准已进入法院的破产清算程序，部分已破产清算终结；3家以行政清算方式退市的金融机构，行政清算工作已基本完成；3家以其他方式处置（托管经营或重组）的金融机构，债务清偿和工商注销已完成。2004年至2008年，人民银行积极配合监管部门和有关地方政府，从有利于中小银行业发展、节约救助成本以及维护金融稳定等方面综合考虑，结合各地实际，积极探索各种有效的市场化处置模式，完善市场退出机制，重点做好个人债权甄别、确认和收购工作，依法采取撤销和停业整顿的方式，妥善处置了另外28家高风险银行业金融机构。上述44家被处置金融机构，虽包含小部分高风险证券公司及其他类型投资公司，但大体上以信托投资公司、城乡信用社、金融租赁公司等中小银行业金融机构为主，拥有相类似的风险特征和处置经验，值得一并总结反思（见表5-1）。

表5-1 21世纪以来人民银行牵头或参与处置的44家高风险金融机构名单

序号	人民银行牵头处置16家历史遗留高风险金融机构	序号	人民银行参与处置28家高风险银行业金融机构
1	海南赛格国际信托投资公司	1	金新信托投资股份有限公司
2	海南汇通国际信托投资公司	2	伊斯兰国际信托投资有限公司
3	海南华银国际信托投资公司	3~10	青海省格尔木市8家农村信用社
4	海南国际租赁有限公司	11	庆泰信托投资有限公司
5	三亚中亚信托投资公司	12	吉林省四平市金信城市信用社
6	北京中兴信托投资有限公司	13	江苏省南京市国际信托投资公司
7	中国华阳金融租赁有限公司	14	金信信托投资有限公司
8	山西华康信托投资有限公司	15	吉林省泛亚市信托投资公司
9	佳木斯证券公司	16~19	江西省抚州市4家城市信用社
10	广东国民信托投资有限公司	20	甘肃省临夏州解放路农村信用社
11	中国新技术创业投资公司	21~24	黑龙江省4家城市信用社
12	海南港澳国际信托投资公司	25~28	新疆维吾尔自治区哈密市4家农村信用社
13	鞍山证券公司		
14	辽宁证券公司		
15	秦皇岛证券营业部		
16	珠海证券公司		

注：包含德隆系2家风险机构，不包含2004年以后证券公司综合治理期间处置的证券机构。

第一节　高风险中小银行业金融机构风险形成和爆发原因

一、金融机构的内部因素是导致风险爆发的根本原因

（一）公司治理缺乏制衡

20世纪80年代至90年代，虽然我国金融市场建设已初见雏形，公司治理和内部风险管理已经存在一定法规约束，但在实践中，部分金融机构仍存在公司治理架构虚置、股东擅权、执行专断、监督失衡，以及内部管理、特别是财务管理混乱，经营效益低下的情况，最终导致风险不断积聚和爆发。

一方面，部分公司治理监督机制不畅，股东将金融机构异化为融资平台，掏空公司资产。以广东国民信托投资有限公司（简称"国民信托"）为例，从形式上看，该公司建立了股东会、董事会及监事会，有熟悉业务的经理层，组织架构看似健全，但实践中，公司总部控制权完全由第一大股东海旺公司实际控制，海旺公司通过恶意担保、非法集资等方式进行"圈钱"，使总部成为其融资担保机构，到风险爆发时，国民信托为海旺公司及其关联公司担保余额逾2亿元，大量资产被法院查封冻结扣划，总部业务几近停顿，在此过程中，国民信托的董事长、总经理不能真正掌握公司重大经营决策权，不能对股东的"掏空"行为进行有效监督。国民信托第二大股东金北圣公司则控制国民信托深圳证券部进行非法融资、操控庄股、违规投资，总部派驻深圳证券部的高管和财务经理均被架空，即使在其经营出现较大困难的1999年初，总

部派的高管人员也无法接触到深圳证券部真实的经营和财务信息。至风险爆发时,深圳证券部以账外集资等方式为金北圣及其关联公司进行大额融资,并违规大量挪用客户保证金,中小股东、存款人、债权人和证券投资客户等利益相关者权益受到严重损害。

另一方面,部分公司内部管理特别是财务管理制度混乱,风险失控。例如,海南华银国际信托投资公司(简称"华银信托")长期以来南北分治,北部华银信托全部贷款均为信用贷款,档案资料严重缺失,很大一部分贷款缺乏台账,部分贷款企业地址记录都不详,公司原四位高管人员均有贷款审批和投资业务权限,管理极其混乱。海南赛格国际信托投资公司(简称"赛格信托")下属公司、证券营业部,甚至员工都持有总公司开出的印鉴齐全的空白存单,可以随心所欲地提取手续费、支付高息。内部管理的混乱为股东肆意"圈钱"进一步提供了便利。如海南国际租赁有限公司(简称"海国租")法定代表人、总经理独揽资金运用大权,大部分业务都是以口头指令、后补手续或根本没有手续和法律凭证的形式开展,对外贷款中有超过90%投资于控股股东控制的下属公司,委托投资几乎全部都是对澳门大股东下属公司的投资,至其停业整顿时,所投资的公司都已基本停业或吊销,根本没有投资收益,形成大量资金黑洞。

(二)严重违规经营

首先,因客户交易结算资金管理存在制度漏洞、信托公司超范围经营亟须大量资金补缺等因素的综合影响,大量信托公司经营的证券营业部不同程度地存在挪用客户交易结算资金的情况,如北京中兴信托投资有限公司(简称"中兴信托")多家证券营业部的个人债缺口超过1亿元,保证金缺口超过2亿元。其次,部分公司存在账外非法经营、违规关联交易等情况,形成较大风险及损失。如中国华阳金融租赁有限公司(简称"华阳公司")虽为租赁公司,但基本上未做过租赁业务,而以经营存贷业务为主,长期高息揽存,累计通过其子公司北京慧迪公司支付高息几千万元;同时,非法设立融资部、金融部、驻天津证券交易中心办事处,纵容股东套取大量资金,引发支付危机。山西华康信托投资有限公司(简称"华康信托")向控股方华阳公司控制的企业(如天津环渤海房地产开发有限公司等)发放信托贷款投向房地产开发和旅游开发,至清算日本金仍未归还,全部逾期并形成大额损失。

(三)部分公司资本严重不实

部分机构通过虚设股东等方式进行虚假注资。如1997年华阳公司收购太原信托时,有六家新股东是华阳公司虚构的。而且,部分原有股东(如晋西机器厂等)和新增股东(如河北保塑集团公司等)并未出资,认购新股约定由华阳公司垫付应缴资金,但至撤销清算日,华阳公司并未垫付上述资金,形成事实上的名义股东。部分机构大股东抽逃资本金,严重削弱了机构抗风险能力。如国民信托1997年10月产权受让时,其第一大股东、公司总部实际控制人海旺公司受托统一购汇几百万美元进行外币资本金验证,但是验资后,该笔资金(占国民信托注册资本约70%)以"长期投资"名义退回了海旺公司,并一直未返还国民信托,形成实质上的抽逃资本金行为,直接导致国民信托深圳证券部风险爆发时,总部完全无资金可调用,最终只好进入停业整顿环节。

二、金融机构面临的外部环境是其风险爆发的催化因素

(一)法律法规不完善及跨行业风险监测存在不足

20世纪80年代和90年代,我国多元化金融市场正处于起步摸索阶段,虽然相关金融管理制度和法律法规建设取得了一定进展,但许多基础性制度建设较之金融机构的快速发展和扩张仍有所滞后,许多规

第五章　高风险中小银行业金融机构风险处置的战略抉择

范性文件都是以"通知""暂行办法""会议纪要"等临时性文件形式出现。其中，对于信托类公司，顾名思义其本质上应从事受人之托、代客理财的业务，但在2001年10月1日《信托法》实施之前，我国对信托关系和行为的法律界定尚不明确，相关规定散见于《金融信托投资公司管理暂行条例》等法规中，信托制度在法律上基本处于真空状态，信托业发展定位不明确，客观上导致信托公司经营较为混乱，主要表现在：

一是很多机构严重偏离"委托投资"的主业进行经营，出现严重亏损。如赛格信托注册资金仅1亿元，但是其主要资产都集中于基础设施、房地产等"非委托投资"项目，在缺乏长期资金来源的情况下，经营的高风险性非常突出，这些偏离信托业的投资项目最终都以信托公司自己巨额损失告终。

二是多数信托公司事实上跨业、混业经营。20世纪90年代国务院开始强调分业经营、分业监管原则以前，我国金融业实际上处于"不规范的混业经营"时期。以华康信托、国民信托等公司为例，其面向大量不特定人群吸收无约定用途资金、向特定主体发放普通贷款，行为类似于商业银行；经营证券部，吸收客户保证金，从事证券交易经纪和证券自营，行为类似于证券公司；非法挪用资金，投资于房地产、水电资源、交通运输业、文化艺术等产业，行为类似于实业投资公司；面向熟悉的特定人群，承诺较高预期收益，购买所谓特定的金融资产（购买国债、打新股等），行为类似于资产管理公司。整体上信托公司成为集银行存贷功能、工商企业投资功能、证券业务功能于一体的金融业务综合体，在此背景下，跨行业风险极易相互传导。

面对这种事实上的混业经营，以分业监管为核心的监管者，难以精准监测、及时警示风险和监督处罚，客观上导致信托公司的跨行业经营风险链条难以被切断。而信托业监管实施过程中一些"重审批，轻管理"的现象，也在一定程度上助推了信托业风险不断积累，并最终爆发。

(二) 金融机构改制重组存在缺陷

20世纪90年代，按照"分业经营、分业管理"的基本思路，我国再次对金融资源进行整合，对信托业进行清理整顿，要求商业银行与其所属的信托公司脱钩。1995年7月出台的《商业银行法》，以法律的形式确定了银行与信托分业经营的原则，整顿和解散银行开办的各类资金市场，禁止银行向信托公司拆出资金。在此背景下，许多信托和证券公司开始重新整合。但这些机构转制时，由于各种因素的影响，并未做好债权债务承接、资产负债转移工作，使新的机构从成立开始就面临着巨大风险。如华康信托系由太原信托改制重组创建，在华康信托所承接的资产中，贷款时间跨度长、不良资产比例高，债务人信息不完整，部分资产权属不明，使华康信托尚未开业就已先天不足。在承接资产中，太原信托账外经营拆出的4笔大额资金全部逾期，拆入方如赛格信托等长期不归还，且华康信托成立不久后上述拆入方就相继被停业整顿或行政清算，导致华康信托债权受偿率极低，形成大额损失。

(三) 经济环境变化加速金融机构风险爆发

1992年开始，我国改革开放步伐明显加快，经济领域的"三热"（开发区热、房地产热、集资热）导致了金融领域出现强劲的扩张冲动，金融秩序混乱现象持续存在，大量银行资金通过违章拆借等途径，绕开人民银行的信贷规模控制，流入信托机构，并通过信托机构进入房地产市场、股票市场等领域，形成大量资产"泡沫"。20世纪90年代中期后，国家加大了宏观调控力度，部分区域的房地产等泡沫迅速破灭，金融机构的风险逐步爆发。如海南汇通国际信托投资公司（简称"汇通信托"）、国民信托、华银信托、赛格信托的大部分投资、贷款项目都是用于房地产业，随着房地产泡沫的破灭，这些机构所投资的贷款形成亏损或呆坏账，在连续的宏观调控和金融政策调整的压力下，其资金来源枯竭，资金周转困难，同时，贷款户破产歇业，投资项目形成停缓建状态，资产损失极为严重，造成这些机构严重资不抵债，信誉急转直下，挤提不断出现，危机迅速爆发。

第二节 高风险中小银行业金融机构处置措施

一、维护债权人合法权益是处置风险的根本出发点

2003年初，16家高风险金融机构情况复杂，有的被停业整顿，有的被关闭撤销，有的被托管经营，处置思路混乱，目标不够明确，大多风险处置工作组处于等待和观望的状态。为了切实保护中小投资者权益，尽快处置化解金融风险，维护金融和社会稳定，人民银行和有关金融监管机构十分重视，落实责任，积极做好金融风险处置工作。周小川行长多次明确批示，时任副行长的吴晓灵同志曾亲自担任"关闭金融机构领导小组"组长，直接指导风险处置和市场退出工作，人民银行的几任行领导都曾先后担任过相关风险处置工作组的组长，统一思想、明确目标，理顺了各风险处置工作组的内部关系，提出了破产清算和行政清算两种处置思路，明确了进入破产清算程序和行政退出程序两种退出标准，制订了以资产核实、资产保全、资产处置、资产分配、债权保护为重点的工作计划。

在风险处置过程中，各风险处置工作组注重采取市场化的处置方式，不断提高金融风险处置的专业化水平，创造性地委托独立第三方与境外机构债权人协商打折兑付，为国家节约了大量资金。结合被处置公司的实际情况，各风险处置工作组采取了将营业机构整体托管、有偿转

让等处置方式,有效地降低了处置成本,提高了处置效率,实现了各方共赢的良好效果。为维护广大债权人的合法权益,还制定了切实可行的风险处置预案,认真做好债权人的工作,累计接待上访人员 53 000 多人次,防范了群体性事件的发生,顺利完成了 16 家高风险金融机构市场退出行政清算环节的各项任务。

二、坚持市场化法治化处置模式

与德隆系风险处置有所不同,以信托公司为代表的高风险银行业金融机构的风险大多爆发在 20 世纪 90 年代,当时风险处置多以"一事一议"为主,处置手段也仍处于早期探索阶段。在此时期,根据党中央、国务院的统一部署和正确领导,人民银行与有关部门通力合作,探索了多种金融机构市场退出模式,包括兼并收购、停业整顿、撤销关闭、破产等。总体上,处置方式逐渐实现了"从行政主导到市场模式"的方向转变。表 5-2 列示了 16 家高风险金融机构的处置方式。

表 5-2　　　　　　　　　16 家高风险金融机构处置方式汇总

序号	高风险金融机构名称	处置方式
1	海南赛格国际信托投资公司	停业整顿后破产
2	海南汇通国际信托投资公司	停业整顿后破产
3	海南华银国际信托投资公司	停业整顿后破产
4	海南国际租赁有限公司	停业整顿后破产
5	三亚中亚信托投资公司	停业整顿后破产
6	北京中兴信托投资有限公司	停业整顿后破产
7	中国华阳金融租赁有限公司	行政撤销后破产
8	山西华康信托投资有限公司	行政撤销后破产
9	佳木斯证券公司	行政撤销后破产
10	广东国民信托投资有限公司	停业整顿后破产
11	中国新技术创业投资公司	行政关闭
12	海南港澳国际信托投资公司	行政撤销

第五章 高风险中小银行业金融机构风险处置的战略抉择

续表

序号	高风险金融机构名称	处置方式
13	鞍山证券公司	行政关闭
14	辽宁证券公司	托管经营，关闭后新设
15	秦皇岛证券营业部	托管经营后关闭
16	珠海证券公司	重组

兼并收购是市场机制自发作用下通过金融资源重新配置，有关金融企业法人之间通过协商、以合同方式实现合并或分立，导致原有金融机构资格消亡的一种市场退出方式。如郑州城市合作银行经债务重组、增资扩股和债转股成为郑州银行。又如在证券公司重组过程中，人民银行会同有关部门对华夏证券等也采取了这种模式。

停业整顿是指行政机关不准行政违法相对人在一定时期内从事某种生产、作业或者工作的处罚。在金融领域，停业整顿则是指金融监管机关依法对金融机构在业务经营过程中违反法律、行政法规和规章的行为，或者出现严重经营风险，所采取的一种行政处罚措施，是《行政处罚法》《商业银行法》和《金融违法行为处罚办法》所规定的行政处罚措施之一。因此，从法律意义上来说，停业整顿并不是金融机构市场退出的方式或途径。但是，在当时我国有关法律尚不完善的情况下，停业整顿实际上已成为高风险金融机构退出市场前防止风险进一步扩散、保护投资者权益和维护社会稳定比较有效的缓冲措施。如对高风险的信托投资公司和城市信用社实施停业整顿，同时进行机构债权登记、个人债权兑付、资产清收处置等。赛格信托等就是典型的通过停业整顿实施市场退出的案例。

行政撤销（关闭）是金融监管机关通过行使金融监管的行政权力，强制某些金融机构退出金融市场的行为。行政撤销（关闭）是近年来我国对高风险金融机构实施市场退出的一种主要方式，在化解金融风险方面发挥了积极的作用。如人民银行依法对中国新技术创业投资公司、海南港澳国际信托投资公司等实施行政撤销（关闭），人民银行分支机构牵头组建清算组进行债权清收和资产处置，并发放再贷款用于收购个人债权合法本息，有效化解了风险，维护了稳定。

　　破产是指金融机构因经营管理不善造成资不抵债或不能清偿到期债务，经金融监管部门同意，而申请人民法院依法宣告其破产，并经人民法院审理裁定对其资产进行破产清算、对剩余财产强制进行分配的一种程序。破产的裁决由人民法院做出，人民法院通过审理和裁决保障各债权人公平受偿破产财产，其依法做出的裁决具有强制力，当事人必须服从。因此，破产是人民法院裁决企业退出市场、公平分配资产、终结债权债务关系的司法行为，不仅能使金融机构彻底退出市场，而且可以减轻政府由于大规模举债带来的财务负担。16家高风险金融机构中，就有10家以破产方式退市，帮助政府走出了大量举债处置金融风险的困境。以前期探索为基础，后续证券公司风险处置过程中，采用破产进行风险处置的方式逐渐成熟，并被广泛应用。

三、案例：某信托公司风险处置过程

（一）A信托背景情况

　　1997年，A信托公司经改制某机构而设立，其营业范围包括信托存贷款、委托存贷款、投资、自有资金投资和贷款、融资性租赁、有价证券业务、代理财产保管与处理、代理收付、经济担保和信用见证、经济咨询等，横跨了信托、证券、担保多个金融行业。除公司本部外，A信托另在北京、上海、天津、武汉、深圳等地拥有6家证券营业部。

　　A信托在1997年改制后，由于自身定位不清，业务发展陷入停滞。据统计，其95%的资产负债为其前身1992至1996年间发生。从清理情况看，前身机构在改制前从事着除保险、支付结算外的全方位金融业

第五章 高风险中小银行业金融机构风险处置的战略抉择

务。从法律属性看,其信托和委托业务实际为自营业务,信托存贷款与银行存贷款并无本质差异。改制后,A 信托发展机制不顺,风险积累不断加大。

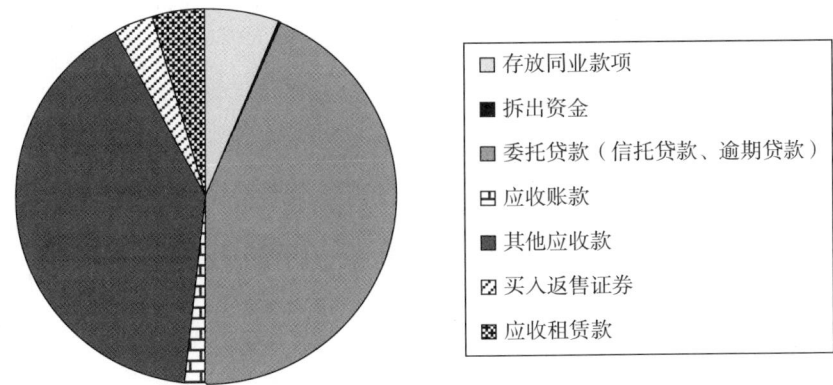

图 5-1 A 信托关闭日债权资产情况

(二)风险处置及市场退出

总的来看,A 信托市场退出大致经历了停业整顿、行政清算和破产清算三个阶段。

停业整顿。2002 年,A 信托经营状况恶化被人民银行宣布停业整顿,其所属 6 家证券营业部由 B 信托托管并照常营业。但经过近一年半的停业整顿,A 公司经营状况并未改善。

行政清算。由于 A 信托某证券营业部发行的个人受益券自 2003 年 10 月 26 日起陆续到期,而其自身并无兑付资金,2003 年 10 月 24 日,为防范和化解金融风险、维护社会稳定,银监会宣布撤销 A 信托,并委托人民银行成立清算组,依法对其进行清算,6 家证券营业部仍由 B 信托托管并照常营业。其后,清算组着手处理该证券营业部个人债券的兑付问题,及时化解了受益券兑付危机。

清算组在与托管方谈判 6 家营业部转让期间,发现托管方 B 信托有挪用证券客户交易结算资金等违规行为，及时采取了相关管控措施。2005年底，清算组得知A信托在上交所发生透支后，采取多种措施控制营业部资金划拨，防止损失进一步扩大。经过多方努力，清算组及时解决了挪用客户国债形成的资金缺口，并弥补了部分证券客户交易结算资金缺口。为从根本上解决营业部存在的经营风险，人民银行等部门请示国务院，由银监会取消B信托托管资格，由证监会指定一家有资质的证券公司托管营业部并妥善处置。2006年C证券公司受证监会委托托管A信托营业部。在平稳完成营业部托管单位变更工作后，清算组与C证券公司就营业部转让事宜进行了协商，并于2006年5月签订《A信托证券类资产转让合同书》。2006年10月，证监会批准A信托营业部转让方案，营业部转让工作基本完成。

自2003年10月A信托被撤销以来，对托管机构违规行为的调查以及对其法律责任的追究一直贯穿清算工作的始终。在人民银行、银监会、证监会等部门及清算组的不懈努力下，A信托所属6家证券营业部最终完成转让。

破产清算。个人债权兑付、证券客户交易结算资金缺口弥补是营业部转让的前提，而这三者都是法院破产受理的条件。2006年6月，法院立案受理了A信托破产申请。2006年12月，法院依法宣告A信托破产，A信托行政清算阶段的工作基本完成。2008年12月，破产债权人第一次受偿，2010年12月，破产债权人第二次受偿。2011年5月，在经过5年的破产清算后，法院宣布A信托破产终结。

第三节　高风险中小银行业金融机构处置经验

风险处置涉及政府、市场、金融机构、企业和公众多方利益，其关键在于市场化、法治化机制建设。人民银行及有关部门在世纪之交对高

第五章 高风险中小银行业金融机构风险处置的战略抉择

风险金融机构的风险处置，风险爆发时间较早，历时较长，涉及机构众多。由于当时尚处于经济转轨初期，金融市场整体建设尚不成熟，投资者风险承受能力低，政府责任也未完全剥离，有关部门对金融机构风险处置做了很多探索，并逐步推动了长效机制的建立，为后续金融机构市场退出的可操作化、市场化奠定了基础。

一、推动健全金融安全网

通过高风险金融机构风险处置实践，我国进一步认识到科学、合理的金融稳健性监测预警体系是防范金融风险的重要基础，有必要继续夯实，同时，高风险金融机构退市决策及应急处置机制也有待完善。江西省抚州市4家城市信用社（包括：抚州市银鹰城市信用合作社、抚州市城市信用合作社中心社、抚州市振兴城市信用合作社和抚州市复兴城市信用合作社，简称"四社"）风险爆发时，通过比较全面、细致的风险监测工作，人民银行及时发现了风险苗头，但当时相关方面在"四社"退市时间选择上存在模糊认识，面对已经处于严重困境的"四社"，没有进行改善公司治理、严格内部管理等根本性改革，导致风险有加大趋势，并错过了风险处置的最佳时机。有鉴于此，应继续建立完善科学的金融机构风险监测分析预警体系，从宏观与微观相结合的角度监测分析和准确判断金融风险状况，提前发现风险隐患，同时还应采取切实有效的措施消除风险隐患于萌芽状态，制定预防和化解风险的可行方案，对危机金融机构建立快速预警纠偏机制，做好市场退出的预处置安排，从而提高金融风险监控的准确性和有效性，达到维护金融稳定的最终目标。

二、完善规制

风险处置直接推动了金融机构市场退出法律法规的完善。一方面，

金融机构改革的道路抉择

随着以信托公司为代表的金融机构相继陷入经营困境,面临大面积清算,为加强对金融活动的监督管理、维护金融秩序、保护国家利益和社会公众利益,2001年国务院法制办会同有关部门制定了《金融机构撤销条例》,除赋予人民银行对违法违规经营、经营管理不善等情形的金融机构的撤销权力外,更多地规定了如何对被撤销的金融机构进行清算,对化解信托公司等高风险金融机构的风险起到了重要作用。另一方面,信托、租赁公司等风险处置和破产申请中暴露出来的法律困境,如破产申请主体适格问题、停业整顿以及接托管组织的法律程序、地位和效力问题,也助推了2006年对《企业破产法》的修订。

风险处置有力推动建立了我国公司法的"刺破面纱规则"。实践中,金融机构因其融资功能往往成为许多企业竞相参股、控股的对象,一旦被控股金融机构出现金融风险或被掏空时,实业企业有动机迅速撤离资产,风险将留给其他利益相关者承受,有悖"三公"原则。如国民信托风险爆发时,第一大股东海旺公司在身为国民信托2亿多元担保债务的主债务人及亏欠国民信托巨额往来款的情况下,却立即停止企业年检并连续多年;第二大股东金北圣公司虽亏欠国民信托往来款2亿多元,但也不再年检,名存实亡,两者均以此来逃避法律责任。吸取风险处置中的深刻教训,有关部门推动2005年《公司法》增加了公司法人人格否认、俗称为"刺破公司面纱"的规定,即当公司股东滥用公司法人独立地位和股东有限责任、逃避债务、严重损害公司债权人利益时,该股东即丧失依法享有的、仅以其对公司出资为限而承担有限责任的权利,而应对公司的全部债务承担连带责任。这一制度在当时的出台,改变了金融机构在债务人滥用有限责任损害债权人权利时,无法律救济途径的局面。

第六章
高风险证券业金融机构
风险处置的战略抉择

　　从历史上看，由于体制机制的缺陷，证券公司在快速发展的同时，也积累了许多矛盾和问题。2003年年末至2004年上半年，伴随着证券市场的持续低迷和结构性调整，一批证券公司的违规问题急剧暴露，证券行业多年累积的风险呈现集中爆发态势，证券公司面临自20世纪80年代行业建立以来的第一次系统性危机。据2005年初步测算，当时全国132家证券公司中，84家公司存在流动性困难，其中30多家存在严重的偿付问题。证券公司风险不但加剧资本市场波动，动摇资本市场建设成果，而且波及其他金融子市场，影响社会稳定，情况严重。党中央、国务院对此高度重视，决定从2005年开始，利用2至3年的时间，对证券公司实施综合治理。人民银行、证监会等多部门贯彻落实国务院指示，积极推动南方证券等9家证券公司重组改革，对闽发证券等31家高风险证券公司实施了关闭或破产等风险处置措施，并积极推动证券市场基础性制度建设。2007年8月，综合治理工作基本结束，有效化解了证券公司风险，维护了证券市场稳定，同时，促进了证券行业资源整合，为提高我国证券业的竞争力打下了良好的基础。周小川行长在2011年11月25日人民银行总行第77期学术讲座《金融危机中关于救助问题的争论》中总结和回顾了上述风险处置历程和经验："从风险处置角度看，要给市场明确的信号，该倒的就让它倒，以起到警示作用，以切实防范道德风险。"

第一节　高风险证券公司风险形成的原因

证券公司综合治理结束后，证监会、人民银行等部门对本次证券行业系统性危机形成原因进行了深刻总结和反思。

一、风险爆发前证券公司违法违规行为严重

一是报表不实，账外经营现象严重。为掩盖违法违规行为，部分证券公司通过虚假报送财务报表或采用账外经营等手段逃避监管。如闽发证券通过做假账和设立关联公司等形式违法经营，账外融资逾百亿元，账外资产负债占其总资产负债的比例高达90%以上，公司基本以账外经营为主。德恒证券账外理财情况也与之类似。

二是挪用客户资产，造成巨大的资金缺口。当时的《证券法》第一百三十二条规定"严禁挪用客户交易结算资金"，但证券公司普遍违反这一规定，大肆挪用客户保证金。除直接挪用外，部分证券公司还与客户交易结算资金存管银行串通，以客户交易结算资金为质押物从银行取得贷款，在向机构客户非法融资时提供事先填好的以客户交易结算资金为对象的贷记凭证作为融资担保，一旦出现理财违约，机构客户即可直接从银行提取质押担保资金。部分证券公司采用异账户国债回购等方式，大肆挪用客户债券进行回购融资。据统计，全行业挪用客户交易结算资

第六章 高风险证券业金融机构风险处置的战略抉择

金与个人柜台债务及代发行企业债兑付资金缺口合计逾几百亿元,隐藏了巨大风险。部分证券公司挪用客户交易结算资金比例超过50%,有的几近全部挪用,客户的正常提款无法保证,证券交易结算难以为继。

三是违规高息融资,造成巨额潜在亏损。部分证券公司采取直接保本保底、国债理财、三方监管、超额代理发行国债代保管单、以关联方名义理财等方式高息融入资金。这些融来的资金部分被证券公司用于弥补资金缺口,部分投入股市甚至控盘"坐庄"。如南方证券利用其控制的华德、天发投资公司等名义对外高息融资,在市场上恶意炒作股票,合计持有哈飞股份和哈药股份90%以上的流通股。证券公司高息融资使公司长期背负沉重的财务成本,违规操纵股票又因投资失误或市场因素造成巨额潜在亏损,公司财务状况不断恶化。

四是经营管理落后,发展动力严重不足。当时证券公司经营模式僵化,经营行为短期化,盈利空间狭窄,发展和创新滞后,很多证券公司为扩展盈利空间,超范围经营,但又管理不力,反而增加了公司亏损。如华夏证券曾将几十亿元资金投资于实业,领域涵盖了房地产开发、租赁投资、电子科技、旅游酒店、信息咨询、零售商业、娱乐保健和基础设施等众多行业,最后基本以失败告终,风险不断累积。

二、金融市场体制、交易机制存在弊端

一是客户交易结算资金实行多级存管制度,为证券公司挪用客户保证金等违法违规行为提供了空间。客户交易结算资金存入证券公司后,由证券公司以证券公司的名义转存入商业银行,客户并不能直接监测、查看自己的资金在银行的数目,这给证券公司挪用交易结算资金,或将客户的交易结算资金质押融资、对外担保提供了制度上的漏洞。

二是国债回购制度设计存在不足,使证券公司挪用客户国债有机可乘。长期以来,在国债回购业务中,中国证券登记结算公司一直是按

照证券公司的席位来清算的,即在同一证券公司同一席位上托管的国债是不分你我的。在这一制度下,只要是在证券公司席位上托管的国债,都被自动统一折算成可用于回购的标准券。证券公司有机会将客户持有的国债申报融资回购,而将融入资金划入同一席位下的另一资金账户投资股票。证券交易所很难分辨同一席位下的回购融资是证券公司自营的还是客户的。这种违规国债回购的可怕之处在于资金的放大效应。现券—回购—现券—回购,这个循环持续下去可以将杠杆放大若干倍。证券交易所设计这种制度的初衷是活跃市场,但是,问题发生后缺乏及时有效的修正措施。

三是委托理财业务的风险控制缺乏制度保障。证券公司在被允许开展委托理财业务的同时,在账户管理、交易流程、报告制度、防止利益输送等方面缺乏规范措施,委托方难以对证券公司的委托理财业务进行监控。据2005年不完全统计,证券行业违规委托理财超过1 000亿元,100多家证券公司或大或小都有委托理财纠纷。在市场持续低迷的情况下,证券公司部分委托理财的资金被深套,若低价抛售则意味着证券公司必须承担由此带来的实际亏损。

三、公司治理存在严重缺陷

当时证券公司未建立起现代企业制度、有效的法人治理结构和内部风险控制制度,也是风险爆发的重要原因之一。

一是制度设计缺陷。当时证券公司的股权结构普遍过于分散,特殊的历史沿革和股东背景使得股东之间、股东与管理层之间以及管理层内部始终没有形成有效的约束机制,许多证券公司处于内部人控制状态。如河北证券5.39亿元的注册资金分散来自多达38名股东,这种股权安排,实际上来源于管理层的"精巧"设计,最终使得河北证券的控制权和绝对核心地位完全归于管理层,特别是集中在身为创始人的董事长手中，股东缺位现象严重，对证券公司违法违规行为缺乏有效监督。

二是制衡机制缺陷。股东会、董事会、监事会及经理层之间有效的权力制衡机制未建立起来，存在大股东占用公司资金或直接干预公司日常经营、侵害小股东或客户利益的现象。特别是，部分证券公司实际上成为了控股股东融资、转嫁风险的平台，公司治理结构失衡，管理粗放，内控失效或不力，高管失职、渎职，甚至蓄意违法违规。如德恒证券、中富证券、恒信证券、健桥证券等多家公司，直接被德隆集团当做提款机，违规向德隆集团提供近百亿元的巨额资金。上海唯亚在2001年初向武汉证券提供几亿元拆借资金即获取武汉证券控股权，其后仅在2001年6月至12月期间就以武汉证券的名义融资十余亿元。

三是内控机制不健全。各类业务混合经营，相互之间没有建立起必要的防火墙，经营决策运行不透明，缺乏必要的外部制约和监督，会计控制、风险控制责任不落实，导致大量账外经营活动出现。

四是网点管理失控。证券营业部直接对接证券交易所的交易系统，证券公司对其营业部业务运作、资金往来缺乏及时有效的监控，营业部过于独立，超范围经营情况严重，部分证券公司对其所属的营业部存在管理失控现象。

四、监管有效性不足

从监管有效性看，监管依据的缺乏和监管纠偏的不足也导致了风险积聚。

一是虚假报送责任难以追究，增加了监管成本及难度。依据1998年的《证券法》，对证券公司存在的账外经营、虚假报表等情况，缺乏相应的责任追究手段。所谓的虚假报送，最终均与错报、漏报一起仅在追究其他责任时作为情节的考量因素，从而致使虚假报送猖獗，让不法分子有了可乘之机，用表面合法的信息瞒天过海，掩盖其违法违规事实，监管成本和难度大幅增加。

二是监管纠偏和处罚较轻。在证券公司普遍地从事挪用客户交易结算资金和客户国债、坐庄操纵市场以及有保底收益的委托理财等违法违规活动的背景下，监管部门希望证券公司通过自身发展来解决，如靠行情弥补缺口，或通过增资扩股归还挪用的资金和债券，但这些对违法违规证券公司缺乏威慑作用。而对于已经明显暴露风险的证券公司，处罚力度也有所欠缺，处罚耗时极长、高管追责过轻。在以上因素的综合影响下，证券市场的违法违规行为未被及时制止，风险未得到迅速处置，并不断积累，最终导致证券公司整体出现危机。

五、风险爆发

由于存在上述原因，证券公司风险最终爆发，且存在向其他领域蔓延的趋势。2000年以后，证券公司对违规资产管理、账外经营等"灰色资金"的依赖性越来越大，2003年年底至2004年上半年，股市的接连下挫使证券公司资金链压力极大，业务全面亏损，风险集中爆发。84家证券公司存在逾千亿元流动性缺口，是当时行业实有净资产的2.8倍，其中30多家公司的资金链随时可能断裂。以当时证券行业巨鳄南方证券为例，自2002年下半年开始，股市的下跌使南方证券长期积累的财务危机充分暴露，并导致审计机构长期无法为其出具审计报告。2003年中，南方证券出现经纪业务客户取款不畅，委托理财客户到期资金无法偿还的情况。自2003年下半年开始，南方证券资金缺口不断扩大，资金链已基本断裂，无力偿还银行借款，银行采取各种方式强行扣划客户交易结算资金，造成南方证券分支机构及公司本部客户交易结算资金缺口迅速增加，无法保证经纪业务客户正常取款。

证券行业增资扩股十分困难，证券公司总资产及管理的客户交易结算资金大幅下降。由于证券公司违法违规，经营不善，信用不断恶化，加上证券市场长时间持续低迷，造成证券公司股东对公司及市场环境普遍不看好，证券公司增资扩股已十分困难，2003年全年增资扩股70亿元，仅为上一年度的28%；2004年上半年增资扩股10.9亿元，仅为上一年同期的32%。证券公司总资产2004年末为3 318亿元，与2001年末相比下降了33%，客户交易结算资金数量从2001年末的3 686亿元，减少到2004年5月末的2 706亿元，下降了27%。

证券行业风险存在向其他领域扩散的趋势。一方面，证券公司风险向登记结算体系转移。部分证券公司通过在登记结算公司透支来维持日常交易，同时，证券公司违规经营导致损失的客户在向证券公司索赔未果的情况下，提起诉讼将登记结算公司作为被告或第三人起诉，案件多达70余起，涉案标的达数百亿元，并出现强行冻结、执行已质押国债的情况，给登记结算系统带来巨额透支，个别地方法院还出现了直接扣划登记结算公司资产、威胁登记结算系统安全的情况。另一方面，证券公司风险向银行、保险、财政等领域传染。如证券公司通过隔日拆借逾期不还、巧立名目申请贷款后用于弥补挪用的客户交易结算资金、挪用银行购买国债的托管款项等方式套取银行资金，挪用保险公司托管的国债，或挪用地方教育、养老、住房、扶贫等基金的资金，形成相关机构和财政较大的资金缺口。

第二节 高风险证券公司风险处置阶段

根据有关部门事后总结，证券公司风险处置历经三个不同阶段，处置方式逐渐成熟。第一阶段是从2004年年初到2005年7月的紧急应对阶段，第二阶段是从2005年7月到2006年上半年的主动处置阶段，第三阶段是2006年下半年以后的全面收口阶段。在不同的风险处置阶段，工作面临的主要矛盾有所差异，处置模式也随着处置经验的丰富逐步成熟和完善。

一、紧急应对阶段

2003年年末到2004年年初，证券行业多年积累的风险呈现集中爆发态势，证券公司违规经营和挪用客户交易结算资金、债券导致的资金缺口日趋扩大，部分证券公司难以维持正常支付，证券公司的个体流动性风险向登记结算系统转移，证券市场整体面临较大的风险。面对严峻的形势，证监会、人民银行、财政部等有关部门采取紧急措施进行应对。

以2004年初证监会会同深圳市政府、人民银行、公安部对南方证券实施行政接管为标志，证券公司风险处置工作正式启动。随后几个月，有关部门陆续向风险爆发的"德隆系"证券公司、闽发证券和汉唐证券等多家高风险公司派驻了现场工作组，并紧急委托华融、信达、东方等资产管理公司对高风险证券公司实施托管经营。自2005年1月起，以市场化方式引入符合条件的证券公司、律师事务所等各类专业中介机构参与风险处置工作，委托中介机构对高风险证券公司实施托管清算，实行现场工作组、行政清理组、托管组、稽查组、专案组协调行动、信息共享的"五组联动"机制，逐步摸索出一套行之有效的风险处置工作模式。

在紧急应对过程中，证监会会同人民银行等相关部门，顶住了行业风险爆发初期的各种冲击与压力，及时稳妥处置了多家风险突然爆发的证券公司，有效控制了个案风险向外部的蔓延和冲击，为后来集中处置高风险证券公司积累了经验、赢得了时间。同时，为了给证券行业提供足够自我解决问题的空间，并准确掌握证券公司风险底数，对整个证券行业实施了"讲实话、真整改、定责任、给时间"的政策。通过公司自查、年报审计和证监局核查相结合等方式，全面深入地开展了证券

第六章　高风险证券业金融机构风险处置的战略抉择

公司摸底工作，使得有关部门全面彻底地掌握了证券行业的风险状况，为实现行业风险的新老划断，明确责任边界打下了基础，也为主动处置证券公司风险创造了条件。

在此过程中，为妥善解决高风险证券公司挪用客户交易结算资金和非法开展负债业务的问题，经反复研究后报国务院批准，由人民银行、财政部、银监会、证监会联合发布了《个人债权及客户证券交易结算资金收购意见》等规范性文件，在我国金融机构风险处置的历史上第一次规定了对个人债权本金打折收购的政策，是提高投资者风险意识、防范道德风险的良好开端。

二、主动处置阶段

2005年7月，对证券公司风险的摸底核查工作完成，按照国务院证券公司综合治理工作方案的总体要求，有关部门主动对广东证券、河北证券、中关村证券等近20家风险较大、整改自救无望或发生新违规事项的高风险证券公司进行了风险处置，有效震慑了其他存在违法违规问题的公司，促进了证券公司的整改以及综合治理各项工作任务的顺利推进。2005年9月，最高人民法院明确法院受理证券公司破产申请的八项条件和基本程序，使得证券公司行政清理与司法破产形成了有效衔接，为有效解决金融机构行政处置工作久拖不决的问题创造了条件。

这一阶段，随着风险处置经验的积累和新《公司法》和《证券法》的相继出台，证券公司风险处置流程日趋成熟。人民银行、证监会等有关部门不断完善风险处置既有的各项做法，进一步改进和完善资本市场相关制度：研究改进客户交易结算资金第三方存管方案，从单银行模式逐步过渡到多银行模式；加快客户交易结算资金缺口的弥补和个人债权的甄别确认与收购工作，并研究出台了"9·30"后个人债权收购办法——《个人债权及客户交易结算资金收购实施办法》，以及正常经纪类个人客户债券被挪用的返券政策；完善了证券类资产转让和客户、员工安置工作机制；修订了账户清理指引；建立了参与风险处置专业中介机构数据库和招标选聘制度，降低风险处置成本并加强对行政清理工作质量的监督；积极协调公、检、法、监察以及自律监管等方面，建立多层次的责任追究机制；积极协调地方政府和有关部门，进一步做好机构名义个人债和敏感类债权的解释和善后工作。

三、全面收口阶段

自2006年下半年起，对高风险证券公司的集中处置工作基本完成，证券公司风险处置进入全面收口阶段。风险处置中前期积累的各种矛盾也进一步突出，因机构名义个人债、敏感类债权、账户定性等问题引发的不稳定因素时常显现，维稳任务十分艰巨。

为应对这些复杂敏感问题，证监会等部门与相关地方人民政府、司法机关及时研究协调，逐一化解；由于各类账户的定性问题错综复杂，涉及多方利益，敏感度极高，为更好地保证定性的准确性和客观性，逐步建立了逐笔核实，逐级审核，专项核查的工作流程，并形成行政清理组、现场工作组（专员办）、风险办、"五人小组"（由证监会风险办、法律部、上海专员办、深圳专员办、保护基金公司负责人组成）和部际会议等五个层面开展的疑难账户定性机制，有效维护了债权人的合法利益和国家政策执行的统一性；并根据最高法院明确的进入破产清算的八项条件，推动被处置公司陆续进入司法破产程序。此外，还积极探索撤销证券业务许可后的债务和解模式、破产重整模式以及市场化处置模式，节约了国家的处置成本，进一步丰富了处置经验。

2007年年末，证券公司风险处置行政处置工作进入证券公司行政清理收尾和配合司法破产审理阶段。2010年9月，按照国务院安排，

第六章 高风险证券业金融机构风险处置的战略抉择

证券公司风险处置总结会召开,全面总结证券公司风险处置工作,对后续遗留的个人债权收购、休眠账户的管理和收购、被处置证券公司被冻结、扣划的客户交易结算资金的追收等工作作出部署,明确了各方工作职责,推动了证券公司风险处置工作的圆满收尾。

证券公司风险处置期间,共处置了31家高风险证券公司(见表6-1),其中26家已顺利移送司法破产,5家以其他方式顺利实现收口。据统计,截至2011年6月底,累计弥补被处置证券公司客户交易结算资金缺口及利息、收购个人债权共涉及1 153万个账户和26万笔个人债权,转移了700多万户客户,安置了1.78万名证券公司员工。至此,涉及行政处置程序的账户清理、个人债权收购、客户交易结算资金缺口弥补、证券类资产转让、员工安置等主要工作已经基本完成,并严肃进行了责任追究,全力维护了金融及社会稳定。破产审理各项工作有序推进,部分证券公司已破产终结,其余尚在破产审理程序中的被处置证券公司大部分进行了财产分配。

表6-1　　31家高风险证券公司风险处置情况汇总表

序号	被处置证券公司名称	处置时间	涉及的处置方式	备注
1	南方证券	2004.1	接管、责令关闭、破产重组	证券公司重组范围
2	德恒证券	2004.9	责令关闭、破产	
3	恒信证券	2004.9	责令关闭、破产	
4	汉唐证券	2004.9	责令关闭、破产	
5	闽发证券	2004.10	责令关闭、破产	
6	辽宁证券	2004.10	债务和解	
7	大鹏证券	2005.1	责令关闭、破产	
8	亚洲证券	2005.4	责令关闭、破产	
9	北方证券	2005.5	责令关闭、破产	
10	五洲证券	2005.6	责令关闭、破产	
11	民安证券	2005.6	责令关闭、破产	
12	武汉证券	2005.8	责令关闭、破产	
13	甘肃证券	2005.8	责令关闭、破产	

续表

序号	被处置证券公司名称	处置时间	涉及的处置方式	备注
14	昆仑证券	2005.10	责令关闭、破产	
15	广东证券	2005.11	责令关闭、破产	
16	天勤证券	2005.11	责令关闭、破产	
17	西北证券	2005.12	责令关闭、破产	
18	华夏证券	2005.12	撤销证券业务许可后关闭、破产重组	证券公司重组范围
19	兴安证券	2005.12	责令关闭、破产	
20	河北证券	2006.1	撤销、破产	
21	新疆证券	2006.2	撤销、破产重组	证券公司重组范围
22	中关村证券	2006.2	撤销、破产	
23	中科证券	2006.2	撤销、破产	
24	天同证券	2006.3	责令关闭、破产重组	证券公司重组范围
25	健桥证券	2006.3	撤销、破产	
26	大通证券	2006.4	破产重整	
27	第一证券	2006.6	撤销证券业务许可、转为实业公司	
28	天一证券	2006.7	撤销、破产	
29	中富证券	2006.7	撤销、破产	
30	巨田证券	2006.10	撤销证券业务许可、转为实业公司	
31	中期证券	2006.11	撤销证券业务许可、转为实业公司	

第三节 高风险证券公司重组措施

2003年后证券公司风险集中爆发本质上是我国经济转轨过程中资本市场机制建设和证券公司长期积累问题的充分暴露。为从根本上解决问题，国务院统一部署，决定按照风险处置、日常监管和推进行业发展三管齐下，防治结合、以防为主、标本兼治、形成机制的总体思路，对证券公司实施综合治理。其中，首先要解决的燃眉之急就是，高风险证券公司的风险化解和市场退出问题。当时，若仅依赖市场力量对证券

第六章 高风险证券业金融机构风险处置的战略抉择

公司特别是一些大型证券公司实施市场退出,在已经"草木皆兵"的市场环境下,不利于投资者信心恢复和市场稳定。经权衡利弊,国务院最终明确了按照行政指导和市场化相结合的原则,采取多种模式由人民银行会同有关部门和地方政府,稳步推进南方证券等9家证券公司重组,同时,人民银行配合有关部门对闽发证券等31家高风险证券公司实施关闭破产等风险处置措施。在此过程中,注重加强资本市场风险防范长效机制建设,以此整顿资本市场秩序,规范和完善对证券公司的监管,鼓励和扶持优秀的证券公司做强做大,促进行业整合发展。

2005年,由人民银行牵头,证监会、财政部、国务院法制办、最高人民法院等有关单位参加的高风险证券公司重组工作小组成立,确定了"既要解决证券公司当前面临的突出问题,又要对资本市场改革与健康发展起到重大促进作用;既能重组壮大民族证券公司实力,又能保证国家注资安全;既明确改革中各方面的责任,又明确相应的协调机制"的证券公司重组原则和目标,启动证券公司重组工作。按照重组的原则和目标,人民银行会同有关部门根据底数清楚、对全国或某一地区的金融和社会稳定影响较大以及控股股东因素等标准,将十几家证券公司纳入重组考虑范围。结合各证券公司的实际情况,综合考虑历史包袱、地方政府支持力度、地方证券资源整合和重组资金成本等因素,创造性地以中央汇金投资有限公司(简称"汇金公司")和中国建银投资有限公司(简称"建银投资")为重组平台,采取股东注资、提供流动性支持以及引进境外战略投资者等多种方式,先后研究确定了南方证券等9家证券公司的重组方案,形成了证券公司重组的多种模式。

一、注资重组模式

注资重组模式是指在保持原证券公司存续基础上,通过注入资本金、提供流动性支持等方式,帮助其提高抗风险能力。在实践中,为了保证注入资金的安全，需要对原公司的治理结构进行必要的调整，如原有股东需让渡部分股份的表决权，并对阶段性持股股权的退出收益给予一定的回报承诺等。这一重组方式依托原有存续公司，只需要股东方达成协议，操作相对简单，但由于风险未隔离，存续公司的遗留问题可能使注资后的股东面临潜在的或有风险，因此这一模式主要适用于管理水平相对较高、资产质量相对较好、地方政府做了大量基础工作的证券公司。

在证券公司重组过程中，人民银行会同有关部门主要对3家证券公司采取了这种重组模式，并且在重组过程中，根据各公司的不同实际情况，有针对性地采取了不同条件的附加协议安排，保证了重组工作的顺利进行。以A公司为例，其存在较高的流动性风险，但具备一定的可持续经营基础。其重组方案要点包括：

一是原股东缩股增资。A公司原有全体股东按照一定比例缩股，A公司注册资本调减，同时，A公司全体原有股东向完成减资的新公司注入有效资产，以弥补新公司净资产账面值与注册资本之间的缺口。

二是遗留问题处置。新公司全面落实解决挪用客户债券、股东抽逃占用资金、解除为股东关联企业提供的关联担保、规范进行所持金融机构股权转让等其他遗留问题；重组前的亏损由原有全体股东承担。

三是注资重组。在上述问题全面解决的基础上，新引入两家股东对A公司进行增资扩股。

四是流动性支持。新股东甲根据新公司实际经营需要和提供担保情况，提供总额不超过一定限额的流动性资金支持，新公司须支付合理资金成本。

五是退出安排。重组方案明确，新股东甲注资持股期满3年后可选择按照市场化方式安全退出。若市场退出方式不能保证注资安全，新股东乙将按照不低于甲的出资额加合理筹资成本的价格收购。

二、"清算关闭+新设"重组模式

"清算关闭+新设"重组模式主要针对那些风险较高、债权债务关系较为复杂的证券公司。重组时需在关闭原有高风险证券公司的同时，设立新的证券公司按照市场化原则承接原有公司的证券类业务和资产，实现经纪客户、业务和员工的平稳过渡，保证新设证券公司的正常经营。这一重组方式可以同时达到如下三个目的：一是严肃市场纪律，对高风险证券公司进行清算关闭，有利于强化市场约束，彻底解决历史遗留问题。二是实现风险隔离，新设立的公司按照市场化原则支付对价承接被处置证券公司的证券类资产，保证了原有公司证券业务的延续性，减少了对市场的冲击，同时也避免了原有公司债权债务纠纷可能对新公司正常经营的影响。三是实现了损失的分担。高风险证券公司通常存在较大的客户交易结算资金挪用缺口和个人债权赔付的风险敞口，如果不实施重组，按照相关政策，需国家投入巨额资金弥补客户交易结算资金缺口和收购个人债权，避免证券公司风险的扩散。而通过重组，由新的股东注入相应的资金，塑造新的、规范的、具备持续盈利能力的证券公司经营主体，将关闭问题证券公司的"死钱"变成可以造血的"活钱"，通过老股东、债权人、新股东等市场参与主体共同分担损失的方式，减少了国家的损失，也实现了高风险证券公司清算关闭对市场的冲击最小化。

在证券公司重组过程中，人民银行会同有关部门对2家证券公司采取了这种重组模式。在具体方案设计中，根据各公司的风险状况、债权人的损失承担能力以及重组意愿等，形成了略有差异的重组方案。以B公司为例，其"清算关闭+新设"重组主要包括以下几个重点步骤。

一是设立新公司。由2家机构分别出资，成立了新证券公司。此外，其中1家机构和另1家机构联合出资设立了新的资产管理公司。

二是进行资产处置。新证券公司溢价收购 B 公司的证券类资产。新资产管理公司溢价收购 B 公司对 B 公司子公司（主要持有 B 公司非证券类资产，由于 B 公司划转非证券类资产时子公司并未支付对价，以 B 公司对其的应收账款体现）的应收账款。重组方案同时明确，新资产管理公司可协议收购 B 公司子公司 100% 股权，若未达成协议，新资产管理公司将以债权人身份接管该子公司。

三是清算关闭。2005 年，B 公司关闭。2008 年，B 公司清算完毕，清算组向法院申请宣告其正式破产。

三、资源整合模式

资源整合模式主要是针对同一区域内，既有高风险证券公司，又有运作较为规范的证券公司的情形。对于高风险证券公司，作为单独的市场主体已无重组意义，但出于整合区域内金融资源，提升区域金融服务能力等综合因素考虑，可在对高风险证券公司进行风险处置时，将其证券类业务和资产整合到同一区域内经营较为规范的证券公司内，从而达到地区资源整合的目的。该模式在实践中通常采取三个步骤：一是对区域内规范证券公司进行注资重组，提升其资金实力和综合素质，为整合资源打下基础。二是对区域内高风险证券公司进行清算关闭，实现市场退出。三是经过重组的区域内规范证券公司出资收购被处置证券公司的资产，实现证券类业务的平稳转移和资源的有效整合。

在证券公司重组过程中，人民银行会同有关部门根据区域内金融发展的需要，主要对两个省级行政区的 4 家证券公司采取了这种重组方式。在具体方案的设计上，根据各证券公司的具体情况，资源整合方案有所差别。在 A 省案例中，利用辖内有上市证券公司这一有利条件，将对 A 公司的风险处置、重组和上市证券公司的股权分置改革结合起来，采用市场化方式消化和吸收重组成本。在 B 省案例中，将清算 B

公司与重组相对规范证券公司统筹考虑,一方面对风险很大、失去重组价值的 B 公司给予行政关闭,另一方面对规模不大、但经营尚且规范的证券公司进行增资扩股,承接 B 公司证券类资产,扶持其发展成为省内治理结构完善、内控制度健全、经营运作规范的综合类证券公司。

四、金融控股公司模式

证券公司重组的目的不仅在于化解风险,更在于夯实证券行业发展的基础,探索民族证券业做大做强的新路,为证券业参与国际竞争做好准备。为此,在证券公司重组过程中,人民银行会同有关部门在处置风险的同时,也积极探索证券业综合经营的新模式。经多方研究,确定以某大型国有独资证券公司 C 公司为试点,将风险处置和制度创新相结合,形成了证券公司重组的金融控股模式。

选择 C 公司探索这一重组模式,主要基于如下原因:一是 C 公司在市场中影响较大,一旦关闭清算,不利于维护市场信心,更适宜通过重组方式化解风险。二是 C 公司是在承接多家金融机构证券业务部门及证券营业部的基础上组建,历史遗留问题较多,经过重组,有利于从体制机制上彻底解决历史遗留问题。

C 公司的重组采取如下步骤进行:一是由重组方出资设立控股公司作为重组平台。二是控股公司联合其他投资者共同发起设立新证券公司,新证券公司按照市场原则以公允价格购买 C 公司的投行业务、证券经纪业务及相应资产。三是原 C 公司更名为投资公司,并依法承接原 C 公司的资产、负债以及除证券经纪、投行业务外的各项业务,在原 C 公司资本金及股东结构的基础上,控股公司再向投资公司追加资本金,用于支持投资公司解决原 C 公司的遗留债权债务问题。四是为控股公司拓展其他业务留下空间。

这一模式有如下优点:一是通过设立金融控股公司并分别发起设

立各子公司，可以满足《公司法》有关公司分立的要求，从而既保持了证券经纪与投行业务的连续性，又为处理原 C 公司历史形成的债权债务关系留下了空间与时间，确保了 C 公司的重组平稳过渡。二是通过资产重组，突出各子公司的专业性和集团内各公司的互补性，既打造出一个资本充足、内控严密的综合券商，又培育出其他新的证券市场投资主体，在"分业经营"的法律框架下，对金融业综合经营进行探索。三是明确重组方作为国有资本出资人在新证券公司的地位，解决了过去出资人监管缺位的问题，完善了新证券公司的治理结构。

五、利用外资重组模式

利用外资重组模式也是在证券公司重组过程中，探索风险处置与制度创新相结合的重要模式。通过引入国际知名的投资银行作为高风险证券公司的重组方，有利于实现多方共赢的局面：一是在符合有关法律法规的前提下，引进外资对证券公司进行重组有利于降低国家处置证券公司风险的成本；二是可以为证券行业引进先进管理经验，完善公司治理，提升公司规范运作水平；三是提升行业竞争水平，为积极参与国际竞争创造条件。在证券公司重组过程中，综合各方面的情况，人民银行会同有关部门选择 1 家证券公司探索了引入外资重组模式。

F 公司的重组方案以"清算关闭 + 新设"为基本重组框架，但在实际操作中，为了符合外资参股证券公司的相关要求，创造性地设计了重组的交易架构，妥善地处理了政策要求与风险处置之间的关系，实现了引入外资参与证券公司风险化解的政策目标。主要体现在：一是由于相关政策规定，外资不能直接发起设立合资证券公司，方案以某机构作为过桥公司，由该机构及其全资设立的资产管理公司共同发起设立新证券公司，通过转让部分股权给外资的方式引入外资投资者。二是针对当时外资在证券公司持股比例不能超过25%（单一外资持股比例不得超过20%）的限制，方案明确外资股东的持股比例需符合相关政策。在政策允许的持股范围内，外资通过溢价收购股权的方式，承担了相应的风险处置成本。同时，为了发挥外资在新证券公司经营中的积极性，同意部分中资股东向外资让渡部分表决权，使外资在新证券公司中享有一定的经营管理主导权。在妥善解决外资入股问题的同时，针对F公司关闭后老股东损失过大可能引发的遗留问题，方案通过向原F公司老股东以象征性价格转让部分新证券公司股权的方式，减少了F公司老股东的损失，妥善解决了历史遗留问题。

第四节 高风险证券公司处置经验和成果

一、证券公司重组取得明显成效

从后效来看，证券公司重组的实施，提升了市场信心，增强了证券公司实力，为资本市场的持续健康发展奠定了坚实的基础。

（一）证券公司重组最大限度地降低了证券公司风险对市场的冲击，提升了资本市场信心

在当时的历史条件下，证券市场持续低迷，我国证券行业的生存和发展面临严重困难。证券公司重组的适时启动，对行业的稳定和持续健康发展发挥了重要的促进作用。在重组过程中，人民银行会同有关部门因地制宜，采取灵活多样的重组方式，不仅提升了大型证券公司的抗风险能力，将对市场可能的冲击降到了最低，并且通过重组，人民银行明确要求所有使用国家资源进行重组的证券公司，必须实施客户交易结

算资金的第三方存管制度,从根本上杜绝证券公司违规挪用客户交易结算资金的可能。客户交易结算资金第三方存管制度等一系列资本市场基础设施的完善,为证券公司持续稳健经营打下了坚实的基础,也体现了政府对资本市场发展的高度重视,快速、有效地提升了证券市场的信心,维护了资本市场稳定。

(二)增强了证券公司综合实力,成功抵御了国际金融危机

通过重组,不仅使高风险证券公司风险得到化解,股权价值不断提升,而且通过资源整合,促进了民族证券公司的做大做强,有力推动了证券行业的健康发展,在2008年爆发的国际金融危机中,证券行业经受住了考验,成功抵御了风险。主要体现为:一是证券公司重组后短期偿债能力增强。证券公司重组前,普遍存在着流动性困难,短期偿债能力不强的问题。重组后,各证券公司的流动比率均符合证券公司风险控制指标的要求,短期偿债能力大幅度增强。二是净资本显著提高。2010年,重组证券公司的净资本和净资产规模较2005年有了大幅提高。某公司在重组前净资本为 -4.85亿元,经过重组已获得创新业务资格,分类评级为"A类A级",净资本达到121亿元。另一家公司重组前仅为规范类证券公司,经过重组不仅获得了创新业务资格,而且成为在证券市场排名靠前的证券公司。三是盈利能力明显增强。重组证券公司2005年亏损25亿元,仅有3家公司实现微利。2006年,重组后的9家证券公司实现盈利60亿元,占全行业盈利的1/4。2010年,证券行业盈利能力更是大幅度增强,证券公司全年实现净利润775.57亿元,重组证券公司实现净利润172.25亿元。四是治理结构得到改善。汇金公司和建银投资等重组方注资证券公司的同时,通过派入股权董事、选聘独立董事,公开招聘公司高管人员等方式,逐步优化证券公司内部治理结构,使得证券公司合法、规范化经营进一步强化。

第六章　高风险证券业金融机构风险处置的战略抉择

（三）实现了国有资本保值增值和重组资金的安全

在证券公司重组初期，社会上普遍对重组资金的安全性比较担心。因此，在重组之初即明确一条原则，重组虽然有政策考虑，但重组有关各方有责任和义务保障重组资金安全。事实证明，通过重组，证券公司风险得以化解，净资本、流动性显著提高，证券公司资产质量及抗风险能力显著增强，重组资金实现了保值增值。如某公司股价从重组之初到2010年底涨幅约10倍，重组资金实现了增值目标；某公司在重组后不久成功上市；部分当时未上市证券公司价值也显著提升。

二、制度建设取得实效

证券公司风险集中爆发后的综合治理期间，人民银行、证监会等有关部门在推动证券公司重组、集中处置一批高风险证券公司的过程中，着力从制度设计、机制完善、部门协调等多个方面建立证券公司风险处置的长效机制，进一步强化了行业合规经营的外部约束，为资本市场的持续健康发展打下了基础。

（一）推动客户资金第三方存管等资本市场基础性制度建设

在证券公司重组和风险处置过程中，人民银行、证监会等有关部门积极研究、认真回溯风险爆发的原因，查找制度上的不足，有针对性地改革完善了客户交易结算资金存管、国债回购交易结算以及资产管理业务等相关制度，为证券公司风险控制和资本市场的健康发展提供了保障。在客户交易结算资金存管制度方面，以南方证券风险处置为契机，人民银行率先提出，对于利用国家公共资金和资源进行重组的证券公司必须率先实现证券客户交易结算资金的第三方存管，对于其他证券公司，也要在全行业积极推动，分步实施。目前，客户交易结算资金第三方存管制度已在证券业全行业全面实施，切实防止了证券公司挪用客户证券交易结算资金行为的发生，有效确保了投资者的资金安全。在国债回购交易结算制度方面，逐步停止老国债回购业务并启动新的买断式国债回购制度，从机制上防范了证券公司挪用客户国债进行回购交易的违规行为。在资产管理业务制度方面，实行第三方资产托管、风险揭示、信息披露、账户报备及份额集中登记制度，推行信息公示与财务报告披露制度等，坚决打击保本保底的违规行为，对规范证券公司的经营行为，防范风险起到了积极的作用。

（二）建立证券投资者保护基金等证券公司风险处置的长效机制

在切实保护投资者合法权益的同时，为从机制上对高风险证券公司个人债权及客户交易结算资金缺口由人民银行再贷款偿付可能引发的道德风险做好防范，证监会、人民银行、财政部等有关部门大力推动建立证券投资者保护制度，构建证券公司风险处置长效机制。2005年6月，证监会、人民银行、财政部联合发布《证券投资者保护基金管理办法》，设立国有独资的中国证券投资者保护基金有限责任公司（以下简称"证券投资者保护基金"）。证券投资者保护基金的主要职能是按照"取之于市场、用之于市场"的原则筹集资金，根据国家有关政策规定对被处置证券公司债权人予以偿付，有利于减轻市场预期政府部门进行风险处置从而产生的道德风险。考虑到证券投资者保护基金成立初期支出大于收入，由人民银行提供专项再贷款额度，根据证券公司风险处置需要分批拨付，保证了证券公司风险处置的顺利进行。证券公司风险处置过程中，证券投资者保护基金实际承贷部分再贷款，截至2011年6月，证券投资者保护基金已全部还清再贷款本息。目前，证券投资者保护基金一直在持续运作中，切实发挥了市场化风险防范和化解的第一道屏障作用。

第六章 高风险证券业金融机构风险处置的战略抉择

(三) 探索形成一套完整的证券公司风险处置机制

证券公司风险处置机制建设对于强化市场约束，促进行业优胜劣汰具有积极作用。在这一轮风险处置过程中，面对诸多新情况、新问题以及大量突发事件，在没有先例可循的困难情况下，证监会、人民银行等有关部门慎重研究，科学决策，创造性地开展工作，在实践中形成了一整套行之有效的政策和做法。《证券公司监督管理条例》和《证券公司风险处置条例》等一系列法规陆续出台，推动了证券行业监管及风险处置的一系列政策法规体系基本成形。此外，在处置"德隆系"风险时研究出台《个人债权及客户证券交易结算资金收购意见》的基础上，在证券公司风险处置期间人民银行又牵头推动出台了《关于个人债权收购有关问题的补充通知》和《个人债权及客户交易结算资金收购实施办法》等规范性文件，进一步采取累进打折机制，金额越大的个人债权打折越多，直至300万元以上不予收购。逐步收紧的打折收购政策的实施，对投资者进行了一次风险警示教育，较好地实现了保护中小投资者利益、维护社会稳定和防范道德风险之间的合理平衡，为平稳有序处置证券公司风险创造了必要条件，也有效地维护了投资者对银行体系和证券市场的信心，维护了我国金融市场的稳定发展。

第七章
高风险保险业金融机构
风险处置的战略抉择

对处置金融风险而言，在线修复是一种相对低成本、高效率的手段。周小川行长于 2010 年 8 月 3 日在日本银行的主题演讲《中央银行在维护金融稳定中的作用》中指出："当（金融系统这台）机器的某些部件出问题时，多数时候需要进行在线修复，因为经济运行没法中断，所以要让机器继续运转，同时更换有问题的部件"。2006 年以来，保监会、人民银行等部门积极推动一些高风险保险机构重组，保险公司资本实力和抗风险能力稳步增强。

第一节 保险公司改革重组的背景

21 世纪以来，我国保险公司资本金不足、业务发展缓慢、竞争力偏弱等问题开始显现，整体上积聚了一定风险，也制约了保险业长期健康发展。个别大型保险公司若风险继续演化，不利于保险业和金融市场稳健发展。

第七章　高风险保险业金融机构风险处置的战略抉择

一、案例一：A 公司发展困境

A 公司是我国国有独资再保险公司，受 2006 年我国取消法定分保比例、国际大型再保险公司进入中国市场竞争加剧，以及 A 公司早期历史遗留问题等因素影响，当时 A 公司经营面临较大困难，主要面临以下风险：

历史包袱较重。A 公司成立之初，注册资本 20 亿元，但实际到位的资本金不足。同时，因历史遗留问题形成巨额亏损，导致 2006 年 A 公司资本状况堪忧，且可能持续成为 A 公司的一个风险隐患。

偿付能力不足。根据 A 公司测算，当时，按照财政部颁布的《保险公司财务制度》计提再保险责任准备金，其偿付能力充足率为 161.88%，满足大于 100% 的监管要求。但根据国际通行的法定再保险责任准备金的精算方法，经毕马威会计师事务所测算，截至 2004 年底，A 公司法定再保险责任准备金存在缺口，偿付能力不足。

经营压力大。根据加入 WTO 的承诺，我国自 2003 年起逐年降低法定分保业务份额，于 2006 年 1 月 1 日起全部取消。同时，随着保险业的迅速发展，我国商业分保业务不断增加。在法定分保业务和商业分保业务此消彼长的过程中，A 公司的经营遭受了较大压力。一方面，法定分保的取消使其现金流面临巨大压力。另一方面，由于偿付能力不足、资本少，A 公司总承保能力偏弱，难以跟上商业分保业务的增长速度。

承保能力较低。截至 2006 年底，A 公司注册资本与外资再保险公司资本金差距较大。瑞士再保险公司和慕尼黑再保险公司资本金分别是 A 公司的 41 倍和 68 倍，这表明 A 公司的承保能力已经呈现较大不足。2005 年国内保险市场保费收入近 5 000 亿元，A 公司同期再保险保费收入 215 亿元，所占比重为 4.3%，而发达国家这个比重为 20% 左右。按照《保险法》1:4 承保能力规定，A 公司依托其较少的资本金，难以发挥市场业务主渠道作用。而随着外资再保险公司进入中国市场，A 公司资本金不足问题日益突出，也越来越难以应对国内再保险市场的国际化竞争。

二、案例二：B 公司风险困境

B 公司是国内大型保险公司之一，主要经营财产保险业务。2002年，B 公司开始实施扩张战略，由于管理较为粗放、公司管理层对行业特点认知不足，以及公司治理缺乏监督制约，B 公司在其业务规模快速扩张过程中累积了较大风险。其综合费用率始终高于30%，尤其是2003年更是达到了50.3%。随着业务赔付成本的急剧升高，2006年起公司综合成本率持续高于100%的盈亏平衡点。

2007年以前，B 公司执行旧的会计制度，各项责任准备金的提取与保险责任不匹配，导致经营成本滞后反映，因此2002年至2006年的综合赔付率并未真实反映当期较差的业务质量。2007年，根据监管部门对产险业的统一要求和部署，B 公司按照《保险公司非寿险业务责任准备金管理办法（试行）》要求，采用国际通行精算方法，并开始计提各项责任准备金。制度的切换，导致以前年度的业务亏损集中体现。2007会计年度公司的综合赔付率达到108.4%，明显高于2006年的62.5%，综合成本率达到143.5%，形成了年度巨额亏损，偿付能力存在较大缺口，净资产迅速恶化。公司陷入严重资不抵债的境况。2008和2009年，随着市场环境的逐步好转和监管措施效果显现，公司的综合成本率有所下降，但依然高于100%，年度亏损和偿付能力缺口仍然较高。

第二节　改革的战略抉择：重组

一、A 公司改革重组

2006年末，针对 A 公司经营中的问题，人民银行会同有关部门制

第七章 高风险保险业金融机构风险处置的战略抉择

订了改革方案，积极推动 A 公司改革重组工作。为充分发挥再保险在分散风险、扩大承保能力、调节市场价格、引领产品创新等方面的重要功能和特殊作用，提高 A 公司的国际竞争力，促进我国保险业全面协调发展，并加强再保险服务大局承担农业保险、巨灾保险等社会责任的需要，经国务院批准，多方部门积极配合，共同推动 A 公司股份制改革。A 公司经受住了 2008 年自然灾害以及国际金融危机的冲击，也在事后证明了这次改革的必要性和前瞻性。

（一）改革目标

A 公司注资改制的总体目标是：借鉴国有商业银行和国有保险公司股份制改革的成功经验，由汇金公司向 A 公司注资补充资本金，通过财务重组、内部改革和严格外部监管，真正建立现代金融企业制度。按照"产权清晰、权责明确、政企分开、管理科学"的现代企业制度和资本市场要求，健全法人治理结构，转换经营机制，加强内部管理，实现可持续发展，成为偿付能力充足、内控严密、运行安全、服务和效益良好、具有国际竞争力的现代保险企业。创造条件并选择有利时机在境内外上市，实现公众持股。

（二）重组措施

2006 年初，在反复论证向 A 公司注资的可行性与必要性以及注资改制方案的基础上，人民银行会同财政部、保监会等相关部门，推动由汇金公司代表国家履行出资人职能，开始 A 公司注资改制。改制主要步骤包括：

注资并设立股份公司。考虑到未来中国保险和再保险市场发展规模和 A 公司业务发展的需要，同时参考国际上再保险公司年净保费收入不超过所有者权益 2 倍的通行原则，由国家动用外汇储备向 A 公司注资，确保本次注资能保证 A 公司的偿付能力充足率保持在 200% 以上。2007年4月，汇金公司向A公司注资，财政部以2006年12月31日评估的净资产出资，A公司的人民币资本金大幅增加。注资完成后，改制后A公司挂牌成立。

建立现代公司治理机制，加快内部改革。注资完成后，A公司以转换经营机制为重，不断健全法人治理结构，改善内部管理。一是按照股权结构和《公司法》相关规定，根据"三会分设、三权分开、有效制约、协调发展"的原则，建立规范的股东大会、董事会、监事会制度，充分发挥股东大会、董事会、监事会、公司经营层的作用。2007年，公司第一届董事会和监事会由公司创立大会暨第一次股东大会选举产生，并成立了董事会审计委员会、提名薪酬委员会等专门委员会。二是制定清晰的发展战略，树立以效益为核心的经营观念，从自身实际出发，以市场为导向，坚持公司价值最大化方针，努力实现国有资产增值。三是建立健全内部控制机制，制订实施内控建设方案，梳理内控重要流程，健全内控管理制度，增强内部审计的独立性、专业性与权威性，建立完善的风险控制体系。四是强化风险管理规章制度，建立定期风险评估机制，加强定量风险评估等先进技术手段的应用。五是按照国际标准建立审慎的会计、财务制度，加强信息披露，提高透明度。六是根据市场化原则，加快建立与现代金融企业制度相适应的人力资源管理制度，建立健全全面的考核体制。

实现股权整合。对主营业务子公司实现了集团由相对控股向绝对控股的股权转变。通过集团对主营业务子公司的股权收购及增资，A公司对主营业务子公司的持股比例均达到90%以上的绝对控股标准（其中对1家子公司实际控制持股达到了100%），实现了股权整合的目标。

（三）改革成效

一是偿付能力大幅提高。汇金公司注资后，A公司的资本金在全球再保险行业排名中跃入前十，资本实力大大增加。资本金的扩充使A

第七章 高风险保险业金融机构风险处置的战略抉择

公司的偿付能力充足率有了明显提高，截至 2011 年底，集团本级偿付能力充足率达 5 517%。

二是整体经营效益不断提升。2007 年，A 公司完成注资后，当年即获得盈利。2008 年，受金融危机、自然灾害与地震以及汇兑损失等因素的影响，A 公司出现亏损。但由于 A 公司总体实力和经营管理能力的提升，在 2008 年受到巨灾重大影响后，A 公司于 2009 年和 2010 年加大了国际分保业务，2009 年即实现扭亏为盈，之后盈利水平继续提高。

三是再保险综合服务保障功能不断增强。随着资本金实力的显著增强和业务的快速发展，A 公司的再保险功能得到有效发挥。据统计，2006 年至 2011 年 A 公司赔款支出总额高达 958 亿元，总承保保险金额超过万亿元人民币。在地震、雨雪冰冻等严重自然灾害发生较为集中的 2008 年，A 公司经受住了巨灾冲击，为国内保险业和保户支付了 181 亿元的赔款，避免了直保公司财务状况的恶化，有效地熨平了保险业的波动。

A 公司注资改制的成功，有效提升了国内保险业服务经济社会的能力。2007 年，A 公司与国内主要财产险公司签署协议，成为国内政策性农业保险框架唯一再保险服务提供商，2009 年又与某省级人民政府合作，承担辖区农险业务赔付率在 160% 至 300% 之间的赔款责任。据统计，"十一五"期间，A 公司累计支付农险赔款超过 30 亿元，累计转移农业种植业和养殖业风险责任超过 1 500 亿元。2008 年以来，在面临国内保险市场恶性竞争的不利局面下，A 公司作为国内分保的主渠道，通过严格再保险承保条件和定价约束，引导直保市场理性竞争、规范经营，为 2009 年以来国内直保市场的良性竞争和规范发展作出了重要贡献。

四是公司治理和内控机制不断完善，品牌形象实现提升。完成注资后，A 公司开展了从追求规模速度向实现效益发展的战略调整，形成了清晰的科学发展思路，及自上而下、全员参与、职责明确的内控与风险管理组织体系，理顺了集团与子公司的关系，充分发挥集团产业协同效应。在现代公司治理机制的带动下，集团品牌形象方面也实现了质的提升。A公司及其2家子公司均已获得主要从事保险行业评级的国际机构的贝氏评级公司（A. M. Best Co.）"A"的国际评级，成为第一家获得贝氏评级的中资保险公司。

二、B公司改革重组

（一）改革的主要考虑

在B公司风险暴露初期，有关部门进行了采取监管措施、督促公司改善经营管理，派驻工作组、加强内控管理，以及寻求市场化重组（后失败）等多种初期改革措施，但未能取得显著效果。在此背景下，多部门联合研究B公司后期存续的主要问题，认为：B公司技术层面符合破产条件，但考虑到公司在财产保险行业具有一定地位和影响，且在国际金融危机背景下，B公司破产清算，不利于保险业发展和金融市场稳定，因此，不宜采用破产重组方法处置B公司风险。

从改革主体上看，保险保障基金公司具备注资重组的实施条件。2005年1月1日，《保险保障基金管理办法》正式实施，中国保险保障基金成立，基金采取"集中管理，统筹使用"的运作模式。为进一步提高保险保障基金的市场化、专业化运作水平和风险处置能力，人民银行积极配合推动保险保障基金管理模式市场化改革。2008年9月，保监会、财政部、人民银行修订并联合发布《保险保障基金管理办法》，国有独资的保险保障基金公司正式成立，由保监会、人民银行等相关部门及保险公司代表组成董事会作为公司的决策机构。

《保险保障基金管理办法》和保险保障基金公司的成立使保险保障

第七章 高风险保险业金融机构风险处置的战略抉择

基金注资重组 B 公司具备了条件。从制度依据上看,《保险保障基金管理办法》第十六条第（二）项明确规定，在"保险公司存在重大风险，可能严重危及社会公共利益和金融稳定"的情况下，可以动用保险保障基金。从实施主体上看，保险保障基金公司依法负责保险保障基金的筹集、管理和使用。从资本保证上看，截至 2011 年底，保险保障基金规模已超过 300 亿元。

从改革步骤上看，逐步化解 B 公司风险具备可行性。B 公司 80%的业务为一年期车险，承保标的分散，发生巨额损失的可能性较小，总体风险可控。同时，作为我国大型财产保险公司，B 公司保有的机构网络、人才队伍、客户基础和市场份额，仍具有一定的商业价值。在市场化重组条件尚不完全具备的情况下，为了不失时机地抓紧有效解决公司治理不完善、管理薄弱等问题，采取先由保险保障基金公司注资重组，再择机引进其他投资者进行市场化重组的方式，有步骤地化解 B 公司的风险，是比较现实和稳妥的选择。

（二）重组措施

按照"维护稳定、先急后缓、依法合规、资金安全"原则，保监会、人民银行等有关部门研究制订了 B 公司改革方案：在稳妥处理员工持股和原股东承担一定责任的前提下，由保险保障基金公司对 B 公司分阶段实施重组，采取的主要措施包括：

一是托管主要股份。2010 年 4 月，保险保障基金公司经董事会和监管部门批准，托管了 B 公司主要股份，开始履行股东职责。在实现重组控股前，由保险保障基金公司托管 B 公司主要股权，取得公司管理权，从公司治理层面介入风险处置工作，有利于提前构建和完善公司治理机制，全面加强管理，控制风险隐患。

二是加强公司治理，改善经营管理。2010 年 8 月，B 公司股东大会召开，选择一批熟悉保险经营、专业能力较强的人员担任董事，组成了新一届董事会。新董事会选举了董事长，聘任了总经理，设立了董事会提名薪酬委员会和审计委员会，健全了董事会运作机制。作为托管股东，保险保障基金公司也加强了对 B 公司有关经营方针和发展战略的管理，与公司经营层保持充分沟通。

三是实现股权重组。2011 年 9 月，保险保障基金公司与 B 公司股东正式签署了重组协议及相关股份转让协议，根据协议约定，保险保障基金公司将无偿受让 B 公司一定比例股份，之后，B 公司召开股东大会，审议通过了股份转让的协议。

四是注资改造。2012 年 2 月，保险保障基金公司向 B 公司注资，保险保障基金公司持股比例上升。注资后，B 公司资本实力增加，偿付能力充足率有所提高。

（三）改革与重组经验

总的来看，保险保障基金公司注资重组 B 公司的方案，是在当时公司亏损严重，引入战略投资者难度较大的情况下作出的现实选择。改革过程中，通过及时更换管理层控制风险、削减原股东权益、妥善处理员工股并对造成风险积累的有关人员问责、运用市场化的手段和资源进行注资重组，基本稳妥实现了改革重组的初期目标。改革后，B 公司的公司治理结构得到重建，公司内控治理逐步走向常态化，经营管理得到切实改善，主要经营指标出现明显好转，实现扭亏为盈和偿付能力的提升。改革经验进一步凸显了理顺公司治理机制、严肃整顿市场秩序对防范金融风险的重要性。

机构发展篇

第八章
科学审慎推动金融业综合经营

分业经营和综合经营是金融业不同的经营模式。分业经营指银行业、证券业、保险业等金融机构只能在自身行业范围内开展业务，不能涉足其他行业。其优势在于，在银行和证券市场之间构筑一道"防火墙"，避免证券市场风险损害银行乃至整个国家的信用体系，减少大型机构的垄断，避免损害公平竞争。

综合经营指各行业金融机构可以跨业经营。其在规模经济和范围经济方面具有优势，有利于降低客户交易成本，提高金融机构经营效率。金融业综合经营的基本形态可以大致划分为全能银行和金融集团两种模式：全能银行模式指银行、证券、保险两种类型以上的金融服务由一个金融机构提供；金融集团模式指集团由母、子公司共同构成，金融业务在集团占比超过50%。金融集团又可分为母子公司和金融控股公司两类。母子公司由金融机构作为母公司，跨业投资、控股不同行业子公司；金融控股公司指控股公司自身是一个纯粹的、不从事具体金融业务的公司，同时控股银行、证券、保险中两种或两种类型以上的金融机构。此外，在分业经营的基本业态下，不同类型金融机构开展跨行业、跨市场业务，典型的是资产管理业务。

金融业是分业经营还是综合经营？这是伴随金融机构改革与发展过程的一个重要问题，也是在我国金融改革创新进程中反复存在激烈争议的命题。就此，周小川行长在 2006 年 6 月 15 日 "交银汇丰论坛"上指出："要能够正确解读现实、解读历史，为稳步推进金融业综合经营创造必要的环境。金融业综合经营必须稳步试点，因为金融机构需要在人才储备和风险控制方面达到较高的水平。稳步试点并不是说所有的金融机构都会在各个方面推进多元化和综合经营的模式。稳步试点对立法机构、中央银行、监管机构都不断提出了新的要求，配合金融业和国民经济发展要求，要争取把各方面做得更好，取得有效的进展，积累更多的经验。"从世界范围看，金融业存在着"危机—管制—金融抑制—放松管制—新的危机"的循环，分业经营和综合经营交替出现在金融业发展的进程中，自 20 世纪 80 年代以来，随着金融自由化与金融创新的发展，综合经营逐渐成为当今世界金融业的主要经营模式。分业经营通常是在金融危机之后，政府为维护金融安全施加给金融业的强制性要求，综合经营则是金融机构出于生存发展和竞争需要突破业务限制，以及金融监管放松管制的结果。分业经营与金融安全的要求相关联，综合经营与日趋激烈的竞争相伴随。对于社会主义市场经济体制改革背景下的中国金融机构，同样也是在系统性风险与竞争压力的权衡中，进行着综合经营的探索和实践。

第一节 中国金融业综合经营试点观念的争论

一、反思历史：综合经营与金融乱象的关系

从起源上看，中国金融业分业经营和分业监管体制的设计，并不是

第八章 科学审慎推动金融业综合经营

从实现金融业的效率出发,而是从治理金融秩序混乱、防范金融风险出发的。对于进入新世纪的中国,金融业综合经营并不是新生事物。1978年党的十一届三中全会确立了经济和金融改革的指导思想后,中国就出现了金融机构多元化和金融业务多样化的局面(当时被普遍称作混业经营)。20世纪90年代初,大多数商业银行不同程度地通过全资或参股的证券公司、信托投资公司参与了证券和投资业务,导致大量信贷资金进入股票、外汇、期货和地产市场,导致金融秩序混乱。混业经营被认为是造成这种局面的重要原因。从1993年下半年开始,中国开始整治"乱设金融机构、乱拆借、乱办金融业务"行为,到21世纪初,逐步确立了分业经营和分业监管体制。

但是,反思20世纪90年代初期的金融乱象,原因是多方面的[①],包括立法滞后、监管不足、内控机制不健全、会计准则不完善、人才缺乏等。在当时的金融生态环境下,金融业出现混乱有其客观必然性,与综合经营并没有必然关系。如美国对大萧条的反思,1929年发生大萧条后,美国于1933年制定了《格拉斯—斯蒂格尔法案》,要求商业银行业务与投资银行业务分离,由此建立了金融业分业经营体制。实际上,无论是美国大萧条之前,还是中国1993年分业经营、分业管理制度实施之前,都是金融业的初级发展阶段,当时的综合经营更多地体现出管理混乱的特点,既有金融机构自身的管理混乱,利益冲突严重,风险无序传播,又有监管的薄弱,各自为政,漏洞百出。金融业经营模式本身并无优劣,关键是能否为其创造必要的发展环境、构建良好的金融生态。由此,2005年党的十六届五中全会正式提出"稳步推进金融业综合经营的试点",金融业立法也预留出空间,综合经营重新走上试点和探索的道路。

---

① 见周小川行长2006年6月在"交银汇丰论坛"上的演讲《转变思维,稳步推进金融业综合经营试点》。

二、借鉴经验：金融业经营模式是否应顺应国际基本趋势

国际金融业经营模式和监管体制的演变一直先于中国金融业。立足于金融宏观调控体系、金融监管体系、金融机构体系和金融市场体系发展从属于社会主义市场经济制度建设的大框架内，中国金融改革也在不断向具有发达金融体系的成熟市场经济体学习借鉴。分业经营和分业监管，一方面是治"乱"的需要，对隔离行业风险、规范金融秩序发挥了积极作用；另一方面，也是在分析美国分业经营、德国全能银行、英国金融服务局、日本主银行制度、欧洲中央银行等一系列体制机制演变、成型的基础上，权衡比较实施的。

综合经营试点的提出，同样离不开国际实践的学习和竞争压力的影响。20世纪80年代，国际金融业就进入了全面的综合经营阶段，90年代之后功能监管、统一监管等监管体制在不同国家出现。进入21世纪，中国加入世贸组织，经济金融的对外开放程度不断提高，国际上大型跨国金融机构大都实行综合经营，在华外资金融机构虽然必须遵守中国分业经营的基本制度，但是仍然可以凭借其母公司在业务支持、数据信息和客户资源共享上的综合经营优势，与国内金融机构展开全方位竞争。中国金融业有必要通过综合经营提高国际竞争力，积极应对挑战。

三、面对现实：金融改革是否应考虑综合经营

从现实看，分业经营是管理规制，综合经营是行业选择，金融机构为克服本行业的发展制约、提高竞争力，本身就有突破分业经营的内在动力。中国最严格的分业经营可以追溯到计划经济时期以及改革开放初期的专业银行时代，例如工商企业短期流动资金和长期基本建设投

资来自不同的金融机构贷款。专业银行导致了市场人为分割和行政垄断，形成了低效率和高成本。最初的金融改革实际上秉承了使市场在资源配置中起决定性作用的理念精髓。商业化改革以后，银行从垄断转向竞争，服务从单一化转向多样化，产品从信用中介转向资产管理，可以说是势在必行。由此，我们也可以理解，20世纪90年代中国确立了金融业分业经营、分业监管体制，但是金融业的跨业融合创新从来没有停顿。

究其原因，一方面，在于更为根本的金融改革目标是确立现代金融企业制度，即"自主经营、自负盈亏、自担风险、自我发展"，以及"安全性、效益性、流动性"。"四自三性"决定了金融机构必须通过降低交易成本、开展服务竞争以赢得生存和发展，而综合经营往往是金融机构更好地服务客户、取得竞争优势的必要手段。改革开放以来，中国经济发展和国民收入水平不断提高，银行业、证券业和保险业的关系更加紧密，货币市场、资本市场和保险市场之间的内在联系日益增强，企业、居民对多元化金融服务的需求越来越多样化，这需要金融业加大金融服务和金融产品的创新力度，提高金融服务的效率和水平，通过综合经营最大程度地满足客户对多元化金融服务的需求。另一方面，综合经营也是分散金融风险、充分发挥金融市场配置资源作用的必然要求。由于受历史传统和金融市场发展水平的制约，中国的融资结构以间接融资为主，商业银行占据绝对主导地位。直接融资严重滞后，企业融资过度依赖银行贷款，使全社会的融资风险过度集中于银行体系；同时，主要依靠银行业来判断市场风险和配置资金，也不利于资源的优化配置和金融体系的整体稳定。开展综合经营，有助于降低间接融资比重，进一步发挥市场配置资源的作用，促进直接融资和间接融资的协调发展，实现金融市场的有机结合，维护金融体系的稳定。

四、立足根基：综合经营试点的时机是否成熟

金融业综合经营事关金融改革、金融开放和金融稳定，受到多种因素的制约。除了理论认可，"稳步推进金融业综合经营试点"之所以能够正式纳入国民经济和社会发展第十一个五年规划，也是由于当时中国金融业已经基本具备了试点条件。

首先，金融监管专业化水平得到较大提高，总体上适应金融业综合经营试点的监管要求。各行业金融监管机构通过完善各项监管规章和制度，改进监管手段和方法，加快风险化解和处置，不断提高监管专业化水平，保障了金融业的健康发展。针对金融业综合经营趋势，金融监管机构在各自的监管领域对信贷资产证券化、金融衍生产品、委托理财等交叉性金融业务制定了相应的监管规则，人民银行和各监管机构加强协调和合作，在商业银行设立基金管理公司等方面初步尝试了功能监管，为综合经营的监管体制探索了经验。其次，金融机构改革进一步深化，奠定了金融业综合经营试点的微观主体基础。经过改革，金融机构，特别是国有商业银行经营状况总体好转，资产质量明显改善，财务风险得到控制，不良资产比例大幅下降，金融机构的抗风险能力进一步加强，基本建立了现代公司治理结构，风险管理和内控制度建设有了较大改善，形成了一批高端专业人才队伍。再次，金融市场体系初步建成，为金融业综合经营试点的市场运行提供了保障。金融市场的宽度、深度和开放度不断提升，产品逐渐丰富，流动性不断提高，市场配置资源的基础性作用日益增强。货币市场、债券市场、股票市场、保险市场和外汇市场都得到了长足发展，金融工具种类增加，金融创新快速推进，为金融业开展综合经营创造了良好的市场运行条件。最后，金融生态环境有所改善，基本具备了金融业综合经营试点的外部条件。金融生态环境，包括会计准则、信用环境、金融安全网等逐步完善，《商业银

行法》、《证券法》等金融法律为金融业综合经营预留了空间,推进金融业综合经营试点的生态环境条件已经基本具备。

第二节 中国金融业经营和监管模式的演进过程

在计划经济时期,中国金融业尚不具备现代金融中介功能,不存在多种信用形式,也就不存在经营模式的选择问题。20世纪80年代以来,中国金融业经历了由混业经营到分业经营再到综合经营试点的演变,监管体制也逐步由人民银行统一监管转变为"一行三会"分业监管。

一、1993年之前:混业经营和统一监管

1978年,党的十一届三中全会后,中国金融业进行了混业经营的尝试。1979年成立的中国国际信托投资公司和1986年重新组建的交通银行、新成立的中信实业银行都曾获准经营广泛的银行、保险、证券、信托等业务。20世纪90年代初,中国证券市场建设初期,没有专营的证券公司,四大国有专业银行开始经营证券业务,以全资或参股形式开办了证券公司和信托投资公司,涉足信托、证券、保险、投资、房地产等领域。由于规则混乱、内控机制不健全、会计准则不完善、监管不足等,部分银行信贷资金流向房地产业和股票市场,造成金融秩序的混乱局面。在监管方面,1983年,中国的中央银行制度正式确立,人民银行作为中央银行,开始监督管理整个金融业。1992年10月,为规范发展证券市场,中国成立国务院证券委员会(简称国务院证券委),同时成立中国证券监督管理委员会(简称证监会),作为国务院证券委的监管执行机构,与人民银行共同监管证券市场。

二、1993—2003 年：分业经营、分业监管体制逐步确立

（一）1993—1997 年：金融业"分业经营、分业管理"的原则初步确立

为了整顿金融秩序、防范金融风险，扭转非法设立金融机构、未经批准乱集资、合法金融机构从事违规金融活动的"三乱"状况，1993年11月，党的十四届三中全会通过《中共中央关于建立社会主义市场经济体制若干问题的决定》，提出金融改革的总体原则，要求"银行业与证券业实行分业管理"。1993 年 12 月，国务院发布《关于金融体制改革的决定》，要求"国有商业银行不得对非金融企业投资，对保险业、证券业、信托业和银行业实行分业经营"。1995 年颁布的《中华人民共和国中国人民银行法》、《中华人民共和国商业银行法》、《中华人民共和国保险法》等金融法律也规定了金融业"分业经营、分业管理"的原则。

（二）1997—2002 年：金融业分业经营、分业管理体制得到完善

1994—1996 年，"三乱"问题有所好转，但是，银行业和信托业业务交叉问题、银行资金进入股市问题、财务问题、不良贷款问题日渐突出。1997 年 12 月，面对亚洲金融危机爆发的严峻形势，针对国内存在的金融秩序混乱、金融风险因素加大等突出问题，党中央、国务院及时召开第一次全国金融工作会议，下发了《中共中央、国务院关于深化金融改革，整顿金融秩序，防范金融风险的通知》，总结了 1993 年以来的治"乱"经验，要求"严格规范各类金融机构业务范围，坚决改变混业经营状况"，指出"在中国现实情况下，必须严格执行银行、信托、证券、保险分业经营、分业管理的原则"，力争用三年左右时间大

体建立与社会主义市场经济发展相适应的金融机构体系、金融市场体系和金融调控监管体系，显著提高金融业经营管理水平，基本实现全国金融秩序明显好转，消除金融隐患，增强防范和抵御金融风险的能力，为进一步全面推进改革开放和现代化建设创造良好的条件。监管方面，1998年4月，国务院证券委与证监会合并组建成现在的证监会，独立履行对证券业的监督管理职责。1998年11月，国务院批准设立中国保险监督管理委员会（简称保监会）。由此，形成了人民银行、证监会、保监会分别对银行、证券、保险进行监管的分业监管体制。

（三）2002—2003年：分业管理体制最终确立

2001年12月，中国加入世界贸易组织。2002年2月，党中央、国务院召开第二次全国金融工作会议，提出在新时期进一步完善现代金融机构体系、市场体系、监管体系和调控体系，全面增强中国金融业竞争力，并强调"加强监管是金融工作的重中之重"。在这一背景下，2003年4月，中国银行业监督管理委员会成立（简称银监会）。2003年12月，修订后的《中华人民共和国中国人民银行法》颁布，人民银行承担制定和执行货币政策、维护金融稳定、提供金融服务等重要职责，"一行三会"的金融管理体制最终形成。

三、2003年以来：稳步推进综合经营试点，提高金融监管水平

（一）2003—2010年：金融业综合经营的政策导向逐步明确

在分业管理体制逐步形成、确立的过程中，尤其是进入21世纪后，随着中国经济、金融对外开放程度的加深，受金融全球化、自由化进程

的影响，分业经营的局限性逐步显现，金融业综合经营的要求和动力日益增强。为提高竞争力，满足全社会对多元化金融服务的需求，金融业重新开始了综合经营的尝试，探索跨行业的机构创新和产品创新，2002年，中信控股公司经国务院批准成立。面对新形势，2003年10月，党的十六届三中全会通过《中共中央关于完善社会主义市场经济体制若干问题的决定》，提出"建立健全货币市场、资本市场和保险市场的有机结合、协调发展的机制"，并要求"建立健全银行、证券、保险监管机构之间以及同中央银行、财政部门等宏观调控部门的协调机制，提高金融监管水平"。在此背景下，2005年2月，人民银行会同银监会、证监会制定了《商业银行设立基金管理公司试点管理办法》，共同选定试点银行、商定试点工作安排，并由人民银行对商业银行设立的基金管理公司进入全国银行间债券市场依法进行备案和监管。2005年4月，人民银行会同银监会发布《信贷资产证券化试点管理办法》，人民银行依法监管资产支持证券在全国银行间市场上的发行与交易活动。为提升金融机构的国际竞争力，防范金融风险，促进金融业稳定发展，2005年10月，党的十六届五中全会通过《中共中央关于制定国民经济和社会发展第十一个五年规划的建议》，明确提出"稳步推进金融业综合经营试点"，并正式列入2006年3月的"十一五"规划纲要。

此后，在监管方面，2007年第三次全国金融工作会议指出，"实行银行、证券、保险分业监管体制，总体上符合中国当前金融发展的状况和要求。同时，要适应金融改革、创新、发展、开放新形势的要求，建立健全协调机制，进一步加强金融监管工作的协调配合"。相应地，2008年7月，《中国人民银行主要职责内设机构和人员编制规定》进一步明确，人民银行负责防范、化解系统性金融风险，维护国家金融稳定与安全，负责会同金融监管部门制定金融控股公司的监管规则和交叉性金融业务的标准、规范，负责金融控股公司和交叉性金融工具的监测。

(二) 2011—2015 年：金融业综合经营试点"积极稳妥"推进

2011 年 3 月，在前期试点基础上，"十二五"规划再次明确"积极稳妥推进"的政策导向。2012 年，第四次全国金融工作会议强调，"要总结经验，建章立制，加强监管，防范风险，积极稳妥推进综合经营试点工作"、"发挥和完善现行金融监管协调机制的功能，实行信息共享，推进监管协调工作规范化、常态化"。"十二五"时期，人民银行从完善规则和加强协调两方面开展了大量工作。规则方面，持续跟踪国际金融业综合经营发展趋势及国内进展，借鉴金融集团监管的国际原则以及 2008 年国际金融危机后的改革措施，强化对金融体系内部关联性的监测分析，研究完善金融业跨业投资、金融控股公司、交叉性金融业务等各类综合经营模式的监管制度。2012 年，人民银行会同银监会、证监会总结商业银行投资设立基金管理公司试点工作的成效和问题，推动扩大试点范围，明确职责分工。协调方面，2012 年 12 月，人民银行与证监会签署了《关于加强证券期货监管合作 共同维护金融稳定的备忘录》，立足于充分发挥人民银行分支机构覆盖面广的体制优势，弥补地市、县级证券期货监管力量的不足，共同防范和化解证券期货市场风险。2013 年 8 月，由人民银行牵头，会同银监会、证监会、保监会、外汇局等部门建立金融监管协调部际联席会议制度。

(三) 十年试点后，严格监管前提下审慎有序推进金融业综合经营试点，强化综合监管和功能监管

2015 年 11 月，习近平总书记在党的十八届五中全会上对《中共中央关于制定国民经济和社会发展第十三个五年规划的建议》进行了说明，其中明确讲到，近年来，中国金融业发展步伐明显加快，形成了多样化的金融机构体系、复杂的产品结构体系、信息化的交易体系、更加开放的金融市场，特别是综合经营趋势明显。这给现行的分业监管体制

带来重大挑战。党的十八届三中全会就加强金融监管提出了完善监管协调机制的改革任务。近来频繁显露的局部风险，特别是近期资本市场的剧烈波动说明，现行监管框架存在着不适应中国金融业发展的体制性矛盾，也再次提醒我们必须通过改革保障金融安全，有效防范系统性风险。要坚持市场化改革方向，加快建立符合现代金融特点、统筹协调监管、有力有效的现代金融监管框架，坚守住不发生系统性风险的底线。进而，2016年3月的"十三五"规划纲要明确提出，要稳妥推进金融机构开展综合经营，同时，加强金融宏观审慎管理制度建设，统筹监管系统重要性金融机构、金融控股公司和重要金融基础设施，统筹金融业综合统计，强化综合监管和功能监管。2017年7月，第五次全国金融工作会议提出，"严格规范金融综合经营和产融结合"，"设立国务院金融稳定发展委员会，强化人民银行宏观审慎管理和系统性风险防范职责"。人民银行作为中央银行，承担着维护国家金融稳定与安全的法定职责，作为金融体系的最后贷款人，有义务、有责任防止综合经营机构出现风险并扩散到整个金融体系，同时也具备防范和化解系统性风险的宏观视野，可以对宏观经济趋势、各金融行业的风险状况做出较为客观的前瞻性把握和测度，从而在系统重要性金融机构、金融控股公司、交叉性金融业务、重要金融基础设施的统筹监管以及金融业综合统计方面，必将发挥至关重要的作用。

第三节 金融业综合经营的国际实践

一、2008年国际金融危机前：综合经营—分业经营—综合经营的螺旋式发展

1929年之前，世界各国金融业大都自发实行综合经营。美国在

第八章　科学审慎推动金融业综合经营

1929年发生经济大萧条后，于1933年制定了《格拉斯—斯蒂格尔法》，要求商业银行业务与投资银行业务严格分离，由此建立了金融业分业经营体制。但是，在这一时期，以德国为代表的欧洲大陆国家仍然实行全能银行制度，银行本身可以直接从事商业银行和证券业务（保险业务除外），而不需要特别设立子公司，甚至可以进行实业投资，由此获得强大的竞争优势。20世纪80年代，英国推行金融大变革，改变金融分业经营体制，商业银行通过收购和兼并证券经纪商等金融机构，构建起多元化金融集团，提供包括银行、证券、保险、信托业务在内的综合金融服务。随后，20世纪90年代，日本颁布《金融制度改革法》，修正《禁止垄断法》，通过《控股公司解禁整备法》和《银行控股公司创设特例法》，允许设立金融控股公司开展综合经营。为提高金融业的竞争力，美国于1999年通过《金融服务现代化法》，结束了长达66年的金融分业经营历史，允许管理和资本状况良好的银行控股公司转化为金融控股公司。金融控股公司可以从事一系列非常广泛的"本质是金融"的活动，包括通过子公司从事证券和保险业务。金融控股公司甚至还可以从事非金融活动，只要美联储认可这一非金融活动与控股公司本身的金融活动密切相关。从此，世界再次全面回归综合经营时代。美国、英国、法国、德国、日本、加拿大、荷兰和西班牙等主要发达国家以及新加坡、中国台湾、韩国、印度和巴西等主要新兴市场经济体都从法律上规定可以实行综合经营。

　　金融业经营模式的变化影响着金融监管体制的选择。20世纪30年代"大萧条"后，以美国为代表实行金融业分业经营，相应地由不同监管机构分别对银行业、证券业、保险业进行分业监管；90年代美国允许通过金融控股公司方式开展综合经营后，相应地形成了由美联储牵头监管的伞形监管体制，并强调按照金融业务的属性而不是金融机构的行业类别进行功能监管，以弥补金融创新带来的监管真空和监管套利。而一直推崇全能银行模式的德国，和经历了20世纪80年代金融

"大爆炸"的英国和日本,都由单一金融监管机构对金融业实施统一监管。德国于 2002 年 5 月通过《统一金融服务监管法》,将银行业、证券业、保险业监管机构合并组成联邦金融监管局,并与作为中央银行的德意志联邦银行保持密切合作。为避免重复劳动,提高监管效率,联邦金融监管局在各地不设立下属机构,德意志联邦银行的分支机构代为承担地区的日常金融监管事务,并向其总行及金融监管局报告统计信息和各类检查结果。1998 年的《英格兰银行法》将英格兰银行的监管权转移给英国金融服务局,由其对所有金融机构和整个金融市场进行统一监管,同时,财政部、英格兰银行、金融服务局三方签订谅解备忘录,加强信息沟通和政策协调。日本于 2000 年成立金融服务厅,统一监管各金融机构和金融市场,同时加强与中央银行的监管合作。为履行金融稳定职责,日本银行可与在日本银行开立结算账户的金融机构签订进行现场检查的协议,对有关金融机构进行现场检查,并可将其现场检查结果或有关信息提供给金融服务厅,协调二者的行动。

二、2008 年国际金融危机:再次引发经营模式争论和监管变革

(一)综合经营模式再次受到质疑

关于分业经营和综合经营的争论,在世界范围内一直存在。1933 年美国通过《格拉斯—斯蒂格尔法》,开始了银行、证券的分业经营,其理念是综合经营风险大,一方面,银行用来自企业和公众的存款从事证券业风险过高;另一方面,如果银行持有企业的股权,还将导致贷款决策的不公平。显然,《格拉斯—斯蒂格尔法》是吸取了美国 1929—1933 年经济大萧条的教训。然而,经济学家一直批评该法案误读了历史,认为经济大萧条的真正原因是作为中央银行的美联储没有履行最

第八章 科学审慎推动金融业综合经营

后贷款人职能,当时的决策者过分相信市场的自我修复机制,没能及时提供市场需要的流动性,阻止债务——通货紧缩的自我强化过程。到了20世纪七八十年代,批评《格拉斯—斯蒂格尔法》的声音占据了主流,分业经营开始松动,直至1999年《金融服务现代化法》的通过,美国结束了分业经营的历史。分业经营和综合经营各有利弊,虽然争论一直在持续,但在2008年国际金融危机发生前,共识越来越倾向于逐步走向综合经营。然而,危机爆发后,综合经营再次成为争论焦点。有观点认为,综合经营使金融机构的业务活动过于复杂,加剧了金融风险的识别和管理难度,是危机的重要根源,应限制金融机构的规模和经营范围,甚至有学者提出,如果不废止《格拉斯—斯蒂格尔法》,会发生危机吗?可见,危机对综合经营模式的冲击是深刻而有力的。

(二) 危机凸显宏观审慎管理的重要性

危机充分暴露了微观审慎监管在保证整个金融体系稳健运行方面的不足,而宏观审慎管理既防范金融体系内部相互关联可能导致的风险传递,又关注金融体系在跨经济周期中的稳健状况,成为危机后国际金融监管改革的重要方向。2010年,根据《多德—弗兰克华尔街改革和消费者保护法》,美国设立金融稳定监督委员会,负责识别和防范系统性风险。2010年7月,英国公布金融监管改革方案,明确在英格兰银行下设金融政策委员会,负责宏观审慎管理。2010年9月,欧洲议会通过新的金融监管法案,提出成立欧洲系统性风险委员会,负责对欧盟金融体系进行宏观审慎管理。在宏观审慎政策方面,完善逆周期的资本和流动性监管,加强系统重要性金融机构和影子银行体系监管。降低会计准则的顺周期性,进一步降低金融工具分类和计量的主观因素,合理计量公允价值,推进基于"预期损失"模型的资产减值会计。推动场外衍生品改革,所有标准化场外衍生品合约应在交易所或电子交易平台上交易并通过中央对手方清算,场外衍生品合约应向交易信息库报告，非集中清算的合约应接受更高的资本要求。

（三）金融集团的监管要求日趋严格

吸取危机教训，国际金融组织开始积极构建更加清晰而严格的监管规则，金融业面临新的监管规范与约束。金融机构，特别是以大型金融集团为代表的系统重要性金融机构需要满足更高的资本、流动性、公司治理、风险管理等监管标准。美国提出"沃尔克规则"，限制商业银行运用自有资金进行自营交易业务，商业银行投资对冲基金和私募股权基金的规模不得超过银行一级资本及单个基金资本的3%。英国、欧盟先后提出以"业务隔离"为核心的银行业结构改革方案，要求银行集团在内部设立独立实体分别开展传统商业银行业务和高风险投资银行业务。同时，巴塞尔银行监管委员会、国际证监会组织、国际保险监督官协会共同成立的"联合论坛"修订了《金融集团监管原则》，强调强化金融集团的整体监管，关注集团内的中间层次控股公司、未受监管的母公司和子公司、特殊目的实体等机构。此外，欧洲建立了银行业单一监管机制，欧央行直接监管欧元区资产总额300亿欧元以上，或占国内生产总值（GDP）20%以上的120家大型银行。

（四）大型金融集团开始调整经营模式

危机后，部分金融集团开始逐步收缩业务、网点和人员，全球1 000家大银行的总体资产规模增速趋于减缓。例如，花旗集团将保险、证券经纪等非核心业务集中纳入旗下的"花旗控股"，并有意最终剥离，其中已完成了将施罗德所罗门美邦转让给摩根士丹利的全过程，旅行者集团保险业务也在此之前完成了出售剥离的进程；德意志银行计划放弃大部分零售银行业务；瑞士联合银行、英国巴克莱银行缩减了投资银行业务规模，专注于财富管理。但是，与此同时，也有一些机构保持现有业务规模或适度扩张，如摩根大通拒绝分拆，仍然保持多元化业务结构，同时努力降低投资银行业务成本；摩根士丹利和高盛在转型为金融控股公司后，重新树立起在投资银行领域的优势地位，摩根士丹利还由此进入商业银行业务领域。

三、客观认识危机后的监管改革和金融业发展趋势

（一）综合经营与危机爆发并无因果关系

2009年5月，美国国会授权6名民主党成员、4名共和党成员组成了"金融危机调查委员会"。该委员会走访了700余位证人，举行了19天听证会，给出的危机成因是：监管失败、系统重要性金融机构公司治理和风险管理失败、过度借贷和高风险投资、应对危机准备不足与政策前后不一致、问责缺失、住房抵押贷款门槛过低、衍生品失控、评级机构失灵等，其中并无综合经营，综合经营不是危机发生的直接或内在原因。实践证明，在国际金融危机的暴风骤雨中，相比单一化经营，综合经营具有更强的抗风险能力。据麦肯锡公司统计，中小型单一业务银行占了危机中失败金融机构的绝大多数，在危机最严重的2008年和2009年，美国149家经营失败金融机构中，综合经营集团只有3家。

（二）金融监管改革旨在规范综合经营格局

危机后，金融业经营模式和监管体制再次面临新的变革。那么，此次危机引发的改革是否仍然会延续"危机—管制—金融抑制—放松管制—新的危机"的循环？综合经营是否会再次退守到分业经营？以史为鉴，新一轮的改革既要有针对性地弥补市场机制的缺陷，强化一些必要的监管要求，同时要尽量减少不必要的金融管制，避免催生新的非理性冲动和新的金融危机。由此，危机后金融监管改革的目标应是制定一套新的制度和标准，使金融回归服务实体经济，限制脱离实体经济的金

融自我创新、自我循环和自我膨胀，并着力防范跨行业、跨市场风险传递。从最新发展趋势看，后金融危机时期全球金融业总体方向是规范综合经营、加强宏观审慎管理。美国"沃尔克规则"、英国"威克斯规则"、欧盟"利卡宁报告"的主要内容是在商业银行的储蓄业务和高风险业务之间建立"防火墙"，旨在使金融机构的组织架构和公司治理更加清晰透明，通过业务隔离确保风险可控，最大限度地保护存款人的资金安全，并防范金融机构的"大而不能倒"风险，并非禁止综合经营，回归《格拉斯—斯蒂格尔法》时代的严格分业经营，金融机构仍然拥有自主选择经营模式的法定空间。特别是，由二十国集团组织引领、国际货币基金组织和金融稳定理事会等国际金融组织推动的，以防范化解系统性风险为核心的国际金融监管改革，更好地优化了金融业综合经营的顶层设计。危机后，各国并不否定金融业的融合创新，而是从解决监管失败的角度构建有效管理系统重要性金融机构的新框架，建立并不断完善宏观审慎管理制度。总体而言，国际金融业在宏观审慎管理和微观审慎监管方面正在构建一套更加清晰而严格的监管规则，金融业综合经营将遵循新的监管要求进一步规范发展。

（三）金融业综合经营的步伐没有停止

从国际实践看，实力强大、具有综合影响力的金融集团是一国金融体系的中流砥柱，综合经营作为金融业的重要经营模式，背后的驱动因素主要有两个：一是金融结构更加市场化，资本市场发挥的作用越来越大，商业银行很难完全不介入证券业务中；二是金融机构有追求规模效应、范围经济从而降低经营成本、提高盈利能力的内在动力。危机后，部分大型金融集团剥离了非核心业务，调整了组织架构，但仍然注重综合运用多种金融工具满足客户的多元化需求，"瘦身"也多是基于规避监管要求和提高自身盈利考虑，未来不排除重新回归多元化经营的可能。目前，国际前20大银行集团、前20大保险公司仍然拥有多元化的业务结构和经营模式。

第四节 中国金融业综合经营的市场选择

从 2005 年以来的金融结构演进看,综合经营是试点政策下金融市场自发选择的客观结果。

一、金融机构跨业投资:积极争取金融全牌照

自 2005 年 2 月国务院批准商业银行投资设立基金管理公司以来,以工商银行、中国银行、建设银行、交通银行等为代表,中国金融机构加快了跨业投资的步伐。目前,商业银行、证券公司、保险公司均已投资多个金融领域。

在银行业,截至 2016 年末,已有 30 余家商业银行开展了跨业投资,涉及基金管理公司、保险公司、金融租赁公司、信托公司、消费金融公司、汽车金融公司、证券公司等。大型商业银行已经基本形成综合经营战略布局,招商银行、兴业银行等股份制商业银行和城市商业银行也将综合经营纳入长期发展战略,加快进入金融租赁、基金、保险等行业。相关的管理规范主要包括《商业银行设立基金管理公司试点管理办法》、《商业银行投资保险公司股权试点管理办法》、《商业银行并表管理与监管指引》等。审批方面,商业银行投资入股金融租赁公司、汽车金融公司、消费金融公司、信托公司等四类机构,由银监会审批。商业银行投资入股基金管理公司及保险公司,需事前请示国务院同意后再予以审查决定。

在证券业,证券公司的跨业投资已经通过个案试点起步,目前已投资商业银行、信托公司,但总体上数量较少,比例较低,尚无控股商业

银行、信托公司以及参控股保险公司的情况。同时，也还没有基金、期货公司参控股商业银行、信托公司、保险公司的情况。但在行业内部，证券公司参控股基金管理公司、期货公司的情况已经较为普遍。审批方面，如果基金管理公司投资入股其他金融机构，须经证监会批准，但证券、期货公司投资入股其他金融机构，不属于证监会的行政审批项目，被投资机构所属行业监管机构通常会在审批过程中征求证监会的意见。

在保险业，2009年2月，新修订的《保险法》删除了"保险公司的资金不得用于设立证券经营机构，不得用于设立保险业以外的企业"的条款。随着国家政策调整和保险业总体实力增强，保险资金投资渠道不断拓宽，保险公司参股甚至控股其他金融机构的意愿明显增强，部分保险公司将战略目标定位为综合性保险金融服务集团。截至2016年末，约有10家保险公司参股各类非保险金融机构50家，主要包括商业银行、基金管理公司、证券公司、信托公司等。相关的管理规范主要包括《保险集团公司管理办法（试行）》、《保险集团并表监管指引》、《保险公司所属非保险子公司管理暂行办法》等。审批方面，保监会对保险公司的重大股权投资进行核准，对于投资金额巨大的并购性重大投资、关系金融市场稳定和国家金融安全的重大投资、涉及多个监管部门、需要协同监管的重大投资，还需向国务院报告。

二、金融控股公司：多类平台探索发展

金融控股公司是金融业综合经营的一种重要模式，由于国内还没有明确的界定和规范，实践中出现了多种形式。较为典型的是：

国务院专门批设。2005年8月，经国务院批准，银河金融控股公司成立，当前主要开展了证券行业投资，旗下包括银河证券、银河基金、银河投资、银河保险经纪等子公司，未来计划通过参控股银行、保险、信托等机构，将自身打造成为真正跨行业的金融控股公司。

第八章 科学审慎推动金融业综合经营

多元化金融集团。中信集团和光大集团均为中央管理的国有独资企业,经过多年实践,目前拥有银行、证券、基金、保险、资产管理、期货等门类齐全的金融业务以及实业产业,形成了以金融为主业的多元化业务格局。《金融业发展和改革"十二五"规划》明确提出,要推动中信集团和光大集团深化改革,办成真正规范的金融控股公司。

跨业投资后调整架构。起步于保险业的平安集团,在投资控股银行、信托、证券、基金、期货等金融机构后,调整了集团组织架构,已经成为"母公司控股、子公司分业经营"的金融控股公司,构建了以保险、银行、投资三大业务为主线的综合经营框架。依托综合金融平台,平安集团广泛开展银保、银证、银信等集团内业务合作,交叉销售等协同效应不断增强,文档作业、财务作业、电话中心等后援运营平台持续集中,综合竞争力大大增强,业绩优于同业。

实业企业投资后整合。以中央企业为代表,一些实业企业通过新设、并购、参股等方式进入多个金融领域。截至2016年末,有近70家中央企业拥有金融子公司共150多家,包括财务公司、保险公司、信托公司、基金公司、期货公司、商业银行等。随着金融子公司规模的不断扩大,一些中央企业强化内部治理,在组织架构上强调对金融子公司进行集中管控,约有10家在集团内设立了专门管理金融业务的控股公司,如国家电网旗下的英大国际控股集团、华能集团旗下的华能资本服务公司等,这些公司已经具备了金融控股公司的特点。复星、万达、恒大集团等民营企业也对多类金融机构进行了股权投资,有的成为金融机构的大股东,从而对金融机构形成实质控制,具有金融控股公司发展趋势。

互联网企业搭建。随着互联网金融的迅速发展,阿里巴巴、腾讯、百度等互联网企业也开办了小额贷款、基金、保险等多类金融业务,并积极构建综合化金融平台。目前,阿里巴巴旗下的浙江蚂蚁小微金融服务集团已拥有第三方支付、小额贷款、保险、基金、银行等多项金融业务牌照。集团层面主要负责战略统筹、审计监督、沟通协调，不参与各业务板块的具体决策，各业务板块均为独立法人实体，初具金融控股公司的性质。

地方性金融控股公司。一些地方政府为整合金融资源、促进经济增长，纷纷组建金融控股公司性质的地方国有资产投资公司，参股、控股本地的银行、证券、保险等金融机构，对地方国有金融资产进行管理，典型代表包括天津泰达国际控股集团、上海国际集团、广州越秀金融控股集团、重庆渝富资产经营管理集团等。

资产管理公司转型。信达、华融等资产管理公司在基本完成政策性资产处置任务后，也开始了商业化转型改制，通过控股或参股信托、金融租赁、证券、期货、保险等多类金融机构，具备了金融控股公司的特点。

三、资产管理业务：大资管时代到来

新世纪以来，中国经济快速增长，居民积累了大量财富，对多元化资产配置的要求大幅上升。金融体系长期以银行间接融资为主导，多层次资本市场不完善，与此同时，企业在杠杆率不断攀升的情况下，股权融资需求日益增强。不断深化的利率市场化改革使得利差不断收窄，金融脱媒加快，金融机构改进单一业务结构和盈利模式的要求也日益迫切。在居民、企业、金融机构的共同需求下，联结多个金融市场和多类金融工具的资产管理业务获得迅速发展。特别是2012年以来，一系列监管新政密集出台，各行业金融机构均参与其中，中国的资产管理行业进入了一个全面竞争的发展时期。据人民银行、银监会、证监会、保监会统计，截至2016年年末，银行表内、表外理财产品资金余额分别为5.9万亿元、23.1万亿元；信托公司受托管理的资金信托余额为17.5万亿元；公募基金、私募基金、证券公司资产管理计划、基金及其子公司资产管理计划、保险资产管理计划的规模分别为9.2万亿元、10.2万亿元、17.6万亿元、16.9万亿元、1.7万亿元。剔除交叉持有的因素后,各行业金融机构资产管理业务总规模约60多万亿元。实践中,主要出现以下业务类型和合作模式。

(一) 业务类型

商业银行。凭借银行广泛的销售渠道、较大粘性的客户资源,银行理财在全部资产管理业务规模中占比最高。业务运作方式主要包括:一是自主投资管理。银行发行理财产品,将募集资金直接投资于存款、货币市场工具、债券、其他资产或资产组合等。二是购买其他金融机构产品。银行通过购买其他银行的理财产品、证券公司资产管理计划、资金信托计划、保险资产管理计划、基金公司资产管理计划等,将理财资金投资于债权类、股权类等资产。三是借助其他金融机构投资。银行将理财资金投资于其他金融机构的资产管理产品,银行提供投资项目并进行管理,承担投资风险,享有投资收益,受托资产管理机构收取资产管理费。四是委外业务。银行将理财资金委托给信托、证券、基金等其他金融机构进行投资,约定收益率,受托机构对日常投资承担主动管理或投资顾问职责。部分中小银行投资能力不足,此类业务在其理财业务中占比较高。

信托公司。信托公司接受委托人的委托,发行信托计划,为受益人的利益或特定目的,管理和经营委托货币资金。业务类型主要包括:一是单一信托。信托公司接受单个委托人的资金委托,按照委托人意愿,依据委托人确定的管理方式(指定用途),或由信托公司代为确定的管理方式(非指定用途),单独管理和运用资金。二是集合信托。受托人把两个或两个以上委托人交付的信托财产加以集合,以受托人的名义对该财产进行管理、运用或处置。集合资金信托是典型的信托公司主动管理的产品。三是伞形信托。在同一个信托产品中包含两种或两种以上不同类别的子信托，投资者可根据投资偏好自由选择其中一种或几种进行投资组合。例如，按照约定的分成比例，由银行理财产品认购信托计划优先级受益权，其他客户认购劣后级受益权，劣后级认购主体也可能包含多个子单元。

证券公司。业务类型主要包括：一是集合资产管理计划。可向不超过200人募集，投资者最低门槛为100万元，投资范围主要包括各类标准化证券以及其他金融机构发行的资产管理计划。二是定向资产管理计划。向单一客户募集，投资范围由证券公司与客户通过合同约定，定位于服务特定客户的定制化产品，由于投资范围较为灵活，实践中多为其他资产管理产品的投资通道。三是专项资产管理计划。实践中一般用于资产证券化业务。由证券公司成立专项资产管理计划购买待证券化的基础资产，作为发起资产证券化的特殊目的载体（SPV），计划份额在交易所市场流通转让。

基金及其子公司。基金公司的资产管理业务定位于公募性质的标准化证券投资，2012年，证监会允许基金公司通过设立子公司的形式，经营私募性质、投资非标准化资产的资产管理产品。业务类型主要包括：一是基金公司公募产品。基金公司向社会不特定对象或累计超过200人的特定对象发行受益凭证，根据投资范围可细分为股票型基金、债券型基金、股债混合型基金、货币市场基金、QDII基金等。该类产品受《证券投资基金法》规范。二是基金公司专户产品。属于面向特定客户的私募产品，基金公司向特定客户募集资金或接受特定客户财产委托担任资产管理人，运用委托财产进行投资，投资范围包括现金、银行存款及其他标准化证券。三是基金子公司专户产品。基金公司下设的子公司开展的特定客户资产管理业务，属于私募性质，投资范围灵活，包括"未通过证券交易所转让的股权、债权及其他财产权利"，几乎涵盖所有标准化、非标准化资产。

保险机构。保险资产管理公司在受托管理母公司（保险公司）、其他保险公司等第三方资金以及企业年金的同时，发行资产管理产品募集资金进行投资。产品主要包括债权投资计划、资产支持计划、股权投资计划、组合类产品等，发行范围限于合格的机构投资者，可定向向单一投资人，或集合向多个投资人发行。

非金融机构。私募基金管理人作为非金融机构，以非公开方式向合格投资者募集资金设立的私募基金主要分为两类，一类投资未上市股权，以赚取一二级市场价差为盈利模式，称之为私募股权投资基金；另一类专注于投资股票二级市场，称之为私募证券投资基金。同时，随着移动互联网、大数据、云计算等信息技术的发展，互联网企业、各类投资顾问公司等非金融机构自身，或通过与传统金融机构合作，也面向社会公众广泛开展了资产管理业务，余额宝等互联网理财产品因门槛低、收益高、可即时赎回等特点发展迅速。截至2017年6月末，余额宝资产净值达1.43万亿元。

（二）主要合作模式

银行同业理财。即银行相互之间购买理财产品。同业理财属于批发性销售，具有期限短、收益率较高、发行成本较低的特点，且银行以自有资金购买同业理财在风险资本计提方面也相对灵活，可减少资本占用。因此，部分投资能力较弱的小银行倾向于购买大银行的理财产品迅速做大理财规模并保证收益。

银信合作。最初，银行通过将理财资金对接信托计划，向指定借款人提供信托贷款，监管趋严后银行理财转而引入信托收益权或嵌套证券公司资产管理计划，或以信托计划购买银行信贷资产，到期银行承诺溢价回购。银行还可委托信托公司将理财资金用于申购新股，投资限售股收益权、股权收益等。

银证、银基合作。银行理财资金借助证券公司或基金公司的资产管理计划，投资自身贷款收益权或票据收益权等，实现信贷资产出表。银行理财资金还通过投资证券公司或基金公司的资产管理计划中的优先级,最终投资于二级市场股票或参与定向增发等。

银保合作。银行通过购买保险资产管理计划或直接委托投资,将资金以定期或协议类存款方式存入另一家银行,使同业存款转变为一般性存款,以扩大资金来源和贷款规模。银行还可委托保险资产管理公司进行投资运作,将理财资金投向保险资产管理计划或其他金融机构产品,在此过程中嵌套信托公司、基金子公司等多类金融机构的产品。

银信证基保合作。除两两行业间的合作外,还有多个行业机构共同参与、合作的资产管理业务,包括银证信委托贷款(信托贷款)通道业务、银信证基合作的委外业务、银信证基合作的股票质押回购业务、银信证基开展的定向通道业务、银(证)保基合作的股权投资业务等。

四、金融业综合经营试点的成效

经过十年试点,中国金融业综合经营取得初步成效,对优化金融机构业务结构、提高持续经营能力、增强综合竞争力发挥了积极作用。

第一,金融机构通过交叉销售、合作营销、联合研发等方式,整合不同子公司的行业优势,共享现有的渠道、管理、人才、客户和科技资源,加强联动,实现了一定的协同效应。商业银行带动了其他金融行业子公司的发展,银行系的基金、金融租赁、信托、保险子公司利用商业银行的品牌、客户、信息、技术和渠道优势,市场地位显著提高。子公司通过为客户提供信托、金融租赁、投资银行、资产管理、保险等融资和增值服务,也提高了银行客户忠诚度和单一客户对银行的利润贡献度。

第二,金融业综合经营丰富和优化了金融机构的业务和收入结构,促进了产品创新和服务创新,提高了整体竞争力。例如,中国平安保险集团凭借综合金融优势,以统一的品牌向客户提供全方位、个性化的金融产品和服务,整体客户数量和业务规模稳步增长,已入选首批全球系统重要性保险机构。基于规模、关联性、可替代性、复杂性、全球活跃性等评估标准,中国银行、工商银行、农业银行、建设银行也被纳入了全球系统重要性银行。

第三,综合经营推动了金融机构的公司治理和内控制度建设。在拓展综合经营过程中,金融机构相应构建了以股东大会、董事会、董事会战略发展委员会、高级管理层、投资管理及相关职能部门为主体的管理架构,对集团综合经营进行整体部署和规划,在尊重子公司自主决策权的同时,强化对各子公司业务和各管理条线的指导。

第四,金融机构通过发展多类金融业务,在拓展战略性新兴产业、促进保障房建设、扶持中小企业、支持县域经济与"三农"等方面加大了金融服务力度,支持实体经济的能力也有所增强。

第五节　新形势下审慎有序推进中国金融业综合经营试点

经过十年的试点,直面成效和问题,是允许开展综合经营,还是退回到分业经营,对此有一些不同看法。第五次全国金融工作会议深刻分析我国金融领域存在的问题,准确把握金融工作面临的新形势,明确了服务实体经济、防控金融风险、深化金融改革三大任务,提出应继续坚持总体分业经营为主,在严格监管前提下审慎有序进行金融综合经营试点。

一、开展综合经营试点仍是中国经济发展的现实需要

(一)综合经营已成为中国金融体系的客观存在

目前,绝大多数大中型银行、证券公司和主要保险公司都已通过设

立、并购其他金融行业的子公司和以资产管理业务为代表的交叉性金融业务,跨行业跨市场开展了综合经营,不同形式的金融控股公司进一步丰富了金融机构体系。银行、证券、保险、信托的资产管理规模达到60多万亿元,货币市场、债券市场和股票市场的关联性加大,金融市场体系日益完善。同时,互联网技术迅速发展使得银行、证券、保险等行业的相互交叉和融合更加便利。同时,在国际上,多元化金融集团也已经成为全球金融体系中的中坚力量,在28家全球系统重要性银行中,有三分之二以上为金融控股公司或综合化的金融集团。中国的中国银行、工商银行、农业银行、建设银行也都已经开展综合经营,可以算作金融集团。

(二)综合经营有利于实现收益与风险的平衡,提升金融业竞争力

长期以来,中国金融机构的主要缺陷是经营方式粗放,业务结构单一、金融服务水平不高,金融产品的深度和广度难以满足多元化金融需求。2012年以来,利率、汇率等市场化改革加速推进,商业银行的盈利增速大幅放缓,资本补充压力有所加大,需要寻找新的业务增长点。综合经营可以促进金融机构的业务和收入更加多元化和均衡化,更好地抵御周期性风险,提升跨周期经营能力。首先是范围经济,从产出方面考虑,综合经营可通过集中风险管理、整合产品开发、营销渠道、信息共享等方式降低金融服务成本;从消费方面考虑,综合经营可以降低消费者的搜寻成本、信息成本和交易成本。其次是降低风险,不同金融服务的收益不完全相关,从事综合经营的金融机构比专业机构拥有更为稳定的收益,当企业不通过银行而从证券市场或其他方式直接融资时,信贷业务的减少可以通过债券承销、中间业务等的增多来弥补。

(三)综合经营有助于实现金融结构调整,培育经济发展新动能

当前,中国处于经济结构调整和转型升级的关键时期,面临推进供

给侧结构性改革、落实"三去一降一补"的重要任务,金融业肩负着以金融创新推动企业去杠杆、补短板的重大使命。从去杠杆看,一直以来,中国金融体系发展结构失衡,融资方式以银行间接融资为主。"要发展找贷款、要贷款去银行"造成企业债务持续攀升,杠杆率高企。去杠杆需要创新思维,市场化债转股等必要手段客观上要求银行与其他金融机构和金融市场密切配合,联动创新。银行业是中国金融体系的主体,开辟多层次的股本融资渠道,发展直接融资和资本市场,离不开银行,特别是大型银行的充分参与和引领。例如,在推进市场化债转股过程中,银行可利用现有的基金、保险等平台,更好地结合自身的品牌、客户、信息、渠道、稳健风控文化等优势和其他行业子公司的投资范围广、机制灵活等优势,有针对性地开发股权类投资产品,促进股权投资,从而降低全社会的债权投资比重,有效调整企业杠杆率。从补短板看,中国企业长期依靠低成本劳动力、土地和资源取得比较优势,但企业科技创新能力不足,小微企业发展缺乏后劲。补短板同样需要新思维。针对科技创新企业和小微企业高风险—高收益的特殊性,各类金融机构应该共同采取投贷联动、股债结合等方式,多渠道支持科技企业发展;引进大数据技术,在高效率管理风险的前提下补足银行在长尾客户服务方面的短板。实践中,试点在这方面也取得了一定成效,然而协同效应还没有充分发挥,储蓄资金向股权投资的转化十分不足。金融业通过综合经营服务实体经济的效能还需要大幅提升。

二、我国金融业综合经营存在薄弱环节

同发达经济体相比,我国金融业综合经营仍然处于初步阶段,主要体现为:

第一,主业不突出和盲目跨业发展问题较为严重。目前,受制于自身创新能力不足和分业监管现状,金融机构开展综合经营总体上停留

在股权投资、获取多个金融牌照层面。母公司与子公司之间、各子公司之间的业务合作主要采取浅层次的、简单的代理模式，对业务和产品有机整合不够，业务协同效应还没有充分发挥。部分实体企业热衷收购金融牌照，个别金融机构存在求大求全的冲动，跨业投资存在一定盲目性，业务拓展领域与自身战略协调性不强。部分试点金融机构战略目标接近，存在同质化竞争的情况。

第二，整体风险管控水平有待提高。综合经营加大了公司治理、关联交易的复杂性，母公司可能滥用控制地位干预子公司经营决策，通过不当关联交易挪用子公司资金，利用层层控股、交叉持股，使同一笔资本在不同机构之间混用和重复使用，导致资本约束实质弱化，共享声誉、资金跨机构流动也加大了流动性风险，由此需要加强整体风险管控。目前，金融机构的整体风险管理和资本约束机制尚不完善，风险隔离机制仍不健全，对集团层面风险限额和敞口的计量准确度有待提高，一些风险管理政策在不同法人间传导执行时效应有所递减。大型商业银行的海外子公司数量较多，并表管理和信息系统整合难度更大。

第三，实业企业过度投资金融业导致脱实向虚。部分实业企业热衷追逐金融投资回报，占用主业资源扩张金融业务，导致主业不精、不强甚至不稳，所投资金融行业与自身主业关联性不大，对主业的促进作用不明显。一些企业集团利用与所控金融机构的关联关系，高额负债经营并通过内部运作加以掩饰，"明股实债"规避"去杠杆"等政策要求，利用控制地位干预金融机构的正常经营，抽取金融机构资金进行利益输送，加大了实业与金融业之间的风险交叉传染，甚至可能冲击社会稳定。

第四，资产管理业务存在风险隐患。随着各类资产管理业务规模的不断攀升，产品多层嵌套现象也日益普遍，运作模式复杂，底层资产难以看透，潜藏不当关联交易，加剧风险跨行业传递和市场波动。一些具有影子银行特征的资产管理产品规避了资本、风险拨备等监管要求，增加了准确判断信贷增速和经济结构调整节奏的难度。同时，资产管理产品存在刚性兑付问题，抬高了无风险收益率水平，影响了金融市场的资源配置效率。一些产品存在资金池操作，到期能否兑付依赖持续发行能力，存在期限错配的流动性风险，可能通过嵌套产品链条向其他机构传导。

第五，金融监管不能完全适应综合经营发展需要。金融集团普遍规模大，业务领域多元，组织结构复杂，承担关键的金融服务功能，具有"大而不能倒"的地位，且经营管理和风险管控难度大，一旦经营失败，将损害金融体系和实体经济，对其进行救助又将产生高昂的社会成本，因此对金融控股公司应加强整体监管。而目前，一些金融控股公司监管责任主体不明确，集团整体和交叉环节容易出现监管盲点和不协调，同类资产管理产品在法律关系、投资范围、资本要求、杠杆管理等方面缺乏统一的监管标准，存在监管套利空间，监管协调和信息共享有待加强和完善。

三、把握"审慎有序"的基本方向继续进行金融业综合经营试点

（一）坚持总体分业经营为主，审慎有序推进综合经营试点

当前，针对我国综合经营尚处于初级阶段、风险多发频发的现状，继续坚持总体分业经营为主，在严格监管的前提下审慎有序进行综合经营试点。引导金融机构回归本源、专注主业，严格限制和规范金融机构多牌照经营。已实行多牌照经营的金融机构，应当突出主业、内部分业、依规经营，实行子公司法人制，实施更高的资本要求、组织复杂度、市场集中度、交易透明度、业务关联度等监管。严禁金融机构凭借资金优势控制非金融企业。严格限制和规范非金融企业投资金融机构。制定严格的准入条件、业务清单和负面清单。建立实业板块与金融板块

的风险隔离墙。非金融企业投资参股金融机构应使用自有资金，不得挪用挤占金融子公司资金。

（二）强化金融机构的风险管控和服务实体

金融机构应客观分析自身主业优势和内在条件，以提高竞争力为目标，结合自身风险管理能力审慎稳妥选择综合化或专业化的发展战略，不盲目扩张，不贪大求全，避免脱离自身条件的非理性冲动。已经开展综合经营的金融机构，应构建针对集团整体的全面风险管理体系和运行系统，制定有效的风险隔离措施，完善风险处置预案，有效管控风险，防范风险交叉传递。切实坚持服务实体经济的原则，树立正确的绩效目标导向，把握好战略定位和经营重点，突出优势、苦练内功，围绕实体经济需要开发新产品、开拓新业务，深度挖掘不同金融业务的协同效应，注重拓展综合经营的深度，提高综合经营的质量，满足客户多元化服务需求，助力供给侧改革和经济结构调整。

（三）按照金融控股公司模式规范综合经营发展框架

从主要国家的历史实践看，大型金融机构发展的普遍脉络可以总结为：起源于一家商业银行或保险公司，为了拓展经营进行跨行业并购，形成金融集团。但在发展过程中逐渐认识到，商业银行或保险公司作为母公司直接控股不同金融子公司，在经营管理上的困难和风险较多，为此改变原先股权架构，在各金融机构之上设立控股公司。总体来看，以金融机构为母公司跨业投资形成的金融集团，正在向以金融控股公司为母公司的金融集团演进。从中国金融业的发展水平看，"母公司控股、子公司分业经营"的金融控股公司模式有利于发挥综合经营优势并实现风险的有效管控，也能较好地适应目前分业经营和分业监管现状。综合国际实践经验、国内实体经济需要和金融业发展现状，发展金融控股公司是审慎有序推进金融综合经营的基本路径。对于已经投资控股两个或两个以上行业金融机构、金融业资产占比达到一定水平的实业企业,设立金融控股公司统一管理集团内的金融业务有利于加强风险隔离和管控,有利于厘清理顺集团的股权和组织架构。对于银行、证券、保险等金融机构开展跨行业投资形成的金融集团,也可以按照金融控股公司模式调整组织架构。

四、着力完善金融业综合经营的监管机制

审慎有序开展金融业综合经营试点,应当牢牢贯彻第五次全国金融工作会议精神,将防控金融风险放在更加重要的位置,需要以强化监管、弥补监管短板为前提,实现新型金融业态监管全覆盖,着力整治各种金融乱象。在现行分业监管体制下,建立面向所有投融资行为的功能监管以保证监管全覆盖,建立立足严格的消费者保护的行为监管以确保创新负作用最小化,建立穿透式监管以确保杠杆率保持在合理水平,是合理可行的规制选择。

(一)加快出台金融控股公司的监管规则,弥补监管真空

制定出台金融控股公司监管规则,引导其规范发展,是遏制无序盲目发展势头的需要,是补齐金融业综合经营监管短板的需要,也是防范系统性风险、维护金融安全的迫切需要。金融控股公司具有明显的系统重要性特征,需要以强化整体监管、防范系统性风险、规范机构发展为切入点,建立统筹监管的监管架构,解决谁来管、管什么、怎么管的问题。

第一,金融控股公司的统筹监管,宜由负责牵头建立宏观审慎管理框架和防控系统性金融风险的部门承担主要职责,加强穿透式监管和监管协调。遵循防范和化解内外部关联风险的宏观理念,有效监控金融控股公司各个层级的资金流转、业务活动、关联交易。金融控股公司的

子公司仍然由所属行业的金融监管机构实施监管,二者加强监管合作和信息共享。

第二,金融控股公司监管应涵盖各个环节,从设立开始,强化对控股股东资质和控股资金来源的穿透式核查,识别各类利用复杂股权安排、关联关系、股权代持等手段进行的"实质控制",将各类控制行为纳入监管;在持续监管过程中,提出公司治理要求,强化整体风险评估和管理,建立并表监管制度。具体而言:一是简化投资层级,优化公司治理,严格股东和管理层资质要求,完善风险管理和内控机制,防范控股股东滥用控制权损害小股东和客户合法权益。二是加强整体的资本充足监管,建立资本约束机制,避免资本重复计算、使用,确保业务扩张与资本规模相适应,确保集团具有真实的能够覆盖整体风险的资本。三是设定杠杆率,明确金融控股公司整体的负债要求,避免母公司通过过度发债方式对子公司注资,避免资本虚增,强化对高杠杆率和高资本消耗类业务的控制。四是规范关联交易,遵循市场公允定价和透明度原则,建立重大关联交易报告制度,限制不正当交易。五是限制风险集中度,控制金融控股公司各项金融业务对同一客户的集中程度,避免同一或类似风险在整个集团内聚集。六是加强流动性管理,避免一家子公司的流动性困难拖累整个金融控股公司,避免金融控股公司的流动性问题波及整个金融体系。此外,应严格限制和规范实业企业投资控股金融机构,实体企业经批准所办金融机构,要从制度上隔离实业板块与金融板块,实行子公司法人分业经营,筑牢法人、财务、交易、信息、人员等"防火墙"。企业集团下设的金融控股平台应牢固树立服务集团实业主业的理念,避免"脱实向虚"和主业空心化,纳入金融控股公司接受专门的金融监管。

第三,为确保金融控股公司监管制度长牙齿,应赋予职能部门获取监管信息、现场检查、监管谈话、风险评估和预警、风险处置等监管手段,明确处罚和责任追究机制。监管手段可包括:一是对符合条件的金融控股公司颁发金融许可证，审查董事及高管人员的任职资格，避免跨行业的交叉任职。二是建立集团整体合并基础上的报告制度，包括年度和季度的合并资产负债表、利润表、其他财务会计报告、统计报表、经营管理资料以及重大事项。三是开展必要的现场检查和压力测试，既关注金融控股公司整体的资本、关联交易、风险集中度等方面，也关注金融控股公司对整个金融体系稳健性的影响。四是对金融控股公司的风险进行矫正，必要时提供流动性救助，在风险危及金融稳定时对金融控股公司进行分拆，以降低金融体系的关联性，减少风险在不同行业和市场传递的可能。五是对出现重大风险不能继续经营的金融控股公司，实施有序的关闭、接管或破产等风险处置和清算安排，保证支付清算体系等关键性的金融服务不会中断。

（二）统一资产管理产品标准规制，规范市场秩序

对资产管理业务快速发展过程中暴露的突出风险和问题，要坚持有的放矢的问题导向，从统一同类产品的监管差异入手，建立有效的资产管理业务监管制度。

第一，分类统一标准规制，逐步消除套利空间。针对影子银行风险，要建立资产管理业务的宏观审慎政策框架，完善政策工具，从宏观、逆周期、跨市场的角度加强监测、评估和调节。同时，针对机构监管下的标准差异，要强化功能监管和穿透式监管，同类产品适用同一标准，消除套利空间，有效遏制产品嵌套导致的风险传递。

第二，引导资产管理业务回归本源，有序打破刚性兑付。资产管理业务回归"受人之托、代人理财"的本源，投资产生的收益和风险均应由投资者享有和承担，委托人收取相应的管理费用。资产管理机构不得承诺保本保收益，加强投资者适当性管理和投资者教育，强化"卖者尽责、买者自负"的投资理念。加强资产管理业务与自营业务之间的风险隔离，严格受托人责任。逐步减少预期收益型产品的发

行，向净值型产品转型，使资产价格的公允变化及时反映基础资产的风险。

第三，加强流动性风险管控，控制杠杆水平。强化单独管理、单独建账、单独核算要求，使产品期限与所投资资产存续期相匹配。鼓励金融机构设立具有独立法人地位的子公司专门开展资产管理业务。建立健全独立的账户管理和托管制度，充分隔离不同资产管理产品之间以及资产管理机构自有资金和受托管理资金之间的风险。统一同类产品的杠杆率，合理控制股票市场、债券市场杠杆水平，抑制资产泡沫。

第四，消除多层嵌套，抑制通道业务。对各类金融机构开展资产管理业务实行平等准入、给予公平待遇。限制层层委托下的嵌套行为，强化受托机构的主动管理职责，防止其为委托机构提供规避投资范围、杠杆约束等监管要求的通道服务。对基于主动管理、以资产配置和组合管理为目的的运作形式，给出合理空间。

第五，加强"非标"业务管理，防范影子银行风险。强化对银行"非标"业务的监管，将银行表外理财产品纳入广义信贷范围，引导金融机构加强对表外业务风险的管理。规范银行信贷资产及其收益权转让业务。控制并逐步缩减"非标"投资规模，加强投前尽职调查、风险审查和投后风险管理。

第六，建立综合统计制度，为穿透式监管提供根本基础。针对资产管理业务统计分散问题，加快建设覆盖全面、标准统一、信息共享的综合统计体系，逐只产品统计基本信息、募集信息、资产负债信息、终止信息。以此为基础，实现对底层投资资产和最终投资者的穿透识别，及时、准确掌握行业全貌，完整反映风险状况。

第九章
金融业对外开放的争论和抉择

　　金融开放与全球化发展是20世纪以来经济金融领域的深刻变革之一。进入21世纪，中国加入世界贸易组织，金融业对外开放步入新阶段，这不仅是经济融入全球化趋势的需要，也是社会主义市场经济建设的需要，更是金融业走向成熟和规范的需要。开放促进竞争，竞争推动繁荣。周小川行长2017年6月20日在"2017年陆家嘴论坛"上指出："中国建设社会主义市场经济，就是要通过参与竞争，优化资源配置，实现经济社会的进步和繁荣，在此过程中对外开放起了重要作用。从制造业、服务业开放的经验可以推导出，金融行业不是例外，同样适用竞争和开放的规律，由此金融业才会发展得更好。回顾国内外改革的历程，要提高认识、坚定信心，坚定不移地走对外开放的道路。"随着外资金融机构设立、金融市场和业务准入、境外战略投资者引进、客户对象和地域范围拓宽等开放措施的持续推进以及金融机构"走出去"步伐的加快，中外资金融机构互利共赢、共同发展的金融开放格局已经初步形成，但总体开放水平与中国的经济实力和国际地位还存在一定差距，金融业为吸引外资和企业"走出去"提供服务的能力与实际需求相比还有很大不足。开放可能带来风险，外溢效应始终是学术界重点关注的命题和政策制定者面临的战略抉择。

当前，世界多极化、经济全球化进一步发展，国际政治经济环境深刻变化，创新引领发展的趋势更加明显。中国改革开放正站在新的起点上，经济结构深度调整，各项改革全面推进，经济发展进入新常态。面对新形势、新挑战、新任务，应当继续坚持对外开放的基本国策，抓住机遇积极扩大金融业双向开放，以开放的主动赢得经济发展和国际竞争的主动，以开放促改革、促发展、促创新，为实现"两个一百年"奋斗目标和中华民族伟大复兴的中国梦打下坚实基础。

第一节　关于中国金融业对外开放的争论

一、境外风险传递和国内金融安全的认识

经济金融的全球化和一体化，使得金融安全受到越来越多的关注，金融开放也自然与金融安全问题密切相关。总体而言，发达国家经济实力强，金融市场发达，且相互之间形成一个强大的利益共同体，主导着国际金融体系，金融安全程度较高。而发展中国家，由于经济结构存在缺陷，金融市场发展相对落后，在国际金融格局中处于弱势地位，普遍存在一些金融安全隐患，中国也不例外。例如，在金融业对外开放、特别是引进境外战略投资者的过程中，社会上就曾出现"丢失控制权"、"影响金融安全"的担忧。主要理由包括，与外资金融机构相比，国内金融机构在资本实力、经营管理、人员素质等方面处于劣势，在合资合作过程中，可能出现高端客户流失、高端人才跳槽、高端产品开发能力不足等问题。虽然外资股东有单一持股20%和合并持股25%的比例上

限,但由于部分股份制商业银行和城市商业银行持股较为分散,存在丢失实际控制权的隐患。国内金融机构特别是中小金融机构竞争力不强,抗风险能力较弱,容易出现经营困难,面临被兼并收购的潜在压力。此外,在国际市场上市过程中,由于定价标准、信用评级均由发达经济体主导的机构所掌控,金融机构必须以净资产定价,而不考虑网点布局、客户拥有量等无形资产,中资机构存在制度性折价的现象,难以主动应对境外战略投资者大规模减持对国内市场的冲击。

实际上,金融开放程度与金融安全程度之间的关系非常复杂,开放只是影响金融安全的一个因素。金融开放程度高的国家并不一定安全程度低,反之亦然。一个国家金融是否安全,关键要看宏观经济的稳健性、法治的完善程度以及金融体系的健康程度,特别是金融市场的基础设施,如交易、支付、清算、托管、信息功能是否健全,而与外资比例大小、金融服务由内资或外资提供并无必然联系。例如,在本国经济基础并不牢固的情况下,拉美国家通过大量举借外债发展本国经济,导致了债务危机;东南亚国家过度开放资本项目,过度依赖外资,导致了货币危机;发达国家一方面对外开放,另一方面通过有效的限制措施保护本国的经济基础,成功保障了本国的金融稳定与安全。同许多发展中国家相比,中国经常账户保持顺差,有大量的外国直接投资,国际储备安全水平高,保持对资本账户的适度控制,更为重要的是,以劳动生产率和全要素生产率为主要标志的国际竞争力继续保持增长,因而,金融开放是安全的。进一步扩大金融业对外开放,使外资银行、证券和保险公司更协调地参与中国经济发展,不但是中国参与经济全球化的需要,也是维护金融稳定和安全的需要。关起门来并不能有效防范风险,通过扩大开放、提高金融机构综合竞争力和抗风险能力,提高整个金融体系的资源配置效率,才能从根本上维护国家金融安全。

总体而言,中国金融业发展基础薄弱,遗留问题较多,在对外开放过程中面临了很多的困难。在开放初期,既要面对大型商业银行不良资产多、资本充足率低、抗风险能力弱的严峻形势，还要面对负面评论和投资者的疑惑、质疑等不利因素。而在改革取得初步成效后，又存在对大型商业银行改革形势的判断过于乐观，急于分享收获，而对改革的长期性、艰巨性和复杂性认识不足的问题。面对这些困难，人民银行做了大量解释和应对工作，对看准的路子坚定不移地向前推进，确保了在国际金融危机爆发前有限的时间窗口内顺利完成重点金融机构改革任务。2008年年底以来，受国际金融危机影响，部分境外战略投资者迫于自身财务原因减持了部分中资金融机构股份，但其改革成果和投资价值已得到普遍认可，愿意承接股份的机构较多，并未对中资机构日常的经营管理和中国金融体系的稳定造成负面影响。几年间的合作成果也表明，境外战略投资者对于改善中资机构公司治理、加快内控机制建设、提高经营管理水平、促进上市和提高估值及品牌价值等发挥了应有的作用。

二、对外开放的总体水平的合理性认识

虽然中国金融业对外开放程度不断提升，但从国际比较看，外资金融机构在中国市场所占份额仍然偏低。2015年末，外资银行数量占国内银行总数约4%，外资银行资产占国内银行业总资产的1.38%，分别远低于发达经济体30%、10%的水平。此外，OECD编制的服务贸易限制指数（STRI）从对外资进入的限制、对人员流动的限制、其他歧视性限制措施、对竞争的限制、监管透明度五方面对各类服务业开放程度进行了评估。以银行业为例，2015年数据显示，在42个国家银行业开放指数中，指标值在0~0.2、开放程度较高的国家有32个，主要是美国、欧盟成员国以及相对发达经济体；指标在0.2~0.4的有6个国家，分别是土耳其、以色列、南非、冰岛、俄罗斯和墨西哥；限制程度最高的为匈牙利、印度尼西亚和中国，其中中国的指标值为0.471，银行领

域的限制主要体现在对竞争的限制、对外资进入的限制以及其他歧视性限制。

中国金融市场开放的广度和深度也还有较大的拓展空间。从金融开放的广度,即总量规模上的开放度看,改革开放以来,中国在直接投资、证券投资、其他投资方面都实行对外开放,金融开放程度有了稳定的和大幅度的提高,但部分资本项目仍有提高兑换程度的空间,金融市场、特别是证券投资的实际开放度仍处于较低水平,与发达国家的金融开放度差距较大。例如,现行证券投资的开放模式以"管道式"开放为主,并未形成全面开放的模式和体系。QFII 和 RQFII 存在准入门槛较高、申请机构范围较窄、投资限制较多等问题。通过 QFII、RQFII 等渠道进入市场的境外长期资金在额度、流动性管理等方面受限,影响了长期投资者的积极性,难以充分发挥其在改善投资者结构、倡导长期投资价值理念、提高上市公司治理能力方面的积极作用。而境外个人投资者除可通过"沪港通"投资沪港股市标的股票以外,其他直投通道尚未打通。居民个人进行境外证券投资也受到较大限制。从金融开放的深度,即价格上的开放度看,随着人民币国际化的推进,人民币离岸市场逐渐形成,并出现了各种人民币计价产品,但在岸离岸人民币产品价格以及人民币汇率均还存在一定价差,表明资本流动仍存在一定管制,金融市场开放度有限。

金融"走出去"的广度与深度有待进一步提升。虽然近几年金融机构"走出去"步伐明显加快,但仍主要分布在港澳地区,海外网点布局和金融产品服务有待完善。中国金融机构进入发达国家时,往往面临严格复杂的审批程序,受到"软性"要求限制,并面临国别、合规、信用等多重风险,而"走出去"的金融机构主动合规意识不强,合规架构不完善,合规管理能力不足,在适应境外监管规则方面还需要付出更多努力。

三、外资持股比例限制的认识

目前，在外资持股比例方面，各行业均存在严格限制。外资持股比例一直不能达到50%以上，一定程度上抑制了外资股东持续输入技术、管理资源的积极性。

银行业方面，银监会于2003年发布《境外金融机构投资入股中资金融机构管理办法》、2006年发布《中资商业银行行政许可事项实施办法》，对境外金融机构投资入股中资金融机构的原则、比例、形式、审批等作出规定，明确要求单个境外金融机构向中资金融机构投资入股比例不得超过20%，多个境外金融机构对中资金融机构的共同持股比例不得超过25%。从国际情况看，大多数发达国家对于外资持股银行业并没有直接的比例限制，如美国、英国、德国、法国、日本等；但也有一些国家存在类似的限制，但限制主要集中在单家外资的持股比例限制上。例如，韩国、印度、泰国、越南都限制单家外资持股比例不超过10%或15%，比中国的要求更为严格。在多家外资持股比例限制方面，除印度、马来西亚、印度尼西亚、泰国和越南外，大多数国家没有限制，中国的标准较为严格。虽然泰国也有25%的比例限制，但25%~49%可经过泰国中央银行特批，49%以上可经过泰国财政部特批。

证券业方面，尽管已全面履行加入世贸组织的承诺，但仍存在对外开放限制性措施。对证券公司，根据2002年的《外资参股证券公司设立规则》，境外股东持股比例或者在外资参股证券公司中拥有的权益比例，累计（包括直接持有和间接持有）不得超过1/3。2012年10月，《外资参股证券公司设立规则》修订后，外资参股比例上限被提升至49%。对基金公司，根据2004年《证券投资基金公司管理办法》，中外合资基金管理公司外资出资比例或者拥有的权益比例，累计（包括直接持有和间接持有）不得超过49%；一家机构或者受同一实际控制人控制的多家机构参股基金管理公司的数量不得超过两家,其中控股基金管理公司的数量不得超过一家。对期货公司,根据《内地与香港关于建立更紧密经贸关系的安排(CEPA)》以及历次补充协议,自 2005 年 1 月 1 日起,允许符合条件的港澳服务提供者参股内地期货经纪公司,外资参股比例不超过 49%。目前,大部分新兴市场经济体均实现了证券业对外开放,中国台湾地区和香港特别行政区、新加坡、俄罗斯、印度尼西亚、菲律宾、巴西、阿根廷、智利、墨西哥等对外资参与证券公司均没有持股比例限制,泰国、印度、韩国等原先的限制条款目前也已全部取消。

保险业方面,中国保险业对外资的限制较少,开放程度也相对较高。但在参股比例方面,对外资保险业进入依然存在限制。2004 年 5 月颁布的《外资保险公司管理条例实施细则》规定,寿险公司外资比例不超过 50%。

第二节 中国金融业对外开放的战略抉择

一、国内实践:金融开放是机构改革和经济发展的内在需要

(一) 以开放促改革:认识差距,引入竞争

开放是改革的强大动力。从中国近 40 年金融改革的历史看,对外开放伴随着整个改革过程,开放过程强烈冲击了传统的集中型计划经济的政策体系,并引发了国内一系列重大改革,包括价格体制改革、增值税改革、出口退税、汇率市场化,以及关贸总协定和世贸组织谈判等影响深远的改革,都是由开放所引发的。早在改革之初,邓小平同志就

金融机构改革的道路抉择

非常清楚地意识到要推进中外合作和对外开放，1979年中国就起草了第一部《中外合资经营企业法》，设立了中国国际信托投资公司作为引进外资、开展国际经济金融合作的窗口，并成功发行了第一笔外债。一些外资银行也开始在华设立代表处和营业机构。1997年亚洲金融危机的爆发，凸显了经济金融全球化对中国的深刻影响。2001年11月，中国加入世贸组织，标志着经济金融领域的对外开放进入了一个新阶段。正是在这一背景下，金融改革的迫切性日益增强，直接推动了2004年以来国有商业银行的股份制改革。

对外开放对改革的促进作用，首先在于认识到差距的存在。如果没有对外开放，接触不到充分的信息，就不清楚自身的落后地位。即使看改革之后的国有商业银行，总市值排在世界前列，但资本回报率等效益指标以及内控机制、风险管理水平仍有相当差距，改革仍有进一步深化的空间。其次，对外开放能在很大程度上促进竞争，竞争压力自然带来改革动力。计划经济不讲竞争，竞争往往被认为是重复建设。经过多年改革，竞争原则在制造业和大多数服务业已被普遍接受①。从制造业的情况看，由于开放较早，让中国成为了世界工厂。开放是资源配置优化的进程，是通过市场和竞争机制带来了优化的配置。在"引进来"方面，是通过进口和引进国外企业到国内投资办厂，与国内企业形成竞争。竞争给工业企业带来了巨大的动力、压力和进步。在"走出去"方面，通过出口和国内企业走出国门参与国际竞争，不仅没有被冲垮，反而快速发展。中国成为制造业强国、世界工厂，不少领域正在迈向全球产业链的中高端。服务业的开放也有类似的进程，也是通过对外开放引入竞争，推动经营效率和服务质量提升，并带动国内相关的政策改革。在"引进来"方面，服务业先从酒店、餐饮、交通等行业吸引外资起步，随后不断向其他服务业拓展。在"走出去"方面，最初是工

---

① 参见周小川行长2017年6月在"2017年陆家嘴论坛"上的演讲。

业企业、出口产品和售后服务一起"走出去",后来发展为银行、保险、医疗、行业、旅游、软件、零售、支付、文化等多个领域"走出去"。但是,对开放金融业、引进外资参与竞争问题一直存有疑虑。从理论上讲,作为服务业的一部分,金融业本身不具有自然垄断属性,扩大对外开放,只会增加竞争,引起行业内的优胜劣汰。实践也证明,国际金融机构进入中国市场,在加大国内金融机构竞争压力的同时,也创造了金融服务市场的竞争环境,中资金融机构不断提升管理水平和金融服务质量,有力支持了实体经济发展。

(二)以开放促发展:引入战略投资者,提升机构稳健性

改革与开放相结合,是包括金融业在内的竞争性行业发展取得成功的重要经验。中国金融体制改革就是要建立适应市场经济要求和应对金融国际化挑战的现代金融机构。国际金融危机的一大教训是,要防范金融危机首先要保证金融机构的健康性,对那些高杠杆、低资本、不良贷款等现象均不得宽容,而越是不开放不竞争往往越会纵容这些低标准。中国国有商业银行改革的历史经验表明,国有商业银行的改革,仅仅依靠注资、不良资产处置等"物理变化",不能解决根本问题。只有通过目标明确的股份制改革,国有商业银行才有可能建立和完善公司治理结构,改革才有可能取得实质性进展。引进战略投资者尤其是具有丰富、成熟的经营管理经验和公司治理经验的境外战略投资者,是建立真正意义上的公司治理结构、形成防范风险的内在机制的一个必不可少的环节。引进境外战略投资者旨在建立一整套新的市场激励和约束机制,将国有商业银行变成真正的市场主体。

实践中,境外战略投资者的作用也得到了充分体现。公司治理方面,显著改善了国有商业银行的股权、股东、董事会及其下属专门委员会的结构,境外董事带来行之有效的公司治理机制运作经验以及开阔的国际视野,削弱了外部行政干预,巩固了改制成果。内控建设方面,

境外战略投资者在数据集中、内部评级、审计、稽核、财务管理、IT系统建设等方面提供了大量技术支持。经营管理方面，在产品开发、定价、风险管理等核心领域与境外战略伙伴合作，商业银行得以在较短的时间内提升竞争力。同时，战略伙伴的投资代表了对国有商业银行投资价值的认可，增强了境外投资者对其整体质量和发行价格的信心，成为中资商业银行在境外成功上市的重要条件。除境外战略投资者外，外资机构带来的合法、合规、稳健的经营理念，也促进了中资金融机构的稳健经营和风险管理水平的提高。

（三）以开放促服务：提高金融服务实体经济效率

中国经济的对外开放和发展较大程度上带动着金融业的对外开放。例如，在改革开放初期，银行业率先允许外资金融机构在经济特区和沿海城市设立分支机构，之后扩大到内地中心城市。在中国申请加入世贸组织时，服务贸易已经纳入世贸组织的管理和协调框架下，金融业对外开放是加入世贸组织的重要条件之一。随着中国对外开放的深入，大批跨国公司来华投资。这些公司在本国一般有固定的金融机构为其提供短期融资、周转资金等金融服务，跨国投资也需要相应的跨国金融服务。因此，在吸引更多的外商来华投资后，也需要逐步开放金融市场，让更多的外资金融机构进入中国，为中外合资、中外合作以及外商独资企业提供便利的金融服务。同时，随着中国工商企业冲出国门走向世界，中资金融机构需要跨国提供金融服务；随着中国参与经济全球化程度的加深，中资金融机构的服务对象也将从中资企业发展到国际企业，服务内容从传统金融业务发展到综合化金融业务，这必然要求金融机构在一个开放的金融市场中不断历练。通过引进更多外资金融机构，中资金融机构可以学习借鉴其多元化经营模式、先进技术和管理理念，接受新型金融工具，加快金融产品和服务创新，按照国际惯例为贸易和非贸易的结算、为资本的流出和流入提供高质量的服务，更好地满足实体经济的发展需要。

此外，外资金融机构一方面通过引入适合当地需求的产品和服务，积极为中资企业"走出去"提供咨询与服务，另一方面通过在管理理念、多元化服务等方面发挥示范作用，不断推动中资金融机构加快业务创新，改善盈利结构，提高经营效率和综合竞争力，填补金融服务领域的空白，也能更好地服务于经济结构调整和可持续发展。外资进入还推动了中国金融市场与国际市场的接轨，并促进中国金融业进一步走向国际市场，金融监管标准逐步趋向国际通行准则，在接受国际竞争考验的过程中树立了良好的国际形象，为经济发展创造了有利的外部环境。

二、国际经验：开放型大国扩大金融开放利大于弊

作为发展中国家和经济转型国家，将国情意识和世界视野相结合，研究和学习国际经验，引进国际最佳实践，历来是中国改革开放的一项重要原则。从全球范围看，各国对金融开放的利弊认识经历了一个螺旋式深化的过程。金融领域的开放和全球化始于20世纪70年代，美国率先开始了以放松国内金融管制以及国际资本流动限制为主要内容的金融自由化改革。20世纪80年代，金融开放和金融全球化进程加速，到20世纪90年代中期，发达国家基本取消了资本管制，实现了资本账户自由化，金融全球化达到非常高的程度。但很多发展中国家20世纪70年代的金融开放都因随之而来的经济金融危机而搁浅或倒退，这使得资本管制思潮在发展中国家中盛行。直到20世纪80年代后期，随着韩国、新加坡以及中国香港和台湾等国家或地区的成功崛起，发展中国家才开始重新审视金融开放的作用，并不同程度放松了资本管制。然而，20世纪90年代的全球资本流动逆转，以及新兴市场国家遭受的经济金融危机，再一次提高了发展中国家对金融开放的谨慎认识。如今，大多数发展中国家仍然在走金融开放的道路，但是相应的管制政策也并行

不悖。总结各国金融开放的经验和教训，可以得出以下几个结论。

（一）对发展中国家而言，金融开放是促进经济发展的有效选择

金融开放是手段而不是目的。金融业开放应定位于提高本国金融体系的效率，推动本国金融发展和深化，促进经济发展。同样，金融保护也是手段而不是目的，金融保护的目标是给本国金融业成长一定的缓冲时间和空间，培养本国金融业竞争力，最终目的也是提高金融效率，促进经济发展。对于发展中国家，金融开放是更有效率的选择。金融开放促进经济增长的主要途径是提升投资数量和投资效率，分散风险，改善金融技术和全要素生产管理，引入规则。通过开放放松金融压抑措施，实现经济制度的对外相容性，改革原有制度中不合理、无效率的地方，促进制度变迁和创新，消除扭曲，最终实现目标。

（二）对大国而言，金融开放是增强综合国力的必然选择

金融开放是推动金融业增强竞争力，实现自身升级发展的必然要求。美国金融业自20世纪60年代末走向国际市场，为美国金融业成为全球引领力量确立基础。英国金融自由化改革吸引大量外国金融机构和优秀金融人才的流入，有力地提升英国金融全球竞争力。以金融开放助推全球金融中心战略，成为大国掌控全球经济金融话语权的普遍战略选择。美国、英国、德国等发达国家均以金融全面开放的姿态，全力打造纽约、伦敦、法兰克福等全球金融中心，以金融优势打造经济优势、国力优势。

（三）对大国而言，金融开放有利于增强金融稳定性

在一定条件下，金融业对外开放与金融稳定和金融安全呈正向关系。相比封闭和垄断，开放和鼓励竞争的监管制度更利于金融业的健康发展，进而降低发生金融危机的概率。金融封闭并不意味着无风险。英

国 1979 年前实施严格的金融管制，但依然在 1967 年、1976 年两次发生英镑贬值危机，1979 年发生英镑升值危机。金融开放可以引入先进的经济管理理念，促进市场竞争，有利于降低国内金融稳定风险。英国金融业对外开放，在提升本国金融系统全球竞争力的同时，金融系统稳定性显著增强。金融开放过程中出现的短时金融波动更多是源于对原来封闭条件下扭曲金融要素的重新纠偏，是市场机制逐步确立的体现。巴西金融开放历经金融危机冲击而螺旋上升，期间更多是体现金融要素市场化配置的逐步回归，最终建成开放格局。

第三节　中国金融业对外开放进程

一、金融业对外开放的历史演进

总体来看，中国金融业对外开放大致可分为以下三个阶段。

（一）1980—2001 年：加入世贸组织前的开放阶段

在这一阶段，中国根据整体经济发展、对外开放和金融业改革发展的需要，逐步自主扩大银行业、证券业、保险业对外开放的地域、业务范围和客户对象。从 1980 年至 20 世纪 90 年代初期，金融业对外开放的总体战略是，通过外资银行的进入引进外汇资金和改善对外资企业的金融服务，创造更好的投资环境。外资银行的经营范围局限于对外资企业和外国公民办理外汇业务，但开放地域不断扩大，逐步从经济特区扩展到沿海城市和中心城市。1980 年，日本输出入银行在北京设立代表处，拉开了银行业对外开放的序幕。1981 年，南洋商业银行在深圳设立分行，成为改革开放以来外资银行在中国设立的第一家营业性机构。1983年，颁布《关于侨资、外资金融机构在中国设立常驻机构的管理办法》。1985年，颁布《中华人民共和国经济特区外资银行、中外合资银行管理条例》，允许外资银行在深圳、珠海、厦门、汕头和海南设立营业性分支机构。1990年8月，颁布《上海外资金融机构、中外合资金融机构管理办法》。同时，中国也开始允许一些外国保险公司在华设立代表处。

从20世纪90年代开始，中国经济体制改革取得突破性进展，加快了建立社会主义市场经济体制的步伐，对外贸易全面发展，外商投资显著增加，对外开放的总体格局基本形成。为进一步提高对外开放水平和改善投资环境，中国完善涉外经济法规，保持了金融业对外开放的良好势头。对外资银行逐步开放人民币业务，中资银行引入境外机构投资者开始试点，中国银行业对外开放进一步深化，外资银行业务随着外资企业在中国的迅速成长以及中资企业国际业务的发展而快速发展。1994年，中国颁布全面规范外资银行的第一部法规——《中华人民共和国外资金融机构管理条例》，规定了外资银行在华设立外商独资银行、中外合资银行和外国银行分行的市场准入条件和监管标准。1996年，颁布《上海浦东外资金融机构经营人民币业务试点暂行管理方法》，允许外资银行在上海浦东试点经营人民币业务，服务对象限于外资企业和境外居民。1998年3月，发布《关于批准外资银行加入全国同业拆借有关问题的通知》，允许外资银行加入全国同业拆借市场，从事人民币同业拆借和现券交易。1998年8月，批准深圳为第二个允许外资银行经营人民币业务的试点城市。1999年7月，发布《关于扩大上海、深圳外资银行人民币业务范围的通知》，放宽对外资银行人民币业务客户的地域限制和人民币业务的规模限制，允许外资银行向同业借入一年期以上的人民币资金。同时，第一批外国保险公司获准进入中国保险市场，其保费收入迅速增长。

第九章 金融业对外开放的争论和抉择

(二) 2002—2006 年：在加入世贸组织过渡期内逐步履行承诺阶段

2001 年 12 月 11 日，中国加入世贸组织，在加入后 5 年内，中国履行承诺，有序推进金融业对外开放。在银行业，逐步扩大外资银行业务范围，在承诺基础上给予外资银行国民待遇。2001 年年底，取消外资银行办理外汇业务的地域和客户限制，允许外资银行经营中国企业和中国居民的外汇业务，在上海、深圳、天津和大连四个城市向外资银行开放人民币业务。2002 年 1 月，颁布《中华人民共和国外资金融机构管理条例实施细则（修订）》。2002 年 12 月，在广州、青岛、珠海、南京、武汉五个城市向外资银行开放人民币业务。2003 年 12 月，在济南、福州、成都和重庆四个城市向外资银行开放人民币业务，允许外资银行在已开放人民币业务的地域经营对中资企业的人民币业务。2003 年 12 月，颁布《境外金融机构投资入股中资金融机构管理办法》，规定入股中资银行的资格条件和持股比例。2004 年 12 月，在昆明、北京、厦门、沈阳和西安五个城市向外资银行开放人民币业务。2005 年 12 月，在汕头、宁波、哈尔滨、长春、兰州、银川、南宁七个城市向外资银行开放人民币业务。2006 年 11 月，颁布《中华人民共和国外资银行管理条例》和《中华人民共和国外资银行管理条例实施细则》。2006 年 12 月，取消外资银行经营人民币业务的地域和客户限制，允许外资银行对所有客户提供人民币服务，取消对外资银行在华经营的非审慎性限制。

同时，中资银行引进境外机构投资者，推动银行业改革，股权合作成为境外金融机构进入中国的新方式。建设银行、中国银行、交通银行、工商银行在改革过程中，引进了境外战略投资者并在境内外成功上市，是中国金融业改革开放相互促进的成功案例。国有商业银行的改革经历了艰难的探索，先是要办成专业银行，然后是成立政策性银行，把政策性业务剥离给政策性银行，要把国有银行办成真正的商业银行。然而事实证明，如果不转变公司治理结构和经营机制，国有商业银行不可能成为真正意义上的商业银行。在1999—2000年将13 939亿元国有商业银行的不良资产剥离给金融资产管理公司后,封闭的银行体系和旧的体制机制仍在不断地产生新的不良资产。从2004年开始的新一轮改革中,又从工商银行、建设银行、中国银行三大行再次剥离不良资产合计超过1万亿元。这一轮国有商业银行的改革带有明显的开放色彩。首先,引入境外战略投资者是开放,在境内外上市也是开放。在境内上市是对境内非公投资者的开放(包括自然人持股),在境外上市是对境外投资者的开放。

在证券业,自加入世贸组织时起,外国证券机构驻华代表处可申请成为中国证券交易所的特别会员,外资机构也被允许设立合资证券投资基金公司。2002年,证监会颁布《外资参股证券公司设立规则》,允许外资机构参股证券公司。在业务范围方面,加入世贸组织后,外国证券机构即可直接从事B股交易。此后,外资参股证券公司、基金公司和期货公司开展相关业务的限制也逐步放开。2002年起,外资参股证券公司可从事股票和债券的承销、外资股的经纪、债券的经纪和自营。

保险业加大开放力度,比其他金融行业提前两年全面对外开放。2003年年底,中国就取消了对外资非寿险公司在华设立机构形式的限制,并向外资非寿险公司开放所有业务。从2004年12月11日开始,中国根据加入世贸组织的承诺,全面放开保险业对外资的业务和地域限制,进一步取消了外资保险公司机构设立的地域限制,除有关法定保险业务外,进一步向外资参股或合资寿险公司开放了所有业务。除了对寿险公司有外资比例不超过50%及设立条件限制外,对外资没有其他限制,非寿险公司则除了设立条件以外,没有其他限制,法定再保险比例降为5%。2005年年底,中国取消了法定分保政策,保险业商业化运行程度进一步提升。

金融市场也开始开放。东亚及太平洋央行会议组织(EMEAP)倡议设立的泛亚基金和亚债中国基金进入银行间债券市场进行投资。2002

年中国开始试点合格境外机构投资者（QFII）制度，QFII 在经批准的投资额度内，投资于在证券交易所挂牌交易的股票、债券、权证和基金等产品。

（三）2006 年底至今：加入世贸组织过渡期结束后的开放阶段

2006 年以来，中国全面履行加入世贸组织有关金融开放的承诺，按照"国民待遇"和"审慎监管"原则，在外资金融机构设立、金融市场和业务准入、境外战略投资者引进、客户对象和地域范围拓宽等方面实施了多层次和宽领域的开放措施，外资的金融市场参与程度不断加深，有效促进了国内的金融机构改革和整体服务水平的提升，互利共赢、共同发展的金融开放格局初步形成。

银行业方面，2006 年 12 月起，在外资银行自主选择商业存在形式的前提下，鼓励具备一定条件并准备发展人民币零售业务的外资银行分行转制为在中国注册的法人银行。转制后，外资法人银行在注册资本、设立分支机构、营运资金要求以及监管标准方面，完全与中资银行相同。业务范围方面，2006 年 12 月起，银监会取消外资银行经营人民币业务的地域和客户限制。2014 年 12 月，国务院修改了《中华人民共和国外资银行管理条例》，在外资法人银行拨发境内分行营运金额和初次设立外资银行条件方面，均放宽了准入条件。2015 年，银监会修订印发《外资银行管理条例实施细则》，在加强有效监管的前提下，为外资银行设立营运提供更加宽松便利的政策环境；印发《关于外资银行在银行间债券市场投资和交易企业债券有关事项的通知》，允许外资银行参与银行间债券市场企业债券的投资和交易；首次批准外资银行发行二级资本工具，为其加强资本管理、增强抗风险能力提供新的渠道和工具；鼓励外资银行充分利用全球网络、跨境服务经验等优势，为中资企业"走出去"、外资企业"引进来"、人民币国际化、自贸试验区、"一带一路"战略实施等提供专业化金融支持。证券业方面，2007 年，经过对《外资参股证券公司设立规则》的修订，外资参股证券公司还可参与股票和债券的保荐。2015年，根据《关于建立更紧密经贸关系的安排》（CEPA）及其补充协议，中国允许符合条件的港资、澳资金融机构在上海市、广东省、深圳市各设立1家两地合资全牌照证券公司，港资、澳资合并持股比例最高可达51%，内地股东不限于证券公司；允许符合条件的港资、澳资金融机构在内地若干改革试验区内，各新设1家两地合资全牌照证券公司，内地股东不限于证券公司，港资、澳资合并持股比例不超过49%，且取消内地单一股东须持股49%的限制；在内地若干改革试验区内，允许港资、澳资证券公司在合资证券投资咨询公司中的持股比例达50%以上。2015年12月，两岸举行第三次证券及期货监管合作会议，就大陆放宽合格境外机构投资者（QFII）的有关限制、给予台湾地区人民币合格境外机构投资者（RQFII）额度及放宽大陆参股台湾证券期货机构的有关限制等进行了有益沟通。保险业方面，2012年5月，中国放开了外资保险公司不得经营交强险的限制，目前除合资寿险公司外方持股比例不得超过50%以外，外资保险公司在业务和地域范围方面已经享受国民待遇。

在履行加入世贸组织承诺的同时，中国还根据经济发展和金融改革需要，在承诺之外积极实施了一系列自主开放措施，基本形成了兼顾多边最优惠国待遇和双边互惠安排的多层次、统一化的对外开放政策体系和渐进式、宽领域的金融市场开放格局。一是积极支持和鼓励外资银行在中西部和东北地区发展，提前向外资银行开放了西安、沈阳、哈尔滨、长春、兰州、西宁等城市的人民币业务，放宽其在这些地区经营人民币业务的资格条件，为外资银行在中西部和东北地区设立机构和开办业务开辟了绿色通道，在同等条件下优先审批其设立机构和开办业务的申请。二是适时调整外资银行营运资金政策，逐步减少经营本外币业务的营运资金档次，降低营运资金要求。三是允许外资银行与中资银行同步开办衍生产品交易业务、合格境外机构投资者境内证券投资托管业务、代客境外理财及托管业务，允许外资银行开办代理保险业务。四是根据与香港和澳门特别行政区签订的关于建立更紧密经贸关系的安排（CEPA），允许香港和澳门地区银行以优惠条件在内地设立机构和开办业务。五是调整外资金融机构参资入股中资银行比例，允许合格的境外战略投资者按照自愿和商业原则投资入股中资银行，参与中国银行业改革。

二、金融业对外开放的现状

目前，外资金融机构凭借坚实的细分市场地位、良好的品牌认知度、与跨国公司和大型内地企业的密切关系以及业务多元化优势，机构数量和资产规模稳步上升，业务领域和客户群体不断拓展，已经成为中国金融业的一支重要力量。

（一）外资金融机构的设立及经营情况

银行业方面，截至 2015 年末，机构方面，有 15 个国家和地区的银行在华设立了 37 家外商独资银行（下设分行 306 家）、2 家合资银行（下设分行 4 家）和 1 家外商独资财务公司；26 个国家和地区的 69 家外国银行在华设立了 114 家分行；46 个国家和地区的 153 家银行在华设立了 174 家代表处。业务方面，38 家外资法人银行、86 家外国银行分行获准经营人民币业务；31 家外资法人银行、31 家外国银行分行获准从事金融衍生产品交易业务；6 家外资法人银行获准发行人民币金融债；4 家外资法人银行获准开办信用卡发卡业务、1 家外资法人银行开办信用卡收单业务。地域方面，外资银行在中国 27 个省份的 69 个城市设立营业机构，形成具有一定覆盖面和市场深度的总行、分行、支行服务网络，营业网点达 1 044 家。其中，约 17% 的机构网点位于东北和中西部地区（见表 9-1）。

金融机构改革的道路抉择

表9-1　在华外资银行业金融机构情况（截至2015年末）　　单位：家

	外国银行	独资银行	合资银行	财务公司	合计
法人机构总行	—	37	2	1	40
法人机构分行	—	306	4	—	310
外国银行分行	114	—	—	—	114
支行	23	542	15	—	580
总计	137	885	21	1	1 044

数据来源：银监会2015年报。

引资方面，截至2015年末，32家中资商业银行引进41家境外投资者，引进资本余额438.7亿美元；110家新型农村金融机构（主要是村镇银行）引进9家境外投资者，引进资本余额2.9亿美元；53家非银行金融机构引进68家境外投资者，引进资本余额89.4亿美元。

运营方面，截至2015年末，在华外资银行资产总额2.68万亿元，同比下降3.94%；负债总额2.33万亿元，同比下降6.17%。其中，各项贷款余额1.13万亿元，同比下降4.62%；各项存款余额1.44万亿元，同比下降7.10%。金融衍生品业务规模9.42万亿元，同比上升16.47%。2015年实现净利润152.98亿元，不良贷款率1.15%。2001年中国加入世贸组织以来，虽然外资银行的营业性机构数量和资产规模不断上升，但其总资产占中国银行业金融机构总资产的比例并没有显著增长，2008年国际金融危机后还出现了下降，目前仍处于较低水平。2001年在华外资银行的资产份额为1.82%，2015年仅为1.38%，比国际金融危机前达到的2.38%峰值下降了1个百分点（见表9-2）。

表9-2　在华外资银行营业机构资产情况（2010—2015年）

单位：亿元，%

项目/年份	2010	2011	2012	2013	2014	2015
资产	17 423	21 535	23 804	25 577	27 921	26 820
占银行业金融机构总资产比	1.85	1.93	1.82	1.73	1.62	1.38

数据来源：银监会2015年报。

证券业方面,截至 2015 年末,中国中外合资证券公司共 11 家,在 124 家证券公司中占比约 9%;中外合资基金管理公司 44 家,在 101 家基金管理公司中占比约 44%,其中 17 家合资基金公司的外资股权已达 49%;在 150 家期货公司中,有 2 家中外合资期货公司,境外股东出资共计约 91 亿元。同时,10 家境外交易所获准设立驻华代表处,境外证券类机构共获准设立 131 家驻华代表处。此外,截至 2015 年末,中国共批准 27 家台资企业在大陆 A 股市场上市,4 家台资金融机构在大陆参股合资基金管理公司,35 家台资金融机构获批 QFII 资格,获得 QFII 投资额度合计 97.76 亿美元。

保险业方面,截至 2015 年末,共有来自 16 个国家和地区的境外保险公司在中国设立了 56 家外资保险公司,原保险保费收入 1 165.61 亿元,市场份额 4.6%,外资保险公司总资产 8 539.8 亿元,占比 6.9%,此外,境外投资者参股了 16 家中资保险公司。2016 年前三个季度,外资保险公司原保险保费收入 1 243.54 亿元,同比增长 45.00%;市场份额为 4.94%,比去年同期增加 0.44 个百分点。外资财产险公司原保险保费收入 138.06 亿元,同比增长 8.74%,市场份额 2.02%,与上年同期持平。外资寿险公司原保险保费收入 1 105.48 亿元,同比增长 51.30%,市场份额 6.03%,同比增加 0.31 个百分点。

(二)外资参与中国金融市场的基本情况

股票市场方面,2006 年 8 月,在总结 QFII 制度试点经验的基础上,证监会、人民银行和外汇管理局联合发布《合格境外机构投资者境内证券投资管理办法》,鼓励养老基金、保险基金、共同基金、慈善基金等长期机构投资者进入中国市场,完善了资金汇兑和账户管理。截至 2015 年末,中国 QFII 总数达到 294 家,外汇管理局累计批准 QFII 机构约 900 亿美元投资额度。为了进一步推进中国资本市场对外开放,证监会、人民银行、外汇管理局于 2011 年 12 月联合发布《基金管理公司、证券公司人民币合格境外机构投资者（RQFII）境内证券投资试点办法》，允许符合一定条件的基金管理公司、证券公司的香港子公司，运用其在香港募集的人民币资金，在经批准的人民币投资额度内投资于境内证券市场。截至2015年末，证监会累计批准185家RQFII机构资格，RQFII试点范围扩大至瑞士、卢森堡、智利、匈牙利、马来西亚、阿联酋和泰国等16个国家和地区，RQFII额度增加至1.21万亿元人民币。目前，QFII、RQFII已经成为中国A股市场重要的专业机构投资者，截至2015年末，QFII、RQFII净汇入资金合计约3 400亿元。

债券市场方面，2005年，国际金融公司和亚洲开发银行两家国际开发机构率先在银行间债券市场发行人民币债券。2013年，境外非金融机构在银行间债券市场人民币债券融资的渠道也已畅通。2015年，国际性商业银行、外国政府也成为银行间债券市场的发行主体。截至2015年末，债券市场境外发债主体已包括境外非金融企业、金融机构、国际开发机构以及外国政府等，累计发行人民币债券155亿元。从引入境外投资人看，2010年以来，先后允许境外中央银行或货币当局、人民币清算行、跨境贸易人民币结算境外参加行、主权财富基金、国际金融机构、中国香港、中国台湾、新加坡的保险机构、RQFII以及QFII在银行间债券市场开展现券交易。2015年以来，人民银行进一步简化入市流程，放宽额度限制，拓展投资范围，以吸引更多符合条件的境外机构投资者。

外汇市场方面，近年来，外资金融机构在银行间人民币外汇市场与外币对市场的份额持续上升。为进一步推动中国外汇市场对外开放，人民银行于2015年发布公告，允许境外央行和其他官方储备管理机构、国际金融组织、主权财富基金参与中国银行间外汇市场交易，开展包括即期、远期、掉期和期权在内的各品种外汇交易，并且无额度限制。自2016年起，中国银行间外汇市场交易系统每日运行时间延长至北京时间23:30，进一步推动了市场开放。

第九章 金融业对外开放的争论和抉择

黄金市场方面，中国黄金市场没有针对外资设立非国民待遇的歧视性规定，整体开放程度较高。2003年以来，人民银行实行了市场化的黄金进出口政策，明确黄金进出口业务主体资质，目前已有4家外资银行获此资质。2007年6月，人民银行批准上海黄金交易所引进在华外资银行作为会员。截至2015年末，共有渣打银行等9家外资银行成为上海黄金交易所会员，开展黄金自营代理等业务。2014年9月，上海黄金交易所在上海自贸区设立国际业务板块，推出以人民币计价的黄金品种，吸引境外投资者直接参与交易。此外，2015年7月，上海黄金交易所启动黄金"沪港通"业务，引入香港金银业贸易场会员参与境内黄金市场。

（三）金融机构"走出去"的初步探索

在"引进来"的同时，中国金融机构也加快了"走出去"的步伐，但总体而言还处于初步探索阶段。截至2015年末，银行业方面，有22家银行业金融机构在海外59个国家和地区设立了1 298家分支机构。其中，约80%的中资海外新增机构在2010年以后设立，约60%的"一带一路"沿线国家新增机构在2010年以后设立。香港是银行海外设点较为集中的地区，进入海外市场以申设机构为主，并购案例也不断增多。银行业金融机构除提供存贷汇等传统服务外，还围绕"走出去"企业的实际需求，加强跨境人民币、现金管理等业务创新，配合国家"一带一路"等战略，积极支持基础设施建设、过剩产能输出、能源资源合作等领域。工商银行、农业银行、中国银行、建设银行均已入选全球系统重要性银行。证券业方面，有72家证券期货经营机构在境外设立了子公司，包括31家证券公司、24家基金管理公司、17家期货公司。其中，70家在香港设立子公司，各有1家在新加坡和老挝设立子公司，42%的境外子公司为最近三年设立，整体经营状况逐年向好。保险业方面，有12家保险公司在境外设立了37家保险类营业机构，主要分布在港澳地区，规模较小。

第四节　坚持深化金融业对外开放的战略不动摇

一、中国面临进一步扩大金融业对外开放重大战略机遇期

实践证明，中国金融业对外开放的政策和措施符合对外开放总体战略，与社会主义市场经济发展阶段相适应，与国际金融业发展趋势相一致。通过对外开放，中国引进了国际先进的金融业经营管理理念和技术，推动了金融业全面改革。中资金融机构在与外资金融机构的竞争以及境外战略投资者的合作过程中，提高了市场服务能力和赢利水平，明显改善了公司治理、风险管理和服务意识，综合实力不断增强。当前，在经济全球化背景下，仍要坚持对外开放的基本国策，抓住机遇积极扩大金融业对外开放，而中国也已经具备一定条件。

（一）中国经济持续健康发展，为金融开放奠定了坚实基础

经过三十多年的高速发展，中国国内生产总值总量已达世界第二，逐渐形成政治、军事、外交、经济等领域合力，国际地位和影响力不断提高，为金融业持续健康发展及防范金融风险奠定了良好基础。金融机构改革取得一定的阶段性成果，公司治理结构逐步完善，总体经营稳健，同业竞争能力和风险抵御能力不断提高，已经初步具备进一步参与国际竞争的能力。同时，近年来，中国对外经贸和投资迅猛增长，2015年，中国货物进出口贸易总额达到24.59万亿元人民币，蝉联世界第一；非金融类对外直接投资1 180亿美元，维持世界第三位，已经从资本净输入国转变为净输出国。对外经贸往来和企业投资为金融机构带

第九章　金融业对外开放的争论和抉择

来了大量客户和金融需求，也为外资金融机构的运营提供了现实支撑。

（二）市场体系日趋完善，为金融开放创造了便利和安全保障

当前，中国已基本建立包括外汇市场、货币市场、证券市场、期货市场、黄金市场等在内的金融市场体系，产品种类不断丰富，参与主体趋向多元，已积累一定的对外开放经验。同时，人民币国际化进程加快，2015年人民币已成为第三大贸易融资货币、第五大支付货币，随着人民币于2016年10月1日加入特别提款权（SDR），未来将更多用于国际贸易、支付、交易以及储备。人民币国际化将为金融业对外开放提供更好的货币环境，吸引境外主体持有人民币并投资境内金融市场。从金融市场基础设施建设情况看，境内支付系统、账户管理系统、证券托管交易系统等基础设施高效稳健运行，征信体系建立，法律法规体系不断完善，也为防范和应对跨国境风险传递提供了有力支持。

（三）国际话语权逐步提升，为金融开放带来了战略机遇

2008年国际金融危机后，全球经济治理体系和规则面临重大调整，国际监管标准向一致化、标准化方向发展。中国积极参与全球经济治理、深度参与和运用国际金融规则，争取国际经济金融话语权，提高了中国应对国际经济贸易利益冲突的能力，保护和扩大了中国发展利益，并推动全球金融治理体系改革完善。同时，中国稳妥推进国际监管改革措施和稳健标准的落实和执行，不断提高国内金融稳健性标准和专业化监管水平，具备了对境内外资机构的监管能力。2015年12月中国成为IMF第三大份额国，亚洲基础设施投资银行、金砖开发银行等国际金融组织的建立，将进一步提升中国在国际经济金融秩序方面的规则制定权。在国际合作中，"一带一路"战略的有序推进为中国金融开放提供了机遇。"一带一路"涉及60多个国家，辐射范围广阔，是中国走向世界、开创区域合作的重要抓手，"一带一路"

战略既要求中国企业和金融机构"走出去"以满足沿线国家的融资需求,也需要扩大金融市场开放允许这些国家在中国金融市场融资。

二、持续对外开放的基本战略思维

从未来趋势看,随着金融全球化深入发展,各国金融市场联系更加密切,竞争更加激烈,中国仍然要在开放中缩小差距,在开放中提高竞争力,这既是近四十年金融改革的一条基本经验,也是今后深化金融改革的一个基本动力。2013年,党的十八届三中全会通过的《中共中央关于全面深化改革若干重大问题的决定》提出"完善金融市场体系,扩大金融业对内对外开放"。2016年,《国民经济和社会发展第十三个五年规划纲要》进一步明确了"扩大金融业双向开放"的目标。2017年7月,第五次全国金融工作会议明确"坚持自主、有序、平等、安全的方针,稳步扩大金融业双向开放"。但同时也要看到,金融业对外开放给中国经济带来发展机遇的同时,也对金融宏观调控、金融监管以及金融机构自身的管理能力提出了挑战。把握机遇、应对挑战,可重点采取以下措施,有步骤、分层次地稳妥推进金融开放,在保障金融安全的基础上打造金融优势,增强综合国力。

(一)适应准入前国民待遇加负面清单新模式,建立国家金融安全审查机制

为进一步融入经济金融全球化,党的十八届三中全会已经提出,要探索对外商投资实行"准入前国民待遇加负面清单"的管理模式。目前,中国外商投资管理体制正在逐步向这种模式转变,上海、广东、天津、福建4个自贸试验区已经实行,中美、中欧等双边投资协定谈判也正在以此为基础推进。在2015年修订的《外商投资产业指导目录》和自贸试验区负面清单中,财务公司、货币经纪公司等不再列入限制类,

外国投资者投资境内金融机构的准入许可审查范围进一步收窄。在此背景下，建立金融安全审查机制，作为新模式的必要补充，有利于缓解对金融安全的担忧以及放松持股比例限制的压力，合理运用安全例外原则，促进和规范外国投资者投资境内金融机构，保障中国金融体系稳健运行。

从国际看，虽然大多数国家并无外资入股的比例限制，但普遍通过一些配合措施限制了外资对国家金融安全的负面影响，建立安全审查机制就是一个常用做法。美国、德国、加拿大、澳大利亚、俄罗斯等国家都已建立了涵盖金融业的外国投资者投资安全审查机制，主要有以下特点：一是安全审查机制以维护国家安全和利益为首要原则，审查力度和范围不断加大。1988年的《埃克森—弗洛里奥修正案》授权美国总统对外国在美并购企业进行国家安全调查。2007年美国《外国投资与国家安全法》将审查范围由国防安全拓展至美国核心系统和资产，涉及银行、供水、关键技术等诸多领域，银行业被归为"重要基础设施"。二是有明确的工作机制。如美国的外国投资委员会（CFIUS）、澳大利亚的外商投资审查委员会（FIRB）、加拿大的投资局等，专门负责对外资进入进行安全评估和审查。CFIUS由财政部长担任主席，司法部长、国土安全部长、商务部长等联邦政府的16个部门领导组成，总统可视情况指派其他部门领导参会。三是中央银行在外商投资金融业的安全审查中发挥重要作用。在美国，美联储虽然不是CFIUS委员，但涉及外资银行并购时，该委员会与美联储进行必要的信息沟通。俄罗斯中央银行对涉及银行等金融机构的外资并购进行安全审查及监管。四是安全审查具有强制力。在美国，如果交易可能威胁国家安全，CFIUS有权同交易相关方进行接触，直到威胁消除并与申请人达成消除威胁协议，且整个决策过程不透明。由于决策可能受到国内和国际政治等多方面影响，审查结果的不确定性较强。

从国内看，自2011年起，中国已经在非金融领域建立了外国投资者并购境内企业安全审查制度,明确了审查的范围、内容、工作机制、程序等。2015年4月,又将自贸试验区的安全审查范围从外资并购扩展到新设、境外交易、协议控制、再投资等方式。但是,外国投资者投资金融领域的安全审查至今还是空白。借鉴国际经验,可建立专门的金融安全审查机制,统一制定和执行外资投资境内金融机构的审查范围和标准,重点关注以下情形:外国投资者投资可能形成实际控制;投资达到一定持股比例,可能对金融机构产生重要影响;投资涉及敏感主体、敏感对象、敏感地域,或者可能对国际收支、金融市场、金融关键服务、技术、信息产生重要影响等。对可能影响经济金融安全的投资活动进行限制,利用反垄断等方式防止外资控制大型金融机构或同时控制众多中小金融机构,及早判断和评估涉外并购对中国经济金融安全的影响。

(二)合理扩大外资入股中资金融机构的比例和业务范围,实现金融业对外开放新格局

新世纪以来,国际环境和中国经济金融基本面都发生了根本变化,中国宏观调控能力和金融监管水平也有较大提升,进一步扩大金融开放总体风险可控。可在中美投资协定谈判等多双边谈判框架下,放宽境外投资者持股比例限制,以及外资机构参与国内金融市场的范围。具体而言:

银行业方面,针对不同类型金融机构设置不同的比例要求。对于大型国有金融机构,为确保中国宏观经济政策的连续性,维护金融体系稳定运行,可继续实行国家绝对控股。随着中国金融业发展和金融机构实力的增强,中长期内可逐渐过渡到国家对大型金融机构相对控股,即国家持股高于30%即可。对于中小金融机构,可适度放宽外资入股比例。由于中小金融机构的市场份额很小,适当扩大外资入股比例对金融业总体格局影响有限。适度放宽外资入股比例,尤其是鼓励外资入股不发达

第九章　金融业对外开放的争论和抉择

地区的中小金融机构，可有效提高中小金融机构的竞争力和健康程度，也有利于树立中国对外开放的国际形象，增加对外经贸谈判主动权。在具体持股比例方面，可遵循循序渐进的原则，有步骤、分层次地予以放开。例如，初期可保持单家外资20%的限制不变，多家外资持股的比例限制提高至49%；运行一段时间后，再视情况将单家外资持股比例提高至30%，多家外资持股比例提高至70%甚至100%。此外，完善银行业外资投资者准入管理制度，支持外国金融机构以多种形式设立或投资银行业金融机构，利用境外资本、人才、经验等优势，通过促进银行体系服务多元化，推动改善服务质量和效率。鼓励外资银行业金融机构发挥连接国内外市场的桥梁作用，积极开展业务创新，带动中资银行业金融机构提高跨市场、跨境服务能力。支持外国法人银行在同等条件下获取业务资格、参与业务试点，支持外国银行分行参与金融市场业务和中间业务。

证券业方面，有序放宽证券业股比限制，放宽证券期货业准入限制，提高外资持股比例。在今后3~5年时间里，积极研究逐步提高符合条件的外资金融机构参股证券公司、期货公司和基金管理公司的持股比例，逐步扩大合资证券、期货和基金管理公司业务范围，按规定从事持牌业务。港澳台机构在《内地与香港关于建立更紧密经贸关系的安排》（CEPA）和两岸服务贸易协议框架里执行。在世贸组织承诺和现行法律框架内，积极引入国际一流投行、港台优质公司以各种形式进入中国境内证券市场，改革证券业的公司治理，提高会计标准和透明度，提高依法经营、依法纳税的意识，引入和开发新的金融产品，提高管理风险水平，提高服务水平，使广大中国企业和普通投资者获益。

保险业方面，中国保险业在总资产、保费收入、保险深度和保险密度等方面与世界平均水平仍存在较大差距，进一步的开放仍然是必要的。探索负面清单加准入前国民待遇模式下，保险业对外开放管理新模式。继续围绕市场化改革、商业模式创新和服务领域深化等重点领域，发挥外资保险机构在推动行业改革创新方面的示范作用，鼓励外资参与中国商业健康、医疗保险、巨灾保险体系建设，支持外资进入中国再保险市场；鼓励外资保险机构在中国中西部地区开拓市场，引导外资保险机构在中国城镇化建设中发挥积极作用。

（三）稳步推进人民币国际化和资本项目可兑换，便利境内外主体跨境投融资

自 2009 年引入人民币跨境结算以来，人民币在国际上的使用日益普及，国际地位明显提升，目前已经成为全球第五大常用货币，人民币汇率也趋近均衡水平。与此同时，人民币资本项目可兑换程度不断提高。40 项资本项目交易中，已经有 34 项达到了部分可兑换及以上水平。提高汇兑便利性，稳步推进人民币国际化，实现人民币资本项目可兑换，是新一轮对外开放中，金融业伴随中国经济发展"走出去"的必然需要，也是构建金融业对外开放新格局的战略步骤之一。从需要看，一方面，进入新常态的中国经济，正处于结构调整的转型期，需要充分利用国内外两种资源、两个市场，"走出去"的步伐越来越快。此时实现资本账户可兑换，有利于中国企业对外投资，进行产能转移，获取技术、市场和资源便利，提高可持续竞争能力。另一方面，当前世界经济仍处于深度调整期，实现人民币资本账户可兑换，推动人民币进一步国际化，既有助于增强境外经济主体对中国经济的信心，提升中国国际影响力和话语权，也可以为国际金融体系注入新的稳定力量，在重塑国际秩序中发挥重要作用。从战略步骤看，从沪港通到深港通，从自贸区试点到"一带一路"战略，从筹建亚洲基础设施投资银行，到出资设立丝路基金，从推动人民币跨境使用到稳步实现人民币资本项目基本可兑换，中国新一轮经济开放步伐不断加快，金融业对外开放的新格局逐渐成型。在这一对外开放进程中，实现人民币资本项目可兑换，是建立开放型经济体制和在更深层次、更大范围融入全球经济的重要

基础。

具体而言,在稳步推进人民币国际化方面,以服务"贸易投资和产业链升级"为重点,从巩固人民币计价结算货币地位,向支持人民币的市场交易和国际储备功能推进。扩大人民币在周边国家和新兴市场区域化使用的便利性,逐步向国际金融中心和发达国家延伸。推动人民币对其他货币直接交易市场发展,更好地为跨境人民币结算业务发展服务。支持离岸人民币市场健康发展,建立在岸市场、离岸市场的良性循环。在推动资本项目可兑换方面,针对目前可兑换程度较低的资本项目——资本和货币市场、衍生工具、信贷业务以及个人资本交易领域,逐步加大开放力度,深化简政放权。创新可兑换改革模式,即以"限额内可兑换"模式(允许符合条件的机构在限额内自主开展直接投资、并购、债务工具、金融类投资等交易),突破按交易类型"分别推进"的模式,使得可兑换程度实现基于主体的、综合性的提升,为境外机构投资者投资中国资本市场提供更多便利。

(四)完善跨境投资制度安排,有序推动金融市场对外开放

扩大资本市场对外开放方面,不断完善"沪港通"、"深港通",研究"沪伦通"等方式联通境内外资本市场。积极推动证券交易所的跨境合作,探索上市公司股权交易互挂的具体方式。建立健全公开透明、操作便利、风险可控的合格境外机构投资者制度,修订整合QFII和RQFII制度规则,逐步提高资本市场对外开放水平;统一准入标准,逐步降低准入门槛,不断扩大境外投资者范围。稳步推进内地与香港基金互认工作,及时总结互认经验,不断完善两地基金互认相关政策。

债券市场与国际接轨方面,继续推动境外机构投资境内债券市场;扩大境内发债的境外主体范围,抓紧修改、制定境外机构发债有关管理规定,统筹解决金融市场对外开放过程中面临的会计、审计和税收问题;推动外国政府、境外商业机构在境内发行债券;在市场管理、评级机构

准入等方面，以更加务实、开放的态度，加强与国际组织、外国政府部门等各方的沟通协调。

扩大外汇市场开放方面，根据人民币汇率市场化和资本项目可兑换进程需求，扩大外汇市场开放，放宽交易范围，增加交易主体，丰富避险保值产品，完善多元、竞争和有效监管的交易平台建设，逐步建成一个成熟发达的多层次外汇市场体系，为使市场在资源配置中起决定性作用和更好发挥政府作用创造更有效的外汇市场基础。

推进黄金市场对外开放方面，加快上海黄金交易所国际板建设，加大引入国际会员力度。在黄金市场基础建设方面加强与国际交易接轨。研究进一步延长交易时间，在条件许可时尽早实现 24 小时连续交易。探索合格境内投资者参与境外贵金融产品交易的可行途径和方式；以黄金"沪港通"为基础，试点在香港市场推出以人民币计价合约收盘价为标的的黄金 ETF，逐步扩大至境外其他交易场所。

（五）完善金融基础设施和金融监管体制，防范系统性金融风险

金融业对外开放配套法律法规建设方面，深化改革，逐步清理不适应金融业双向开放要求的规定：按照实行准入前国民待遇加负面清单管理制度的标准，清理现行金融法律法规中外资准入限制规定，及时修订有关法律法规，取消负面清单外的歧视性准入限制规定；加快推进《外汇管理条例》等外汇和国际收支法律法规修订，建立外汇管理负面清单制度以及本外币全口径外债和资本流动审慎管理制度；放宽和改进境内外资本市场投资制度；简化有关法律法规中跨境投资手续规定。研究构建金融安全法律体系，完善金融领域的国家安全审查制度，加强反金融制裁机制的法理和立法研究，形成完善的法律制度并贯穿于相关法律法规中；健全完善"后置式"金融监管法律制度，完善反洗钱和反恐融资法律制度；研究提高现有法律法规的处罚标准，借鉴国际上以违规发生额或非法获利额为标的实施处罚的做法，加大对违法违规

行为处罚力度；构建海外投资保护制度。

支付与市场基础设施建设方面，完善多层次支付体系，稳步推进人民币跨境支付系统（二期）建设，助推人民币跨境使用；建设本外币合一的账户体系，推进全国集中账户管理系统建设。切实整顿金融市场基础设施重复建设，统筹建设和管理同类金融市场及其附属登记托管设施。稳步推进金融市场中央对手方、交易数据库等制度和设施建设，完善金融产品登记、托管、交易、清算结算制度。进一步加强发行系统、交易系统、清算系统、托管结算系统、市场成员内部系统和监管机构监测系统之间的数据高效处理和传递。提升相关基础设施技术系统功能，提高市场透明度和运行效率，保障金融市场安全高效运行和整体稳定。

金融监管和监管协调方面，完善国有大型金融机构控制权预警机制、股权变化和最终实际控制人情况报告制度，加强信息安全制度建设和日常管理，严格信息传递范围，防止信息不当使用和泄露。同时，进一步加强国际监管交流和合作，防范跨境金融活动风险并增强中国在国际金融监管规则制定中的话语权。深入研究金融稳定理事会（FSB）等国际组织提出的跨境金融活动监管建议，加强对跨境金融服务商的监管和金融风险的有效处置。

制度环境建设篇

第十章
建立存款保险制度的战略抉择

市场经济条件下，存款保险制度是保护存款人利益的重要制度安排和金融安全网的基本组成要素。早在1993年，《国务院关于金融体制改革的决定》就正式提出了"要建立存款保险基金，保障社会公众利益"。2015年2月17日，第660号国务院令公布《存款保险条例》，自2015年5月1日起施行。充分考虑各方面因素，权衡取舍并科学实施是政策制定者面临的永恒课题，存款保险自酝酿到建立正式制度，跨越了22个春秋，充分反映了这一重大制度建设的比较、反复、争论和抉择的艰难。周小川行长在2015年4月28日接受《第一财经日报》专访时指出："存款保险最核心的问题是如何在道德风险和金融稳定之间实现平衡，要让银行有足够的责任心稳健经营。差别费率和早期纠正则是实现两者平衡的重要选择。"在推动建立存款保险制度的进程中，人民银行始终坚持这项改革的核心目标，着眼于银行业的竞争性和风险外部性特征，立足于加强对存款人的保护，不断凝聚各方面改革共识，在具体制度设计上注重把握好维护金融稳定和防范道德风险之间的平衡，引入了风险差别费率、早期纠正和及时处置等实践证明行之有效的新机制，总体上实现了推动这项改革的初衷。

存款保险制度建立后，其与中央银行最后贷款人职能、宏观审慎监管一起，共同构成我国金融安全网的三大支柱。这项制度的建立，对于进一步理顺政府和市场的关系，全面推进金融改革、开放和发展，促进形成组织多元、服务高效、公平竞争、健康可持续发展的金融机构体系，强化公司治理和风险管理，增强服务实体经济的能力和提升我国金融业的国际竞争力，都将具有十分重要的作用。

第一节 存款保险制度的国际实践

一、国际存款保险制度发展情况

1933年，面对经济大萧条时期全美大面积银行倒闭、存款人利益受到严重损害、公众对银行业失去信心，罗斯福政府对美国金融体系及金融监管体制进行了大刀阔斧的改革，美国国会通过《1933年银行法案》，其中正式建立了存款保险制度。美国存款保险制度一经建立，便迅速稳定了公众信心，有效促进了美国银行业危机逐步化解。此后80多年来，美国存款保险制度在发展中不断完善，在保护存款人利益、加强金融监管、及时防范和处置银行风险、应对危机中发挥了重要作用，成为美国金融安全网的重要组成部分。在美国存款保险制度不断发展完善的同时，世界上越来越多的国家和地区也先后建立了存款保险制度，并且大多数国家和地区选择在金融体系运转较为稳定时期，未雨绸缪地引进存款保险制度，在最大程度上发挥存款保险机制的风险防范和约束机制。目前，包括中国在内，世界上已经有114个国家和地区建立了存款保险制度。实践证明，存款保险制度在保护存款人权益、及时防范和化解金融风险、维护金融稳定中发挥了重要作用,已成为各国金融安全网的重要组成部分。

从存款保险的职能模式看,国际存款保险机构协会(IADI)对国际上存款保险制度的运作情况进行了全面评估和归纳总结,指出目前存款保险主要有三种模式:一是"付款箱"模式,仅在银行倒闭后负责偿付存款人,典型的如澳大利亚和国际金融危机前的英国;二是"损失最小化"模式,存款保险具有风险监测和处置功能,如日本和加拿大;三是"风险最小化"模式,存款保险进一步具有早期纠正和补充监管职能,能够采取有效的风险预防和控制措施,典型代表是美国、韩国。我国存款保险制度属于上述的"风险最小化"模式。从各国实践看,纯粹"付款箱"模式的存款保险制度仅限于事后被动"埋单",难以有效应对监管宽容和道德风险,在风险处置过程中,基本处于被动消极地位,容易增加处置成本,不利于稳定公众信心,无法有效防止银行挤兑,被公认为是不成功的。"风险最小化"模式有利于把握最佳的风险处置时机,及时发现和纠正投保机构风险,降低风险处置成本,增强社会公众对金融体系的信心。

二、2008 年国际金融危机再次验证了存款保险的功能

在此次国际金融危机中,主要经济体应对金融危机的实践再次表明,建立一个有效的存款保险制度是增强公众信心、有效应对和化解金融危机、维护金融稳定的重要制度保障。

有效存款保险制度在应对金融危机、处置金融风险、维护金融稳定中发挥了重要作用。美国作为此次国际金融危机的发源地,一共倒闭了500 多家银行。面对危机,美国依靠其成熟有效的存款保险制度,灵活运用多种市场化处置方式,及时处置不同规模银行的倒闭风险,有效遏制了大量银行倒闭的风险向金融体系蔓延,维护了美国银行体系总体

稳定和公众利益。在整个危机应对过程中，美国联邦存款保险公司没有花费美国政府一分钱，完全使用市场资金。在此轮危机期间，很多国家和地区的存款保险制度除发挥传统功能外，还进一步拓展作用范围，运用包括临时全额保障计划、大幅提高存款保障水平、为存款以外的银行负债提供担保、对系统重要性银行实施救助等，大大增强了政府应对危机的能力。危机中，一些当时尚未建立存款保险制度的国家，如澳大利亚、新西兰和蒙古等，推出了临时性存款保险机制，并在危机后建立了正式的存款保险制度。

存款保险制度设计是否科学，应对危机的效果大不一样。危机中，以一些欧洲国家为代表，其存款保险制度由于在技术设计上存在种种缺陷，大多为"付款箱"模式，只能事后对存款人进行被动偿付，缺乏对问题银行进行早期风险干预和及时处置的能力，且基金规模和保险限额较低，许多国家还是事后收费机制，普遍通过政府直接救助和资产重组及国有化等措施处置风险，不仅损害了公众利益，也为后续的政策退出增加了难度，在一定程度上加剧了欧洲国家主权债务风险，应对危机和维护公众信心的能力明显不足。相对而言，美国存款保险制度职能相对完善，存款保险基金相对充足，风险处置方式灵活多样，且进一步扩充了功能，有效稳定了市场信心。

三、危机后全球存款保险制度的改革趋势

由于存款保险制度在应对国际金融危机中的积极作用，国际金融组织和主要经济体在新一轮监管准则修订和金融改革立法中，把建立存款保险制度上升为一项重要的国际金融标准。欧盟于2008年底对其1994年颁布的《欧盟存款保险统一指引》进行相关修改，包括：提高保险限额、取消共同保险、缩短偿付时间等。美国2010年7月出台的《多德—弗兰克华尔街改革与消费者保护法》进一步扩大了联邦存款保

第十章 建立存款保险制度的战略抉择

险公司的职责范围,将其风险处置职责延伸至所有系统重要性金融机构,与美联储一道共同防范和化解系统性金融风险。2009年6月发布的《有效存款保险制度核心原则》(以下简称《核心原则》),其主要内容吸取了欧洲"付款箱"模式不足的教训,借鉴了美国存款保险制度的成功经验,包括:对有问题银行的早期监测、及时干预和处置,充足的资金来源,拥有来自银行、监管部门和中央银行方面的清晰信息,能够有效管理自身的风险,能够对银行进行检查或有权利要求进行检查,对问题机构能够提供财务救助等。2011年金融稳定理事会(FSB)将《核心原则》列为其十二项核心标准之一。2014年以来,巴塞尔银行监管委员会和国际存款保险协会进一步修订完善《有效存款保险制度核心原则》,强调要充分发挥存款保险对问题银行风险的早期发现和及时纠正作用,强化其风险处置权力和危机应对能力。危机后,根据国际存款保险协会的评估和调查,越来越多国家和地区的存款保险制度在逐步向"成本最小化"和"风险最小化"模式靠拢。

▼ 专栏6

美国存款保险制度建立及应对危机的两次重要改革

一、美国存款保险制度的建立

建立存款保险制度是美国应对1933年金融危机、重塑公众对银行体系信心的关键举措。1929—1933年,美国爆发了严重的经济金融危机,全美9 755家银行倒闭,存款人损失高达13.4亿美元,存款人和整个银行体系都陷入了极大恐慌。为保护存款人权益、维护银行体系稳定,美国国会在1933年通过《格拉斯—斯蒂格尔法》,成立了联邦存款保险公司(FDIC),成为世界上最早建立存款保险制度的国家。FDIC成立后,在稳定美国金融体系、维护公众信心方面的作用立竿见影,有效促进了美国银行业危机逐步化解。此后80多年来,美国存款保险制度和FDIC不断完善,成功地维护了美国银行体系的安全与稳定,保持了公众对美国金融业的信心。美国存款保险发展的经验,特别是两次重要改革表明,存款保险制度能否发挥作用,关键在于其机制设计是否科学,以有效解决道德风险、逆向选择和激励不相容问题。

二、储贷危机与早期纠正和风险差别费率机制

20世纪80年代初,美国放松了利率管制,将存款保险偿付限额提高至10万美元,几乎覆盖了储贷机构所有存款账户,加之最早实行单一费率机制,这就产生了道德风险。很多储贷机构高息揽存,从事高风险业务,倾向于更加冒险的资产方选择,赚了是自己的,赔了则有存款保险来偿付储户,最终导致了美国储贷危机的爆发。1980—1994年,美国有近3 000家储贷机构和银行倒闭,资产损失约9 240亿美元,保护储贷机构的美国联邦储贷保险公司倒闭,最终耗费了约1 400亿美元公共资金处置风险。储贷危机暴露出当时美国存款保险制度设计存在缺陷,其中一个是存款保险由监管部门负责确实会有利益冲突。储贷危机前,FDIC只负责商业银行的存款保险,储贷机构的存款保险由储贷机构监管部门下设的美国联邦储贷保险公司负责。当时,美国联邦储贷保险公司虽然掌握大量储贷机构的风险问题,但由于监管部门不采取措施,美国联邦储贷保险公司也无法主动化解风险,最终无法阻止储贷行业风险的集中爆发,并因巨额损失而倒闭。此后,储贷机构的存款保险工作统一由FDIC承担。吸取储贷危机深刻教训,1991年,美国国会通过了《联邦存款保险公司改进法案》,引入风险差别费率和早期纠正机制,包括:(1)引入风险差别费率机制。对投保机构进行风险评级,对高风险机构实行高费率,防范道德风险。(2)引入早期纠正机制。在投保

机构经营出现问题，可能危及存款保险基金安全的情况下，及时采取有效的早期纠正措施。(3) 强化对问题银行的风险处置权。当投保机构资本充足率低于2%，联邦存款保险公司就可强制接管并进行清算。联邦存款保险公司成为事实上的"银行破产法庭"，能够迅速、有效地处置银行风险。此次改革明确了联邦存款保险公司"事前介入、事中接管、事后清算"的全面职能，使其能够通过及时防范和处置风险实现"风险最小化"的政策目标。

三、金融危机与强化风险防范和处置职能

鉴于FDIC在本轮危机中发挥的关键作用，2010年7月美国出台的《多德—弗兰克法案》，大幅拓展FDIC职责范围，使其与美联储、财政部一道构成防范和化解金融风险的防线。法案包括：(1) 突出FDIC在系统性金融风险防范和处置机制中的作用，参与对高风险系统重要性机构的早期纠正措施，明确FDIC对系统性风险的应急处置功能，负责对"大而不倒"机构的有序清算。(2) 强化FDIC的监管职能，由FDIC与各州政府负责对州一级资产规模小于500亿美元的银行、储贷机构等中小金融机构及其控股公司进行监管，扩大FDIC的监管覆盖面。(3) 将FDIC风险处置职责延伸至非存款类系统重要性金融机构，赋予FDIC对重要的非存款类机构广泛的后备检查权、强制执行权和应急性债务担保权，完善系统性风险监管与处置体系的相关制度安排。(4) 要求并表资产规模在500亿美元以上的大型银行以及金融稳定监督委员会（FSOC）指定的非银行系统重要性金融机构，定期向美联储和FDIC提交"生前遗嘱"，并由美联储和FDIC共同审查，确保处置计划能够顺利实施。(5) 进一步调整存款保险机制运行规则，上调存款保险限额至25万美元，扩大保费征收基数，取消存款保险基金规模上限等，加强FDIC的风险承受和处置能力。

| 金融机构改革的道路抉择 |

第二节　建立存款保险制度是我国金融领域的一项基础性改革

我国存款保险制度正式建立前，已酝酿和研究了多年。早在1993年，《国务院关于金融体制改革的决定》就正式提出了"要建立存款保险基金，保障社会公众利益"。当时前瞻性地提出这项改革措施的背景，是国家决定适应社会主义市场经济体制的需要，建立以国有商业银行为主体、多种金融机构并存的金融组织体系，要把银行办成真正的银行。相应地，金融机构如果经营不善，应当允许其按照市场规则退出市场，这就要求对包括存款在内的涉及公众的债权债务尽可能实现平稳转移，因此建立存款保险制度就成了应有之义。

一、立足于加强存款人保护，为银行业引入竞争创造条件

在我国，银行业一直是金融业的主体，存款是银行业资金来源的重要组成部分，切实加强和完善对存款人的保护，对于维护金融安全和社会稳定尤为重要。在银行全部为国家所有，或者只有国家经营的少数几家银行的情况下，这一问题并不明显。进入20世纪90年代以后，各方面逐渐形成共识，银行业也是竞争性服务业。银行的作用首先是把钱管好、把钱用好、把资源配置好。竞争有利于把钱用好、把资源配置好。而且竞争还可以改善服务、推动产品创新。如果只有少数几家银行，服务和创新就会比较弱。大城市的金融机构比较多，但是到了基层，一个地方只有一两家银行，就可能出现局部性垄断，导致定价不合理、服务不周全和资源配置效率不高等一系列问题。

既然银行业是竞争性的行业，自然就会涉及允许和鼓励包括民间

第十章　建立存款保险制度的战略抉择

资本在内的各类资本投资银行业，发展民营银行和中小银行，从根本上增加金融供给，改善金融结构和金融布局。从全球经验看，对于我国这样的大国经济，还是需要多一些小金融机构。引入市场竞争力量，发展民营银行和中小银行，就要考虑可能出现的风险或退出问题。虽然银行倒闭是小概率事件，但小机构在发展过程中难免存在质量良莠不齐的情况，而且银行经营杠杆高，一旦倒闭的话，储户损失震动会比较大。这时，如果要维护金融稳定，就需要有存款保险制度。存款保险以立法的形式为公众存款安全提供明确的保障，设立专门基金，确保可靠的资金来源，即使个别金融机构经营出现问题，也可以使用存款保险基金对存款人进行及时偿付，不会引起特别大的震动，这就解决了放宽行业准入、促进行业竞争、优胜劣汰的后顾之忧。因此，从银行业引入竞争这个意义上讲，存款保险实质上是一项基础制度。

二、以市场化方式防范和化解风险，提升银行体系稳健性

防范金融风险贵在"疏"而不在"堵"。以往由于历史原因，我国在金融风险管理方面的制度建设存在滞后，在风险处置方面也积累了一些经验和教训。在存款保险制度缺位的情况下，国家实际上对问题机构和存款人承担了隐性全额担保的责任。对银行而言，因为缺少风险约束机制，赚了是自己的，亏了是国家的，这就容易诱使银行忽视风险管理，盲目追求规模效益。对存款人而言，容易使存款人放松对金融机构经营的关注，不利于培养其风险意识。同时，由于隐性担保并未以立法的形式给予明确，存款人利益缺乏法律保障，再加上对问题机构的实际处置中往往难以保证及时偿付，所以真要有银行出"问题"的风声时，老百姓的第一想法还是先把钱取出来，挤兑现象难以消除，且容易扩散蔓延。对监管机构而言，国内外经验都表明，当金融机构经营出现问题时，负有责任的监管人员出于免责的考虑，往往会倾向于掩盖负面信

息，推迟关闭和处置工作，把希望寄托于金融机构自己能走出困境，最终往往造成风险和处置成本的扩大。

存款保险作为市场化的风险防范和化解机制，在理顺政府和市场的关系、完善金融机构运行机制、提升银行体系的稳健性方面有着独特优势，在促进银行业健康发展方面发挥重要作用。存款保险以立法的形式，为存款人的存款安全提供明确的法律保障，可以有效稳定存款人的预期，进一步提升市场和公众对银行体系的信心，增强整个银行体系的稳健性。通过对不同经营质量的金融机构实行基于风险的差别费率，并及时采取风险警示和纠正措施，促使银行审慎稳健经营，使风险早发现、少发生。即使个别银行经营出现问题，存款保险作为市场化的处置平台，也可以灵活运用收购、承接等市场化的方式，进行快速、高效的处置，在充分保护存款人、尽可能减少处置成本的同时，保持金融服务不中断，维护银行体系的稳健性。

三、为发展中小银行、利率市场化等改革提供配套支持

近年来我国金融改革取得显著的成绩，银行业得到长足发展。同时应当看到，在满足实体经济的需求方面，特别是在不同层次的金融服务方面，还有较大的空间。民营银行、中小银行发展对于促进形成多样化的融资体系，丰富金融供给有着十分重要的意义。从信息对称和交易成本的角度看，立足于当地的中小银行服务中小企业具有比较优势，这一点已被大量研究文献和国际国内实践反复证明。从各国经验看，建立存款保险制度是发展民营银行、中小银行的重要前提和条件。存款保险客观上能增强这些银行的信用，为之创造一个与大银行公平竞争的金融市场环境，也有利于推动金融业放开市场准入等改革。另外，利率市场化赋予了市场主体更多自主权，在提高金融资源配置效率的同时，对金融机构完善运行机制和风险管理提出了更高的要求。存款保险通过差别费率和早期纠正等机制，及时校正风险，帮助金融机构加强正向激励

和市场约束,促进银行业健康、可持续发展,为利率市场化改革奠定了更好的微观基础,同时通过对风险早发现、早纠正、早处置,为利率市场化改革解除了后顾之忧。

四、有助于更好地实施金融业对外开放

存款保险制度是主要经济体保护存款人的通行制度安排。目前,包括中国在内,世界上已经有114个国家和地区建立了存款保险制度,金融稳定理事会(FSB)的所有成员中,绝大部分都已建立了存款保险制度。由于存款保险制度在应对金融危机中的积极作用,国际金融组织和主要国家都已把存款保险制度纳入系统性金融风险防范和处置体系。2009年,在系统总结各国存款保险制度实践经验,尤其是国际金融危机中正反两方面经验教训的基础上,巴塞尔银行监管委员会(BCBS)和国际存款保险机构协会(IADI)联合发布《有效存款保险制度核心原则》(以下简称《核心原则》)。此后,二十国集团(G20)领导人伦敦峰会在《加强金融体系宣言》中也推动执行包括《核心原则》在内的国际金融标准。目前,《核心原则》已上升为主要的国际金融标准。建立存款保险制度,完善风险处置制度和存款人保护政策,有利于我国参与跨境风险处置和存款人保护政策协调,在国际标准制定中争取主动,有利于我国金融机构更好地实施"走出去"战略。

第三节 我国存款保险制度的设计和出台

一、存款保险制度研究设计历程

我国政府一贯高度重视保护存款人权益和维护金融稳定,建立存

款保险制度是二十多年来我国金融改革重大专题研究与推进的任务之一。20世纪90年代，人民银行就开始着手对建立存款保险有关问题进行系统研究，在经过两年左右的调查研究后，在借鉴国际经验的基础上形成了有关专题研究报告。进入21世纪以后，特别是2002年第二次全国金融工作会议以后，人民银行在推进金融改革的全局工作中，一直将建立存款保险制度作为一项重要工作进行推进。根据国务院部署，人民银行牵头负责这项改革的理论研究、方案论证与设计，有关部委参与。2004年，人民银行向国务院上报《关于建立我国存款保险制度的请示》。与此同时，存款保险立法工作也正式启动。

在此基础上，2007年召开的第三次全国金融工作会议进一步提出了建立我国存款保险制度的总体目标和要求，明确要求加快建立存款保险制度。根据会议精神，人民银行牵头会同有关部门成立存款保险制度工作小组，负责研究提出我国存款保险制度实施方案。工作小组分成若干专题在国内外进行了系统调研，对我国存款保险制度的职能、存款保险基金的管理和运用、存款保险费率机制和水平、存款保险制度与现有存款人保护和风险处置机制的有序衔接、存款保险立法等主要问题进行了专题研究和反复论证，广泛听取有关方面意见建议，研究提出了具体建议方案。在此期间，由美国"次贷"危机引发的国际金融危机全面爆发。存款保险制度在危机中的实践和正反两方面的案例，特别是美国存款保险制度在化解和处置银行业风险、维护金融稳定方面发挥的重要作用，为我国建立存款保险制度的方案设计提供了最新的、可吸收借鉴的国际经验与教训。根据国务院工作部署，人民银行会同有关部门对有关问题做了进一步研究论证，对我国存款保险制度建议方案做了完善。2012年召开的第四次全国金融工作会议进一步提出，要抓紧研究完善存款保险制度方案，择机出台并组织实施。

2013年11月，党的十八届三中全会通过的《中共中央关于全面深化改革若干重大问题的决定》明确要求"建立存款保险制度，完善金融机构市场化退出机制"。同年12月,中央经济工作会议将建立存款保险制度等列为方向明、见效快的改革,要求加快推进。2014年《政府工作报告》将"建立存款保险制度"列为深化金融改革的一项重要工作。根据党中央、国务院的工作部署和要求,人民银行牵头会同有关部门成立研究小组,在多年工作的基础上,继续深入开展调查和综合研究。2013年以来,先后组织召开30多次调研座谈会、专题研讨会、征求意见会、立法工作会等,广泛听取各方面意见和建议,逐步完善存款保险制度实施方案,扎实做好制度出台的各项准备工作。一是加强对现状特别是难点的研究。召开专题研讨会,对我国金融风险处置的现状、问题及海南发展银行等一批典型处置案例进行认真分析总结。召开内部研讨会,对我国存款保险制度设计及改革效应进行交流和讨论。二是加强规律研究。组织力量对国际存款保险制度的主要模式、经验和教训进行了梳理和总结,通过进行国际比较,总结规律和经验教训,完善符合我国国情和现阶段需要的改革方案。三是加强效应研究。在全国范围内深入开展存款账户抽样调查、存款类金融机构风险底数排查、风险差别费率影响测算、企业和个人储户问卷调查等。结合数据调查,进行认真分析,在甘肃、福建、青海等地选择部分中小银行实地开展流动性压力测试和应对预案演练,确保心中有数和制度平稳推出。四是稳步推进存款保险立法进程。召集主要商业银行进行座谈,召开立法专家专题研讨会,在东、中、西部选择福建、江西、甘肃、青海等部分省市进行实地调研,广泛征求各方面意见建议,进一步充实和完善存款保险条例内容。五是扎实做好制度出台的各项配套准备工作。

2014年10月,国务院第67次常务会议审议通过《存款保险制度实施方案》。2014年11月30日至12月30日,《存款保险条例(征求意见稿)》在中国政府法制信息网全文公布,面向社会公开征求意见。从征求意见的情况看,公众及各方反映总体积极正面,金融市场运行平稳。各方面对我国建立存款保险制度以及条例征求意见稿的具体内容普遍表示赞成和认可，认为尽快建立存款保险制度有利于更好地保护存款人合法权益，有利于促进我国银行业健康发展，有利于维护金融稳定和完善金融机构市场化退出机制。同时，对个别技术问题也提出了很好的建设性意见和建议。对此，在认真研究、充分吸收各方面意见建议的基础上，对条例有关内容做了进一步完善。2015年2月17日，国务院总理李克强签署第660号国务院令，公布《存款保险条例》，自2015年5月1日起施行。至此，历经22年，我国存款保险制度正式建立。2015年3月20日，《国务院关于同意存款保险制度实施方案的批复》批复同意存款保险制度实施方案，明确存款保险基金管理工作由人民银行承担，要求人民银行会同有关部门认真组织实施。

二、存款保险制度设计的主要内容

我国存款保险制度在制度设计上，立足于我国现实国情和当前需要，充分吸取了国际经验特别是此次国际金融危机正反两方面的经验教训，在基础设计要素上反映了国际公认的最佳实践与基本准则，体现了国际金融改革发展趋势，并将在实践中逐步完善。制度的基本框架包括以下内容。

一是实行强制保险。为全面充分保护存款人的权益，保证存款保险制度的公平性和合理性，避免逆向选择，我国存款保险覆盖境内依法设立的所有存款类金融机构，包括商业银行（含外资法人银行）、农村合作银行、农村信用社等所有吸收存款的银行业金融机构。同时，参照国际惯例，境内银行在我国境外设立的分支机构，以及外国银行在我国境内设立的分支机构原则上不纳入存款保险，但是我国与其他国家或者地区之间对存款保险制度另有安排的除外。

在存款保护范围上，我国存款保险制度同时覆盖人民币和外币存款，包括个人储蓄存款和企业及其他单位存款的本金和利息，但金融机构同业存款、金融机构高级管理人员在本机构的存款,以及其他根据存款保险基金管理机构规定不予承保的存款除外。将上述特定存款排除在存款保险的保护范围之外,目的是发挥市场约束机制作用,促进金融机构稳健经营,这也是国际通行做法。

二是实行限额偿付。即在存款类金融机构被接管、撤销或者破产时,覆盖范围内的存款在规定限额内得到偿付,超过限额的部分仍有权从该机构清算资产中得到追偿。同一存款人在同一家存款类金融机构开立有多个存款账户的,各账户余额合并计算。偿付限额确定为50万元,这一标准同时适用于单位和个人存款。经反复测算,将限额确定为50万元,能够为99.63%的存款人(包括各类企业)提供全额保护。需要说明的是,实行限额偿付,并不是50万元以上存款就没有了安全保障。当前我国银行业总体运行稳健,存款保险将进一步提升金融安全网的效能,有利于更好地保障银行业的健康稳定和存款人安全。即使个别银行出现问题,存款保险通常也是通过市场手段促成好银行收购问题银行,使存款人得到及时、充分的保障。同时,偿付限额并不是固定不变的,为了充分保障存款人权益,可以根据经济发展、存款结构变化、金融风险状况等因素进行适当调整。

三是实行基准费率和风险差别费率相结合的制度。综合考虑金融机构承受能力和风险处置需要等因素,我国存款保险低费率起步,费率水平远低于绝大多数国家(地区)的费率水平。为加强市场约束,促进公平竞争,促使银行稳健经营和健康发展,实施风险差别费率制度,对风险较高的存款类金融机构适用较高费率,反之适用较低费率。

四是存款保险基金"取之于市场、用之于市场"。基金主要由存款类金融机构交纳的保费组成,以充分体现市场约束的原则。基金运用以安全性为首要原则,初期主要限于购买国债、存放人民银行获取利息、购买高等级债券及国务院批准的其他资金运行形式等。

五是充分发挥存款保险及时防范和化解金融风险的作用。基金业务除涉及保费征收、存款偿付等基本业务之外，还具有必要的信息收集与核查、风险警示、早期纠正与风险处置等职能，这有利于金融风险的早发现和少发生。同时，还将充分利用现有金融监管协调机制，加强信息共享，进一步提升金融安全网的整体效能。

三、存款保险制度设计中的重点问题

一个设计良好的存款保险制度，既要充分保护存款人权益、稳定公众信心，发挥维护金融稳定的作用，同时又要在设计上注重防范道德风险，防止金融风险的长期累积。存款保险制度的设计是否科学有效、能否在应对危机时发挥作用，核心问题在于如何在道德风险和金融稳定之间实现平衡。在研究设计我国存款保险制度的过程中，各方面共同深入讨论的具体问题，事实上都是围绕这一核心逻辑。

（一）偿付限额如何设定

关于存款保险的偿付限额问题，早期有关各方的观点并不一致。有的从维护稳定的角度，提出应当定得高一点，甚至希望全额偿付；有的认为50万元远高于国际组织推荐的人均GDP 2~3倍的标准，提出在起步时可以把偿付限额定得低一点。从国际上看，公认原则是实行限额偿付，以确保防范道德风险，发挥市场约束机制的作用，限额的具体水平只要能够使90%以上的存款人得到全额保护，就能有效维护金融稳定。同时，针对偿付限额的认识，各国也随着危机等重大事件的考验不断变化。本轮国际金融危机暴露出有关国家存款保险制度的一个不足就是限额普遍较低的问题，危机考验的结果，就是危机后大多数国家相继提高本国的存款保险偿付限额。例如，英国在危机后将偿付限额从3.5万英镑上调至8.5万英镑，欧盟要求成员国将偿付限额从2万欧元提高至10万欧元，美国从10万美元提高至25万美元。

第十章 建立存款保险制度的战略抉择

人民银行会同有关部门对此问题进行了反复研究论证、调查测算。存款保险的基本原理是既要充分保护绝大多数一般存款人，又要发挥大额存款人的市场监督作用，促使大户去选择银行、监督银行，促进银行稳健经营，防范道德风险。因此，在设计理念上，不是全保。偿付限额的设定，既要防止限额过低导致存款人得不到充分保护、存款类金融机构出现风险时产生挤兑，也要防止限额过高而引发道德风险、弱化对金融机构和存款人的市场约束，目前确定的 50 万元偿付限额是综合权衡了防范道德风险与维护金融稳定的结果。根据人民银行对全国存款类金融机构存款账户结构的调查分析和测算，将偿付限额设定为 50 万元，能够为 99.6% 以上的存款人（包括企业，主要是中小微企业）提供 100% 的全额保护，能够对小额存款人给予充分保护，在确保维护金融稳定的同时，又能够发挥 50 万元以上大额存款人的监督和市场约束作用。

(二) 费率水平如何确定

我国存款保险实行基准费率和风险差别费率相结合的制度。费率水平的确定，既要满足预期偿付的需要，又不能给金融机构造成过重的负担。国际上确定总体费率水平通常采取收入和偿付相平衡的原则，即根据历史上一段时期存款保险基金的总体偿付情况来测算对存款类金融机构平均收取的保费。我国由于过去金融机构市场化退出机制不健全，无法依据历史数据测算费率。综合考虑国际经验、我国存款分布与增长趋势、金融机构对保费的承受能力和风险处置需要等因素，在存款保险基金建立之初，以低费率稳健起步，总体费率在万分之一到万分之二之间，远低于大多数起步时的水平以及现行水平。

同时，为了降低道德风险，促使银行稳健经营，对风险较高的存款类金融机构适用较高费率，反之适用较低费率。具体来说，存款类金融机构费率的高低与反映其经营管理和风险状况的资本充足水平、资产质量、流动性状况、风险管理水平以及公司治理等因素相关。在存款保

险制度运行初期实行简单的差别费率,并在实践中不断完善。我国存款保险制度引入风险差别费率机制,主要考虑有以下几点:

一是实行差别费率是存款保险制度的一项基本制度安排。单一费率虽然操作简单,但容易鼓励银行冒险经营,导致不公平竞争,引发道德风险,不利于存款保险基金的安全。实行差别费率,对高风险存款类金融机构适用高费率,反之适用较低费率,通过经济手段形成正向激励机制,客观上可以加强对金融机构盲目扩张和冒险经营行为的约束,促进其稳健经营与健康发展,有效防止和疏导金融体系的风险。这方面历史上最大的教训就是美国的储贷协会(S&Ls)危机。20 世纪 80 年代,美国放开利率管制,但由于存款保险差别费率等配套的风险约束机制没有建立,结果大量金融机构高息揽储,把资金投向高风险领域,最后酿成了大规模的储贷危机,大约 3 000 家储贷机构和银行倒闭。吸取储贷危机的教训,美国于 1991 年通过《联邦存款保险公司改进法》,其中最关键的改革措施之一就是引入基于风险的差别费率机制。在研究过程中,我国大、中、小存款类金融机构和有关部门也都认为,为保证公平竞争,通过市场化方式揭示风险、约束风险,应实行差别费率,认为这是存款保险制度有效运行的关键。

二是实行风险差别费率已成为存款保险制度的一项国际通行准则。从国际实践看,存款保险经过多年的发展,在吸取 20 世纪 80 年代美国储贷危机和本轮国际金融危机经验教训以后,越来越多的国家开始实行风险差别费率。2009 年 6 月,国际存款保险机构协会(IADI)和巴塞尔银行监管委员会(BCBS)联合发布《有效存款保险制度核心原则》,明确指出基于风险的差别费率机制是有效存款保险制度的核心设计要素之一。欧盟委员会也明确要求所有成员国引入风险差别费率机制。近年新建立存款保险制度的国家和地区,如中国香港、新加坡、蒙古等,都在起步时直接引入风险差别费率。

(三）选择哪种职能模式

存款保险选择哪种职能模式，是这项制度设计的核心问题，也是决定这项制度成败的关键。在研究过程中，绝大多数观点认为除了基础的保费归集、存款偿付之外，也应当赋予存款保险对风险的早期纠正和及时处置职能，认为这是存款保险制度有效运行的基础，对于风险的早发现和少发生更有利，对监管是一种必要和有益的补充。但也有个别观点对此存在顾虑，建议将存款保险定位为"付款箱"模式。对此，人民银行会同有关部门进行了系统、深入的研究，充分借鉴国际金融危机中正反两方面的经验教训，经过反复论证后达成共识，对于我国这样的大型经济体，存款保险不能做简单的"付款箱"或"出纳"，应当具有早期纠正与风险处置等职能，以充分发挥存款保险机制在防范和化解金融风险、维护金融稳定中的关键作用。

一是纯粹的"付款箱"模式已被证明是失败的，不符合国际存款保险发展和改革的趋势。从历史演变看，最早的存款保险是"付款箱"模式，经过后来的发展，特别是本轮金融危机中正反两方面的实践，纯粹的"付款箱"模式由于缺乏早期纠正和风险处置等职能，不能及时防范和化解风险，已被证明是不成功的。危机前，包括英国在内的欧洲很多国家的存款保险基金就是"付款箱"，只能被动偿付、且偿付周期长、限额低，缺乏可信的后备融资来源和对问题机构的早期纠正及处置能力，不能有效约束和化解风险，危机中对北岩银行的挤兑实际上就是对英国存款保险制度的挤兑。此外，欧洲的苏格兰皇家银行、富通银行、德克夏银行等多家机构最终也不得不依赖公共资源及国有化等措施处置风险，不仅损害了公共利益，也为后续的政策退出增加了难度，引发了国际上的反思和改革。相比而言，美国虽然在危机中小银行大量倒闭，但在处置倒闭银行时，FDIC按照"成本最小化"原则，灵活运用"收购与承接"等多样化方式进行风险处置，及时化解了不同规模银行的风险。危机后，英国对其存款保险制度进行了大幅度改革和调整，越来越多的国家也积极改革，由"付款箱"模式向"风险最小化"模式靠拢，赋予存款保险早期发现和及时纠正职能已逐渐成为改革的趋势。从 FSB 成员情况看，大型经济体存款保险制度主要采取"损失最小化"和"风险最小化"模式，而"付款箱"模式主要分布在中小型经济体和英联邦地区。

二是必要的信息收集和核查、早期纠正及风险处置职能是存款保险制度有效运行的基础。国际存款保险机构协会发布的《存款保险制度的早期发现和及时纠正一般指引》指出，存款保险制度的有效运行很大程度上取决于对问题银行的早期发现和及时纠正。存款保险基金管理机构作为银行倒闭时最大的利益相关方，具有主动约束防范金融机构风险的内在动力，赋予其必要的信息收集和核查、早期纠正及风险处置职能，是存款保险制度有效运行的基础，可以有效防止或减少监管掩盖，促进监管质量和效率的提升，降低道德风险。

三是早期纠正和风险处置职能是监管合作基础上的有益补充。一方面，存款保险的早期纠正职能重点关注的是问题银行的风险，即"尾部风险"，其职能与监管部门职责、目标和发生作用的机制都不同，弥补了现有金融安全网的不足，其本质上是做"加法"，不影响现有的监管格局和权力，是对现有监管体系的一种必要和有益的补充，有利于防范金融体系风险的累积。各国的经验是，正常监管由监管部门负责，出了问题由存款保险及时介入、接管处置，尽可能做到成本最小、风险最小。另一方面，从国内外实践看，监管机构通常存在"监管宽容"倾向，当银行出现严重问题时，负有责任的监管者往往会掩盖负面信息、推迟关闭和处置工作，导致问题和损失扩大，从而增加金融风险的处置成本，增加存款保险基金的支出。美国储贷危机最大的教训和此后的改革措施，就是引入早期纠正和及时处置机制。

第十章 建立存款保险制度的战略抉择

▼ 专栏7

英国北岩银行挤兑案例

北岩银行是英国第五大抵押贷款服务机构、英国东北部最大的金融机构，2007年上半年新增抵押贷款额在英国排名第一。2007年8月，在美国"次贷"危机的冲击下，金融市场冻结很快从美国蔓延到欧洲，全球投资者对按揭贷款类证券化产品的需求骤降，使得资金来源主要依赖资产证券化的北岩银行面临严重流动性困难，股价持续大幅下跌。由于金融服务局（FSA）没有及时识别风险并采取监管措施，纵容了北岩银行风险的积聚，最后只能向英格兰银行提出紧急贷款申请。由于英国存款保险制度仅具有"付款箱"职能，无法主动核实银行真实状况，也不能进行风险处置。因此，当北岩银行向中央银行寻求"拯救"的消息传播出来后，加剧了储户的紧张情绪，最终出现了北岩银行全国性挤兑事件。不得不于9月17日以政府名义承诺对其所有存款提供全额担保平息事态。2008年2月，英国收购北岩银行所有股份，宣布国有化。

北岩银行挤兑事件暴露了英国金融监管体系存在的一系列问题。一是英格兰银行不具备金融监管职能，无法掌握金融机构的实际经营状况，难以对形势作出准确判断，延误了最佳救助时间。二是监管当局未能有效监管并及时采取措施控制风险，过度依赖中央银行对金融稳定所担负的责任。三是依附于监管机构、缺乏必要职能的存款保险制度既没有防止银行挤兑，又未能及时处置风险或控制损失，最后不得不依靠政府和中央银行的担保稳定局面。四是由财政部、英格兰银行和金融服务局建立的金融稳定协调机制流于形式，缺少一个在危机时统领全局的机构，危机时没有发挥应有的作用。

(四) 是否会发生"存款搬家"

在研究存款保险制度过程中,人民银行会同有关部门对制度出台的效应进行了充分的评估和分析,包括在全国范围内开展存款账户抽样调查、存款类金融机构风险底数排查、企业和个人储户问卷调查等,结合数据调查充分听取各方面意见并进行认真分析,并选择部分地区进行了情景模拟和压力测试。在评估过程中,针对市场有关方面的担心,特别关注了小型金融机构会不会发生所谓的"存款搬家"。本来"存款搬家"是一个正常的事情,客户的一笔钱,存在这家银行可能不太好,存在那家银行会更安全,所以可以自由选择,即客户选择银行,给银行带来竞争压力和改进的动机,因此"存款搬家"本来是好事。就如上街买东西,客户知道哪个商店好哪个不好,哪家商店过去卖过假货,哪家商店价格便宜但质量不好,每个人都可以选择不同的商店,下饭馆也是如此,哪家做得好与不好,客户都可以自主选择,这样对供应方是一种正向的激励。但是在新制度出台的时候,会不会产生震动?

对此,人民银行会同有关部门系统研究了各国存款保险制度出台实施的经验,并对我国存款结构、分布情况进行了大量调查和测算,认为存款保险制度的出台不会引发大范围"存款搬家",主要因为:一是我国存款保险偿付限额的设计已充分考虑了保护绝大多数存款人利益,存款保险在客观上有利于增强中小银行的信用及其与大机构竞争的能力。根据人民银行对全国存款账户数据的调查和测算结果,50万元的偿付限额能够为99.6%以上的存款人提供全额保护,能够确保绝大多数存款人的信心和稳定。二是人民银行多次在全国范围内进行存款账户调查和中小银行底数排查,并在多个省份对部分中小银行开展流动性风险压力测试,结果表明,存款保险制度的出台会比较平稳,不会引发大范围的"存款搬家"。极少数大额储户与中小金融机构之间的银企关系更为紧密,存款更具有"黏性",大额客户之所以选择中小银行,是因为其贴近当地市场，服务更便捷、灵活，不会轻易搬家。三是从国际上看，也没有因推出存款保险制度发生大规模"存款搬家"的现象，关键是做好政策的宣传解释。此次国际金融危机期间，共有19个国家实施了对存款的临时全额保障政策，危机后在其退出全额保障政策的过程中，没有发生大规模的"存款搬家"。从国际实践看，存款保险处置问题银行一般很少直接偿付，而是大多采用收购与承接等方式，将问题银行的存款转移到健康银行，实际上使存款人得到100%的全额保障。所以只要全面、准确做好政策宣传解释，提升公众认知度，不使公众产生误解和恐慌，就能有效稳定市场和公众信心。

从实际情况看，自2014年11月存款保险条例公开征求意见以来，没有出现任何显著的"存款搬家"现象，大、中、小银行存款的格局保持稳定，银行业金融机构经营秩序正常。

四、存款保险制度的顺利平稳出台

在多年深入调查研究和广泛征求意见的基础上，2014年，人民银行牵头向国务院上报了存款保险制度实施方案，并经国务院常务会议审议通过。按照国务院常务会议精神和行政法规立法程序的有关规定，2014年11月30日，国务院法制办将《存款保险条例（征求意见稿）》全文以及配套的起草说明、专家问答材料在中国政府法制信息网公布，向社会公开征求意见。为了做好征求意见工作，人民银行通过召开通气会、媒体吹风会、配套发布专家解读文章等方式，主动做好与有关部门、存款类金融机构、社会公众、新闻媒体等方面的沟通，积极介绍建立存款保险制度的意义，提升公众对存款保险的认知和理解。同时，指导存款类金融机构保持正常经营秩序，耐心向客户做好政策解读。总体上看，征求意见期间各方反映和评价积极正面，社会公众和金融机构普遍赞成建立存款保险制度，金融市场运行平稳，银行业经营秩序正常，没有发生任何显著的存款分流和流动性困难事件。对于条例内容的建设性意见和建议，进行了认真研究吸收，在此基础上做了相应调整和完善。2015年3月31日，《存款保险条例》正式公布，我国存款保险制度顺利平稳出台。

第四节　我国存款保险制度实施的初步成效及未来发展

2015年5月1日《存款保险条例》施行以来，按照国务院工作部署和要求，人民银行高度重视，精心组织，上下联动，切实发挥人民银行系统合力，会同相关部门，扎实做好制度实施各项工作。总体上看，《存款保险条例》施行两年多来，各方反映积极正面，大中小银行存款格局保持稳定，银行业金融机构经营秩序正常，存款保险制度实施各项工作扎实有序推进，存款保险机制作用逐步发挥。

一、存款保险制度实施的各项工作有序推进

一是顺利完成投保手续办理。截至2017年6月30日，全国3 889家吸收存款的银行业金融机构已全部办理投保手续。包括：全国性银行共21家，其中开发性和政策性银行3家、大型银行6家（工行、农行、中行、建行、交行、邮政储蓄银行）、股份制银行12家；地方法人银行业金融机构3 868家。

二是2015—2016年保费全部归集完毕。主要有两个特点：第一，保费结构分布比较集中。大型银行和股份制银行交纳的保费相对较多，占投保机构保费总额的70%左右。第二，保费交纳对投保机构财务影响很小。以2014年投保机构经营数据计算，2015年5月至12月的应交

保费折算成年度保费后占全部投保机构吸收存款总成本(包括利息支出与业务及管理费支出)、税前利润和营业成本的比例仅为0.33%、0.59%和0.40%。

三是积极开展正面宣传和业务培训。《存款保险条例》施行以来,人民银行通过召开商业银行通气会、媒体吹风会,发布新闻稿、答记者问、专家解读文章、印制宣传折页等方式,主动做好与金融机构、社会公众、新闻媒体等方面的沟通。2015年8月,正式出版《存款保险宣传读本》,全面系统介绍存款保险改革的重要意义、存款保险制度的主要内容,提升公众对存款保险的理解和认知。

四是稳步实施风险差别费率。根据《存款保险条例》规定,我国实施基准费率和风险差别费率相结合的制度。实施风险差别费率,是发挥存款保险风险约束和校正作用的重要措施。多年来,人民银行对主要国家和地区实施风险差别费率的做法和经验进行了深入研究,对我国存款类金融机构的数据进行了多轮测算、论证。在此基础上,积极稳妥实施基于风险的差别费率,发挥这项机制的激励约束作用。考虑到在存款保险制度运行初期,对商业银行风险评价体系还有一个逐步完善的过程,先从简单差别费率起步,在实践中将不断总结经验、积累数据和技术,同时参考国际上比较成熟的做法,逐步加以完善。

五是研究建立存款保险信息系统。人民银行指导投保机构完善其账户管理和信息系统,实现同一存款人数据合并,满足报送保费基数和费率计算相关信息的要求。同时,在实践基础上,立足长远,借鉴国际做法和经验,正在研究规划和建设存款保险信息系统。

六是研究完善金融机构市场化处置机制,发挥存款保险处置平台作用。充分借鉴国际经验,根据党的十八届三中全会"建立存款保险制度,完善金融机构市场化退出机制"的总体要求和《存款保险条例》的具体规定,对存款保险有序处置机制进行认真研究,加快制定相关制度办法。

二、我国存款保险机制作用逐步显现

2015年5月1日《存款保险条例》施行以来，我国存款保险制度在加强对存款人的保护，推动形成市场化的风险防范和处置机制，建立维护金融稳定的长效机制，促进金融改革和银行业健康发展等方面的作用正在逐步显现。

一是在更好地保护存款人权益、防范和应对银行挤兑等方面发挥了积极作用。存款保险制度能够加强和完善对存款人的保护，有效防止和应对银行挤兑风险。通过制定和公布《存款保险条例》，以立法形式为社会公众的存款安全提供明确的制度保障，进一步提升金融市场和公众对我国银行体系的信心。同时，建立存款保险制度之后，将通过实施基于风险的差别费率，及时采取早期纠正和有序处置措施，加强对金融机构的市场约束，及时防范和化解金融风险，促使金融机构审慎稳健经营，从而更好地保障存款人的存款安全。

2014年以来，个别地区有个别中小银行业金融机构的部分网点发生集中取款事件，参与集中取款的99.8%以上都是50万元以下的小额储户，平均每户取款金额基本都在5万元以下，2015年5月1日《存款保险条例》实施后，这些小额储户的存款已经受到存款保险的全额保障，在后续事件的处置中，通过积极开展存款保险制度宣传和投资者教育，与央行按法定程序提供流动性支持及地方政府和有关部门处置措施密切配合，更加有力地维护了公众信心，使得事件迅速得到控制和平息。这是我国存款保险机制发挥保护存款人、稳定公众信心作用的一个重要体现。

二是有利于促进银行业金融机构健康发展，缓解小微企业和"三农"融资难。存款保险制度有利于为银行业建立一个公平竞争的环境，促进包括大、中、小银行在内的各类银行业金融机构健康发展。各国实

第十章　建立存款保险制度的战略抉择

践经验也表明，建立存款保险制度是发展民营银行、中小银行的重要前提和条件。如美国社区银行的发展，在很大程度上得益于其存款保险制度的有效性。一方面，通过稳定公众对银行体系的信心，可以为银行特别是中小银行正常经营创造一个稳定的市场环境。另一方面，存款保险可以大大增强中小银行的信用和竞争力，为之创造一个与大银行公平竞争的环境，从而促进形成一个有效竞争、可持续发展的小金融体系。

从全球经验看，对于我国这样的大国经济，要给小企业提供更好的金融服务，还是需要多一些扎根基层和社区的小金融机构。建立存款保险制度后，可以更好地保护存款人的利益。有了这样一种保障机制，在商业银行市场准入方面就可以适当放宽，推动更多中小金融机构进入市场，形成更加合理的金融结构和布局，丰富基层金融服务和供给，提升金融普惠性水平，促进金融生态环境的改善，从而有利于缓解中小企业融资难、融资贵，进一步提升金融服务实体经济的能力和水平。

三是有利于完善金融机构市场化退出机制，为利率市场化等金融改革提供配套支持。在金融机构发展过程中难免存在质量良莠不齐的情况，就要考虑可能出现的风险或退出问题。存款保险作为银行经营失败时风险处置成本的主要承担者，具有内在动力主动加强对金融风险的识别和预警，及时采取措施，对风险早发现、早纠正和及时处置，从而有利于防范金融体系风险累积。作为市场化的风险处置平台，存款保险一般运用收购与承接等市场化手段处置风险，在充分保护存款人权益、快速有序处置风险、最大化减少处置成本的同时，保持金融服务不中断，维护银行体系的稳健性。

随着存款利率上限放开，我国利率市场化改革已基本完成，作为配套制度环境的存款保险制度重要性进一步显现，在强化对银行业金融机构的正向激励和市场约束的同时，健全金融机构市场化退出机制，可以为利率市场化改革解除后顾之忧，也可以为下一步金融业对内对外开放、资本项目可兑换等金融改革创造更好的基础制度环境。

存款保险处置金融风险的职能发挥任重道远。按照国务院工作部署和《存款保险条例》规定，我国存款保险制度实施工作在顺利出台、平稳起步的基础上，随着风险差别费率、早期纠正、风险处置等核心机制逐步发挥作用，将进一步加强对存款类金融机构的市场约束，及时防范和化解金融风险，进一步提升金融安全网的整体效能，促进我国金融业健康发展。

附录：建立存款保险制度大事记

1. 1993年12月，《国务院关于金融体制改革的决定》提出"建立存款保险基金，保障社会公众利益"。

2. 1997年12月，《中共中央 国务院关于深化金融改革，整顿金融秩序，防范金融风险的通知》提出"逐步建立城乡信用社存款保险制度"。

3. 2004年10月，人民银行向国务院上报《关于建立我国存款保险制度的请示》。

4. 2007年1月，第三次全国金融工作会议提出"设立功能完善、权责统一、运作有效的存款保险机构，增强金融企业、存款人的风险意识，防范道德风险，保护存款人合法权益。存款保险制度要覆盖所有存款类金融企业。加快建立金融机构风险救助和市场退出机制，及时处置风险"。

5. 2012年1月，第四次全国金融工作会议提出"要抓紧研究完善存款保险制度方案，择机出台并组织实施"。

6. 2013年11月，《中共中央关于全面深化改革若干重大问题的决定》提出"建立存款保险制度，完善金融机构市场化退出机制"。

7. 2013年12月，中央经济工作会议将建立存款保险制度等作为方向明、见效快的改革，要求加快推进。

8. 2014年3月，《政府工作报告》提出"建立存款保险制度，健全金融机构风险处置机制"。

9. 2014年10月，国务院常务会议审议通过存款保险制度实施方案。

10. 2014年11月，《存款保险条例（征求意见稿）》在中国政府法制信息网全文公布，向社会公开征求意见。

11. 2014年12月，存款保险条例征求意见工作顺利完成。

12. 2015年2月，李克强总理签署第660号国务院令，公布《存款保险条例》。

13. 2015年3月，《国务院关于同意存款保险制度实施方案的批复》明确批复，由人民银行履行存款保险职能，负责存款保险制度的实施和存款保险基金有关管理工作。

14. 2015年5月，《存款保险条例》施行。

第十一章
走向未来：金融宏观审慎管理制度的争论

2008年国际金融危机的爆发和迅速蔓延，对全球经济金融造成了严重影响。大批金融机构损失惨重，金融市场剧烈震荡，市场信心严重受挫，有关国家尤其是西方发达国家的实体经济遭受重创。危机让人们认识到，金融体系的顺周期波动和跨市场风险传播会对宏观经济和金融稳定带来冲击，甚至引发系统性风险，因此国际社会在对危机成因和教训进行深刻反思的基础上，将宏观审慎管理作为国际金融监管改革的基本方向和核心内容。我国在"十二五"规划中就明确提出，要构建逆周期的金融宏观审慎管理制度框架，这对于进一步加强和改进我国金融宏观调控，提升系统性风险防范能力，熨平经济周期性波动，保持经济金融平稳较快发展具有重要的现实意义。随着金融科技（Fintech）、信息技术和数据集成在金融领域的广泛使用，金融风险将呈现更加高频、更为广泛的传播、更大范围扩散等新特点，新业态层出不穷，金融机构将面临更强的风险冲击。作为面向新时代的一种全新制度框架，中国的金融宏观审慎管理制度建设在争论中凝聚共识，在探索中不断前进，已经成为维护我国金融体系稳健发展的基本制度。为科学吸

第十一章 走向未来：金融宏观审慎管理制度的争论

取国际金融危机后的经验教训，合理谋划金融管理与金融机构、金融市场发展的适应性和韧性，周小川行长在2010年12月15日北京大学的演讲《金融政策对金融危机的响应》中指出："宏观审慎管理是一个动态发展的框架，其主要目标是维护金融稳定、防范系统性金融风险，重在有效维护系统重要性金融机构和金融基础设施安全和高效运行，主要特征是建立更强的、体现逆周期性的政策体系"。

第一节 宏观审慎管理的概念、目标和框架

一、宏观审慎管理的提出和目标

国际金融危机集中暴露了国际金融业在经营模式、风险管理、监管理念和方法等方面的诸多问题。危机之前各方面主要关注单个金融机构的稳健运行，忽视了宏观审慎政策的重要性，在维护整个金融体系稳定方面存在重大不足。微观审慎性的总和并不等于宏观上的审慎性，个体的健康性不等于总体的健康性。金融体系的顺周期波动和跨市场风险传播会对宏观经济和金融稳定带来冲击，甚至引发系统性风险，采取宏观审慎政策的主要目的就是为了应对这种问题。

国际金融危机后，在不同国际场合，人民银行整理并公开发布了纠正顺周期性等观点，认为经济领域中顺周期性因素太多，即负反馈不足，正反馈太多。后来国际清算银行（BIS）经过论证，于2009年初提出用20世纪70年代有人用过的宏观审慎概念，来概括导致危机的"大而不能倒"、顺周期性、监管不足、标准不高等问题，把正反馈、负反馈、振荡、泡沫、逆周期这些含义都放在宏观审慎政策框架里，并于2009年4月提交二十国集团（G20）伦敦峰会讨论。此后，2009年9

金融机构改革的道路抉择

月匹兹堡峰会最终形成的会议文件及其附件中开始正式引用了"宏观审慎管理"和"宏观审慎政策"的提法。在 2010 年 11 月 G20 首尔峰会上，进一步形成了宏观审慎管理的基础性框架，包括最主要的监管以及宏观政策方面的内容，并得到了 G20 峰会的批准，要求 G20 各成员国落实执行。目前，宏观审慎政策框架已成为危机后国际金融改革的主要方向，各国政府以及金融界的普遍共识是要建立逆周期的市场运行和调节机制。

从国内来看，在此次国际金融危机中，中国金融体系虽然受到了一定的冲击，但是总体上经受住了考验，主要原因一是得益于经济持续增长的良好环境；二是亚洲金融危机后，中国推进的国有商业银行股份制改革增强了银行的整体实力和抗风险能力，夯实了金融稳定的基础；三是中国金融法律制度逐步完善，监管水平不断提高；四是中国的金融发展尚处于初级阶段，在服务模式和产品开发方面相对滞后，客观上避免了损失。同时，中国金融体系也面临着防范系统性风险的艰巨任务。一方面，经济结构不合理，存在发展不平衡、不协调、不可持续的深层次矛盾，对宏观经济政策的科学性和合理性提出了更高要求；国内信贷持续扩张动力仍然较强，跨境资本流动蕴含潜在风险，流动性过多、通货膨胀、资产价格泡沫、周期性不良贷款增加等宏观风险不容忽视，金融业资产质量和抗风险能力面临考验。另一方面，近年来，跨行业、跨市场的机构和交叉性金融产品快速发展，组织结构复杂、业务多元化的金融控股公司不断形成壮大，新型金融机构参与金融活动的程度愈来愈深。

实际上，国际金融危机以后我国曾多次说过、用过宏观审慎政策框架。当时各个国家对经济形势的判断不一样，中国是属于复苏最早的，就需要一些逆周期调整，在国务院的统筹指导下，人民银行结合中国具体国情构建了宏观审慎政策框架，最初是在 2009 年七八月份开始着手研究推动的。在 2010 年末中央经济工作会议上，正式引入了宏观审慎

第十一章 走向未来：金融宏观审慎管理制度的争论

政策框架的用词，并在 2011 年初开始，主要依靠资本充足的自我约束和经济增长的合理需要来逆周期计算合意贷款，以及利用差别存款准备金率等工具形成激励约束机制。与此同时，国际上多数宏观审慎政策的内容也是分别推出来的，典型内容包括《巴塞尔资本协议Ⅲ》中的逆周期资本缓冲、杠杆率、流动性覆盖比率、净稳定融资比例，加强对系统重要性金融机构的监管，并建立有效的风险处置机制等。

总体而言，宏观审慎管理是一个动态发展的制度框架，其主要目标是弥补原有金融管理体制的缺陷，在宏观货币政策和微观审慎监管的基础上，建立更强的、体现逆周期性的政策体系，将金融业视做一个有机整体，既防范金融体系内部相互关联可能导致的风险传递，又关注金融体系在跨经济周期中的稳健状况，从而有效管理整个金融体系的风险，最终实现维护金融稳定、支持经济平稳发展的目标。

二、宏观审慎管理制度框架

宏观审慎管理制度框架主要由三个方面构成：一是宏观审慎分析，以识别系统性风险；二是宏观审慎政策选择，以应对所识别的系统性风险隐患；三是宏观审慎工具运用，以实现宏观审慎政策目标。宏观审慎管理制度框架主要涉及对银行的资本、流动性、杠杆率、拨备等审慎性要求，对系统重要性金融机构（SIFIs）的额外要求以及会计标准、信用评级、衍生产品交易集中清算、影子银行监管等方面内容。特别是，在这一框架中，建立逆周期调控机制和强化 SIFIs 监管，是危机后提出的新内容及国际金融监管改革的重点。

（一）宏观审慎分析

宏观审慎分析通过建立准确和简便的统计指标，开发金融体系的早期预警指标及宏观压力测试体系，进行宏观审慎监测演练，对宏观经济周期的趋势和金融体系的整体风险状况作出判断。宏观审慎分析立足于一国经济金融的特点,如果一国金融体系受宏观经济影响显著,宏观审慎分析就需要引入反映宏观经济健康发展的代表性指标;如果一国金融风险主要由金融体系的某一行业或机构引发并跨行业传播形成,宏观审慎分析则需要采用关注跨行业风险的方法。从金融体系的结构看,在以银行为金融活动主体的国家,宏观审慎分析需要强化对信贷规模、银行资产负债表的关注;而在金融市场发达国家,证券市场价格类指标应作为分析的主要指标。

(二) 宏观审慎政策选择

宏观审慎政策选择是指针对宏观审慎分析识别出的潜在系统性风险研究相应的政策措施。宏观审慎政策选择主要考虑以下三方面内容:一是针对各类顺周期因素积累的源于总量的宏观风险,考虑采取逆周期行动。其中,逆风向调节机制作为一项跨周期的制度安排,在经济上行期增加动态拨备和资本要求,约束信贷过度增长,防止资产泡沫的累积,提高金融支持经济持续发展的能力;在经济下行期降低拨备和资本要求,缓解信贷萎缩和资产价格下跌,平滑经济波动,促使经济加快复苏。二是针对跨行业风险方面,考虑不同金融机构对系统性风险的影响,确定系统重要性金融机构、市场和工具的范围,对具有系统性影响的金融机构制定严格的规则,或收取系统性风险费及额外费用。由于系统性风险越来越多地源于单个机构共同的风险暴露,针对跨行业风险的规则可能是临时性的,并随时间调整,因此,应对顺周期和跨行业风险的宏观审慎政策有时难以清楚区分。三是针对金融体系的结构特点,研究限制风险承担和增强金融体系抗风险能力的措施。包括:紧急的资本要求,控制金融业规模、集中度、金融机构业务范围的竞争政策,影响杠杆率的税收政策,对金融机构股东和高级管理人员的激励机制,存款保险的风险费率调整,大额实时清算系统和中央清算安排等金融体

第十一章 走向未来：金融宏观审慎管理制度的争论

系基础设施安排等。

（三）宏观审慎工具运用

宏观审慎工具并非一种特殊的、独立的政策工具，而是服务于防范系统性风险目标，为实施宏观审慎政策对已有宏观调控工具、微观监管工具、财税会计工具的功能叠加、调整或组合。因此，宏观审慎工具并非由某一机构单独掌握和运用，而是由中央银行、金融监管机构、财税部门等不同部门分别掌握和实施。宏观审慎工具大致可以分为三大类。第一类是服务于宏观审慎目标的微观监管工具，如资本、流动性监管要求。第二类是服务于宏观审慎目标的宏观调控工具，又可进一步分为三类：一是总量层面，如新增贷款和 M_2 增速目标；二是行业层面，如针对房地产行业的首付比例、月供收入比、最低利率等；三是机构层面，如差别存款准备金、动态拨备和资本缓冲等。第三类是服务于宏观审慎目标的财税会计工具等。此外，中央银行的最后贷款人职能和对经营失败金融机构的处置机制等危机应对措施也可服务于宏观审慎目标。

▼ 专栏8

全球金融体系委员会发布《宏观审慎工具的选择与应用》

2012年12月，国际清算银行（BIS）下设的全球金融体系委员会（CGFS）发布《宏观审慎工具的选择与应用》，探讨宏观审慎政策操作的实际问题，就宏观审慎工具的使用时机等提出了建议。

宏观审慎工具的使用时机。报告认为，在金融周期上行阶段，实体经济走强时，应收紧宏观审慎工具；实体经济增长乏力时，只要系统性风险未显现，可不启用宏观审慎工具。在金融周期下行阶段，应区分是否伴随危机：如果危机爆发，可能需要迅速放松宏观审慎工具以避免过度去杠杆化；在未发生危机的情况下，如果经济增长乏力，放松宏观审慎工具有助于降低经济下行的影响，但在经济繁荣时期则需视情况而定。报告认为，政策制定者应根据与宏观审慎工具的相关性、数据的可获得性以及使用的便利性等选择合适的指标，基于其发出的信号收紧或放松宏观审慎工具。政策制定者还应考虑风险的不确定性，如果有明确迹象表明存在风险，就应启用宏观审慎工具，采取小幅、快速调整的渐进方式。

宏观审慎工具的传导机制。在金融周期上行阶段，收紧宏观审慎工具能够直接提高金融体系抗风险能力。例如，收紧资本要求将使金融机构有更多缓冲应对负面冲击；收紧流动性要求将降低银行对波动性较大的短期融资的依赖，从而提高银行应对流动性压力的能力，进而抑制传染效应以及对实体经济的负面影响。同时，收紧宏观审慎工具也能够有效影响信贷周期。例如，银行通过扩大存贷款利差、降低收益和分红，发行新资本或减持资产应对资本要求的提高，并通过调整期资产负债结构应对流动性要求的提高，可以抑制信贷需求或降低信贷供给的总体水平。在金融周期下行阶段，如果未发生危机，放松宏观审慎工具的传导机制与金融周期上行阶段类似，只是方向相反。如果危机爆发，放松宏观审慎工具能够确保金融机构有足够的缓冲吸收损失，提高金融体系抗风险能力。但在严重的危机时期，损失和流动性需求可能超过缓冲，因此可通过留存收益、外部融资或注资等手段，提高金融体系的资本和流动性。

政策协调与配合。报告认为，宏观审慎工具与其他政策工具之间存在相互影响。一是政策传导渠道可能相互重叠。如对金融机构提高流动性要求将影响对中央银行流动性的需求，进而影响货币政策操作。二是政策工具可能存在冲突，特别是在实体经济和金融周期走向不一致的情况下。例如，因生产率高速增长造成的物价下行压力与金融市

第十一章 走向未来：金融宏观审慎管理制度的争论

场的非理性繁荣同时出现时，宏观审慎政策与货币政策的方向可能相反。同时，在金融周期下行时期，宏观审慎与微观审慎政策可能存在冲突。因此，应加强政策工具之间的协作，强调中央银行在宏观审慎决策中发挥关键作用。

值得重视的是中央银行在宏观审慎管理中的作用。宏观审慎管理本质上是宏观调控的组成部分，与中央银行维护宏观经济和金融稳定目标一致。中央银行在宏观审慎分析和货币政策工具运用中具有相应职责和优势，国际上普遍强调要充分发挥中央银行在宏观审慎管理中的重要作用。同时，宏观审慎管理与宏观调控、微观监管密切相关。一方面，实现宏观审慎目标可能会对货币政策目标和金融监管目标产生影响；另一方面，宏观审慎工具的实施依赖于货币政策工具、微观监管工具和财税工具的运用。因此，在宏观审慎管理中，需要加强相关部门之间的沟通和合作，实现信息共享。为保证宏观审慎管理的透明度和一致性，相关部门应该加强共同研究、统一决策，并按照决策要求分别实施所掌握的宏观审慎工具。此外，实现对跨境金融活动的宏观审慎管理，还需要加强不同国家和经济体之间的合作，以避免跨境监管套利等问题。

第二节 宏观审慎管理国际标准和准则

危机后，国际组织加强了宏观审慎管理国际标准和准则的研究制定。主要国家和经济体也持续推进将宏观审慎管理作为金融监管改革的重点，进一步改革监管组织架构和监管制度，强化宏观审慎管理职能。其中，巴塞尔资本协议和系统重要性金融机构监管与风险处置机制是核心内容。

一、《巴塞尔资本协议》

这次危机表明，资本充足率低，抗风险与吸收损失的能力就不足，因此需要进一步提高资本充足率。同时，还强调提高资本质量。过去，商业银行的资本由核心资本和附属资本构成。核心资本包括实收资本、资本公积金、盈余公积金和未分配利润，附属资本包括可计入的贷款准备金、附属债券、混合类资本债、可转债等。不同层次的资本吸收风险的能力是不一样的，吸收风险能力最强的是作为一级资本的普通股。这次危机暴露了附属资本吸收损失能力不足的问题。因此需要扩大核心资本的比重，提高普通股在总资本中的占比。在条件允许的情况下，减少分红，督促银行通过留存利润建立资本缓冲。就是说经济景气时，金融机构不要赚了钱都用来分红，应该积累一点，用于应对经济差的时候可能导致的资本不足；相应地，在经济严重下滑时，在满足一定条件时允许银行释放资本缓冲，以满足经济下行周期的信贷需求，防止信贷过度紧缩。还有就是交叉持股和交叉持债问题，银行交叉持有的其他银行附属债应从附属资本中扣除。具体看，G20 审议批准的《巴塞尔协议Ⅲ》新资本要求分为以下五个层次。

一是最低资本要求。最低标准仍为 8%，但其中普通股充足率最低要求从 2% 提高到 4.5%，一级资本充足率最低要求（包括普通股和其他满足一级资本定义的金融工具）由 4% 提高到 6%。

二是资本留存缓冲。在最低资本要求基础上，银行应保留 2.5% 的普通股资本留存缓冲（Capital Conservation Buffer），使普通股资本加上留存资本缓冲后达到 7%，以更好地应对经济和金融冲击。

三是逆周期资本缓冲。2010 年 12 月，巴塞尔银行监管委员会（BCBS）发布《逆周期资本缓冲操作指引》，提出建立逆周期资本缓冲机制，将其作为银行业监管改革的一项重要内容，以降低整个银行体系

第十一章 走向未来：金融宏观审慎管理制度的争论

的顺周期性。各国可依据自身情况要求银行增加 0～2.5% 的逆周期资本缓冲（由普通股或其他能充分吸收损失的资本构成）。主要是根据信贷/GDP 偏离其趋势值的程度进行测算。逆周期资本缓冲主要在信贷急剧扩张从而可能引发系统性风险时使用，以保护银行体系免受信贷激增所带来的冲击。在实际操作中，可将逆周期资本缓冲作为资本留存缓冲的延伸。其主要内容包括：其一是强调资本对信贷增长的约束，以逆周期资本缓冲机制起到金融周期扩张和收缩阶段的稳定器作用。其二是以信贷/GDP 对自身长期趋势的偏离度作为指导变量，计提逆周期资本缓冲。其三是确定实施标准和过渡期的安排，针对不同国家的情况设置过渡期安排。信贷过度增长的国家应加快执行资本留存缓冲和逆周期资本缓冲要求，可根据情况设置更短的过渡期。

四是系统重要性金融机构额外资本要求。SIFIs 应在上述最低资本要求的基础上具备更强的吸收损失能力，方式之一是增加额外资本要求。这样，可以使系统重要性金融机构更多地积累资本，增强应对系统性金融风险和危机的能力，防止道德风险。

五是应急资本机制。为增强系统重要性银行损失吸收能力，还可采取应急资本和自救债券（Bail In Debt）等措施。应急资本要求银行在无法持续经营时，普通股之外的资本都应具有冲销或转化为普通股的能力。在银行陷入经营困境或无法持续经营时，自救债券可部分或全部按事先约定条款自动削债或直接转换为普通股，以减少银行的债务负担或增强资本实力，帮助其恢复正常经营。

总体来看，资本要求的变化是为了建立明确的约束机制，并能预防金融风险和危机，增强损失吸收能力，降低社会损失的可能性。近年来，BCBS 持续推动各成员经济体执行《巴塞尔协议Ⅲ》。为促进各成员经济体及时、全面、一致地落实《巴塞尔协议Ⅲ》，BCBS 对成员经济体的实施情况进行全面评估，评估分为三个层次：第一层次评估成员经济体监管立法的进度，第二层次评估成员经济体监管标准与巴塞尔协议的一致性，第三层次评估成员经济体执行监管标准结果的一致性。BCBS 于 2015 年 10 月发布的执行进展报告显示，所有 BCBS 成员经济体均已执行《巴塞尔协议Ⅲ》风险资本要求。

除了资本方面，国际社会在银行监管、流动性、杠杆率方面也制定或者修订了相关准则，体现了宏观审慎管理的要求。一是完善《有效银行监管核心原则》。BCBS 对《有效银行监管核心原则》进行了修改完善，并于 2012 年 9 月公布了新的核心原则。新核心原则由原来的 25 条扩充为 29 条，除将原有的原则 1（目标、独立性、权力、透明度和合作）拆分为三条独立原则外，还增加了有关公司治理和信息披露的 2 条新原则。新核心原则加大了对 G-SIBs 的关注，要求监管力度和监管投入与银行风险状况和系统重要性程度相匹配，并强调从系统性宏观视角加强银行微观审慎监管。二是强化流动性管理。BCBS 于 2013 年 1 月发布流动性覆盖率（LCR）规则，要求银行的流动性覆盖率（优质流动性资产/未来 30 日净现金流出）在没有金融压力的情况下不得低于 100%，并计划于 2019 年达到此标准。规则对优质流动性资产和净现金流出进行了详细定义：优质流动性资产包括一级资产和二级资产，一级资产为现金、央行外汇储备和某些政府（央行）支持的特定有价证券等，其持有比例不受限制；二级资产为满足一定条件的政府债券、公司债券、住宅抵押贷款支持证券和股票，其持有比例不得超过银行高流动性资产的 40%。三是强化杠杆率监管。作为对风险资本要求的补充，BCBS 于 2013 年引入了 3% 的杠杆率监管标准（监管资本/银行总风险敞口），重点对银行风险敞口的计量进行了完善，明确对会计并表和监管并表范围内以及范围外的投资、衍生品和抵押品以及证券融资交易风险敞口的计算方法，并要求银行必须公开披露其杠杆率信息，包括会计资产和杠杆率风险敞口的对比信息、主要杠杆率指标的分解分析等。根据 BCBS 的评估，绝大多数成员经济体已执行流动性覆盖比率要求，19 个成员经济体已执行杠杆率要求，以 G-SIBs 母国为主的 20 个成员经济体已发布 G-SIBs 监管要求。

第十一章 走向未来：金融宏观审慎管理制度的争论

▼ 专栏9

建立逆周期资本缓冲

2010年12月，BCBS发布《逆周期资本缓冲操作指引》，提出建立逆周期资本缓冲机制，将其作为银行业监管改革的一项重要内容，以降低整个银行体系的顺周期性。

一、强调资本对信贷增长的约束作用

逆周期资本缓冲机制能够在信贷过度增长且可能引发系统性风险时，促使银行储备更多资本，即建立更具前瞻性的逆周期资本缓冲，以抑制信贷的过度扩张；在经济下行、信贷周期出现逆转时，可以释放银行的逆周期资本缓冲，以吸收损失，保护银行体系免受剧烈冲击。因此，逆周期资本缓冲机制不仅可以保证单个银行在压力状态下能够正常经营，还能确保在信贷周期逆转时，整个银行体系有充足资本来维持信贷的增长，因此可以起到金融周期扩张和收缩阶段的稳定器的作用。

二、以信贷/GDP对自身长期趋势的偏离度作为指导变量

测算逆周期资本缓冲的核心是如何判断信贷出现过度增长。BCBS以成员国历史数据为基础，对宏观经济、银行业经营状况以及融资成本等多个方面的变量进行了测算分析。测算结果表明，与宏观经济相关的信贷/GDP指标和银行危机事件的相关度最高。因此，BCBS明确将信贷/GDP对自身长期趋势的偏离度作为计提逆周期资本缓冲的指导变量。当一国信贷/GDP接近或低于其长期趋势时，表明信贷风险较低，逆周期资本缓冲可设定为零；当信贷/GDP高于其长期趋势时，表明信贷过度增长，系统性风险累积，应计提逆周期资本缓冲。

但是BCBS强调，信贷/GDP并非唯一参考变量，因为信贷变化

具有滞后性，信贷/GDP 指标可能无法及时发出信号，且这一指标并不能充分体现各国经济金融发展所处的不同阶段。基于上述考虑，BCBS 赋予各国当局自主裁量权，在本国信贷状况和系统性风险评估基础上，自主选取测算逆周期资本缓冲的指导变量，但要注意防范所选变量发出误导信号。同时，BCBS 指出各国可根据市场情况动态调节缓冲规模，可在危机爆发时快速释放缓冲，或在信贷周期出现逆转且金融体系未出现明显波动时，允许银行自主使用多余资本。此外，BCBS 建议各国当局定期更新对信贷变化和风险状况的评估，及时披露关于逆周期资本缓冲的相关决策。

三、确定实施标准和过渡期安排

BCBS 规定在普通股最低资本充足率和资本留存缓冲之外，设置逆周期资本缓冲，具体标准为普通股充足率增加 0~2.5 个百分点。由于逆周期资本缓冲实质上增加了银行的资本约束，考虑到各国银行需要时间调整信贷策略，BCBS 设置了过渡期安排，即从 2016 年 1 月 1 日起进入过渡期。第一年逆周期资本缓冲的要求为 0.625%，以后每年增加 0.625%，到 2019 年 1 月 1 日最终达到 2.5%。同时，鼓励信贷增长过快的国家适当考虑加快建立逆周期资本缓冲，可根据情况设置更短的过渡期。此外，BCBS 特别考虑了国际活跃银行的逆周期资本缓冲安排。由于各国享有自主裁量权，不同国家逆周期资本缓冲要求不同，为此，BCBS 规定国际活跃银行应以其在不同国家的信用风险暴露为权重，加权计算所应提取的逆周期资本缓冲。

二、加强对系统重要性金融机构的监管

自 2009 年起，金融稳定理事会（FSB）和 BCBS 等国际组织从制定

第十一章 走向未来：金融宏观审慎管理制度的争论

评估方法、强化损失吸收能力、建立有效的处置框架和提高监管的有效性等方面加强对系统重要性金融机构的监管，相关政策措施陆续出台。

（一）建立和完善系统重要性金融机构评估方法

一是系统重要性金融机构的评估方法。2009年10月，FSB等国际组织制定了系统重要性金融机构、市场和工具的评估指引和工作计划，提出从规模性、替代性、关联性三方面评估金融机构、市场和工具的系统重要性，并从资本、流动性、杠杆率、风险管理、组织架构、业务模式、危机处置等方面降低系统重要性金融机构的道德风险。2010年10月，FSB发布《降低系统重要性金融机构的道德风险》报告，从强化监管、提高损失吸收能力、完善处置机制以及保持各国政策一致性等方面提出SIFIs的政策框架。根据FSB提出的指引，识别SIFIs主要考虑规模、关联性和可替代性等三方面的指标。其中，规模反映一个机构在整个金融体系中的地位，关联性反映一个机构经营状况和风险对其他机构、交易对手和行业的影响，可替代性反映客户和其他机构对该机构的依赖程度。同时，针对G-SIFIs在国际金融活动中处于领先地位、对国际金融体系的稳定性产生关键影响的特点，识别G-SIFIs还要考虑能够反映其全球活跃程度的指标，如跨境资产项负债等，这些指标达到一定比例的，将纳入G-SIFIs范围。此外，考虑到大多数SIFIs在全球开展业务，或通过资产负债表等途径与全球金融体系关联密切，还需在评估方法中引入复杂性指标，以反映其组织结构和业务复杂程度。

二是建立国内系统重要性银行评估框架。按照G20戛纳峰会的要求，BCBS于2012年10月发布了《国内系统重要性银行框架》，要求各成员国建立本国的评估框架和监管制度，并提出12项指导性原则，主要内容包括：评估方法应反映银行经营失败对国内经济的潜在影响，评估指标包括规模、关联性、可替代性和复杂性等四类，也可考虑反映本国国情的因素。定期评估国内银行的系统重要性，评估间隔不应超过对 G-SIBs 的评估间隔，并向社会公开披露评估方法。母国负责在全球并表基础上评估本国银行的系统重要性，东道国负责评估外国银行在本国的附属机构及其下一级附属机构的系统重要性。母国和东道国分别确定和实施本国银行、外国银行在东道国附属机构的更高资本要求；当 G-SIBs 同时也被认定为国内系统重要性银行时，对其应适用两者之中最高的资本要求。更高资本要求应全部由一级普通股构成，也可考虑其他合适的监管政策工具。

（1）完善 G-SIBs 评估方法。BCBS 根据持续收集、分析、对比各国大型银行的数据，不断校正完善评估方法应用过程中出现的各种问题，在此基础上，于 2013 年 7 月发布了《全球系统重要性银行：评估方法及额外损失吸收能力要求（修订版）》，对全球系统重要性银行（G-SIBs）评估方法、披露要求、额外吸收损失能力要求等进行了修订和完善。一是确定 G-SIBs 样本银行的参评方法。明确总资产全球排名前 75 位或曾被认定为 G-SIBs 的银行可被纳入样本，各国当局也可使用监管判断将其管辖范围内的银行添加至样本。二是修订 G-SIBs 评估指标。对可替代性指标设定上限，即设定可替代性得分上限为 500 个基点，若得分超过 500 个基点，系统重要性程度虽然增加，但不改变总分；将关联性指标中的"批发性融资比率"指标更改为"发行证券和其他融资工具余额"。三是明确空组的设置。规定当银行的系统重要性提高至空组时，在此之上再设置的新空组与其他小组的分组标准相同，每上升一组将增加 1% 的额外损失吸收能力要求。

（2）定期更新 G-SIBs 名单。FSB 每年根据上年末的数据公布 G-SIBs 名单，到 2016 年末，全球共有 30 家银行入选。其中，中国工商银行、中国农业银行、中国银行和中国建设银行均入选。其中，中国工商银行在第 2 组别，附加资本要求为 1.5%；中国农业银行、中国银行和中国建设银行在第 1 组别，附加资本要求为 1.0%。

三是将 G-SIBs 相关政策扩展到全球系统重要性保险公司（G-SI-

第十一章 走向未来：金融宏观审慎管理制度的争论

Is）等非银行机构。2012年，国际保险监督官协会（IAIS）提出了G‑SIIs一揽子政策框架。主要包括：一是评估方法结合定量指标和定性判断。定量指标包括规模、全球活跃性、关联性、非传统与非保险业务、可替代性五大类共18项指标，定性判断采取赋予各业务条块特定风险权重的方式。二是初步制定了强化监管、有效处置、提高损失吸收能力等政策措施。主要包括建立集团监管框架，加强风险管理，制定正常和压力状况下的流动性风险管理战略和政策，建立有效的处置机制等内容。

（1）出台G‑SIIs评估方法及政策措施。2013年7月，IAIS正式发布G‑SIIs评估方法和政策措施，FSB基于2011年末数据，公布了首批9家G‑SIIs，中国平安保险集团入选。G‑SIIs需实施基础资本要求（Basic Capital Requirements，BCR）和系统性风险管理计划（SRMP）要求，成立危机管理小组（CMGs），制订恢复和处置计划。

（2）发布和更新全球系统重要性保险机构名单。FSB会同IAIS于2013年7月联合发布首批G‑SIIs名单，全球共9家保险公司被认定为G‑SIIs，其中包括中国平安保险集团。同时，IAIS修订了G‑SIIs评估方法，并于2016年使用。

（3）制定G‑SIIs资本要求。2013年，IAIS发布首批G‑SIIs名单后开始组织制定对G‑SIIs的资本要求，提出"三步走"计划。第一步是针对G‑SIIs所有业务，制定基础资本要求；第二步是在基础资本要求基础上，针对其非传统非保险业务，提出更高的资本损失吸收能力（HLA）要求；第三步是针对国际活跃保险集团，制定基于集团风险评估的全球保险资本标准（ICS），增强不同国家和地区间资本要求的可比性。其中，基础资本要求相关标准已于2014年10月正式发布，于2015年开始实施。2015年10月，IAIS正式发布资本损失吸收能力要求标准，其主要目标是降低G‑SIIs陷入危机或倒闭的概率及其对金融体系的影响，预计将于2019年实施，届时G‑SIIs持有的监管要求资本将不低于基础资本要求与资本损失吸收能力要求的资本之和。

（4）制定非银行非保险 G–SIFIs 的识别方法。2014 年，按照 G20 峰会要求，FSB 会同国际证监会组织（IOSCO）制定识别非银行非保险（NBNI）G–SIFIs 的评估方法，包括规模、关联性、可替代性、复杂性、全球活跃性五个方面。根据不同的商业模式和风险特点，NBNI 机构被分为金融公司、市场中介、投资基金及其他类，并适用不同的评估指标。识别非银行非保险 G–SIFIs 的方法与 G–SIBs 和 G–SIIs 评估方法大体一致，包含适用于所有非银行非保险金融机构的高层次评估框架，以及适用于金融公司、市场中介、投资基金的详细评估方法。为避免数据局限性，非银行非保险 G–SIFIs 评估方法还允许监管当局在评估时发挥更大作用。

（二）推动有效处置机制建设

一是制定总损失吸收能力（TLAC）要求。按照 G20 峰会要求，FSB 和 BCBS 共同研究针对 G–SIBs 的总损失吸收能力要求，在不削弱《巴塞尔协议Ⅲ》最低资本要求和缓冲资本要求前提下，提高 G–SIBs 损失吸收能力，避免处理过程中由纳税人承担损失。总损失吸收能力要求与《巴塞尔协议Ⅲ》框架下的持续经营资本要求互为补充，共同确保 G–SIBs 损失吸收能力。2013 年，FSB 发布的《关于解决"大而不能倒"问题的下一步工作安排》指出在有序处置 G–SIBs 过程中应保持充足的损失吸收能力，把对金融稳定的影响降到最低。为此，FSB 于 2014 年 11 月 10 日发布总损失吸收能力要求征求意见稿，同时会同 BCBS 和 BIS 开展了一系列定量影响分析（QIS）和市场调研。2015 年 11 月 9 日，总损失吸收能力要求最终发布。

二是建立和推动《金融机构有效处置的核心要素》的实施。2011 年 11 月，FSB 发布了《金融机构有效处置的核心要素》（以下简称《核心要素》），从范围、处置部门、处置权力、资产处置、保障措

第十一章 走向未来：金融宏观审慎管理制度的争论

施、处置资金来源、跨境合作法律框架、危机管理小组、单个机构跨境合作协议、可处置性评估、恢复和处置计划、信息获取和共享等12个方面明确了SIFIs有效处置机制的基本特征，要求各经济体实现对SIFIs的有序处置，并建立存款保险制度或以私人部门为主要资金来源的处置基金，减少对公共救助资金的依赖。G-SIFIs的母国和主要东道国应成立由中央银行、监管部门、处置部门、财政部门和其他负责金融机构保障的公共部门共同组成的危机管理小组，开展可处置性评估、恢复和处置计划制订以及跨境合作协议制定等工作。

（1）推进G-SIBs有效处置机制建设。为指导各国当局和金融机构落实《核心要素》关于制定恢复和处置计划（RRP）和开展可处置性评估（RAP）的要求，2013年7月，经G20峰会批准，FSB公布了制定有效的处置策略、识别关键功能和共享服务、触发机制和压力情景三份指引文件。指引提出了两种处置策略，由一国统一从集团层面对金融机构总体实施"单点处置"，或是由多国分别对集团的不同子公司实施"多点处置"。而根据FSB的调查显示，到2013年末，多数（Crisis Management Groups，危机管理小组）倾向于从集团层面对金融机构实施"单点处置"，且包括中国银行在内的所有G-SIBs已建立了CMGs。2014年，《金融机构有效处置机制核心要素》（以下简称《核心要素》）在银行业的实施进展最为显著，部分国家已对照《核心要素》要求，从立法层面进行了改革。法国明确银行和保险业监管局（ACPR）为银行的处置当局，赋予其必要的危机管理和处置权力。德国于2014年1月开始实施《信用机构和金融集团隔离及恢复和处置计划法案》，确保机构的有序处置。日本修订了《存款保险法》，进一步明确了提高机构可处置性的措施。欧盟《银行业恢复和处置计划指令》于2014年4月实施。2015年，G-SIBs的CMGs在继续完善恢复和处置计划（RRP）的基础上，着力推动跨境合作协议（COAGs）的签订，13家G-SIBs的CMGs签署跨境合作协议，对危机中母国和东道国跨境协作、信息共享以及可处置性评估的具体程序等进行了详细规定。2016年，所有G-SIBs的危机管理小组开展了第二轮可处置性评估。评估发现，G-SIBs的处置机制在许多方面已经取得了实质性进展，但在处置中资金和流动性的充足性、自救机制的实施、信息管理系统以及处置中接入金融市场基础设施的持续性等方面存在不足。

（2）推动G-SIIs有效处置机制建设。与银行业不同的是，《核心要素》在非银行部门的实施进展较为缓慢。2012年和2015年，FSB两次开展处置机制第二轮专题同行评估。评估结果显示，包括G-SIBs母国在内的部分FSB成员经济体建立了与《核心要素》基本一致的处置机制；暂停提前终止权以及减记或转股两项处置权力的缺失情况在FSB成员经济体中最为普遍；多数成员经济体的处置机制广泛针对所有类型的商业银行，但对银行控股公司、国外银行分支机构以及金融集团中不被监管实体的处置机制建设相对不足。2014年10月，FSB公布了《核心要素》适用于金融市场基础设施（FMIs）、保险公司和持有客户资产的金融机构的指引文件，以协助各国更快实施《核心要素》。此外，FSB会同支付和市场基础设施委员会（CPMI）、国际存款保险机构协会（IADI）、IAIS和国际证监会组织（IOSCO）继续完善《核心要素》评估方法。到2016年，大多数G-SIIs已经成立CMGs并制定恢复和处置计划。

（3）提高处置行动的跨境有效性。2014年，G-SIBs的CMGs开始制定跨境合作协议（COAG），同时，FSB成立保险业跨境危机管理小组（iCBCM）。2015年11月，FSB发布了《处置行动跨境有效性的指导原则》，对法定式认可框架与合约式认可机制的关键要素进行了规范。此外，国际掉期与衍生品协会（ISDA）已制定了适用于场外（OTC）衍生品合同的提前终止权暂停协议，目前正在研究将金融合同提前终止权暂停协议由OTC衍生品交易扩展至融券交易（SFT）。所有G-SIBs于2016年底采用扩展后的ISDA金融合同提前终止权暂停协议。

第十一章　走向未来：金融宏观审慎管理制度的争论

（三）提高对系统重要性金融机构的监管强度和有效性

危机后，FSB 建议各国从以下五方面改善对系统重要性金融机构的监管体系：一是明确监管权力与独立性，以识别早期风险并进行干预；二是各国监管机构应具有对 SIFIs 基于风险实施差别化监管的权力；三是强化针对金融体系复杂性和关联性的监管措施，提高监管标准，实现宏观和微观风险监测一体化；四是各国应建立不同监管机构之间的信息收集和共享机制，促进监管协调；五是针对所有大型跨境金融机构，各国监管机构应共同建立联合监管机制，并与大型跨境金融机构定期进行磋商，全面评估其经营行为及面临的风险。FSB 还要求 BCBS、国际证监会组织（IOSCO）和 IAIS 在更新相关核心原则时充分考虑上述建议，并且要求各国监管当局改进监管方法和提高监管技术。2011 年，FSB 对《系统重要性金融机构监管强度和有效性》的执行进展情况进行了评估，并发布评估报告，提出了进一步强化 SIFIs 监管的建议措施。包括提高金融机构的数据汇总能力，确保监管当局拥有足够的资源进行有效监管，强化 SIFIs 的风险偏好框架和经营模式等领域的监管，提高金融机构的风险管理水平，鼓励全球会计机构提高审计质量，促进 SIFIs 监管机构和审计公司之间的对话。

▼ 专栏 10

系统重要性金融机构对金融稳定的影响

在本次金融危机中，雷曼兄弟公司、美国国际集团（AIG）和北岩银行等大型金融机构纷纷陷入困境甚至破产，重创了全球金融体系，加剧了金融危机的恶化和蔓延，凸显了系统重要性的金融机构对金融稳定的影响。

雷曼兄弟公司曾是美国第四大投资银行和最大的抵押贷款证券商之一，位居美国固定收益券商前5名，为遍布全球的客户提供全方位、多元化服务。2008年第二季度末，雷曼兄弟公司资产规模约6 000亿美元，而同期美国证券经纪人的总资产约为3万亿美元。雷曼兄弟公司与众多机构有债权债务关系，许多货币市场基金都是其债权人。在衍生产品市场，2008年第二季度末，其拥有未实现收益460亿美元，同时还有未实现损失260亿美元。同时，雷曼兄弟公司还是众多机构客户（如对冲基金等）最重要的经纪人，为他们提供清算等服务。雷曼兄弟公司的倒闭，首先，将信用风险转移给交易对手，给许多货币市场基金造成了重大损失；其次，作为许多机构的主要经纪人，其倒闭使这些机构不能正常开展业务；最后，投资者预期其资产将被出售偿还债务，引发了大范围的资产价格重估。其他金融机构为减少损失，争相抛售资产，诱发了投资者之间的"羊群效应"，形成"止损—卖出—再止损—再卖出"的恶性循环，加剧了金融市场的波动，引发了系统性风险。

AIG是美国最大的保险集团，交易对手遍布全球，业务涉及银行、证券、保险、年金等多个领域。AIG大量投资于美国次贷市场，同时，利用其AAA级的信用评级作为支撑，为大量基于房地产市场的担保贷款凭证（CLO）和担保债务凭证（CDO）提供信用违约互换（CDS）保护，是全球最重要的CDS提供商之一。由于在房地产市场上有巨大的风险敞口，AIG在次贷危机中遭受重创。AIG对金融系统的重要性影响表现在诸多方面：如果听任其倒闭，其承保的数以百万计的保单持有人的权益将受到不利影响，向其购买了规模达400亿美元保险的年金计划将不能得到有效保障；对其拥有100亿美元债权的地方政府，700亿美元债权的银行、投资银行、共同基金将遭受巨大损失；导致全球CDS市场不能正常交易。

第十一章 走向未来：金融宏观审慎管理制度的争论

> 此外，一些按常规标准不具有系统重要性的金融机构，在特定的情况下也会对整个金融体系产生影响。例如，英国的北岩银行，截至 2006 年末，其资产规模仅占英国银行系统的 2%，持有的债务占英国主要银行债务规模的 2.5%，股票市值占英国股票市场市值的 0.3%。但由于北岩银行是英国第五大住房抵押贷款银行，又采用发行住房抵押支持证券从金融市场融资的业务发展模式，且其发行的债券占到了英国同类证券总量的 17%，对证券市场影响很大。因此，当北岩银行出现财务危机后，对具有相同资金结构、使用相同业务模式融资的银行产生了不利影响，并进一步引发了整个银行体系的动荡。
>
> 从上述典型案例可以看出，一些金融机构由于规模大、交易对手多、组织结构复杂、与其他机构和投资者的关联性强、提供不可替代的金融服务等原因，在金融体系中具有系统重要性地位。它们一旦陷入困境，不仅自身面临巨大的救助成本，也会通过影响交易对手和市场信心加剧市场恐慌，造成整体金融体系的不稳定，并最终对实体经济产生负面影响。为此，必须采取有效措施，强化对这些具有系统重要性金融机构的监管。

第三节 我国宏观审慎管理的实践

近年来，我国在加强宏观审慎管理方面进行了有益探索。人民银行在总结宏观审慎管理做法的基础上，不断强化宏观审慎政策，在逐步完善差别准备金动态调整政策、探索逆周期资本工具、研究降低我国系统重要性金融机构风险的政策措施、加强对系统性风险的监测预警、完善危机管理和系统性风险处置机制等方面，取得积极进展。

一、建立逆周期宏观调控机制

从国际情况看,建立逆周期宏观调控机制是以银行融资为主的经济体加强宏观审慎管理的主要做法。我国银行信贷在全社会融资中占比较高,信贷波动与经济周期变化和系统性金融风险之间关系较大,因此,建立和完善逆周期调控机制是我国宏观审慎管理的重要内容。

一是引入和完善差别准备金动态调整机制。吸取国际金融危机教训,人民银行自2009年年中开始系统研究强化宏观审慎管理的政策措施,并于2011年正式引入差别准备金动态调整机制。这一机制的核心是把信贷投放与银行的资本水平和稳健性程度联系起来,同时考虑所处经济周期阶段,有预先引导和自我约束的作用,有利于提升金融机构的稳健性和抗风险能力,并具有逆周期的双向调节功能。

自引入差别准备金动态调整机制以来,人民银行不断完善并运用这一机制加强宏观审慎管理。根据国内外经济金融形势变化、金融机构稳健性状况和信贷政策执行情况,对差别准备金动态调整机制的有关政策参数进行调整,引导金融机构落实好稳健货币政策的要求,保持自身稳健经营,合理适度投放信贷,优化信贷结构。2014年以来,针对经济增长面临的下行压力和物价涨幅有所走低的形势,人民银行四次调整了差别准备金动态调整机制有关政策参数,适当下调了宏观经济热度参数,加大了与小微企业、涉农贷款等信贷政策执行相关的政策参数的调整力度,更加有针对性地鼓励和引导金融机构提高对小微企业、"三农"及中西部、欠发达地区的贷款比例,引导信贷合理增长。同时,人民银行还将金融机构同业资产情况纳入了有关政策参数的考察范围,以防范同业业务过快扩张引发金融风险。

总体来看,差别准备金动态调整机制与公开市场操作、利率、准备金率等传统货币政策工具相配合,在保持总量稳定、促进结构优化、提

第十一章 走向未来：金融宏观审慎管理制度的争论

升金融机构稳健性方面发挥了重要作用。

二是构建金融机构宏观审慎评估体系。为进一步完善宏观审慎政策框架，更加有效地防范系统性风险，发挥逆周期调节作用，顺应资产多元化的趋势，人民银行研究构建了金融机构宏观审慎评估体系，作为差别准备金动态调整机制的"升级版"，该体系于2015年12月公布，自2016年正式开始实施。MPA体系既保持了宏观审慎政策框架的连续性、稳定性，又有所改进：（1）MPA体系更为全面、系统，重点考虑资本和杠杆情况、资产负债情况、流动性、定价行为、资产质量、跨境业务风险、信贷政策执行等七大方面，通过综合评估加强逆周期调节和系统性金融风险防范。（2）宏观审慎资本充足率是MPA体系的核心，资本水平是金融机构增强损失吸收能力的重要途径，资产扩张受资本约束的要求必须坚持，这是对原有合意贷款管理模式的继承。（3）从关注狭义贷款转向广义信贷，将债券投资、股权及其他投资、买入返售资产等纳入其中，有利于引导金融机构减少各类腾挪资产、规避信贷调控的做法。自2017年第一季度开始正式将表外理财纳入广义信贷范围，以合理引导金融机构加强对表外业务风险的管理。（4）将利率定价行为作为重要考察因素，以促进金融机构提高自主定价能力和风险管理水平，约束非理性定价行为，避免恶性竞争，有利于降低企业融资成本。（5）将"外债风险"指标扩充为"跨境业务风险"，并相应增加相关分项指标，适应资金跨境流动频繁的趋势。（6）MPA体系更加灵活、有弹性，按每季度的数据进行事后评估，同时按月进行事中事后监测和引导，在操作上更多地发挥了金融机构自身和自律机制的约束作用。

二、加强系统重要性金融机构监管

一直以来，人民银行在深度参与国际组织关于系统重要性金融机构政策措施制定工作的基础上，结合国内实际，深入研究防范和降低我国系统重要性金融机构风险的政策措施。

一是研究我国系统重要性金融机构评估方法。按照提高系统重要性金融机构的抗风险能力、降低道德风险、防范风险外溢和传染效应、维护金融体系整体稳定的总体原则，将定量指标和定性判断相结合，既考虑规模、关联性、可替代性、复杂性等指标，也充分考虑金融机构的风险状况、对金融机构进行风险处置可能造成的影响程度等因素。2012年，人民银行和金融监管部门积极借鉴国际组织的《金融集团监管原则》，研究制定金融控股公司监管制度，完善并表监管制度，将银行、证券公司、保险公司和金融控股公司纳入评估范围，分别设定不同行业的指标和评估方法。2013年，银监会制定了《商业银行全球系统重要性评估指标披露指引》，要求表内外资产余额为1.6万亿元人民币以上或者上一年度被认定为全球系统重要性银行的商业银行从2014年起披露全球系统重要性评估指标。发布实施该指引，有利于加强对商业银行的市场约束，促进银行改进内部信息系统和管理水平，增加透明度，也有利于加强系统性风险的分析、监测与防范。同时，在借鉴G20、FSB关于系统重要性金融机构评估具体方法的基础上，立足我国国情，研究制定国内系统重要性金融机构（D-SIFIs）的认定标准和评估框架，适当强化监管要求。

二是研究加强对我国系统重要性金融机构的宏观审慎管理。运用动态差别准备金、逆周期资本缓冲、附加资本要求等工具，强化对系统重要性金融机构政策要求，研究建立我国系统重要性金融机构的风险处置机制和清算安排。2013年，中国银行首先成立危机管理小组，指导制订恢复和处置计划，并于当年末启动可处置性评估。目前，工商银行、农业银行、中国银行、建设银行和中国平安保险集团5家被识别为G-SIFIs的机构均按照FSB要求建立了危机管理小组，制订并按年度更新其恢复和处置计划。中国平安保险集团已完成首轮可处置性评估，

第十一章　走向未来：金融宏观审慎管理制度的争论

中国银行和工商银行已完成第二轮可处置性评估，农业银行已完成第一轮可处置性评估，建设银行将于2017年开展首轮评估。

三、加强金融统计和系统性风险监测预警体系建设

风险监测预警体系是宏观审核管理制度框架的重要组成部分，而有效的监测和预警有赖于真实、及时、完整的金融数据和信息。

一是加强金融统计。人民银行从2011年开始，按季度发布社会融资规模，全面反映金融对实体经济资金支持的总量。社会融资规模的统计涵盖了银行、证券、保险等金融机构，涉及信贷市场、债券市场、股票市场、保险市场以及中间业务市场，更好地衡量了全社会融资状况和流动性水平，反映风险在不同金融机构、不同市场之间的传递。同时，积极推进金融统计标准化建设，统一金融机构、金融工具和金融产品的分类标准与计量方法。2013年，人民银行进一步健全社会融资规模统计制度，将中央银行金融统计对象范围拓展至影子银行体系。监管部门不断加大对影子银行的监管力度，规范银行理财产品的规模、投资范围、透明度、信息披露、会计核算和销售等。

二是加强系统性金融风险的监测和评估。（1）加强跨行业、跨市场、跨境风险监测。建立了覆盖银行业、证券期货业、保险业、小额贷款公司、典当行、担保公司等具有融资功能的非金融机构及民间借贷的风险监测制度，加强了信息搜集，强化对金融体系内部关联性、宏观经济与金融体系关联性以及经济金融跨国关联性的监测评估分析，进一步完善金融机构重大事项报告制度，强化金融风险应急管理。同时，加强了对理财产品等交叉性金融业务的风险监测，探索金融控股公司和产融结合型集团的风险评估和预警。综合运用压力测试、模型分析等分析工具，考察金融机构对各类风险的承受能力以及系统性风险在金融机构间的传播方式和特点，提高监测的科学性、系统性和前瞻性。

(2) 完善重点行业领域的风险监测。针对我国转轨经济的特征，重点对地方政府融资平台、房地产贷款、产能过剩行业、交叉性金融产品及非法集资等风险进行监测，并建立起相应的报告制度，制订应急处置预案，为防范和化解个别重点地区的民间借贷风险做好应对准备。
(3) 深入推进金融机构稳健性现场评估。为进一步加强对非现场监测所采集信息和数据真实性的判断，提高对异常情况和风险隐患的综合分析能力，2011年以来，人民银行积极探索开展金融机构稳健性现场评估，并将稳健性现场评估从银行业拓展至证券业、保险业、金融控股公司和具有融资功能的非金融机构。(4) 组织开展金融稳定压力测试。为建立健全系统性金融风险评估和预警体系，识别和评估金融体系潜在风险，2011年底，人民银行成立金融稳定压力测试小组，组织全国17家主要商业银行开展了首次金融稳定压力测试，针对信用风险敏感性和宏观经济情景进行测试。2012年，继续拓展测试方法，增加对市场风险和流动性风险的测试，进一步提高金融稳定评估的前瞻性和科学性。

三是健全系统性风险早期预警体系。从非金融部门和金融体系两个方面梳理可能的风险隐患，重点关注非金融部门偿债能力及金融体系的风险抵御能力、流动性状况等早期预警指标，构建具有内在联系的系统性金融风险早期预警分析框架。

四、建立健全危机管理和系统性风险处置框架

从欧美等主要国家和地区应对此次金融危机的过程来看，中央银行最后贷款人和存款保险制度等发挥了关键性作用。近年来，我国不断加强危机管理和系统性风险处置机制建设，积极构建系统性风险防范的长效机制。强化中央银行最后贷款人职能，通过发放地方政府向中央专项借款、紧急贷款和风险处置再贷款等，妥善化解高风险金融机构的风险，充分发挥了中央银行维护金融稳定的重要作用。结合国际组织处

置机制的最新进展，系统梳理我国金融机构处置机制的现状和问题，研究完善我国系统性风险处置框架的具体措施。在借鉴国际金融危机中各国风险处置经验的基础上，多次完善存款保险制度设计方案，并于2015年5月1日正式建立存款保险制度，标志着我国金融机构风险处置框架和市场化退出机制的进一步完善。

五、建立和完善金融监管协调机制

党中央、国务院高度重视金融监管协调机制建设。2003年12月修订的《中国人民银行法》中明确要求"国务院建立金融监管协调机制，具体办法由国务院规定"。2008年国务院批准的《中国人民银行主要职责内设机构和人员编制规定》明确规定，在国务院领导下，人民银行会同银监会、证监会、保监会建立金融监管协调机制，以部际联席会议的形式，加强货币政策与监管政策之间以及监管政策、法规之间的协调。2013年8月，国务院批复建立由人民银行牵头，银监会、证监会、保监会和外汇局参加的金融监管协调部际联席会议制度，联席会议办公室设在人民银行，承担金融监管协调日常工作。

部际联席会议通过季度例会或临时性会议等方式履行工作职责，加强货币政策与金融监管政策之间以及监管政策与法律法规之间的协调，促进维护金融稳定和防范化解系统性、区域性金融风险的协调，强化交叉性金融产品、跨市场金融创新的协调，加强金融信息共享和金融业综合统计体系的协调，这标志着我国金融监管协调工作走向了制度化和规范化。建立金融监管协调部际联席会议制度是完善我国金融监管体制的重要举措，有利于弥补金融创新快速发展过程中出现的监管缺位和监管不足等问题，统一监管尺度和标准，是分业监管体制下维持金融业健康、高效运行的内在要求；有利于促进宏观调控和金融监管以及监管政策措施之间的协调，形成政策合力，是发展金融市场、服务实体经济的有效保障；有利于将金融体系视作一个整体，加强货币市场、信贷市场、资本市场、保险市场之间政策措施及执行的统筹协调，强化宏观审慎管理，切实防范和化解系统性风险。

▼ 专栏11

金融监管协调部际联席会议制度运行

2013年8月，经国务院批复同意，人民银行会同银监会、证监会、保监会、外汇局建立的金融监管协调部际联席会议制度正式运行，我国金融监管协调工作走上了制度化、规范化、日常化的轨道。截至2017年8月底，已召开16次联席会议和100多次工作层会议，研究了62项议题，推动出台或建立了一系列政策制度安排，宏观调控和金融监管的有效性不断提高，深化金融改革取得积极进展，促进了金融更好地服务实体经济，牢牢守住了不发生系统性金融风险的底线。

研究推进多项深化金融改革措施。一是推动落实金融监管改革措施和稳健标准，着手研究建立金融业宏观审慎和微观审慎相结合的监管框架。二是积极推进金融监管信息共享和金融业综合统计建设。三是推动明确中央和地方金融监管职责和风险处置责任，研究落实完善中央和地方金融监管工作协调机制。四是推动继续扩大金融业对内对外双向开放，明确按准入前国民待遇和负面清单管理模式推进金融业开放的总体原则；就进一步加快中国（上海）自由贸易试验区金融开放创新试点的举措和方案达成共识。

加强宏观调控与金融监管的协调配合，推动做好金融服务实体经济工作。一是研究出台恢复和增强股票市场融资功能的配套支持措施。二是推动出台规范金融机构同业业务的有关政策。三是就合理降低社会融资成本的若干措施进行研究并达成共识，推动出台关于

第十一章　走向未来：金融宏观审慎管理制度的争论

多措并举缓解企业融资成本高问题的一系列政策措施。四是研究扩大信贷资产证券化试点、盘活存量资金推动经济结构调整有关政策措施。五是研究加强资本市场建设、优化社会融资结构的有关措施。六是研究完善新股发行制度，缓解新股集中发行对货币市场的周期性冲击。

研究加强重点领域金融风险防范，切实维护金融稳定。一是进一步研究做好防范化解金融领域重大风险隐患有关工作。二是研究化解地方政府性债务风险的有效措施。三是研究缓解银行业不良贷款上升的有关政策。四是推动加快部分地区金融风险事件处置进度。五是研究妥善处置信用债违约风险和防范化解信托产品违约风险的有关工作安排。六是研究规范民间融资发展的有关措施。七是推动规范地方交易场所开展金融产品交易和商业银行参与各类交易场所业务行为。

及时明确跨市场、交叉性金融创新监管原则，促进新兴金融业态规范发展。在金融市场创新不断加快、互联网金融等新兴金融业态快速发展的形势下，联席会议多次就相关问题进行研究，制定统一标准，明确职责分工，不断强化风险监测和监管协调。一是研究明确促进互联网金融健康发展的总体要求、基本原则以及分类监管要求，推动出台相关政策措施。二是加强对基于互联网销售的货币市场基金和投资连结险产品管理。三是研究规范资产管理行业发展。四是研究协调原油期货结算政策、国债期货监管和涉农企业期货套期保值政策。五是协调推动城市商业银行和农村商业银行在全国股份转让系统挂牌相关事项。

金融创新发展日新月异，金融管理体制机制面临新时代新要求。在2017年7月14日第五次全国金融工作会议上，习近平总书记深刻总结当前和今后一个时期的金融形势，明确指出金融工作的前景方向，强调指出："做好新形势下金融工作，要坚持党中央对金融工作集中统一领导，确保金融改革正确方向，确保国家金融安全"。2017 年 11 月，经党中央、国务院批准，国务院金融稳定发展委员会成立，并召开了第一次全体会议。在新的历史征程中，人民银行将按照党中央的部署和要求，履行好国务院金融稳定发展委员会办公室职责，加强金融监管协调，进一步防范化解系统性金融风险，强化宏观审慎管理和逆周期调节，加强对系统重要性金融机构和金融基础设施的统筹监管。继续推进金融业综合统计和监管信息共享，加强风险监测预警，完善金融安全防线和风险应急处置机制，稳妥处置各类金融风险隐患，牢牢守住不发生系统性金融风险的底线，维护国家金融安全。

附录
相关重要文献选编

国有商业银行如何充实资本[①]

周小川

商业银行与一般工商业公司一样，应具有适当数量的自有资本金。经过二十多年的改革，我国经济体制已从传统的集中型计划经济转变为社会主义市场经济。在这一改革进程中，商业银行在经济运行中的地位和作用得到大幅度的提升，同时，国有商业银行资本金的充实和积累显得跟不上经营规模的快速增长，出现了资本充实率偏低且达不到应有标准的状况。

党中央、国务院在近年来采取了若干重大的改革和政策措施，使国有商业银行的资本充实率得到明显的改善。首先，于1997年调低了国

---

① 本文发表于2000年5月9日《人民日报》第九版。

有商业银行的所得税税率,从55%的所得税外加7%的调节税下调至一般工商业公司的33%的税率,从而使国有商业银行自我积累一部分资本金的能力有了显著的提高。第二,1998年国家财政向工、农、中、建四家国有商业银行补充了2 700亿元资本金,使国有商业银行的资本充实率有了显著的提高。第三,1999年4月国家决定成立信达资产管理公司,又于10月成立了华融、长城、东方三家资产管理公司,用于接收相当一部分由于政策性贷款及在转轨期间所形成的不良资产,使国有商业银行减轻了核销和准备核销不良资产的资本负担。

尽管采取了这些举措,但国有商业银行的资本充实率仍未达到国际上银行业认可的水平。短期内国有商业银行靠税后利润的自我积累能力也不足以弥补这种资本缺口。如何提高国有商业银行资本充实率的政策和途径,是当前需要研究和解决的一个重要问题。

一、资本充实率的标准和意义

国际上曾发生过多起商业银行在经营过程中由于资本金不足且又承担了过高经营风险而导致资不抵债,不得不破产清盘或伸手求助于政府,最终使广大存款人受害,甚至产生无力偿债的连锁效应而危害整个经济的事件。因此,国际上中央银行间的权威机构——国际清算银行于1988年专门通过了"关于统一国际银行的资本衡量和资本标准的协议",简称《巴塞尔协议》。该协议明确规定商业银行的资本充实率应使用资本对风险加权总资产之比来衡量,该比率不应低于8%。此后又增加了有关度量的细节和进一步要求银行减低风险的补充协议。所谓风险加权总资产,是指对银行资产进行分类,根据不同类别资产的风险性质而制定不同的风险系数,以这种风险系数为权重求得风险加权总资产。即在特定的资产总量的情况下,如果承担的风险偏大,就需要更多的资本金才能达到8%的资本充实率标准。

我国是国际清算银行成员国，我国的人民银行也签署了上述协议，表明我国的中央银行认同这一资本充实率标准，并将用这一标准监管国内的各类商业银行。尽管签字国的有些银行尚达不到这一资本充实率标准，但对该协议的认同表明该国将采用积极有效的措施尽快推进有关银行达到这一资本充实率标准。我国在1995年颁布的《中华人民共和国商业银行法》中明确写入资本充实率不得低于8%的规定。中国人民银行"九五"时期金融工作规则中指明要求国有商业银行的资本充实率应在2000年达到《巴塞尔协议》规定的8%。

有些人可能会对这一标准持有疑问，从个人的理解来看，可以从以下几个方面强调这一标准的重要性。

1. 资本充实率的高低代表着商业银行应付金融风险能力的高低，而金融风险在市场经济的多变环境中是客观存在的，在经济全球化和科技快速进步的进程中是不易准确预测的。资本金的多少，决定了银行的实力和支付、清偿能力，它不仅可以保证银行经营活动的正常运行，而且可以应付偶发性资金短缺，从而维护存款人的正当利益和公众对银行的信心。

2. 一个好的银行不仅要谋求自我发展，更要有充分的自我约束，而资本充实率正是这种约束，即一定规模的资本金只能经营一定规模的业务量。市场经济中有许多企业正是由于过度谋求发展，承担了过大的风险而失败的。银行与一般的工商企业不同，直接涉及公众利益，出现支付风险会在社会上产生广泛的连锁反应，对经济的危害性极大，因此，对银行业谨慎经营的约束比其他行业要更为严格。

3. 我国经济的开放程度已很高，国有商业银行承担着大量的与国际贸易、国际资本流动有关的业务活动，与国际上的金融机构往来频繁。随着我国加入世贸组织进程的加快，国内金融服务业也将出现本国银行与外资银行之间更加激烈竞争的局面。资本充实率对一家银行的国际活动、国际地位有很大的影响，国际评级机构也把资本充实率作为银行评级的重要尺度,从而会在很大程度上影响一家银行的国际金融活动能力。这些因素最终均将影响我国国有商业银行的竞争力以及公众对它们的信心。

4. 随着商业银行数量的增加,金融监管机构需要使用统一的监管尺度,既有利于公平竞争,又有利于加强监管。如果没有统一的尺度,则易于出现监管力度的任意性和一对一讨价还价的状况。

总之,经济的全球化趋势和中国的改革开放使得资本充实率不仅是国际银行业间的游戏规则,也是我国发展社会主义市场经济和促进银行业健康发展的内在要求。

二、以中国建设银行为例看资本充实率的缺口

中国建设银行1999年末实收资本总量为851亿元,考虑未分配利润等因素,资本净额为945亿元。总资产为22 000亿元,经风险加权后加总的资产总和约为17 600亿元。资本充实率约为5.37%。其他三家国有商业银行的情况各有不同,但均不同程度地存在着资本充实率达不到标准的问题。

在1993年以前,我国对商业银行在提取贷款风险准备金的财务规定上尚不符合市场经济的原则。1993年以后通过改革财务制度向市场经济规则靠拢,并逐年提高这一准备金的比例。目前我国商业银行的准备金水平尚低于应对风险所需要的水平,这表明上述计算的资本充实率还存在着高估问题,即我国国有商业银行的资本充实率缺口实际上更大一些。

《巴塞尔协议》中允许商业银行发行一定比例的长期附属资本债券,可作为附属性资本。我国国有商业银行尚未使用这一工具,使用这种工具无疑是提高资本充实率可供选择的一项措施,但不可能单靠这一工具弥补资本缺口。

本文在开头处列举了党中央、国务院三项有利于国有商业银行提高资本充实率的政策举措。以建设银行为例，如果没有这三项举措，则当前的资本充实率只有3%左右。之所以持续存在资本缺口且资本缺口有时呈扩大势态，是与我国经济从计划经济体制向社会主义市场经济体制的转轨及转轨期间的经济高速增长分不开的。第一，改革与经济高速增长使银行业的资产业务量增长很快，从1985年至1998年，四大国有商业银行的年平均资产增长速率为21.4%，即衡量资本充实率的分母增长很快，因此维持8%的资本充实率就需要补充更多的资本充实量，而我国对于补充国有商业银行资本尚无一定之规。第二，改革导致经济的货币化和金融深化，过去实物型的分配均逐步转为按市场真实价格的货币性分配（最近停止福利分房的改革也是其中一例），商业银行所提供的金融产品由简单、单一走向复杂、多样。这使得金融资产的增长速度明显高于国民经济的名义增长速度，即这种超常规增长有它的合理性。第三，在改革进程中，像许多其他行业一样，商业银行业从不成熟、急于扩张逐步走向成熟、稳健的发展，其间也经历了不少经营失误、风险失控的教训。这也导致资本充实率的分母增长过快。当然，即便是在成熟的市场经济中，也不断会出现阶段性的金融问题，20世纪80年代以来，美国、日本、北欧等地都曾出现较严重的金融风险，需要国民承担代价来加以化解。

再从资本充实率的分子——资本积累或补充来看，中国建设银行1999年税前盈利为72.88亿元，在缴纳33%的所得税后，有近50亿元的税后利润，国家可用于充实建设银行的资本，资本增长率可达约5%。但1999年建设银行的资产增长率为14.3%，因此资本充实率实际上处于下降的趋势，资本缺口还在扩大。因此，常规性的资本自我积累是不能满足经济体制转轨期间经济增长及其对金融服务业的需要的。

三、力求资本充实率达标的选择

像一般工商业公司一样，如果资本不足，首先应由原有的股东考虑向其注资。国有商业银行是国有独资的，应首先请代表国有所有权的国家财政考虑注资。众所周知，我国财政收入占国民生产总值的比率近年来扭转了持续下滑的状态，走上了回升的态势，但总体上仍存在预算赤字，国家财政并不宽裕，不容易再拿出数以千亿的预算支出用于补充国有商业银行的资本金。当然，应该看到我国财政收入的潜力还是很大的，与发展中国家财政收入占国民生产总值的平均比率相比，我国有潜力继续增加财政收入的比重。但是，公共财政要做的事情很多，即使有了更多的收入，应如何分配运用也是很有学问的，需要在公共服务、基础设施、科技教育、基础性社会保障、国防安全、环境治理和保护等诸多方面加以合理分配。是否用大笔资金来维持国有商业银行的国有独资性质，是个需要权衡、比较的决策事项。可以说，近期内由国家财政向国有商业银行大量补充资本金的可能性较小。

另一种选择是停止国有商业银行资产过速膨胀的局面，甚至让国有商业银行主动收缩战线，缩减资产，从而让资本充实率的分母减下来以便达到8%的标准。我个人认为，适当减慢国有商业银行的资产增长速度是可能的、适当的，但也不可能做得很过分。毕竟四大国有商业银行目前提供了国民经济中约70%的商业银行服务。如果发生骤减，其他金融机构尚难及时替代它们的作用，从而会因缺乏银行业服务而拖整个国民经济增长的后腿。

再有一种选择是国家指引国有商业银行走向资本市场募集一部分股本，从而出现所有权的多元化，即使国有商业银行转变为股份制商业银行。同时，国家仍需掌握对这些银行的控股权。到资本市场募集股本，包括到国内资本市场和国际资本市场，包括向公共募集和向机构投资者募集，也包括面向专门投资基金定向募集。

四、大型商业银行是否需保持单一国有制？

党的十四届三中全会以及后续的重要决定中均指出，要发展以公有制为主体的多种所有制形式："国有股权在公司中占有多少份额比较合适，可按不同产业和股权分散程度区别处理，生产某些特殊产品的公司和军工企业应由国家独资经营，支柱产业和基础产业中的骨干企业，国家要控股并吸收非国有资金入股，以扩大国有经济的主导作用和影响范围"①；要"一切反映社会化生产规律的经营方式和组织形式都可以大胆利用。要努力寻找能够极大促进生产力发展的公有制实现形式"②；"只要坚持公有制为主体，国家控制国民经济命脉，国有经济的控制力和竞争力得到增强，在这个前提下，国有经济比重减少一些，不会影响我国的社会主义性质"③。

商业银行作为一个行业，对国民经济有重要作用，但同时它也是一个竞争性服务行业。为此，我国已批准成立了十几个不同所有制的区域性股份制银行和一百多个外资银行的分行。这说明，商业银行不是一个需要保持百分之一百国有制的行业。大型商业银行在国民经济中的作用较为突出，但国家在这方面的控制力仍可通过控股权来加以体现。在一般人心目中，感觉大型商业银行很重要，但其重要性究竟体现在何处？如何维护其重要作用？还应进一步深究，我认为应注重以下几个方面：

——动员储蓄并将大量的储蓄资源进行合理的配置，其效果直接关系到资源配置是否能得以优化并使经济增长的潜力得以充分发挥。

---

① 《中共中央关于建立社会主义市场经济体制若干问题的决定》二（6）。
② 江泽民同志在中共第十五次全国代表大会上的报告（五）。
③ 同上。

| 金融机构改革的道路抉择 |

改革的理论与实践已经表明,强调市场化的运作才能保证资源的合理配置,而靠主观意志干预这种资源配置往往最终形成不良资产。

——通过全国性支付清算系统和信用信息系统保证各项经济活动的支付和全社会的信用体系,大型商业银行在这方面的责任较之中、小型银行要更为突出。为此要求大型商业银行更要按市场规律回避风险,谨慎经营。

——1994年以后,国家已通过建立三家政策性银行明确要求将政策性金融任务从商业银行中分离出来。1997年11月的全国金融工作会议再次强调了地方政府不应干预商业银行业务。这均表明,大型商业银行的重要性已不再表现为政府对储蓄资源的直接支配。亚洲金融风波中的一些事例也表明,政府直接指挥商业银行进行资源配置,导致日后付出极大的代价,因小失大。

基于以上理解,为发挥大型商业银行对经济的重要作用,应更强调其面向市场的经营管理。应该说,非国有股权的资本参与会有助于大型银行更加明确经营目标、抵御行政干预,有助于通过股东利益机制和审计监督等法人治理结构扭转国有商业银行多年来形成的非市场化经营的传统,有助于经济和金融业的健康发展。

为了在经济体制转轨和扩大对外开放期间保持国家有充分的控制力,保持对外部意外冲击的防御能力,国家可对一部分大型商业银行保持绝对控制权,例如,可保持75%的股权。这也和我国金融监管的能力需逐步提高有关。

从资本回报的角度来看,银行业是否是一个回报率很高的行业,以至国家让给他人投资会有"肥水外流"之嫌?我国的经验和国际经验均表明,从较长的时间来看,银行业的平均投资回报率并不高于其他行业,特别是银行业风险较大,需面对周期性的风险积累,在困难阶段甚至会亏损,从而整体上拉低平均资本回报率。

从经济学关于资源配置的理论来看,商业银行属于一种动员储蓄并把资金再配置出去的媒介性经济组织。如果能通过某种资本结构和经营管理结构使大型银行改进对资金的优化配置，它所赢得的效益之大，会远远超过任何直接索取或分红的回报。

党的十五届四中全会关于国有企业改革和发展若干重大问题的决定，鲜明指出了国有企业改革的方向。通过学习，可以领会到国有商业银行也是国有企业的一种类型。全会的决定，特别是关于从战略上调整国有经济布局，推进国有企业战略性改组、建立和完善现代企业制度，加强和改善企业管理等重要论述，同样也是对国有商业银行改革和发展的方针。

五、国有商业银行在资本市场公开上市的可能性

在国内股票市场或在海外股票市场上市发行新股是对国有商业银行充实资本并实现股份制改造的一种途径。从募集股本和建立现代企业制度来讲，它是一条有效率的捷径；从股票市场对上市公司经营水准及其披露要求来讲，它又是一个高标准、严要求的选择，必须进行一系列改革和完善才能得以实现。

首先，从商业银行自身的角度来看，必须明确经营目标；建立严格且透明的财务会计体系和绩效考核体系；改革信贷体制并校正信贷文化，改变大规模产生不良资产的形象；改变机关式的人事干部体制和薄弱的激励机制；全面加强和完善内部控制；引入外部审计以增加对公众的透明度，等等。近年来，在党中央、国务院的领导下，在中国人民银行的具体指导下，国有商业银行均在不同程度上大力推进这些内部改革和完善的措施，虽说还有许多未完成的工作，但已迈出了坚实的一步。

其次，上市的准备工作将进一步推动国有商业银行政策环境的改善。第一，财务会计制度要更为合理和透明，使投资人具有信心。这里

包括历史上积累的不良资产所可能最终形成损失的部分，应通过什么样的财务处理由谁来承担的问题。第二，税收政策要实现合理化和公平化。在原有体制下，国有商业银行的股东和收税人都是国家，各类税收和税后利润均属于国家，如何安排似乎关系不大，但引入新投资人后就会要求更为公平、合理的税收政策。第三，一些不符合现代企业制度的机关式的传统管理办法必须加以改变，国有商业银行将不再作为一种行政机关列入政府行政管理的序列，它们将真正转变为企业。其实，这些改革也并不陌生，我国已有一些大型国有企业经历并完成了类似改革，成功地实现了上市。

虽然有一些人对中国金融业的健康程度有这样或那样的疑问，但人们都看到中国经济发展的潜力和中国金融业发展的潜力，这种潜力也意味着资本回报率的潜力，意味着12亿人口的金融服务业市场中的无限商机。有一些投资者还特别关注那些当前绩效并非突出而未来增长潜力很大的投资对象。

当然，资本市场常会有出人意料的变化，一些公司在资本市场上筹备的上市行动会因情况发生意外变化而受挫。但应更为看重的是，上市准备工作意味着加速推进上述必要的改革，这种推进意味着对完成上述改革的信心。应该说，无论上市成功与否和何时能成功，上述改革本来也是我们正在要做的事情，更是我们迎接中国加入世贸组织要做的事情。至于提高资本充实率的途径，存在多种选择，通过股份制改革并在股票市场上市增资是一种有效率的选择，我们必然会充分关注并认真加以研究。

中国银行业改革迈上新台阶[①]

周小川

- 新中国成立以来,中央召开的全国金融工作会议只有两次:第一次是在 1997 年,第二次是在 2002 年。如果说第一次是基于亚洲金融危机引发的对世界金融的认识与思考,从而为保障中国金融安全所作的应对举措的话,那么,2002 年的这次会议则是对中国金融改革进行了积极主动的突破。

- 2003 年新一届政府成立后,一系列金融改革政策高频率出台,显示中国政府从根本上变革金融业、推动金融改革的鲜明态度,国有独资商业银行的股份制改造试点就是金融业改革的重要内容之一。

- 2004 年 1 月 6 日,国务院公布中国银行和中国建设银行实施股份制改造试点的决定。此前,国务院动用 450 亿美元国家外汇储备和部分黄金储备,为两家试点银行注资。这一决定事实上发出了一个强烈的信号,那就是国有商业银行改革将全面提速。中国金融改革又向前迈进了关键的一步。

- 2002 年 12 月 28 日,周小川从中国证监会主席调任中国人民银行行长。当时,中国国有银行业不良资产问题正成为国外各媒体关注的焦点。

- 2003 年 10 月,中共十六届三中全会确立了国有商业银行进行股份制改造的方向。会后,国务院国有独资商业银行改革试点领导小组成立,中共中央政治局常委、国务院副总理黄菊任组长,央行行长周小川任办公室主任。

[①] 本文发表于 2004 年 11 月 8 日《国际金融报》第二版。

金融机构改革的道路抉择

● 2004年8月26日和9月21日,周小川分别在中国银行股份有限公司和中国建设银行股份有限公司成立大会上表示,中资银行要通过进一步深化内部改革确立自己的竞争优势,肩负起迎接外资银行挑战、积极参与国际金融竞争、振兴民族金融业的历史重任。

要把握当前中国的金融改革,确实需要对整个金融业改革的历史脉络和改革进程作一个清晰的梳理。金融改革是整个经济体制改革的重要组成部分,因而在经济改革的不同阶段,金融改革的中心任务都会有所差异,但是都体现了对于市场化改革道路的探索。

亚洲金融风波的经验教训告诉我们,金融稳定的风险实际上来自于两个方面,一个是宏观政策是否适当,例如泰国在危机前在汇率政策、外债政策上的失误导致金融稳定出现问题;另一个是微观经济是否健康,如果微观基础中的金融机构不健康,金融稳定难以保持。有相当一段时间,国内外十分关注我国四大国有商业银行不良贷款率过高、金融体系比较脆弱的问题。因此,不能认为中央银行只要制定合适的利率和汇率政策,中国金融就能稳定。如果不去解决历史遗留问题,不健全作为微观基础的金融机构,宏观的金融稳定恐怕就是一句空话。

根据中央银行的调研,我国不良贷款的形成过程主要有三个时段:20世纪80年代至90年代初,向传统的老工业企业发放的贷款和对盲目重复建设发放贷款所形成的不良贷款,约占三分之一;20世纪90年代初经济过热时发放的贷款所形成的不良贷款,约占三分之一;20世纪90年代中后期,国家实施企业破产兼并改制所形成的不良贷款,约占三分之一。

上市只是国有独资商业银行改革步骤中的一个阶段,如果按照进程划分,也仅仅是处于整个改革过程中的前半阶段。事实上,既然国家有能力为国有商业银行注资,上市的主要目的就不是仅仅为了筹资,其目标是为了建立一整套新的市场激励和约束机制,强调投资者利益,建立规范的公司治理,彻底打破国有商业银行的"准官僚体制",改变

"官本位"，通过合理的、符合商业银行运营要求的绩效激励机制、充分的风险控制和资本约束，将国有商业银行变成真正的市场主体。

或许是个人的特殊经历使然，无论是在金融专业领域，还是在普通公众中间，周小川都备受关注。

作为中国人民银行行长，加之此前曾担任中国证券监督管理委员会主席、中国建设银行行长、国家外汇管理局局长等职务，丰富的工作实践和深厚的理论功底，使周小川在公众面前的一言一行，同时具有作为官员的权威性和作为学者的影响力。

从1月6日国务院决定注资中国银行和中国建设银行450亿美元开始，国有独资商业银行的股份制改造就一直为海内外热切关注和期待。为此，10月28日，作为国有独资商业银行股份制改革试点工作领导小组办公室主任的周小川在繁忙的工作间隙，接受了本报记者独家采访。

一、国有独资商业银行改革：中国金融改革的延续与深化

记者：从中国金融改革不断推进的历程来看，这一次国有独资商业银行改革与此前的金融改革思路是否有内在的联系？

周小川：如果把这一次国有独资商业银行改革放到整个中国经济金融改革的大背景下考察，就可以清晰地发现，这一次金融改革是中国金融改革的延续，是改革的不断深化，同时在新的经济金融环境下又有新的突破。

从金融政策发展的角度来看，新中国成立以来，中央召开的全国金融工作会议只有两次：一次是在1997年，当时东南亚国家刚刚开始出现金融危机，中央在此次金融工作会议上作出的许多重要决定，对我国金融业的发展产生了深远影响。第二次是在2002年，中国经济改革深化到金融领域，会议明确指出，国有商业银行是经营货币的企业，要积极推进商业银行的改革。如果说第一次是基于亚洲金融危机引发的对

金融机构改革的道路抉择

世界金融的认识与思考,从而为保障中国金融安全所作的应对举措的话,那么,2002年的这次会议则是对中国金融改革进行了积极主动的突破。值得关注的是,2003年新一届政府成立后,一系列金融改革政策高频率出台,显示中国政府从根本上变革金融业、推动金融改革的鲜明态度,国有独资商业银行的股份制改造试点就是金融业改革的重要内容之一。

不少人以为当前正在积极推进的国有独资商业银行改革起始于2004年初,实际上,从整个改革方案的实质性讨论和设计角度看,此轮金融改革应从新一届政府成立开始算起,同时也延续了中国金融改革的许多经验和探索。

记者:在不同的发展阶段,中国的金融改革重点好像有很大的差异,那么如何理解这种改革逻辑的延续性?

周小川:要把握当前中国的金融改革,确实需要对整个金融业改革的历史脉络和改革进程作一个清晰的梳理。

金融改革是整个经济体制改革的重要组成部分,因而在经济改革的不同阶段,金融改革的中心任务都会有所差异,但是都体现了对于市场化改革道路的探索。20世纪80年代,金融改革的重点在于构建规范的双层银行体制,重点推行了央行和商业银行的分立,代表性的动作是工商银行从人民银行分离出来;与此同时,开始设立一些新的专业银行。各专业银行分工不同,如中国银行侧重于国际业务,中国建设银行侧重于基本建设领域的业务。

1993年,党的十四大确立了社会主义市场经济体制的总体改革方向,党的十四届三中全会制定了对今后的改革发展影响深远的一系列重要原则。从那时起,正式确立了财政政策和货币政策的职责,明确要求专业银行向真正的商业银行转型。同时,专门设立了3家政策性银行:国家开发银行、中国进出口银行和中国农业发展银行,商业银行不再承担政策性金融业务。在随后的金融改革中,大量的工作基本上是围绕消除行政干预展开，但是行政干预不是一天就能够取消的，需要有一个过程。在详尽分析大量经验教训，特别是在吸取了亚洲金融危机的深刻教训以后，以第一次全国金融工作会议为标志，地方行政干预才真正得以减弱。正是在第一次全国金融工作会议上，正式决定中央银行以及商业银行都实行垂直管理。而在此之前，商业银行地方分支机构领导干部党的关系在地方，任命时要征求地方意见，这种构架使商业银行分支机构的决策比较多地受地方愿望的影响。同时，在应对亚洲金融风波的过程中，中国的金融界开始纠正一些不正当干预金融业的做法，开始试行贷款五级分类，剥离了一部分不良资产。从总体发展看，亚洲金融风波时期的金融改革应该说是很重要的。

也许有人会问：为什么在以前不采取今年以来的一系列重大改革举措，推进国有独资商业银行的改革？从上述改革的脉络可以看出，国有独资商业银行改革是一个个台阶向上迈的，前面迈的台阶为今后再向上迈进打下了基础。因为不同时期特定的经济金融环境、不同时期经济金融改革面临的主要矛盾和基础不同，实际上今年重点推进的国有独资商业银行改革也不可能提前到20世纪80年代或90年代初。

二、国有独资商业银行股份制改革是党中央、国务院深思熟虑的重大改革决策

记者：如果说国有独资商业银行改革方案从新一届政府成立就开始酝酿，那么其间的主要决策过程能否介绍？

周小川：党的十六届三中全会提出，要把银行办成"资本充足、内控严密、运营安全、服务和效益良好的现代金融企业"。这为国有独资商业银行的改革明确了要求与方向。为了推进国有独资商业银行改革，国务院专门成立了国有独资商业银行股份制改革领导小组，由黄菊同志任组长、华建敏同志任副组长，领导小组成员由中国人民银行、财

政部、国家税务总局、银监会、证监会等若干相关部门组成，办公室设在人民银行，开展具体的工作。这个工作机构在设计方案的同时，对注资和处理不良资产的问题进行了详尽的研究和论证，包括和有关法律部门的充分沟通；对中国国情、中国法律体制的深入研究；对国有商业银行改革可能要付出的代价以及可能动用的资源等进行了详细的论证。在这些重大问题的研究论证过程中，国务院领导都亲自组织，经过反复比较、权衡和一系列的讨论研究，最后选定了目前正在采用的改革方式。

经过反复地研究、论证之后，在吸收别国经验的基础上，党中央、国务院最终决定，动用国家外汇储备和部分国家黄金储备向国有独资商业银行进行注资，并于2003年12月30日完成注资。在改革方案的设计中，大家始终十分重视决策程序，交换意见，获得共识。

记者：此次国有独资商业银行的股份制改革在哪些方面有了明显的改进呢？

周小川：实际上，国有独资商业银行股份制改革的许多进展，大家都从不同渠道有所了解。例如，中国银行和中国建设银行两家正在进行改革的国有独资商业银行都聘请了国际会计师事务所，中国银行聘请了普华永道，中国建设银行聘请了毕马威，目的是对财务状况进行独立的尽职调查，提高信息披露的质量，增进公众和国内外市场对中国银行改革的了解和信心。这一点和亚洲金融危机时有较大的差异，在应对亚洲金融危机时期推进的金融改革，重点在于保持金融的稳定，不在于外部审计和信息披露。这一次的金融改革，国务院领导特别对提高国有独资商业银行的透明度和信息披露等作出了明确的要求，通过足够透明的、高质量的信息披露为国有独资商业银行的股份制改革建立起信心。从具体的进展看，中行和建行的财务重组方面的工作实际上从2003年开始，到2004年末基本做完。

中行和建行的股份制改革，重点在于加强公司治理、完善内部控制体系，同时选用合格的人才，理顺总分行关系。从国有独资商业银行的经营看，过去，很多问题就出在总行内控能力弱。分行情况则不尽相同，差异相当大。关于公司治理与内部控制等方面的改革与完善要贯穿始终，即使今后银行上市了，也还要不断加强、不断提高。

如果把此次国有独资商业银行改革中进行的资产处置与亚洲金融危机时的资产剥离进行比较，还可以发现，2004年6月末中行和建行把可疑类的不良资产进行剥离时，是按照市场可接受的价格剥离出去的。这次剥离和1999年那次不一样，那次是为了应对亚洲金融风波，当时的不良资产绝大部分是政策性贷款，是按账面价格剥离的。这次基本是按照市场价格，或者说是按照市场原则估价进行剥离的。因此，观察两家试点银行的资产负债表，可以发现2003年年报中，两家银行的资本金已经得到充实，中国银行的资本充足率达到6.98%，建设银行的资本充足率达到6.51%，两家银行的不良资产率分别为16.29%和9.12%。因为损失类的贷款已经核销，不良贷款已经有所降低，但由于可疑类资产还在账上，不良资产比率相对还是偏高的。到了中期报告，2004年6月底，在可疑类资产剥离出去的基础上，两家银行的股份公司成立时，不良贷款率进一步下降，中国银行的不良贷款率为5.16%，中国建设银行为3.74%，与此同时两家银行的资本充足率分别达到8.18%和9.36%。

在进行公司治理方面的改革时，中行和建行聘请了财务顾问和知名的咨询公司进行内部组织结构、治理结构等的设计，采用比较国际化的做法设计公司治理和内部控制的框架。按照法律程序，两行分别是在2004年8月下旬和9月下旬成立股份公司，设立了董事会。两家银行在内部控制、人事制度、激励机制、处罚不良资产责任人以及选拔国际性人才等方面，都做了大量工作。

在整个改革的过程中，国务院国有独资商业银行改革试点领导小组多次研究具体问题，每个季度都要召开一次领导小组会，以解决重大问题,向前推进改革。开会之前,办公室都要和成员单位充分沟通,准备有关议题。中国银监会还就公司治理拟定了专门的指引,中国银监会主席刘明康同志在人代会期间记者招待会上就国有独资商业银行的公司治理问题发表了重要的讲话,表明了两行实施公司治理的具体做法和要求。

三、中央银行要关心和促进国有商业银行的改革

记者:从中央银行改革后的职能定位看,为什么中央银行要关心和促进国有商业银行的改革?

周小川:从我国对中央银行责任的要求来看,中央银行要维护币值稳定、制订和履行货币政策、发展金融市场、维护金融稳定和提供其他金融服务,国有商业银行改革成功与否直接关系到中央银行职能履行的效果。

首先,亚洲金融风波的经验教训告诉我们,金融稳定的风险实际上来自于两个方面,一个是宏观政策是否适当,例如泰国在危机前在汇率政策、外债政策上的失误导致金融稳定出现问题;另一个是微观经济是否健康,如果微观基础中的金融机构不健康,金融稳定难以保持。有相当一段时间,国内外十分关注我国四大国有商业银行不良贷款率过高、金融体系比较脆弱的问题。因此,不能认为中央银行只要制定合适的利率和汇率政策,中国金融就能稳定。如果不去解决历史遗留问题,不健全作为微观基础的金融机构,宏观的金融稳定恐怕就是一句空话。

其次,必须要注意的是,作为微观基础的银行,如果对资本充足率没有有效的约束,宏观调控所给出的价格信号、数量信号都难以传导下去。仅仅依靠行政命令进行宏观调控,又不符合改革的方向。

最后,从金融市场的发展来看,如果金融市场活动中的主体自我约束不足够,金融市场也难以发展。

因此，无论从党中央的文件决定，还是从国有商业银行对中央银行职能履行的影响来看，国有商业银行的改革都是中央银行工作的重点之一。改革如果不向前推进，中央银行各项政策目的和目标都难以达到。

记者：中央银行在参与国有独资商业银行改革方案的设计工作中，主要做了哪些方面的准备工作？

周小川：为了尽力做好这项工作，2001年至2002年中央银行做了很详细的抽样调查统计，基本摸清了不良贷款历史问题的形成原因。这是影响整个国有独资商业银行改革方案设计的基础性的工作。

根据中央银行的调研，我国不良贷款的形成过程主要有三个时段：20世纪80年代至90年代初，向传统的老工业企业发放的贷款和对盲目重复建设发放贷款所形成的不良贷款，约占三分之一；20世纪90年代初经济过热时发放的贷款所形成的不良贷款，约占三分之一；20世纪90年代中后期，国家实施企业破产兼并改制所形成的不良贷款，约占三分之一。从具体原因看，主要由于国有商业银行内部管理原因形成的不良贷款占全部不良贷款的19.3%，而由于银行客户、宏观经济体制变化等外部原因所形成的不良贷款占全部贷款的80.7%。后者主要包括：我国直接融资比例过低，国有企业严重缺乏资本金，资产负债率过高，银行信贷资金被经营效益较差的企业长期占用；为了支持产业结构调整和体制转轨，在关、停、并、转包括纺织、煤炭、军工、外贸、供销等在内的行业的有关企业过程中，四家银行发放了大量的特定贷款，承担了第二财政的职能；国有企业亏损增加了银行贷款的回收难度；国有企业重组，在一定程度上是以增大银行损失、增加金融补贴为代价实现的；社会信用环境较差，企业逃废银行债务严重；以及未能实行审慎会计制度等。

高比例的不良资产，如果国家不付出一定的资源来加以解决，而是依靠商业银行自身加以解决，并非完全不行，但是可能需要花很长时间。如果按商业银行经营最好的年份算,不良贷款的消化估计要花费 8 至 10 年的时间。情况好的平均可能花 5 至 7 年,差的要十几年。环境的变化要求我国必须加快国有商业银行的改革。一方面,2006 年末,我国金融市场的准入将全部开放,外部竞争压力加剧。另一方面要考虑防范金融风险的问题。

四、当前是推进国有独资商业银行股份制改革的良好时机

记者:在中国经济金融改革的推进过程中,部分国际舆论对中国银行业改革提出了质疑,甚至有个别媒体评论说,"中国其他改革还不错,金融会出大问题,会给中国经济的发展拖后腿"。您如何看待这些评论?

周小川:实际上,所有这些判断,基本上都基于一个前提,那就是:国有商业银行的不良贷款比例过高。回顾 2002 年第四季度和 2003 年第一季度,中国国有银行业的不良资产问题一度成为国外各媒体关注的焦点问题。国外一些知名的财经杂志和报刊,包括《时代周刊》、《商业周刊》、《经济学家》和《远东经济评论》等,都有重头文章讨论中国的巨额不良资产可能危及经济持续增长的问题。一些人还估计,如果按照贷款的科学分类,中国国有商业银行的不良资产比例可能超过 50%,继而对中国国有商业银行的经营失去信心。

从目前情况看,我国商业银行的实际情况要好很多,这为中国坚定推进商业银行改革奠定了基础。目前中国商业银行的改革已逐步进入实质性阶段,国有独资商业银行的经营业绩在不断改善。统计数据显示,近年来国有独资商业银行不良贷款比例每年以 3 至 5 个百分点的速度下降。

实际上,针对不良资产问题,中国也在积极采取改革的举措,特别是在 1997 年亚洲金融危机爆发之后,有了显著的改革进展。第一,政

府已经基本放弃了对国有商业银行的行政干预。政府部门已经从法律角度明确了商业银行决定贷款的自主性。第二，从政策规定来看，在20世纪八九十年代针对国有商业银行的贷款指引中曾经明确指出，国有商业银行必须对国有企业实行信贷支持。但是自20世纪90年代中期，政府已经逐步放弃了这种做法。目前，国有商业银行已没有义务向国有企业发放贷款。中国人民银行2003年的调查统计显示，目前国有商业银行所发放的贷款中，超过50%的贷款是向非国有企业（包括外商投资企业和民营企业）以及居民个人（包括住房抵押贷款和个人消费贷款）发放的。第三，随着国有企业改革的不断深入并取得一定的进展，一些国有大型企业逐步成为上市公司，企业经营状况的改善也为商业银行解决不良资产比例过高的问题带来了可能。第四，在相当长的一段时间内，中国不具备一部完备的《破产法》。有关金融贷款案件，在部分地区存在判决不公的争议，在部分地区还存在执法不严、地方政府干预司法的现象。但是值得注意的是，有关法律法规，包括《破产法》、《证券法》和《公司法》等正在进一步的修订和完善之中，为改进资产质量逐步提供了较好的市场环境。

记者：为什么当前是推进商业银行改革的良好时机呢？

周小川：应该说，国有商业银行改革在中国经济改革中所处的次序问题，始终是一个改革的战略选择问题，需要历史地分析。改革早期，中国拿出财政和金融资源，优先使用到农业改革、国有企业改革、对外经济改革方面。各个领域的改革需要消耗相当多的资源，当财政资源很紧、体制上又缺少灵活性时，金融业也承担了改革的成本，其结果之一就是在银行业积累了大量的不良贷款，同时也使金融改革滞后。无疑，当改革发展到一定阶段，我们就应该把改革的重点转到金融行业，解决这些历史包袱。

回顾近年来国有商业银行的改革进展：在1998年通过财政发行2 700亿元特种国债，补充国有商业银行资本金的不足。1999年，通过设立资产管理公司的方式,将不良资产进行部分剥离。2003年末,中行和建行用现存资源进行不良资产损失类的核销。其中用于核销不良资产的资金主要包括准备金、未分配利润、当年净收入和原有的资本金。和不良资产规模相比,国有商业银行的准备金覆盖率偏低,如果按照贷款的五级分类,其准备金尚不足以弥补损失类贷款,因此客观上资本已经被侵蚀尽了。从近年来国有商业银行的经营性净收入来看,运用部分净收入逐步弥补准备金的不足是必要的,也是可能的。通过这几种方式,两家试点银行将基本上核销掉历史上的贷款损失。此后,运用部分外汇储备和黄金储备,注资中国银行和建设银行。应当说,注资只是整个商业银行改革步骤中的一步。如果要想把国有商业银行真正转变成现代商业银行,还需要按照国际会计准则和上市公司的要求,对其内部资产继续进行全面清理,完善内部风险控制制度和公司治理,在新条件下防止出现过量的新的不良资产,使新注入的资金有良好的收益和回报。此外,监管机构也将强调对资本充实率的监管,并关注如何在机制上防止再有新的大规模的不良资产发生。

记者:在推进国有独资商业银行改革的进程中,是否还要前瞻性地考虑一些新的问题?

周小川:众所周知,任何问题只要认识统一了,接下来的问题就是执行。我们有没有能力解决这样的问题,我们的银行能不能搞好?外界媒体重点抨击的就是中国的银行搞不好、不可能搞好。我们认为,中国的银行改革既是有必要的,又是可行的。这当中会有争论,但改革要有魄力,要有前瞻性,不可能一点风险也没有。

金融改革很复杂,连西方一些国家隔若干年也会出现一次金融危机,即使解决了这个问题,将来还是有可能出现新的问题,这就要求改革要有适当的前瞻性,以解决未来可能遇到的问题。我们对于前瞻性的考虑,一个是2006年有关银行业全面开放的世贸组织承诺,现在已经逐步表现出来,比如准入政策发生变化。面对这样一个新的竞争环境,我们就要作出适当的前瞻性考虑。

金融行业的重要特征是起伏变化大，它也是经济的集中表现，经济上要出问题，首先会在金融上表现出来。比如美国网络泡沫首先就在纳斯达克股市上表现出来。金融往往是经济的先导表现，因此金融改革要善于预计今后可能出现的问题，在未来改革中有所准备。其中包括许多问题，诸如如何应对竞争、促进金融市场发展，怎样配合社会主义市场经济体制框架的完善，如何坚持商业原则，如何使国有股份保值增值，以及为整个国民经济的发展和稳定服务等，都要考虑到。这些都是要经过实践检验的。

金融确实是风险比较集中的行业。金融改革很重要，推进速度可能比人们想象的会快一些。西方的"怀疑论"者曾经悲观地认为中国的金融行业很难改好了，改革推进会很难。现在，中国的实践证明，中国推进金融改革的速度还是很快的，力度也是很大的。而且不止是国有商业银行，农村信用社的改革力度也很大，同时带动12家股份制商业银行、120家左右城市商业银行的改革也在加速，它们的竞争和改革的压力也在加大。

五、国有独资商业银行的股份制改革和上市会对中国金融改革产生积极的推动作用

记者：在国有独资商业银行的股份制改革中，中央汇金公司的职能引人瞩目。如何看待中央汇金公司的职能定位呢？

周小川：中央汇金公司是经国务院批准、依据《中华人民共和国公司法》设立的国有独资投资控股公司。汇金公司代表国家行使对中国银行和中国建设银行出资人的权利和义务，支持中国银行和中国建设银行落实各项改革措施，完善公司治理结构，保持国家注资的安全并获得合理的投资回报。汇金公司的职责通过试点银行的董事会结构来

金融机构改革的道路抉择

实现。两行董事长是代表国家出资人的,因此明确董事长和行长分设,董事长代表所有者,行长代表管理层。董事会有一部分是汇金公司派出的代表,所选择的人是要能够站在国家立场上的,他们当中有一部人出自国家宏观经济部门,不具有特殊的商业利益或管理层利益,专业构成也比较好,包括相当知名的金融专家和会计专家等。这对于改进商业银行的公司治理无疑会有积极的作用。

记者:在国有商业银行的改革方案选择中,也有人认为,通过加强管理,同样可以推进国有商业银行的改革、达到预定的改革目标,您如何看待这个问题?

周小川:应该说,这一争议是改革方案选择讨论时的热点问题之一。一种观点认为,应该先抓内部管理,然后再考虑进行股份制改造。回顾国有企业的改革进程,我们不难发现类似争议也曾发生过,即问题是出在管理还是出在机制上,是用人问题还是体制问题。如果企业领导人不行,通过更换管理层的方式,使经营得到根本好转,在此基础上,通过一定时间的效益积累,再进行公司化和股份制改造,是否可行?

多年的经验表明,国有企业改革从这种思路出发效果并不乐观。究其根源,国有企业的问题并不仅仅在于科学管理不够,而是有着更为本质的机制问题。为此,党的十六大和十六届三中全会都强调了公司化、股份制的企业改革方向。

如果比较一下国有商业银行和国有企业,不难发现国有商业银行和国有企业存在高度的相似性。如果说国有企业像政府机关,国有商业银行则更像是一个政府部门。国有商业银行在人事、薪酬、职工福利、社会保障以及内部激励机制上,都沿用了国家机关体制,且存在明显的行政级别导向和严重的官本位色彩。国有商业银行负责人的经营决策权也受到很多行政机关管理体制的限制和约束,缺乏市场化经营的自主权。内部激励的不足,加上外部压力的不足,如仅仅依靠加强管理,国有商业银行的改革恐怕时间会拖得很长。

党的十六大文件明确肯定了国有企业的股份制改造的方向，要求通过改变公司治理结构，从而真正改变企业的运行机制，这一思路同样适用于国有商业银行的改革。就其本质而言，国有商业银行的改革也是国有企业的改革，或者说，国有商业银行的改革就是国有企业改革的重要组成部分。只有通过目标明确的股份制改革，国有商业银行才有可能建立和完善公司治理结构，改革才有可能取得实质性进展。

记者：从媒体了解的情况来看，在国有商业银行改革中还有一个明显的争议是，是否应该积极推动国有商业银行转变为公众控股的上市公司。那么，上市是国有商业银行改革的最终目标吗？

周小川：将上市作为国有商业银行改革的最终目标，显然是对国有商业银行改革进程的一个误解。也许有人会认为，国有商业银行上市的目的，仅仅就局限于满足融资的需要，以补充国有商业银行资本金的不足。应该看到，国有商业银行上市的目的远远不止如此。

实际上，上市只是国有独资商业银行改革步骤中的一个阶段，如果按照进程划分，也仅仅是处于整个改革过程中的前半阶段。事实上，既然国家有能力为国有商业银行注资，上市的主要目的就不是仅仅为了筹资，其目标是为了建立一整套新的市场激励和约束机制，强调投资者利益，建立规范的公司治理，彻底打破国有商业银行的"准官僚体制"，改变"官本位"，通过合理的、符合商业银行运营要求的绩效激励机制、充分的风险控制和资本约束，将国有商业银行变成真正的市场主体。

上市作为一个重要的步骤，其关键还在于解决国有商业银行改革中长期难以解决的问题，特别是来自其他部门的机关化制约的问题。例如，通过上市，国有独资商业银行在人事、福利、社保、经营自主权等方面的问题的解决，才可能逐步摆上日程。

从广义的公司治理来看，商业银行业务运作涉及公众利益，必须增大透明度和提高公众监督的力度。通过股份制改造和上市，大型商业银行必须满足上市公司信息披露的要求,上市为真正的公众监督创造了条件。因此,政府注资的意义,并不仅仅是为了改善银行的资产负债表,从更实质的因果关系看,只有通过上市,通过施加足够的外部压力,才有可能真正建立和完善公司治理结构,切实切断机关化运行机制,保证国有商业银行改革成功。

一些大型国有企业的改革,特别是股份制改造和上市之后所发生的变化,也为国有商业银行改革提供了良好的范例。我们可以观察到,一些大型国有企业在公开发行股票上市之前,也同样是机关化的,所有者缺位导致了大量的内部人控制和企业经营效率低下、业绩较差的情况。在股份制改造和上市之后,对于企业的监管不再停留在政府主管机构的层面上,上市后来自境内外公众投资者和机构投资者及境内外证券监管机构的监管要求,迫使上市公司在信息披露、业务经营、市场战略方面必须更多考虑股东利益。应该说,如果没有股份制改造,没有上市的外部压力,没有战略机构投资者和公众投资者的监督,没有独立董事的引入,内部改革压力恐怕难以形成,改革恐怕难以取得突破。

商业银行也一样,在其上市后,必须接受股东、监管机构、公众以及其他利益相关者的监督,必须进行详尽的信息披露,必须在健全的会计准则基础上充分考虑股东利益。因此,通过推动上市,才有可能促成规则的整体改变,强化公司治理,真正有效防止在改革中曾反复出现的循环往复甚至"走回头路"的现象。

深化农村金融改革
进一步提升农村信用社资本及其质量[①]

周小川

最近这段时间，人民银行系统的中心任务之一就是研究制定贯彻落实"十二五"规划的具体措施。从"十二五"规划纲要涉及金融工作的内容看，文字表述总体上还是概要性的，较为简略，但其中蕴含的内容非常丰富，需要我们认真研究。

在"十二五"规划建议中强调了农村金融改革和发展问题，即"深化农村信用社改革，鼓励有条件的地区以县为单位建立社区银行，发展农村小型金融组织和小额贷款，健全农业保险制度，改善农村金融服务"。这里我重点讲讲深化农村金融改革问题。

一、推进农村金融工作的两个主要方面

农村金融改革的内容不限于农村信用社改革，正如十七届五中全会文件所提出的，还包括发挥好、定位好农业发展银行、农业银行、邮储银行在农村金融中的作用，也包括发展新型金融机构和新型业务，如社区银行、农村小型金融组织和发展小额信贷等。但总体看主要涉及两方面的内容，一是要回顾总结前一阶段农村信用社改革的成效、存在的问题，提出下一步进一步深化改革的思路；二是要发展新型农村金融机构和金融产品，全面加强改善农村金融服务。发展新型金融机构和金融

[①] 本文根据周小川行长于 2011 年 4 月 17 日在人民银行海口中支专题座谈会上的讲话整理，后发表于 2012 年第 1 期《投资研究》。

产品涉及市场准入问题，同时也涉及机构监管和健康发展的问题，不管如何都有个前提，就是首先要考察现有的农村金融机构（主要是农村信用社）的健康性，如果农村信用社发展比较健康了，下一步推进其他机构发展和业务创新时步子也就可以迈大一点。

另外一个相关问题是存款保险。要新办社区银行、小型金融组织等新型农村金融机构，就需要考虑将来可能有一定概率和比例的新型机构会出问题。在当前我国县域金融监管相对薄弱的情况下，为了保护存款者的利益、维护社会稳定、防止出现局部性甚至是全局性的连锁反应，就必须加快建立存款保险制度。这在"十二五"规划纲要中也有明确的要求。

因此，我们在研究"十二五"规划涉及农村金融工作任务的内容时，要强调上述两个方面的视角：一是要认真回顾过去一轮农村信用社改革的基础打得好不好，认真思考农村信用社的健康性能不能再上一个新台阶；二是加快建立存款保险制度，从而使农村金融改革的步子更快一些、胆子更大一点。如果这两个方面能有进一步推进并实现政策的尽快调整，就可以更好地落实"十二五"规划对农村金融工作的要求。这里主要讲第一个方面的内容，并希望以此推动相关的工作。

二、对上一轮农村信用社改革的回顾

长期以来，人民银行都十分注重研究和推进农村金融改革，特别是2003年国务院进一步明确由人民银行牵头农村金融改革工作以后，人民银行会同有关部门按照国务院颁发的《深化农村信用社改革试点方案》，于2003年7月开始在江苏、浙江、山东、江西、贵州、吉林、重庆、陕西等8省市开展农村信用社改革试点。2004年8月，农村信用社改革进一步推广至除海南省以外的29个省区市。2007年8月，海南省也正式启动了农村信用社改革，组建了海南省农村信用社联合社，相关工作取得了很大进展。下面,我从以下几个方面回顾一下改革的历程和有关问题。

(一)目标定位

农村信用社改革的目标是要将农村信用社建成政策性金融机构还是商业性金融机构?如果要建成政策性金融机构,改革的方向和具体做法就截然不同了。从根本上说,我国实行社会主义市场经济制度,要发挥市场在资源配置中的基础性作用,应该让农村信用社更多地接受市场约束、参与市场竞争。同时,从我国改革之初的情况看,当时国家也没有那么大的财力,不具备广泛将农村信用社作为政策性部门予以扶持的条件。因此,最终明确了对农村信用社进行商业化改革的方向。当然,不可避免还有少量的农村信用社要实现商业性存活还存在困难,但总体看是个别现象,绝大多数农村信用社应该走提供商业性金融服务的道路。

(二)设计要点

既然改革目标是将农村信用社定位于商业性金融机构,要让农村信用社走商业可持续道路并更好地发挥支持"三农"的作用,首先就要强调农村信用社的健康性,要改变过去的"病号"状态。从截至2002年末的统计调查结果看,当时全国农村信用社不良贷款率高达37%左右,而且还是按照"一逾两呆"的口径统计的,如果按照新会计准则和贷款五级分类来计算就更高了,资本金早被侵蚀光了。当然各地方也有差别,有的地方情况要好一些。因此,当时的首要任务是实现农村信用社的健康化,通过财务重组、完善治理等手段改造农村信用社,实现健康发展,这是提供良好金融服务的基础。

一是组织形式的选择。是不是现代金融企业制度改革的方向和模式也同样适用于农村信用社?经过反复论证,答案是肯定的,最终选择了这一路子,而且判断下得还比较早。在 2003 年以前,国务院体改办研究认为,农村合作金融的组织形式定义不清,长期看不利于农村信用社的健康发展,建议农村信用社主要采用股份公司制的模式。通过股份制改造组织资本,同时逐步构建良好的公司治理结构。

二是如何面对已有损失。如何看待历史已经形成的损失?比较现实的做法是采取认账的态度。过去形成的坏账有很多原因,包括农业生产本身的特殊性、涉及社会价值方面的观念和认识、组织形式和约束机制上的模棱两可,以及功能上对政策性和商业性的界定不清等。此外,还涉及过去对农村信用社所执行的会计、财务、税收等方面的制度规定。因此,对于农村信用社实际已经形成的损失,很难严格区分哪些是金融机构的责任,哪些是政策因素造成的。而且,农村信用社及其业务本身有数量多、分布散、规模小的特点,要一一追究恐怕在时间和成本上也不划算。鉴于此,当时明确对历史问题要认账,这实际上也是基于一种对改革转轨要付出代价和成本的认识。既然认账,就意味着要核销损失,同时要防止产生过多的道德风险,避免像过去那样可以对不良资产处置回收中的问题不承担责任。当然,要完全克服道德风险也不现实,或多或少总会存在,我们要做的是尽可能防范和减少道德风险。

三是充实资本金。充实资本金、保持足够的资本充足率仍是农村信用社健康性的一项重要标准。对此,我们非常明确,在 2003、2004 年国有大型商业银行的改革重组中都强调了这一条。在对金融机构的各项约束中,存贷比率、杠杆率、流动性要求等都很重要,但衡量银行业金融机构的健康程度、强化其自我约束最根本的指标还是资本。同时,我们强调,资本也是金融机构在经济周期不景气时,或者在发生经营困难时,吸收损失最有效的工具。从我国金融改革与发展的导向看,国家鼓励金融资本多元化,而且我国财政也没有能力大幅度以国有资本、财政预算资金来补充农村信用社资本金,因此,农村信用社的资本金补充也是考虑多元化途径,鼓励和引导各种社会资本进入。

四是提高标准。十七届五中全会关于"十二五"规划的建议中明确提出，要"参与国际金融准则新一轮修订，提升我国金融业稳健标准"。这句话含义深远、内容丰富，参与新标准制定涉及面很广，如巴塞尔协议Ⅲ提出的新标准，金融稳定理事会提出的系统重要性金融机构有关标准和监管要求，以及对金融衍生产品、支付结算体系和影子银行的监管要求等。此外，还有一项重要的内容是会计准则的合并和升级，主要是美国会计准则和国际会计准则的合并及其升级。这些新标准都将对我国下一步的金融体制改革产生较大的影响。同时，有些新标准及其概念对进一步深化农村信用也有重要意义，作为 G20 的重要成员国，我们需要尽早、尽快地转向更高的标准，农村信用社改革也要注意这些新的标准。

2003 年和 2004 年启动农村信用社改革时也曾提高标准，当时的主要做法是提升贷款分类标准，从过去执行的"一逾两呆"提高到"五级分类"，其直接结果是使农村信用社不良资产大幅提升了近 15 个百分点。不良贷款的认定标准提高了，相应地拨备要求也有明显提高，也使随后推进农村信用社的健康化改革能站在一个更加真实的起点上。此外，在农村信用社提升产权组织形式，改组成立农村合作银行或农村商业银行的过程中，也提出了一系列更高的标准和要求。

五是地方政府职责。健康性改造除了农村信用社自身的努力外，很大程度上还与地方政府有关。改革的一项重要内容是，今后由地方政府负责管理农村信用社。过去，农村信用社业务经营往往受到县或县以下政府较多的行政干预，也存在一些县乡财政欠账找农村信用社借款的现象。此外，农村信用体系建设较为薄弱，现有的社会信用体系主要还是覆盖城市工业企业和服务业企业，总体看，农村信用社面临的金融生态环境还不太好。在推进农村信用社健康化改革过程中，有必要强调信用社开展业务不再受到地方政府的行政性干预。同时，还希望地方政府给予一些政策支持，如营业税减半或是对所得税设一定的期限豁免，从而增强农村信用社的实力。当然,涉及税收政策需要中央财政的支持。此外,还要求地方政府清理过去县乡财政欠账,会同有关部门推进覆盖"三农"的信用体系建设,采取措施改善地方金融生态环境等。

以上是上一轮农村信用社改革设计中的若干要点,从次序上看,首先要承认损失,然后进行财务重组,在此基础上推动公司治理的改进、监管标准的提高、内部经营管理的改善等。从2003年开始进行农村信用社改革试点,人民银行主要负责财务重组部分,银监会更多地负责公司治理、监管方面的改革,地方政府则负责农村信用社的行业管理。总体看,这一轮农村信用社改革的一个重要特点是,整个改革思路从一开始就强调健康性,强调农村信用社只有达到一定的健康标准才能为"三农"提供更好的金融服务。

(三) 财务重组

在上一轮农村信用社改革过程中,人民银行主要负责农村信用社的财务重组工作。总体情况怎么样?应该说现在的认识已经比较一致了,但当时还有一些认识上的差异。

首先,财务重组的力度够不够?有人怀疑可能不够。国家投入的财力主要是,人民银行发放央行票据1 700亿元;财政在税收方面的一些优惠,以及对过去农村信用社保值储蓄损失的部分平账约88.7亿元。当时有一种观点认为,这不到2 000亿元的资金规模恐怕远远不够,救不活农村信用社这个体系,缺口可能还有几千亿元。但在当时的情况下,这已经是中央相当大的支持了。当时中央和地方财政的财力比较弱,甚至可以说是捉襟见肘,与现在的状况不太好比。而且,当时除了农村信用社改革,还有其他一系列的改革在同时推进。因此这个决心下得很不容易,是党中央、国务院深入研究后作出的果断决定。人民银行的主要思路是着眼于分阶段促进农村信用社通过自我努力不断上台阶,给予正向激励机制,促使农村信用社最终成为合格、健康的金融机构。

因此，我们认为不必要、也做不到拿出那么多的资金来完全覆盖以往的损失。当然，如果国家多出钱，财务重组的推进肯定会更容易、更顺利一些，但也容易产生较大的道德风险。

另外，从巩固农村信用社改革成果的目的看，国家在给予了票据兑付的支持后也不宜轻易再出资金，还是要有所区别对待。因此，当时强调各地农村信用社应继续贯彻执行 2003 年所决定的财务重组有关政策，同时鼓励农村信用社在一定时间内逐步改善财务状况、逐步上台阶。当然，也不排除在个别"老、少、边、穷"地区还有无法存活的农村信用社，对此可以进行例外处理，但这样的例外处理也应放在整个改革的后期，也就是在"十二五"期间予以考虑。

其次是财务重组的方法论。前面在介绍改革的思路时也大致提到了财务重组的方法论，这里再具体讨论几个比较重要的方面。一是资本必须吸收损失。前面我们提到，改革的一个重要思路是历史问题必须认账，也就是对过去已经形成的损失该暴露就暴露，该核销就要核销。核销什么呢？核销资本。所以有人说，上一轮农村信用社改革过程中把农村信用社的资本差不多全都核销掉了。过去，我国金融机构发生损失时，很多情况下不作核销资本的处理。应该说，这是个坏毛病，违背会计准则。按照现在的会计准则要求，如果发生了损失，就应该自动减记。不管不良资产在何处、有没有拨备，实际上都应该已经做了减记处理。当然，这种现象也不仅是发生在农村信用社，国有银行和其他国有金融机构也都普遍存在。

之所以存在这一问题，主要还是体制原因。既然企业及其资本过去都是国有的，发生损失了也是国有资产的损失，如果予以核销，以后还是要国家注资，何必再费周折呢？还有一些机构的资本是集体所有制的，或者是其他形式的公有制，在损失处理方面也在某种程度上存在问题，如有人提出核销是不是意味着侵蚀集体的公众利益？处理起来可能有麻烦，不如就留着实际上已蚀空的资本而不管。但是，在市场经济条件下,尤其是在我们希望通过市场化原则实现金融机构的重组改造情况下,这么做就很有问题。这主要表现在三个方面:第一,如果资本已经损失,而财务上不作规范处理,在改革中就难以吸引新的资本进入,既经不起审计,也对新的资本有违公平;第二,账面上的资本实际上已经无法起到吸收损失的作用,按照会计准则,这种所谓的资本已不符合资本的性质和定义,更谈不上通过做实和充足资本实现金融机构的健康化了;第三,人们会怀疑,如果今后出现资产损失,是否仍另寻吸收损失的渠道,而不是让资本去吸收。

二是弥补负资本。改革过程中,我们强调资本要吸收损失,因此要予以核销。由于损失太大,以至于把资本都核销到零了,如果还不够,就出现了负资本问题。按照历史问题认账原则,负资本也应予以弥补,中央或者是地方必须想办法承担。怎么补呢?就是前面提到的,2003年国务院决定拿出1 600亿元(后扩大到1 700亿元),另外由财政承担减税和保值储蓄的亏损。当时,由于财政力量较弱,就决定由人民银行承担财务重组的主角,具体是通过对信用社发放专项票据的方式弥补其历史亏损。对这种做法也有不同意见,尤其是这次全球金融危机后,争议更大一些。究竟是由财政来承担还是由央行来承担?从国际经验看,由国家财政负担的情况较普遍一些,比如这次危机中的英国、法国,主要做法是国有化,国有化以后处置或核销既有损失,之后再择机进行私有化,实现政府退出。这个过程中,纳税人承担了一部分救助成本。除此之外,也有一些国家是通过中央银行来承担的,通常是由于损失过大,或者是出于财政负担过多将导致主权债务过重的担心。

三是要形成正向激励机制。上一轮财务重组不是简单地承认损失和弥补缺口,而是更强调通过制度设计形成正向激励机制,促使农村信用社不断上台阶。第一个台阶是地方政府和当地农村信用社要承诺进行改革,而且要按照我们所希望的方向进行健康化改造。第二个台阶是农村信用社进行清产核资,把财务状况摸清楚,制订可行的改革计划。

第三个台阶是农村信用社向人民银行申请专项票据，也可以选择申请专项再贷款。如果选择专项票据方式，不良资产由农村信用社自己消化一半，专项票据消化一半。这么做主要是为了体现一种激励机制，对既有损失，中央认账，但希望农村信用社能够自己尽最大努力去回收另一半，承担起相应的责任，而且还明确回收部分归其所有。同时，把对农村信用社的管理职责交给地方政府，希望消化损失的过程也得到地方政府的帮助和支持，而实际上相当一部分损失也确实曾是由地方政府行政干预或县乡财政在农村信用社的欠款所造成的。具体操作中，各个地方的情况不一样，有的地方自给能力强一些，有的弱一些。第四个台阶是面向社会增资并初步建立股份制的治理结构，合格后向人民银行申请兑付票据。人民银行在判断是否进行兑付时，要对农村信用社改革状况进行检验，只有检验合格才予兑付。

四是防范道德风险。按照上述思路推进财务重组，当时实际上也不是很有把握，经过深入调查研究并与有关省市进行交流，我们发现大多数地方、特别是改革试点比较早的省对改革表示拥护。但当时也遇到了一个困难，反映了财务重组中的道德风险问题。

改革之初，我们基本掌握了2002年底全国农村信用社的各项统计数据。问题是在宣布财务重组方案时，有的省提出2002年底的数据不准，存在少报资产损失的情况，有的甚至称少报了一半。比如说上报的损失数是100多亿元，但实际上是200多亿元。这里面就存在道德风险。如果在宣布改革的同时让各省再重新报一轮数据，一旦各地知道报数的目的是据此向中央要钱，那必然是尽可能多报。因此，在上一轮农村信用社改革过程中，我们坚守2002年末的报表数据，不轻易放这个口子，否则这1 700亿元可能就远远不够。从当时的情况看，中央也没有这么大的财力。

经过考察发现，改革过程中真正出现较大缺口并导致财务重组困难的主要有两种情况。一种是极少数沿海发达省市本身基数就很大，农

| 金融机构改革的道路抉择 |

村信用社不良资产漏报的数额比较大。对此,我们坚持要求他们自己克服。对极个别情况则在改革的最后阶段、或者几年以后适当给予补偿,以防止其他地方效仿。另一种是个别西部省区农村信用社总体上还是比较注重合规经营,不良资产占比也不高,但规模小、发展很慢,远不能满足当地的金融需求。这些农村信用社则会抱怨"老实人吃亏",没有得到足够的支持。对此,到改革后期我们也考虑给予一定的鼓励政策。如果具体考察一下1 700亿元的分配情况,可以发现,有的省区拿到了200多亿元央行票据,也有的省区则只拿到几个亿,似存在不公平问题。如果农村信用社经营管理、业务质量都还不错,不良资产比例也比较低,但在改革中受到的资金扶持反而少,这实际上不符合正向激励原则。对此我们也予以了考虑,主要是在事后通过其他途径,如发放专项再贷款等方式对农村信用社的业务发展给予适当支持。但有个原则必须坚持,就是不能推翻2002年底各省区市上报的初始数据,其目的主要是为了防止道德风险。这也是上一轮农村信用社改革的一条重要经验。

五是发挥农业保险的作用。2005年以来,人民银行作为中央农村工作领导小组成员单位,始终高度重视并积极推动农业保险的发展。农业保险最开始要由财政予以一定的保费补贴,虽然对这种做法也有争议,但为的是培养农民的保险意识。如果通过农业保险能够帮助农民更好地应对特殊气候、自然灾害和病虫害、疫情等问题,则意味着有一部分"三农"贷款的风险可以转由保险方式承担,这对于提高农村信用社资产质量也是很有帮助的。当然,从长期看,我们不会过分依赖"三农"政策性保险,财政对农业保费的补贴应该主要着眼于培养农民的商业保险意识。很多农民确实对保险了解很少,因此最开始需要财政补助的比例大一点,以此促使农民认识到保险的好处,从而逐渐养成参与商业保险的意识,最终使商业保险在支持"三农"方面发挥更主要的作用。

对于这类问题，认识上是有差异的。有些人希望得到财政的各种资助、补贴愈多愈好，这样也体现国家对"三农"的支持。从金融的角度看，我们更强调市场机制的作用以及金融服务的可持续性。这并不意味着金融部门就更加关注市场利益而忽视服务"三农"，而是要实事求是地看待这个问题，更加注重长远发展和机制建设，切实发挥市场机制的作用。

（四）改革成效

前不久人民银行组织召开了一次电视电话会议，对2003年以来农村信用社改革情况的摸底调查工作进行了部署，目前已经了解了一些情况，掌握了初步的统计数据，还需要进一步核对、确认。主要情况如下：

一是不良资产持续实现"双降"。按照改革前的期限性分类，截至2002年底，全国农村信用社不良资产比例37.64%，到2005年已下降到15%以下。2005年以后开始推行五级分类，不良资产比例又提高到25%左右，但经过后续的改革重组，目前农村信用社不良资产比例已降低到7.54%。虽然还是偏高一些，但总体而言，进步是非常明显的。如果不考虑过去的期限性分类到现在五级分类的变化，不良资产比例下降了30个百分点；如果考虑五级分类的影响，不良资产比例则降低了40%。按照这个趋势，再通过若干年的努力，可以相信我国农村信用社健康化目标是能够实现的。

二是资本实力明显改善。到2010年底，全国农村信用社资本充实率为8.89%，较改革前的情况有了很大的改善。当然，涉及到资本质量方面，还需要进一步改进。

三是总体实现盈利。2010年，全国农村信用社实现利润总额926亿元，而改革之前是全面亏损的。应该说，农村信用社要实现个个全部盈利也不太可能，取得当前这个成绩已很不容易。

四是坚持服务"三农"。改革以后,农村信用社能否继续以服务"三农"为主要任务?这在当时也是一个比较有争议的问题。农村信用社服务"三农"所提供的贷款数量小、成本高、风险大,不仅要面对自然灾害、病虫害等因素,而且农村的财务约束、信用文化、征信体系建设也相对较差。所以有人担心,农村信用社实现健康化改造后,会不会把大量资金运用于城市,或投放到其他产业。另一种担心是农村信用社的管理问题。改革以后,农村信用社交给地方管理,各地普遍选择建立省级联社的模式管理农村信用社。而随着省级信用联社管理职能的加强和对部分业务的上收,一些农村信用社经营出现向城市化发展的倾向,因此不少人开始关注和讨论省级联社的模式问题。总体看,尽管有上述种种因素,农村信用社在改革以后还是保持了对"三农"的积极支持,能注意重心下沉,保持低成本优势,切实面向"三农"。据初步统计数据,当前全国 2 353 家农村信用社中,有 1 964 家(约占 83.5%)农村信用社涉农贷款占比达 70% 以上,绝大多数农村信用社能够继续以服务"三农"、发放涉农贷款为己任。当然,这个数据也说明,还有一部分农村信用社发放"三农"贷款的占比确实低一些,也有各种原因,如经营管理理念、当地的金融生态和经济社会发展状况等。如珠三角一带的农村信用社虽然名字上还叫农村信用社,但实际上由于当地城镇化水平已相当高,农业生产净产值占比很低,信用社在发放"三农"贷款上的比例就高不起来。

(五)进展不均问题

总体看,通过上一轮改革,农村信用社确实上了台阶,取得了明显进步,但问题也还存在,主要是进展不均。有的省区农村信用社整体健康程度的改进非常明显,数据也好看,有的省区情况就差一些。是不是就像通常所认为的那样,数据好看的省区就主要是东部沿海发达地区呢?不见得。从"优质类农村信用社占比"统计指标看,浙江省优质类农村信用社占比最高，占 98.77%；福建省排第二，98.53%；第三是广西，97.78%；第四是宁夏，90%；后面接着是云南、新疆、贵州、内蒙古等。可见，排名靠前的不一定是沿海省区，各地农村信用社的整体健康程度很大程度上取决于各地方自身的努力。

进展不均的原因是多方面的。首先是历史原因。上一轮改革之初，各地情况差异较大，农村信用社整体上的健康程度、历史包袱也不一样，有的地方历史包袱可能比较重，影响了后面改革的进程和成效。其次，可能与地方政府的管理方式、程度也有关系。地方政府应该采用什么方式管理农村信用社？如何才能真正有效地实现农村信用社公司治理的优化？这些问题还有比较大的争议。此外，也和地方信用体系建设的力度有关系，具体农村地区信用环境好的话，农村信用社健康程度的改进就会比较突出。以上是对进展不均的几种解释，可能还有其他因素。总体看，经过这一轮改革，各地农村信用社还是形成了一种势头，有了明确的努力方向，开始向更高的目标迈进。同时，还可以进行横向比较，到那些搞得比较好的地方去学习取经。这样，有这么一个农村信用社改革整体向上的势头，有相互之间的比较学习，就可以使那些做得相对差一些的地区通过自身努力得到改进。

当然，进展不均问题总是存在的，最后还会有少数老、少、边、穷地区的信用社需要给予特别的扶持政策，可以结合最近正在讨论的"十二五"扶贫规划纲要做出区别对待。最早曾有个内部估计，认为可能有 5% 的老、少、边、穷地区农村信用社难以存活，但现在看来实际数字要小很多，这也说明这一轮改革还是取得了很大的成效。

总之，经过这几年的努力，当初设计的改革步骤都已基本完成，各项工作取得了明显进展。下一步，农村信用社还有没有继续上台阶的要求呢？还有，应该在现有的基础上，继续设计激励机制，进一步深化农村金融改革，或者也可以说是展开新一轮的农村金融改革。也正因为此，我们要对前面若干年的改革情况做一个回顾和分析，认真归纳其中的经验教训，以利于我们在"十二五"期间继续做好农村金融改革工作。

三、农村信用社资本的巩固与提高

如何继续深化农村信用社改革？一个重要方面是继续巩固并提高农村信用社的资本。要结合"十二五"期间农村金融改革与发展的思路作进一步研究，最后由有关部门拿出意见。现在大致有一些想法，在此与大家交流一下，也希望大家就此问题做一些比较深入的调查研究。

（一）分类指导

经过上一轮改革，超过三分之一的农村信用社资本充足率已处于一个相对比较好的水平，不良资产率明显降低，公司治理结构也已初步建立。当然，这些指标与大型金融机构相比还有差距，但从纵向比较看，成效还是比较明显的。对于这一类农村信用社，可要求其进一步巩固和发展，同时继续坚持服务"三农"的宗旨，提高服务水平和质量。

还有将近三分之一的农村信用社其资本充足率还没有达标。这部分农村信用社经过上一轮改革，损失核销了，票据得到了兑付，也筹集了一部分资本，但资产负债表还比较脆弱，需要进一步努力，否则一旦遇到经济周期的变化或者意外冲击，可能再次恶化。汶川地震对四川相当一部分信用社产生了非常大的影响，虽然这种意外完全是小概率事件，但一旦发生，会形成重大冲击，这种情况下资本的充足情况及其质量就至关重要了。

另外还有15%~20%的农村信用社资本状况更差一些，需要采取更有力的促进措施。

最后可能还有不到5%的农村信用社，主要集中在老、少、边、穷地区，确实很难实现商业化生存，具有非常强的政策性业务特征，可以考虑采取新的转型做法，以后主要从事政策性业务。特别是在个别少数民族地区，农村信用社业务还涉及到民族政策，就比一般的贫困问题更加复杂。

最近，党中央、国务院正在研究拟定"十二五"扶贫规划纲要，将进一步梳理我国的贫困县及相关政策，在全国划出11个贫困片区，并针对这些地区出台专门的扶持政策。在扶贫和脱贫方面，中国所取得的成就是非常突出的，有很多经验，也得到了国际上的认可。这些地区的农村金融改革可以与"十二五"扶贫规划纲要结合在一起来设计。

近期还有个现象，就是中国的大型银行和一些外资银行开始重新考虑在农村布局。经过改革，现在我国的大型银行实力与以前相比已有明显增强，最大的几家银行年利润都在1 000亿元以上。除了农业银行以外，这些银行在上一轮改革过程中普遍经历了大规模撤离县域农村的过程，但近年来又出现了通过股权介入或设置网点回归农村的趋势。一些外资银行也开始把注意力瞄向我国的村镇银行。这里一方面可能有广告效应，另一方面外资银行也可能想通过这种方式更多地深入到基层，了解中国的国情，率先在农村市场有所表现。不管怎样，这些都意味着农村地区将得到更多的资金。可见，在我国金融业整体实力增强以后，可以找到一些新的扶贫方式。不过也要认识到，如果在2003年以前采取这种做法则是比较危险的，因为当时国有商业银行等金融机构本身健康性都有问题，如果还让这些机构承担扶贫职责，就会产生有理由为自身的不良资产进行辩护的道德风险，一旦形成不良资产，就可以辩称是由于承担了政策性业务造成的。

（二）资本达标

经过2008年以来的这次国际金融危机，一个重要的全球共识是，要进一步提高对金融机构防范风险的资本要求及资本质量标准。

关于资本要求，简单地说就是资本充足率。1988年的巴塞尔协议

| 金融机构改革的道路抉择 |

要求商业银行资本充足率须达到8%，其中一级资本中至少有一半是普通股。1999年的新巴塞尔资本协议（即巴塞尔Ⅱ）更多地考虑银行面临的操作风险、市场风险等主要风险，对资本提出了附加要求。而在这次金融危机中，大量金融机构陷入困难的状况，最后被迫倒闭或被国有化，一个重要原因是资本要求还是偏低。

为此，各国通过G20形成共识，批准通过了巴塞尔协议Ⅲ，其核心思想是要在全球范围内，按照宏观审慎政策框架对金融机构进一步提高资本要求，主要有以下这么几个层面。第一个层级是最低资本要求，主要由作为一级资本的普通股和其他满足一级资本定义的金融工具构成。第二个层级是资本留存缓冲，其主要意思是，如果一级资本还不够强大，有了盈利应先不分红，保留部分用于补充资本。第三个层级是逆周期资本缓冲，巴塞尔协议Ⅲ提出了额外增加0～2.5%的资本要求。第四个层级是对系统重要性金融机构的额外资本要求，这一点农村信用社可以暂不予考虑。第五个层级是自救资本，自救资本是金融机构普通股之外、在危急状况下能够迅速转化为股本的债务型资本，最主要的是应急可转债。在困难情况下，当资本充足率跌到一定水平，或者一旦符合某种事先约定的条件，应急可转债须自动转换为普通股参与吸收损失，从而应急性地提高吸收损失的能力。

此外，还有对金融机构特定业务的资本要求，主要是针对交易账户，有些类似于风险加权系数的提高。其背景是，近年来国际上一些大的金融机构基于交易部门的金融活动越来越多，传统的存贷款业务占比越来越小。应该说这是国际银行业发展的新趋势，但问题在于过去对交易账户的资本要求过于偏低，并很大程度上刺激了许多国际金融机构在交易方面过于活跃。一旦出现问题，往往一下子造成金融机构巨大的亏损或减记，且市场连锁反应非常大。在这种情况下，就应该对交易账户的资本要求提出更高的标准。

当然，把这些资本工具作为提升农村信用社资本要求的渠道，首先有一个相关概念的理解和接受问题,农村信用社的股东往往并不是很成熟的投资者,在观念和认识上还有待进一步提升。但这些资本工具都需要我们尽早开展研究,为今后引入这些工具、提升农村信用社资本要求打下基础。

(三) 资本质量

为什么要强调资本质量?经过这次金融危机,过去的核心资本,或者说普通股之外的一些资本工具开始受到普遍的关注,如大家熟知的次级资本债之类的附属资本工具;在欧洲种类更多,有各种各样不同层级的资本工具,在不同程度上计入资本充实率。在计算的时候,对较低层级的资本工具要予以打折,比如对长期资本债,要按照不同的到期时间按相应的比例进行折算。但在这次危机中,金融机构在应对危机和困难时,发现不少银行的很多债务型资本由于各种原因不能吸收损失,甚至反而有各种各样的正当理由来逃避责任。虽然危机发生前绝大多数国际性金融机构在资本充足率方面都符合要求,但一旦发生危机,能够真正吸收损失的能力却大不相同,有的金融机构陷入极度困难,最后只能破产倒闭。这就是为什么除了资本要求还要强调资本质量的原因,也是这次金融危机给我们带来的一个很大的经验教训。

什么是资本质量?资本质量指的是资本吸收损失的能力。这次国际金融危机后,资本质量的概念已经得到了广泛认同,金融稳定论坛(FSB)、巴塞尔银行监管委员会(BCBS)提交 G20 峰会批准的有关全球金融改革最重要的内容之一就是提高资本质量。具体到我国深化农村信用社改革工作来说,也要对农村信用社强调资本质量的概念,同时还要考虑:农村信用社的资本究竟有哪些层次?怎么划分?每一层次的资本吸收损失的能力如何?从吸收损失能力的程度看,资本质量最高的是普通股,从理论上说普通股能 100% 地吸收损失,目前国际上也是这么认为的。也正因为此,G20 峰会明确指出,金融机构应大幅度提高普通股占比，以此提高资本质量。从中国的情况看，我国普通股吸收损失的能力还有些问题，由于过去基于公有制的传统思维，普通股是否承担损失、或者承担损失的程度往往与有关部门的政策联系在一起，因此也会出现普通股不承担损失的情况。当然，除了普通股，还要认真考察农村信用社其他各层次资本的质量究竟怎么样。

为什么我在这里要特别强调资本质量对下一步农村信用社改革的重要性呢？还与农村信用社目前所特有的资本状况有关。在上一轮农村信用社改革过程中，曾出现过所谓的"三搏一"问题，监管部门、农村信用社以及地方政府三方都希望央行尽早尽快提供专项票据并予以兑付，从而使信用社真正拿到扶持资金，消化不良资产，并使资产负债表看起来能上一个台阶。但由于农村的信用文化以及其他有关方面的原因，广大农村、农民以及基层地方政府对改革的理念、做法在理解上不是很到位，出现了一些偏差。最典型的就是为了满足央行票据兑付条件，不少信用社表面上已经补充了股本，但实质上不是真正的普通股，而是各种各样的比较特殊的股本，如名为股实为债的股本、允许随时退股的股本、未规范的资格股等，其中相当一部分是很难承担损失的债务资本。

因此，需要对农村信用社的资本质量开展全面深入的调查研究，分类予以考核。这样，农村信用社现有的一部分资本可能会被核减，比如某一类资本只具有50%的吸收损失能力，那么这部分资本在计算资本充足率时就要减半，这可能导致农村信用社整体资本充足率的下降，需要按照监管要求予以补充。这项工作可能成为下一轮深化农村信用社改革的一个重要任务。

（四）股东结构与公司治理

从股东角度看，经过上一轮农村信用社改革，目前也具备了进一步提升资本质量的意愿和条件。改革之初，地方政府、监管部门和农村信用社自身都希望尽快把资本充实上去,然后可以享受央行的优惠政策,因此,农村信用社的很多股东实际上是地方政府通过各种途径动员过来的。农村信用社将来能不能赚钱?投入的股本将来有多少回报?对这些问题,很多股东在入股时心里没数,其风险和收益也无从判断,因此很多人都选择了实际上是非普通股的入股形式。在这个过程中,农村信用社通常会做出一些承诺,不管是明文的还是私下的,如保证股东投入股份具有一定的固定回报或可退股的承诺,以减少股东的疑虑。通过这种方式,应该说农村信用社吸引了不少资本,满足了人民银行票据兑付的条件,也大都完成了第一轮的改革。而现在要进一步提升资本质量,就需要对各层次的资本逐一予以清理落实,原来不规范的股东应对其投资做出新的承诺,成为严格意义上的、规范化的股本。如果投入的资金不符合股本的条件,或者不愿意承担吸收损失的责任,就不能计入资本,是债券就将之还原为长期债或者次级债。如果还想成为真正意义上的股本,就必须按照新的规则对资本做出确认,成为真正的普通股。以前入股谈判时双方制定的规则、或者双方达成的非规范的"潜规则"要予以改变。如果不愿意投,则可以换其他投资者。这么做应该说现在已经有了很好的条件,因为 2010 年全国农村信用社总体有了近 1 000 亿元的盈利,而且随着农村金融环境的不断改善,相信情况会越来越好,会有越来越多的投资者看好农村信用社,愿意按照真正的普通股要求出资入股。这样,农村信用社的资本质量就能有新的提高。

关于资格股。推进农村信用社资本达标要处理好资格股问题。对资格股目前也没有明确、统一的定义。总的意见是,要在调查研究的基础上,根据不同情况进行分类处理。其中有一条原则,就是要正确处理农村信用社成员以职工股形式所持有的股份。人民银行历来不反对职工持股计划,职工持股是 OECD 公司治理的一项原则,在美国等一些 OECD 国家,职工持股计划(ESOP)也有成功的经验。过去,我国曾发生过内部职工股的舞弊现象,使有些人对此心有余悸。应该说,这实际上是一种"小儿科"的低级错误,不难去应对并防止再犯。近来又有一种情况,是对国有资源垄断性企业的职工持股有不同意见,比如油田企业如果搞职工持股,就有人批评是不是有一部分地下原油就变成职工个人的了。但农村信用社作为一种面向基层的金融机构,并不持有特别的自然禀赋或者国有资产,职工入股如搞得好可以有效调动职工的积极性,促使他们对自己的机构负责,为农村、农户提供更好的金融服务。从这个意义上说,我们不反对ESOP,不反对职工持股,但在资本质量上的要求不能降低。因此,需要明确,职工持股是不是真金白银投入资本?职工持股的承诺是什么?持有的股份是不是能够吸收损失,从而是真正意义上的普通股?这些问题要予以明确核定,确保资本质量。

(五) 其他资本工具

关于应急可转债。推进农村信用社资本达标还可探讨应急可转债的运用。前面已经介绍了应急可转债的概念,目前国际上将之简称为Cocos,即平时是一种特殊的债(Bail-in Debt),当预定条件出现时则自动转为普通股,参与吸收损失。目前我国农村信用社的股本中,有一些与"Bail-in"的理念是正相反的。在规范化时,有些不太合格的股本可以有几种选择,包括转为规范的普通股,转为不同级别的普通债务,转为附属资本债,或选择退出;此外,还可以转换为Cocos。Cocos的债息通常比常规债券高一些,因为其承担的风险要大一些,一旦达到转换条件,将参与吸收损失。如此,农村信用社的资本实力可以得到增强,业务也可以发展得更快,遇到危机时的抗冲击能力也将提高。这一新的途径可以在下一步做深入研究。

综上,在资本要求及其质量方面,我们希望在"十二五"期间沿着前面改革的思路,继续把农村信用社的健康性提高到一个新的台阶。为此,要围绕这一目标做出合理的政策安排,要设计出一些新的办法,形成激励机制，鼓励和推动农村信用社在资本要求和资本质量方面进一步努力达标，并做到在实施了前述要求、标准和规范化措施后，不再有显著的不规范和低质量资本。

（六）配套措施

围绕上述目标，其他方面的配套措施也是必要的，主要包括：进一步加快农村信用体系建设，继续鼓励农产品期货和农业保险的发展，鼓励金融创新、为"三农"提供更多的金融产品，促进地方政府进一步做好对农村信用社的管理工作，在加快建立存款保险制度的基础上，可以适当放宽农村金融机构的准入政策。放宽准入是人民银行历来所倡导的。具体而言，金融市场的准入调整应该早点动手，适当放宽，允许进来，同时又不能一哄而上，要予以密切观察。这样经过一段时间的实践检验，就可以发现哪些模式是成功的，哪些模式不成功，在此基础上逐渐推广成功的模式。否则卡得越死，来自下面的压力就越大，越容易导致匆忙放开。如果一种模式仅经过短时间的试点，还没有得到充分的实践检验，就全面铺开，一哄而上，出现风险的可能性就很大。对此，人民银行从2003年牵头负责深化农村金融和农村信用社改革专题小组开始就一直坚持这个意见，今后还将继续提出相关的建议和设想。

| 金融机构改革的道路抉择 |

政策性金融再定位[①]

——专访中国人民银行行长周小川

周小川

从1992年中共"十四大"算起,中国政策性金融的改革发展之路已经走过了二十多年。此间,国内外经济金融环境发生了巨大变化,以国家开发银行(以下简称国开行)、中国进出口银行(以下简称进出口行)和中国农业发展银行(以下简称农发行)三家为代表的中国政策性金融机构,在对国家政策项目进行资金支持的同时,也在积极探索自身的转型发展之路。其间历程可谓"一波三折",既有成绩也不乏问题。

如今,更多的人意识到,在国内经济增速下滑、投资不振的情况下,需要让"开发性金融"和"政策性金融"发挥更大的政策引导作用,而与此同时,"一带一路"等"走出去"战略,也要求这些机构配合实施。但另一方面,所谓"打铁还需自身硬",政策性金融机构本身也需要加强资本约束,并完善公司治理结构。

2015年8月18日,《财经》记者从央行了解到,由央行牵头起草的政策性金融机构改革方案,先后于2014年12月、2015年3月获得党中央、国务院批准。方案获批后,人民银行会同有关部门稳步推进落实改革方案各项内容。7月15日、7月20日,国家外汇储备通过其投资平台公司——梧桐树投资平台有限责任公司分别向国开行注资480亿美元、向进出口行注资450亿美元。

博鳌亚洲论坛期间,中国人民银行行长周小川接受了包括《财经》

[①] 本文发表于2015年8月20日《财经》。

杂志在内的媒体专访。随着改革的纵深推进，《财经》杂志近日就此话题再次采访了周行长。作为中国政策性金融改革的亲历者和主导者之一，他向记者娓娓道来政策性金融在中国发展的背景和过程，阐释了此轮改革方案的方向和思路。

改革背景与思路

记者："政策性金融"的改革与讨论可谓"一波三折"，而央行牵头提出的关于三家政策性银行（国开行、进出口行、农发行）的改革方案已经在近期揭晓，您能否介绍此轮改革的背景与思路？

周小川：政策性金融和开发性金融经历了周期性变化，对其的理解也在不断演进和深化。

政策性银行源自于党的十四大和十四届三中全会的设计。当时的想法是把政策性金融和商业性金融分离，让专业银行真正转型为商业银行。后来，农口说也需要一个，就成了三家。

其时的工、农、中、建被称为四大专业银行。所谓专业银行，就是按专业领域划定疆域区隔，而非通过竞争来改善金融服务和资源配置；各领域内具有政策性含义的业务也要由专业银行来承担。例如，国家要支持的农业领域，农业银行就要出资放贷；工业领域的项目资金支持主要靠工行。当时是20世纪90年代初，有些工厂非常困难，工人过年吃顿饺子都要借钱，这就有所谓的"包饺子贷款"；还有一些按生产线发放的贷款，即使企业处于亏损状态，只要某条生产线生产的产品有市场需求就可以申请贷款，这种类型的贷款叫做"封闭贷款"，但实际上贷款主体是企业，企业将资金具体用到哪里，银行很难搞清楚。

在这种情况下，专业银行无法按照改革设计顺利转型为提供竞争性金融服务的商业银行。如何解决？这就有了建立政策性金融的考虑，即政策性业务由政策性银行来承担，而工、农、中、建四家银行不再承担政策性业务,真正走向商业化改革。

起初,大家对政策性银行的看法比较负面,认为政策性银行的任务就是承担经济转轨期间的"转轨成本",将来如果经营得不好,或者转轨接近完成时,任务完成了就关掉。在政策性银行发展的过程中,1999年成立金融资产管理公司,也承接了一部分政策性不良资产,比如国开行就剥离了煤炭行业的一些不良资产。

道理上,政策性金融是准财政性功能,需财政给予补贴或支持。但90年代我国财政很困难,税收占GDP仅为10%出头。结果,国开行自己逐渐摸索出一条服务国家战略、依托信用支持、不靠补贴、市场运作、自主经营、注重长期、保本微利、财务可持续的称作"开发性金融"的路子。其实,这也是个不断探索、不断完善的概念,使"开发性金融"与"政策性金融"有了区别。

前段时间我读《经济学人》(*The Economist*)杂志,有篇关于亚洲基础设施投资银行的文章,题目是"开发性金融的影响",就使用了开发性金融的概念。

记者:我们注意到,三家政策性银行中,其中两家(国开行和进出口银行)会在"走出去"方面,扮演相当突出的角色,这跟"一带一路"有怎样的关系?

周小川:相当一部分"走出去"项目都可以看到国开行和进出口行的身影。这之前,它们已做了不少工作,响应国家"走出去"号召,部署了不少力量,在很多国家和地区做了大量的工作。

应当说,商业银行也在"走出去",也做了不少工作。由于前一阶段商业银行处在内部改革的过程中,发展海外业务较为稳健、谨慎。国开行和进出口行则步子更大一些,抓住机会服务国家战略需求。国开行通过很多自己的努力支持了一些新区域的"走出去";进出口银行原本主要支持贸易,后来也设立了专门的投资基金,主动参与投资项目。总体上看,政策性银行、开发性银行在"一带一路"方面确实做了大量工作。同时，国开行和进出口行也是丝路基金的出资者。

下一步，资产质量的把握至关重要。如果资产质量把握得好，政策性银行和开发性银行就可以发挥更大作用；如果资产质量把握得不好，也会有阶段性的收缩和调整。在这方面，三家银行和商业银行面临的资本约束是类似的。

定位开发性金融

记者：结合中国的国情来看，新一轮改革对政策性金融又是怎样定位的？

周小川：国开行原董事长陈元同志对此有建立在实践经验基础上的论述，我就不去定义了，只讲点理解。首先，开发性金融与政策性金融存在区别。政策性金融强调政策需要，不太强调盈亏，亏损会由国家补贴。因此，政策性金融也容易引发争议。比如，既然是国家政策需要，为什么不用预算资金？这中间会不会有一些灰色地带，应该怎样做更好？而开发性金融则有所不同，开展的是符合国家发展战略但不亏损的业务。例如20世纪90年代后期国开行支持的"两基一支"（即基础设施、基础产业、支柱产业）和后来的支持"走出去"。尽管业务随着国家战略的导向会发生动态变化，但经营方针是总体上不能亏损——有人将这种模式归纳为"保本微利"，要实现自我可持续发展。其次，传统的商业金融体系中缺少中长期融资的支柱。中短期的业务可能商业性金融能做好，长期的业务却往往有空缺，市场配置资源的有效性在长期融资领域存在缺陷，需加以补充。因此，国开行提出需要有开发性金融去发挥补充市场和培育市场的功能。

国家对开发性金融的支持表现为一种增信（Credit Enhancement）。从融资的角度看，开发性金融不吸收储蓄存款，主要依靠特定增信后在银行间市场发债融资。融资成本不是太高，但是也不便宜，比存款基准利率要高。虽然商业银行依据存款基准利率定价并吸收存款，但考虑到商业银行吸收存款有经营成本，还有机构人员开支，所以两者相比，开发性金融在融资方面略具一点成本优势，体现出增信的作用。增信不同于担保或兜底，方法也有若干种，目前，人民银行和监管部门将政策性银行的债券定义为"政策性金融债"，就是给予一定的增信支持。国家对开发性金融并没有明确的财政担保，财政也没有出具安慰函。此外，国开行做的业务中有一部分是地方政府统借统还的，今后还需要更多地探讨不依赖地方政府的路子。

从这些方面看，中国最初创立开发性金融时并没有形成关于业务模式的完整体系，但是摸索了一些基于国家战略、自主经营、自主决策的路子；同时强调保本微利，也就意味着讲求效益，不能赔钱。

记者：就经济学思潮而言，全球历史上也是三十年河东、三十年河西，开发性金融经历了思潮的演变，是否也与此有关？

周小川：对，最初全球的思潮不太倾向于开发性金融。一方面是因为开发性金融很可能亏损；另一方面，这和主流经济学的变迁也有很大关系，经历过五六十年代的凯恩斯主义及其后的新凯恩斯主义学派盛行后，八十年代兴起了新保守主义，随着英国撒切尔政府强调市场和私营部门，限制政府干预，全球都倾向于相信：当政府更加依赖市场化运作时，政策性金融和开发性金融就不那么重要了。

这个周期中的一个重大事件是日本长期信用银行（Long-term Credit Bank of Japan）的倒闭。日本长期信用银行的运行模式类似国开行，不吸收存款，主要依靠发债，注重为长期项目融资。由于其准政府色彩，发债成本略低。20世纪80年代日本泡沫经济进入高峰期，在海外投资的狂潮中，从高尔夫球场到洛克菲勒大厦，背后都有日本长期信用银行的身影。90年代后期，由于不堪巨额损失，日本长期信用银行倒闭，这加剧了其后相当长时间全球范围内对开发性金融的否定思潮。

因此，在亚洲金融风波以后，全球的政策性金融和开发性金融都在走下坡路。德国邮储银行进行了私有化改革,日本的小泉政府也提出要将日本邮储银行全面私有化。欧洲投资银行(EIB)也启动转型,缩减以往的基础设施建设贷款而转向重点支持中小企业发展。直至本轮国际金融危机之前,全球基本都延续了这样的看法和倾向。

但在本轮金融危机爆发后,人们发现,具有一定外部性的公共融资难觅投资者,尤其是基础设施、公用设施和一些涉及重要战略领域的融资。于是开始想办法用好开发性金融,原本计划把开发性金融转型为商业性金融的国家,有些在摇摆,有些干脆转回来。

此外,危机爆发后西方国家的商业性金融体系都出现了"惜贷"的情形。一方面源自商业银行自身的资产负债表状况不佳;另一方面则是从回避风险的角度出发,商业银行当时认为最好的方法就是少发放贷款而持有现金,哪怕囤积现金也不贷款。这些现象也使人们重新讨论对开发性金融和政策性金融的认识,即:可能还是需要开发性金融和政策性金融的,而非全部都靠商业性金融机构。

国际上的G30(经济、金融名人论坛)2009年开始进行关于长期融资与经济增长的研究并撰写报告。该报告提出,金融危机过后,全球金融体系还没有为支持经济增长做好提供充足长期融资的准备,应该创设新的金融工具和专门的长期融资机构;其中专门提及,亚洲主要新兴市场国家可运用多余的外汇储备,以形成稳定的长期资金来源。2012年对报告进行讨论的时候,G30注意到中国的国开行、巴西的开发银行(BNDES)在中长期开发和投资中发挥了重要作用,其中还特别提到了国开行原董事长陈元同志关于开发性金融那本书——《政府与市场之间:开发性金融的中国探索》。

最近,欧盟推出的3 150亿欧元的投资计划——"容克计划"(Juncker's Investment Plan),很大程度上也是依靠欧洲投资银行(EIB)来实施的。EIB成立于20世纪50年代,中间也有过方向调整,但如今"容克计划"的推出正好使其派上用场。

还有件事需要提一下，西方国家 80 年代末开始的税收改革也与前述经济思潮的转变相联系，一是改掉过高的所得税税率和高额累进制，实行宽税基、简税率；二是大力推行使用者付费，比如收费公路之类。这使得过去许多人认为只能财政出钱干的事，变成有可能让市场来解决，财政支出占 GDP 的比重也可以略低一些。这对开发性金融很重要，在传统的纯公益性和商业性之间出现一个区间，可以探讨如何去实现、去融资。其实，当前广泛谈论的 PPP 也是这种探索。

记者：三家银行演变至今，财务状况究竟怎样？具体的改革是否要区别对待？

周小川：开发性金融刚提出的时候，大家说它还需要经历时间的检验，需要通过若干年证明确实没赔钱。90 年代，人们还没有认识到开发性金融可行与否，及至 2003—2005 年国有银行改革时，和建行、中行、工行一道，国开行也经历了外部审计师审计，结果显示资产质量显著改善，不良资产比例低——实现了可持续发展，从而说明多年实践的探索是有成效的，开发性金融的路子是有希望的。这个做法对进出口行和农发行也有重大影响。进出口行也做了不少自主决策的自营业务，认为这些业务符合国家发展战略，同时也是自负盈亏、不寻求财政补贴。农发行 2004 年就申请扩大业务范围至"农业综合开发贷款"，后得到了国务院批准。该类业务自负盈亏，也属于开发性金融，这些年做下来发展得不错，成为农发行的主要业务之一。

国开行、进出口行和农发行财务状况　　　　单位：亿元

银行 年份	国开行			进出口行			农发行		
	资产	不良贷款率	净利润	资产	不良贷款率	净利润	资产	不良贷款率	净利润
1998	5 255	32.63%	7	438	13.9%	0.8	8 212	27.23%	0.97
2002	10 417	1.78%	119	1 102	5.01%	0.63	7 645	42.76%	2.09
2014	103 170	0.65%	977	23 675	1.04%	42.82	31 422	7.13%	14.08

2006—2007年期间，正处于政策性金融商业化转型思潮的高峰期，全球金融危机尚未发生，国内也开始讨论政策性金融的商业化转型。国开行和进出口行有人认为自身业务开展得不错，还消化了不少不良资产，为国家作出了很大贡献，不一定要转型为商业性银行。但是在当时的背景和形势下，还是定了将国开行转型成为商业性金融机构。到了应对国际金融危机时，国家又觉得需要发挥开发性金融的作用来服务国家战略和应对金融危机。结合内外部环境的变化，人们认为中国已有工、农、中、建等不少大中型商业银行，而政策性和开发性的银行只此三家，可进一步摸索和发挥好开发性金融的功能。目前，进出口行和农发行也有不少所谓"自营业务"，是自主决策、自担风险、自负盈亏的。但仍与商业性业务有所不同，都是围绕国家战略或政策方向的，可以说也属于开发性金融，即进出口行和农发行是同时在做政策性和开发性两类业务，只不过与国开行相比，政策性业务仍占显著的比重，改革的要求和定义也就有所不同。

在上述背景下，国开行明确为开发性金融机构；进出口行和农发行则定义为政策性金融机构，对政策性金融机构的自营业务需分账管理。

资本约束与补充

记者：金融机构的改革中，约束机制一直是个重点，那么在政策性金融机构的改革中，如何确立其约束机制？尤其是三家政策性银行在明确开展保本微利的开发性金融后，其介于政策性与商业性之间的业务模式，如何被约束？

周小川：三家银行保持稳健和可持续性确实很重要，这也是这次改革的重点内容之一。转轨经济的实践表明，政策性机构容易有过度扩张的冲动，成为只注重执行国家计划而忽视财务绩效的非企业化实体；往往对可持续发展重视不够，容易有约束机制（特别是资本约束）欠缺和反复申请政策优惠的倾向。解决以上问题也成为本轮改革的要点之一。从经验出发，严格执行高标准的会计准则、严格按贷款的未来损失概率来进行贷款分类、有效的内控和监管、保持资本充足率并实行资本约束、完善公司治理等是银行不突发财务危机、稳健和可持续发展的几个关键环节。其中有几项我们已在商业银行改革中积累了认识与经验，就不在此多说了。三家银行尚未解决好的问题之一是资本充足率及资本约束机制，这会降低内控和监管的有效性，也会在会计和贷款分类上出现讨价还价的机会，容易出现过度扩张和财务隐患。

国际上讨论了几十年如何保持银行业稳健，从巴Ⅰ、巴Ⅱ到巴Ⅲ，还有巴塞尔监管核心原则和损失吸收能力，最终都离不开资本约束，找不出别的替代方法。三家银行也是如此，无非是如何筹集资本，不再搞低资本的带病运行。特别是当自营业务已占一定比例，资本约束更为重要。

资本约束在一定程度上也可以解决商业银行和政策性银行之间的争议。严格说，开发性业务和商业性业务之间的界限是有模糊性的，商业银行也可以做开发性业务，但是有的商业银行不愿意做。二者的竞争经常会陷入互相指责之中，商业银行的理由之一是，政策性银行没有资本约束，所以二者的成本并不一样。既然对银行机构真正有效的是资本约束，政策性银行的改革也要推行资本约束，使得其风险加权资产所产生的资本需求跟商业银行的标准基本一致，内控和外部监管即可得以明确，不再徘徊。

在资本的计算方法方面，三家银行应参照巴塞尔协议和通用的银行监管规则。其中的区别，无非是如果一个项目是国家明确指示去做的，该资产出现损失后国家有意承担的话，可以把风险权重稍微降低一点，因为毕竟有国家兜底。这样的话，争议也就少了。

记者：之前，三家政策性银行不受资本充足率的约束，如果以国际监管标准衡量，其资本存在一定缺口，这部分缺口如何进行补充？

周小川：三家银行的资本情况各不相同。国开行的资本相对大一些，在2007年末的时候，运用外汇储备注资了200亿美元，随后转入汇金公司，因此情况略好；国开行现在资本充足率也有缺口，虽然差距不大，但是国开行的盘子大，资产规模超过10万亿元，也需要补充一定的资本。补充资本金可以有各种不同的方式，如果国家财政不宽裕的话，也可以用其他的方式先补充。不补的话，资本充足率无法达标；只有补充了资本，达到一定的资本充足率，才能真正建立起约束机制。

进出口行的问题相对较复杂。1994年时，其资本金是50亿元人民币，后来一直没有增资，现在所有者权益有300亿元（2014年末，进出口行所有者权益282亿元）。进出口行的资本充足率只有2%左右（2014年末，进出口行资本充足率2.23%），即使以巴塞尔协议Ⅰ规定的8%的资本充足率作为标准，资本金也严重不足，需要大幅增资。此轮国际金融危机以后，根据巴塞尔协议Ⅲ，各国都提高了资本充足率的标准，起码要达到10.5%~11%左右。

农发行同样缺少资本金。近年来农产品收购体制发生了变化，过去收购粮食、棉花是政策性业务，即使亏损也要收购；后来一部分变成了自营性收购，只有启动最低收购价和临时收储政策的才是政策性业务。虽然不是传统意义上的政策性业务了，但还带有一定的政策性色彩，如果谁都不去收，农民怎么办？农发行还有一个历史包袱影响了资本充足率，即90年代初有很多农业专项贷款发生损失。农发行现在的盈利状况不错，国家也承诺允许其用未来的盈利转补资本金，包括未来上交的所得税等。所以，通过一定的措施也可以使农发行有一个未来可预期的资本补充，使资本充足率问题大体得以解决。

解决资本充足率问题，三家银行可以采取不同措施。可以从体现公共性、体现国家利益的战略出资人中选择注资主体，包括财政、社保基金和其他一些体现公共性的投资主体。过去国开行和进出口行借用了部分外汇储备发放"走出去"贷款，可以实施债转股并阶段性持股。

其实，商业银行的资本中也有一部分曾来源于外汇储备。总之，政策性、开发性金融机构改革的核心仍是要强调资本约束和资本充足。以前最担心政策性业务不在乎盈亏、盲目扩张规模的问题，现在要通过资本约束加以解决。

记者：在完成资本缺口补充后，后续资本补充机制如何安排？未来政策性银行会否引入战略投资者进而上市？

周小川：这一轮改革先主要解决约束机制和功能定位等问题。这些问题解决之后，开发性业务在财务上可持续，按理说就会有一定盈利。如果资本积累略低于扩张速度，国家可以视能力提供补充资本支持。如果国家没有补充的话，未来的业务需求又大于资本自我补充速度，那么有两种选择：一是按资本自我补充的速度控制业务扩张，可以少做一些、做精一点；二是吸收其他资本。理论上看，开发性金融服务国家战略、保本微利，回报率可能低于私人资本回报率，但有的投资者可能看重其长期的资本回报，也会考虑投入，这是建立在投资者对其前景预期基础上的自愿投资。

到目前为止，改革方案没有提是否在资本市场做股权融资，未来有两种可能性：一是刚刚达到保本微利，尚不具备足够的吸引力上市融资；二是把业务切成几块，其中有一块可以独立出来发行并上市。

记者：我们注意到，像国开行这样的机构，已经是实质上的金融控股集团，并形成了混业经营的格局，未来有没有可能将下面的某一个部分拆分上市？

周小川：国际上一些开发性机构都开始实行集团制架构。所谓集团制，世界银行集团、德国复兴信贷银行（KFW）比较典型。世界银行集团下属机构之一的国际金融公司（IFC）商业性特征比较浓；而集团成员之一的国际开发协会（IDA），则援助色彩就比较浓厚；另一成员国际复兴开发银行（IBRD）也是开发性的机构，以支持中等收入国家为主。因此，业务是可以分块的。

改革的争议之一是能否允许搞集团形式？集团内切块以后，有没有可能通过资本市场融资？看来可以尝试，但没有特别地明确未来会怎么样，因为这还涉及到混业经营的问题。

记者：您刚才提到对三家政策性银行进行资本约束的时候，会针对其特殊业务，比如政策性和开发性的金融业务给予特殊的风险权重，这是否会给予其相对于商业银行更大的竞争优势？

周小川：监管特殊性方面可不必强调得太多。通过实际账面数据不难发现，国家指令性业务的比例相当低。更多的是这样一种情况，国家希望这件事情能够有金融机构来做，但是并没有指定非要某一家金融机构做，政策性、开发性金融机构觉得能做就可以做，如果不能做也不强求。

对于一些国家希望做，但没有补贴和兜底的情况，三家银行可以量力而为。正如国开行同志所说的，开发性金融强调银行自主决策。方向上是国家战略所需要的，但也要自主决策，不能是行政命令，国开行主要在做这部分业务。

确实会有小比例的业务国家希望按指令实施，国家也会承担未来的风险。这种业务具体有两种做法：一种是事前规定补贴金额，看哪家银行愿意做，不论是政策性银行还是商业银行，都可投标承担。2007年主要想走这条路，但后来发现有难度，事前承诺补贴有时不易做到。第二种是承诺事后给予兜底，风险权重得以降低，可设置和商业银行一般贷款业务不一样的风险权重，而在内控和监管标准上就不再另开口子了。但这不是主体业务，主体还是三家银行自主决策的自营性金融业务。

记者：政策性银行未来业务可持续性的一个关键因素是资金来源，目前这几家银行的资金来源主要是政策性金融债，未来会一直延续这样的方式吗？会不会允许这些银行吸收公众存款？这几家政策性银行是否可以在海外发债？

金融机构改革的道路抉择

周小川：我个人认为，不一定有必要严格限制政策性银行吸收存款。这几家银行发放贷款之后，都要做账户管理、支付管理。比如农发行的农业综合开发贷款，派生存款会占一定比例，允许有一点存款业务无大碍。不过，三家行最近若干年以发债融资为主的状况不会改变，除非突然出现一个能够收购商业银行的机会，但这种机会也不容易出现。比如，国开行已经有10万亿元的资产，需要的存款大概要七八万亿元，很难找到具有这么大存款规模的大机构；如果收购小机构，不知道什么时候能够撑起七八万亿元的存款量，所以短时间内改变不了以发债融资为主的现状。

全球在金融危机的背景下，都在认真考虑应对银行"大而不能倒"的问题，也拿出了一些设计。但在复苏艰难的情况下，当前还未做到。我国的系统重要性银行，似应包括三家行，也应属于国际或国内定义的"系统重要性"银行，"大而不能倒"一时还改变不了。银行类金融债在我国债市上占了不小的比例，价格略次于主权债，监管者认可其他金融机构投资于政策性金融债不占用其资本，促进了投资者的认可。从央行作为金融稳定当局和最后贷款人的角度来讲，也很难认可这类"系统重要性"机构的倒闭，而是强调要保持事前、事中的稳健性。这实际上构成了三家行资产负债表负债方管理的现实生态，也是它们在国民经济中能发挥作用的条件。不是每个国家都有这样的条件。

过去人民币不可兑换，外汇与人民币一直分开管理，从而会对国内发债和国外发债作出分别处理。会出现这样的情况，人民币融资的话，可以发行政策性金融债；境外融资的话，当前虽然便宜，但投资者可能会有不同的看法。未来在资本项目逐渐可兑换的情况下，本外币政策的区分会发生变化，不一定非要限定只在国内发债或者只在国外发债。

但是在国外发债存在两个问题：一是目前国外发债价格较为有利，但可能是一种阶段性暂时现象。另外，尽管外债便宜，但国家还有宏观审慎管理需要，有时不鼓励借那么多外债。这和泰国在亚洲金融风波中的教训有关,当年泰国私人企业大量到海外借外债,在国内都是使用本币,结果宏观上货币错配造成金融风波的潜在威胁。所以,这方面还是需要有国家层面的宏观审慎管理,当然,这些管理不限于针对这三家银行。

二是政策性银行在海外发债是否有足够的信息披露和信用评级。商业银行国外发债,都有国际性评级和国际会计师做的外部审计,商业银行往往在海外也发行股票,海外发债不存在太多问题。但如果政策性银行在海外发债,要考虑信息披露和评级对自身是否有利,特别是资本充足率上不能丢分。如若有利的话,未来除了宏观审慎方面的考虑,其他方面不一定要有过多的限制。

发债给外国投资者,他们愿不愿意买或者要求什么价格,就得服从市场,让市场选择。

记者:除了资本约束,公司治理也是现代化的金融企业所必备的要素,目前商业银行都已确立了董事会制度,但政策性金融机构则尚未完善。此次改革中,对此会有怎样的设计?

周小川:会有要求。国开行已经成立了董事会;进出口行过去有董事会,后来停止运转了,现在要重建;农发行的董事会也正在设计。加强公司治理,建立董事会是本轮改革题中应有之义。

政策性银行的董事会与商业性金融机构的董事会可能有区别。商业性金融机构董事会基本按照股东利益来安排,但是国际上也有一些大型商业银行的董事会包括两到三个有政府色彩或者公众利益色彩的人担任董事,履行社会和公众义务;这些人不一定叫独立董事,独立董事应该是代表中小股东的。

类似地,三家银行的董事会也会是混合型,因为他们承担着服务国家发展战略的职能,所以政府代表的比重会大一些;同时也要有出资人利益的代表,达到较好的平衡,既要有资本约束、保持财务健康,也要切实符合服务国家战略发展需要的方向。

解析中国存保制度[①]

周小川

2014年11月30日,《存款保险条例》(以下简称《条例》)公开征求意见。2015年3月31日,《条例》正式公布,自2015年5月1日起正式施行。中国存款保险制度将正式启航。

对于总资产超过170万亿元人民币之巨的中国银行业和尚未完成的中国金融改革而言,存款保险制度的意义不言而喻:作为金融稳定的重要基石,存款保险制度的推出,与存款利率市场化、金融市场对内对外开放交织在一起,构成了最后一组国内金融改革的主图景,一个真正具有完整市场化含义的金融市场将从中涅槃而生。

从无到有,存款保险制度的推出牵一发而动全身。《条例》明确,中国存保制度的起步模式为存款保险基金,全面覆盖商业银行、农村合作银行、农村信用合作社等吸收存款的银行业金融机构。存款保险实行限额偿付,最高偿付限额为人民币50万元。

值得注意的是,《条例》指出,存款保险基金管理机构参加金融监督管理协调机制,并与中国人民银行、银行业监督管理机构建立信息共享机制。存款保险基金管理机构发现投保机构存在资本不足等情形时,可对其提出风险警示,并采取早期纠正和风险处置措施。

经历了多年的酝酿,遍观和借鉴了本次金融危机以来的全球变迁,中国存款保险设计的初衷是怎样的?哪些初衷最终凝聚成为今天的制度安排?中国的存保制度吸取了历史上哪些经验教训?为何风险差别保费和早期纠正是题中应有之义?基金先行源于怎样的考量,未来是否将

[①] 本文是对周小川行长的专访,发表于2015年4月28日《第一财经日报》。

平滑过渡至独立机构模式？存款保险制度如何促进金融机构破产处置效率的提高？央行对可能出现的风险做了怎样的情景模拟，如何确保制度平稳推出？

围绕这些问题，中国人民银行行长周小川近日接受了《第一财经日报》、凤凰财经、腾讯财经等媒体采访，以历史的长视角和国际比较的宽视野，全面解析了中国存款保险制度出台的动因、背景和政策考量，细致阐释了诸项制度安排背后的逻辑和理念。这位崇尚市场竞争的"改革派"中央银行家，如何将金融稳定纳入其分析框架？"社会需要有'风险偏好'（risk-appetite），客观上也存在动物精神（animal-spirit），但最重要的是市场竞争的最终评价，政策上要把握好道德风险和金融稳定之间的平衡点。"他说。

存款保险制度的起因和设计的初衷

《第一财经日报》：存款保险制度设计的起因和初衷是什么？

周小川：存款保险制度的初衷要从一个基本问题说起，就是银行业或者说存款类金融机构是不是竞争性服务业。如果是竞争性行业，就有市场退出的问题；如果是只有国家经营的少数几家银行的垄断性行业，也可以不搞退出机制。

20世纪90年代，业界开始研究存款保险制度的时候，对于银行业是否要竞争这个问题就存在争议。有人认为存款类金融机构是国家经济命脉，之所以叫命脉，意味着对国家高度重要，国家要管控，也意味着如果出点事，其对总体经济会有很大的负面影响和牵连。因此有人认为，如果重要且敏感，国家指定几家即可，其他资本进入银行业危险会比较大。按照这样的逻辑推演，当时有人认为，既然是国家经营，有没有存保制度无所谓，而当时的银行也只有工、农、中、建、交几家。

后来大家逐渐认识到，银行类机构也是竞争性服务业。银行的作用

金融机构改革的道路抉择

首先是把钱管好、把钱用好、把资源配置好。竞争有利于把钱用好、把资源配置好,而且竞争还可以改善服务态度,推动产品创新。只有少数几家银行,服务和创新就会比较弱。大城市的金融机构比较多,但是到了基层,一个地方只有一两家银行,就可能出现局部性垄断,而供应方垄断会导致定价不合理、服务不周全和资源配置效率不高等一系列问题。因此,大家逐渐认同了银行还是竞争性服务业。

如果说竞争性服务业允许竞争,那么又带来了一个新的问题,在所有制意义上,民营能不能参与?答案应该是可以参与。但若可以参与,倒了怎么办?当然,其他行业的企业倒闭也会带来失业和欠债,但往往清盘时债务问题不大。虽然银行倒闭是小概率事件,但由于杠杆高,一旦倒了的话,储户损失震动会比较大。这时,国家就面临管还是不管、救还是不救的选择,是顺其自然还是适当保护储户,维护社会和金融稳定?

如果要维护金融稳定,那是不是用纳税人的钱?纳税人这个概念过去在中国用得还不多,如今已变得深入人心。如果不用纳税人的钱,那就要有存款保险机制。这就是存款保险制度的初衷之一。

《第一财经日报》:存款保险制度的最终设计是否实现了初衷?

周小川:目前总体上是按照这个初衷来设计的。通过建立存款保险制度,有助于促进完善金融机构市场化退出机制。

有了存款保险机制,竞争规则和行业准入就好办了,也就是说,不怕准入上放松一些,出了问题有存款保险,不会引起特别大的震动。

存款保险最核心的问题是如何在道德风险和金融稳定之间实现平衡,要让银行以足够的责任心稳健经营。差别费率和早期纠正则是实现两者平衡的重要选择。

《第一财经日报》:存款保险制度要经得起历史的考验,目前的存保制度在设计过程中吸取了哪些历史经验教训?

周小川:这方面历史上最大的教训就是美国的储贷协会(S&Ls)

危机。当时美国有许多小型的储贷机构,因为有存款保险,就产生了道德风险,这些储贷机构倾向于更加冒险的资产方选择,赚了是自己的,赔了则有存款保险来赔付储户。之后就出了储贷危机。立法者们接受教训,于1991年出台了《联邦存款保险公司改进法案(FDICIA)》,其中的IA(Improvement–Act)的意思就是改进法案,在制度中增加了差别费率(不同银行根据考核,实行差别缴纳费率)和早期纠正(对风险早发现、早纠正、早处置等)。

风险差别费率不难理解,打个通俗的比方,如同司机交保费:事故多的司机保费高,不出事的司机保费低,这样更能实现正向激励,从而降低风险。

那么早期纠正是什么意思呢?设想一下,一个企业最近开始赔钱,正在消耗自有资本,最好的办法就是在自有资本耗尽之前关门歇业,不会给社会造成大的不良影响。

存保的早期纠正就是这个意思:过去巴塞尔协议 II 要求 8% 的资本金,也就是 12.5 倍的杠杆率。若资本金消耗下降至 6%,存保部门就要提醒银行,并开始限制其经营行为,例如在业务范围上不准吸收经纪或代理存款。如果资本金继续降低到 4%,就会进一步加以限制。等快到 2% 了,存保部门就会开始采取行动,强制接管处置,要么通过招标"拉郎配"找人收购,要么关门。

《第一财经日报》:随着金融危机后全球金融环境的变化,存款保险制度又融入了哪些新的安排?

周小川:我国存保制度在研究设计过程中,也吸收借鉴了本轮金融危机正反两方面的经验教训。危机中英国和美国的情况迥异:英国出现了北岩银行的挤提事件,其存保制度的缺陷被认为是重要原因;美国作为次贷危机的发源地,虽然倒闭了几百家金融机构,由于存款保险运转有效,中小型银行的关闭处置总体保持了平稳。

总之,存保在中国经历了 20 多年的讨论和酝酿,虽然大家注重的角度不同，也经历了不少争论，现在看来，国务院组织各方反复论证，目前的设计综合了所有这些"初衷"，较好地吸收了历史经验教训。当然，推出后还要经历实践的检验。

存款保险制度：一项基础性的金融改革

《第一财经日报》：存款保险制度推出，对于中国下一步的金融改革，例如利率市场化、金融机构的退出机制，以及打破刚性兑付，将起到怎样的催化和承托作用？

周小川：在准入方面会放松。银行是风险比较大的行业，牵连和溢出效应比较大，因此过去的监管不敢放松准入，有了存保，就可以适度放松。

随着利率市场化的深入，金融产品会日益复杂，银行在定价和产品设计方面将自主决策，万一经营得不好，出了风险怎么办？存保制度将发挥作用：一方面，银行出了问题，不会大幅度地牵扯普通储户，普通储户有保障机制，目前50万元的存保限额可以使99.6%的存款人（包括各类企业）受到全额保护；另一方面，通过差别费率和早期纠正，对经营不善的银行形成压力，有助于提高监管效率。从这个逻辑上讲，存保制度与利率市场化也是有联系的，但这两者之间的关联度也不是那么显著，也不是说存保是作为利率市场化的必要先决条件。

至于对刚性兑付的影响，直接的效果可能没那么大。刚性兑付主要集中在债券领域，而存款保险偏重中小户，主要是小户，所以有限额的安排。

不过，所有涉及刚性兑付的债券、理财产品和其他产品，都存在安全性和道德风险之间的平衡，要把握好。总体的方向是鼓励经营、鼓励竞争、鼓励创新，投资者自担风险，出了问题有缓解措施和处置机制。

存保制度有利于司法迅速有效地介入，提高风险处置和市场退出的效率

《第一财经日报》：据我所知，现行的《破产法》已经覆盖银行，但是由于储户利益保护的问题没有解决，所以司法机构无法很快受理银行破产，是这样吗？

周小川：对。2004年改革的时候，当时各方面的意见都比较倾向于《破产法》覆盖银行，但是从法院和司法机构的角度看，银行的清盘涉及储户赔付的问题，关系到金融稳定和社会稳定，在储户没有得到赔付的情况下，法院往往难以很快受理银行破产案件，这也是有现实合理性的。

破产清算的问题之所以很复杂，就是有些人总想提前拿走资产，以便使自己先受偿或多受偿，如果进入司法程序非常缓慢的话，这期间就会有更多的人来提前拿走资产，那么问题和麻烦就会更多。

如果一个机构濒临倒闭，同时又想"挣扎"一下，这种现象是可能存在的。机构快要倒闭之前，往往会千方百计自保，例如不顾风险提高存款利率，想尽办法融资，发柜台债、非法集资等等不一而足，结果又惹出一批债。这时就需要用早期纠正措施去纠正它，在机构"挣扎"之前，就要开始对其行为有所限制。所以，有了存保以后，早期纠正措施可以在一定程度上抑制这种现象。这样的话，存保制度也就有助于防止金融机构在破产之前把问题捅得越来越大。

总之，如果想让司法迅速有效地介入，就需要有存保制度，否则司法进不来，清算的时间就拖得很长，导致倒闭金融机构的资产流失严重，其中也容易产生一些不公平的事。过去的一些案例已经证明了这一点。

《第一财经日报》：存保启动之后，如果银行出事了，那么接管和

收购而非破产是否会成为主流？

周小川：是不是成为主流，还是看到时的具体情况。如果较早发现机构的问题，在资本金消耗到2%左右还是正资产的时候，实施接管和兼并收购，这样对社会经济的震动最小。另外也没有动用保费，是最好的办法。

对于银行可能出现的问题，监管部门是要管的，但是有的时候，问题很难被发现。金融风险有突发性、连带性，有时市场出了问题，一些金融机构被连带，来不及提前发现。此外，即便监管充分有效，但问题还会存在，包括各种欺诈，这类问题有的只能事后才能发现。

从国际经验看，破产清盘发生了以后，存保机制有助于促成收购兼并，因为中小储户负债的大窟窿先由存保填上了，收购方不至于承担天量的债务负担。不过，也必须有一定破产比例，如果完全没有破产，就会产生道德风险，让人产生这样的想法：办银行很简单，最后不行国家会帮我收拾。

所以必须有几个制度安排作为基本框架：一是出了问题可以早期纠正，争取出大问题之前被接管和收购兼并；二是关闭破产。进入破产程序以后，可以成立债权人委员会，取代股东权利，并组织清盘。清盘过程中又可以重组（如美国破产法第 11 章），这又可绕回到重组的路上了。有了这样的制度框架，就有助于多数情况下实现收购兼并，但同时也仍有一部分机构破产清盘，这样才能避免道德风险问题。

架构设计：平衡道德风险

《第一财经日报》：在推出存保制度之前，有没有测算过，一旦存保推出，市场会出现怎样的反应？一旦再叠加利率市场化，是否可能出现一些问题甚至风险情况？

周小川：情景模拟和压力测试都做过，模拟中特别关注一些小型金融机构，有些原本就没达标，例如一些农村信用合作社在亚洲金融危机时就已资不抵债，后来通过改革，多数机构合格了。

大家担心的是什么？担心的是有一些小型机构，改革还没完成，质量又不太好，储户会心存担忧，会发生所谓的"存款搬家"。本来存款搬家是一个正面的事情，客户的一笔钱，存在这家银行可能不太好，存在那家银行会更安全，所以可以自由选择，即客户选择银行，给银行带来竞争压力和改进的动机，因此存款搬家本来是好事。就如上街买东西，客户知道商店哪个好哪个不好，哪家商店过去卖过假货，哪家商店价格便宜但质量不好，每个人都可以挑不同的商店，下饭馆也是如此，哪家做得好与不好，客户都可以自主选择，这样对供应方是一种正向的激励。

但是在新制度出台的时候，会不会产生震动？最近两年，关于存款保险制度出台有各种各样的讨论，从讨论过程来看，这种担忧也是合理的，测试结果表明问题不是太大。去年年底，《条例》公开征求意见，也公布了偿付限额是50万元。在这个过程中，可能有人担忧，在公开讨论过程中就可能会有存款搬家。存款大于50万元的人看到《条例》都征求意见了，要搬家的话就该搬了。实际结果是，在征求意见过程中，没有出现任何显著的存款搬家的现象。

总体来看，通过公开征求意见的预演和模拟测试，表明存保制度出台，相关问题是可控的。存保和别的改革也不会撞车，改革都是分步走、逐项出台的，党中央、国务院都很重视改革的总体安排，相关改革不会明显地撞在一起。

《第一财经日报》：在设计存保制度时，如何兼顾大行和中小银行不同的利益诉求？

周小川：针对大行在中国的情况，主要有两个意见：一是"大而不能倒"，因其对国家有系统重要性。大行既然不能倒，那是否要交保费，就存在争议。其次是所有制，目前的大行虽然没有纯粹国有的了，

金融机构改革的道路抉择

工农中建交都是一定程度上的混合所有制，有外资股，也有散户投资者，但国有股占比较高，因此国家不会让它倒，那么大行交不交保费，就存在第二层的争议。实际上，经验表明，大行和小行都有风险高的和风险低的，大行也是金融稳定机制的受益者，无论是从历史还是未来看都是受益者，而且大行资金实力较强，建立一个大家平等竞争和金融稳定的机制，交这些保费也不存在问题，争议就迎刃而解了。

《第一财经日报》：中小银行会不会因此滋生道德风险？存保推出后，会不会助长一些银行的风险偏好？

周小川：有了存保，银行会不会因为道德风险而倾向于更加冒险，在资产方十分激进？资产方的质量问题，是逆向选择的问题，本质上也是监管问题。资产方过分激进，等于多占用资本，多占用资本，资本充足率就下来了，如果能够及时衡量的话，就又回到了早期纠正的规则上。

可以预期的是，存款保险制度出台以后，金融机构在资产方承担风险的倾向会有所增强。其实承担稍大一些的风险不见得是坏事，比如小微企业、科技创新企业需要融资，机构如果都特别保守，就没人去搭理它们了，所以社会需要有"风险偏好"（risk – appetite），客观上也存在动物精神（animal – spirit），但最重要的还是市场竞争的最终评价，政策上要把握好道德风险和金融稳定之间的平衡点。机构在资产方的风险选择不要做过了，否则早期纠正会将其置于经营行为相对受限的序列，这也是一种监管约束。

《第一财经日报》：存保制度中有没有定期调整偿付限额的机制？在系统性变量发生变化时，是否会系统性地提高所有机构的偿付限额？

周小川：国际上对此也有讨论。一种观点是，存保的偿付限额像其他物价指数化产品一样，需要自动调整机制，类似工资指数化和物价挂钩的安排。目前看来，要求搞指数化的压力不大，可以分阶段调整，如果过了三年五年这个限额不合适了，再做一次修改也未尝不可。

事实上，世界上针对偿付限额的认识，随着重大事件的考验不断变化。重大事件包括危机，危机中不少机构倒闭，之后大家就开始回顾此前定的限额标准对不对。2008年国际金融危机之后，英国、美国、澳大利亚等国的存保限额都进行了相应调整。危机期间中国香港、新加坡和马来西亚还临时性取消封顶，全额保险，市场平稳后又恢复了限额。

所以说，只有危机才能考验存保制度，个别零星事件还不足以形成考验。这次国际金融危机考验的结果，就是大多数国家的偿付限额成倍上升。20世纪90年代末亚洲金融危机时，国内各方研究的主要观点还是以偿付限额在10万元、20万元为主，在吸取全球金融危机教训的基础上，同时结合国际上存保限额的变化情况，目前《条例》就将存保限额提高到了50万元，可以使99.6%的存款人（包括各类企业）受到全额保护。

《第一财经日报》：存款保险的费率水平大概是多少，是否有动态的调整机制？

周小川：目前的考虑是以低费率起步。综合考虑国际经验、金融机构承受能力和风险处置需要等因素，我国存保起步时的费率水平大概在万分之一到万分之二之间，远低于绝大多数国家存保起步时的水平以及现行水平。在费率机制安排上，我国存保实行的是基准费率和风险差别费率相结合的制度，这有利于加强对金融机构的市场约束，促进公平竞争，促使金融机构审慎经营、健康发展。费率标准并不是固定不变的，可以根据经济金融发展、金融机构风险状况、存款结构情况以及存款保险基金的累积水平等因素进行动态调整。

早期纠正：监管合作基础上的有益补充

《第一财经日报》：存款保险制度是不是建立在现有的监管基础

之上？

周小川：由于宏观调控或者宏观环境变化，导致银行直接从质量较好的状态，一下子进入到面临关闭风险的阶段，这样的情况并不多见，当然也不能完全排除这种系统性金融风险。

早期介入主要还是严格执行会计准则，密切观察其资本充足率的降低状况。也就是说，看风险主要看两条：一是所谓合规性，按照现有的规则，看现在的资本充足率是8%、7%，还是6%，一般而言计算过程比较简单明了。不过，在处理复杂资产的会计方面，有时也挺复杂，只能按照相关的规矩计算。这些都是按照现有的监管信息来做的。

二是所谓风险判断，主观因素大一点。也就是说，这个产品从会计上看没什么问题，但是实际上潜在风险很大，经不起周期波动的考验。现有的微观层面的风险判断，监管部门都是正常进行的，但也要考虑大的周期性的风险，这就可能需要更好的监管合作才能看清楚。

不过存保最开始给付的时候，主要还不是处理那些问题。早期纠正还是按现有的准则执行，通过合规性和资产质量的计算，来确定是否需要通过存保保费缴纳的档次和早期纠正，给银行稍微上一下"紧箍咒"。因此，总体而言，存保的补充监管和现有的监管体制本身并无大矛盾。

《第一财经日报》：为什么说存保有助于增强监管？

周小川：存保有一个通过运行积累经验的过程。首先，有差别费率和早期纠正这些功能，就需要和监管机构合作，建立在监管信息共享的基础之上。

差别费率和早期纠正给监管增加了一个辅助的手段，使得监管更加有效。从微观监管来说，现有的法规规则还是讲合规性的比较多，也有一部分是讲风险监管的，但是对于不合规之后怎么处理，这方面的工具和手段讲得比较少，关注度也不太够，在这个意义上，存保的早期纠正主要是对不合规之后处理手段的补充，有助于共同提高监管的效率。

真正到了破产清算的时候,破产清算的过程到底有没有效率?例如海南发展银行,清算拖了很多年仍未完成,还有一些证券和信托公司,清算清盘的效率非常之低,历时五年以上十分普遍。清个盘为什么要这么长时间?从实践情况看,主要还是因为储户对赔付比较敏感,往往容易导致上街闹事等社会不稳定问题,司法上自然也就会要求在储户赔付的问题解决了之后再进行审理,这样拖的时间就会比较长。为此,银行破产就需要一个规则,否则如何赔付储户就容易出现讨价还价。过去的规则是分对私、对公,只赔付个人的,对公的存款则不赔付,这里说的对公存款是指各类机构的存款,包括企事业单位、社会团体等的存款在过去都是不赔的。

而且,对公业务情况很复杂,有的说存款是私人凑的钱,看着是机构的,后面其实是工人和农民,比如说是工会的账户,后面是工人群众的保护性基金。那么,按照过去的规定,对公的就不赔付,导致存款保护与不保护、保护谁与不保护谁这类规则都是不太清楚的,所以破产效率就比较低。

基金先行:日后平稳过渡

《第一财经日报》:目前存保制度的启动模式是存保基金,这样的安排是基于怎样的考虑?以后是否要逐渐过渡到类似美国联邦存款保险公司(FDIC)的独立机构?

周小川:独立机构的模式确实有其优点,可能更加客观一些,其观点和判断可以少受其他潜在因素的影响。

但是,独立存款保险机构这样的架构也有缺点。缺点是什么?首先,成立一个机构,总是要招募人员、建立办公场所、筹备开办费,等等,保费尚未充分积累就有很多成本支出,社会上就会有意见,如果此时发生一定数量的银行倒闭,存款保险赔付资金不够用,就会对设立机构的成本支出提出强烈的批评。

其次,如果钱不够用,就有可能导致公共支出给予救助,这与存保制度的初衷是不符的,建立存保制度的宗旨就是不用纳税人的钱救银行。如果设机构而使成本支出偏高,说不定还得用纳税人的钱。

经济总是周期性波动的。存款类金融机构的破产也往往是一波一波的,并不平稳。经济好的时候,没几家机构会破产,但一旦经济出现大的问题,破产就可能会成批出现。因此,现在宏观经济平稳的时候要抓紧推出存保,积累保费,否则赶上问题的时候,没有存保制度或者保费不足,就会不得不用纳税人的钱。

若保费设计合理,运转一段时候以后,就会有一定的积累,届时等条件成熟,就可以平稳过渡到独立机构了。

《第一财经日报》:存保基金在运营和投资方面有怎样的安排?

周小川:存保基金的运转靠保费,保费的设计则类似车险的精算,也就是说,保费收入应覆盖平均概率上关闭破产导致的赔付,同时略有积累,从而能应付长周期的恶劣情景。略有积累是最佳状态,若保费收得特别多,人家会批评你像营利机构。所以保费设计还是尽最大可能减少银行和社会成本的增加,是不谋求营利的,只是在经济处于好周期时才略有积累。

存保基金要建立威信,万一投资有损失,争议就会非常大。因此在投资方面,存保基金遵循安全、流动、保值增值的原则,只投资政府债券、中央银行票据、信用等级较高的金融债券——也就是说,只要求正常的平均利率。

参考文献

[1] 周小川：《转变思维，稳步推进金融业综合经营试点》，"交银汇丰论坛"演讲，2006。

[2] 周小川：《积极推进中国政策性银行的改革与发展》，载《中国金融》，2006（10）。

[3] 周小川：《中国金融业的历史性变革》，载《中国金融》，2010（19~20）。

[4] 周小川：《金融危机中关于救助问题的争论》，载《金融研究》，2012（9）。

[5] 周小川：《金融业改革发展的历史性成就》，载《中国金融》，2012（19）。

[6] 周小川：《金融改革"自下而上"》，载《资本市场》，2013（2）。

[7] 周小川：《中国金融改革逻辑》，载《资本市场》，2015（12）。

[8] 周小川：《金融改革发展及其内在逻辑》，载《中国金融》，2015（19）。

[9] 周小川：《深化金融体制改革》，载《中国金融》，2015（22）。

[10] 易纲：《银行业改革的内在逻辑》，载《财经》，2008（22）。

[11] 易纲:《中国金融改革的几条主线》,载《中国发展观察》,2014（4）。

[12] 易纲:《中国金融业对外开放的路径逻辑》,中国经济50人论坛上的演讲,2014。

[13] 潘功胜:《大行蝶变——中国大型商业银行复兴之路》,北京,中国金融出版社,2012。

[14] 范一飞:《实行综合经营是金融业融合创新的必由之路》,中国金融发展论坛上的致辞,2016。

[15] 李利明:《背水一战:中国国有商业银行股份制改革》,北京,中信出版社,2008。

[16] 庞继英、张健华等:《金融机构市场退出问题研究》,北京,中国金融出版社,2008。

[17] 王力等:《国有商业银行股份制改革》,北京,社会科学文献出版社,2008。

[18] 杨艳青、聂伟柱、李德尚玉、徐燕燕:《周小川谈政策性银行改革:资本约束是核心》,载《第一财经日报》,2015-08-20。

[19] 由曦、曲艳丽:《政策性金融再定位——专访中国人民银行行长周小川》,载《财经》,2015-08-20。

[20] 阿代尔·特纳:《金融监管改革的核心要素》,载《中国金融》,2014（16）。

[21] 巴曙松、华中炜:《开放推动中国金融业转型》,载《国际金融研究》,2004（12）。

[22] 陈道富:《金融业对外开放的国际借鉴以及需要关注的问题》,载《中国金融》,2006（23）。

[23] 陈建新:《正确看待银行赢利水平》,载《财经》,2012（2）。

[24] 姜波:《以开放促保险改革创新》,载《中国金融》,2014（14）。

[25] 林文顺、曲诗源:《中国金融业开放的空间与策略》,载《金

融发展评论》，2014（3）。

［26］评论员文章：《坚定不移地将大型国有银行改革推向深入》，载《中国金融》，2010（14）。

［27］斯坦利·费希尔：《危机后金融监管改革进展》，载《中国金融》，2014（17）。

［28］孙立行：《中国金融业对外开放的历史进程与战略取向》，载《世界经济研究》，2008（8）。

［29］孙祁祥、王国军、郑伟：《中国保险市场对外开放的重大议题与政策选择：2012—2020》，载《保险研究》，2012（2）。

［30］唐旭：《关于金融机构改革的思考与前瞻》，载《财经科学》，2008（10）。

［31］陶玲：《稳步推进金融业综合经营》，载《中国金融》，2014（4）。

［32］陶玲：《把握国际金融监管改革趋势，完善我国金融管理体制》，载《清华金融评论》，2014（4）。

［33］王兆星：《结构性改革：金融分业混业的中间路线》，载《中国金融》，2013（20）。

［34］岳树民、刘红艺、李武好：《财政困难与财政风险》，载《当代经济研究》，2000（1）。

［35］詹向阳、郑艳文：《综合经营的历史和前瞻》，载《中国金融》，2015（17）。

［36］张承惠：《中国金融机构改革的成就与未来趋势展望》，载《中国发展观察》，2008（11）。

［37］张健华：《推进金融业对外开放是长期战略》，载《中国金融》，2010（19~20）。

［38］赵国君：《中国金融机构改革反思与展望》，载《经济论坛》，2010（12）。

［39］赵锡军、郭宁：《国际金融业综合经营的历史演变及中国的选择》，载《中国金融》，2007（8）。

［40］中国人民银行金融稳定局：《坚定不移地深化国有商业银行改革》，载《中国金融》，2007（17）。

［41］中国银监会"公司治理改革"课题组：《完善公司治理是国有商业银行改革的核心》，载《金融视点》，2005（5）。

［42］周肇光：《改革开放以来我国金融业对外开放的回顾》，载《经济纵横》，2008（1）。

［43］中国人民银行：《中国人民银行六十年：1948—2008》，北京，中国金融出版社，2008。